档案学学科发展研究丛书

丛书主编：吴雁平　刘东斌

2018年
档案学学科发展研究报告

张晓培　瞿　静　主编

郑州大学出版社

图书在版编目(CIP)数据

2018 年档案学学科发展研究报告／张晓培，瞿静主编. — 郑州：郑州大学出版社，
2021．8

（档案学学科发展研究丛书／吴雁平，刘东斌主编）

ISBN 978-7-5645-7359-1

Ⅰ．①2…　Ⅱ．①张…②瞿…　Ⅲ．①档案学 – 学科发展 – 研究报告 – 中国 – 2018
Ⅳ．①G279.2

中国版本图书馆 CIP 数据核字(2020)第 196598 号

2018 年档案学学科发展研究报告

2018 NIAN DANGANXUE XUEKE FAZHAN YANJIU BAOGAO

策划编辑	张　霞	封面设计	苏永生
责任编辑	张　华	版式设计	凌　青
责任校对	吴　静	责任监制	凌　青　李瑞卿

出版发行	郑州大学出版社有限公司	地　址	郑州市大学路 40 号(450052)
出 版 人	孙保营	网　址	http://www.zzup.cn
经　销	全国新华书店	发行电话	0371-66966070
印　刷	郑州宁昌印务有限公司		
开　本	889 mm×1 194 mm　1 / 16		
印　张	20.75	字　数	627 千字
版　次	2021 年 8 月第 1 版	印　次	2021 年 8 月第 1 次印刷

书　号	ISBN 978-7-5645-7359-1	定　价	136.00 元

编 委 会

前　言

学科发展研究是总结学科发展成果，研究学科发展规律，预测学科发展趋势的科学。

自《2013年档案学学科发展报告》出版起，中国档案学有了自己的学科发展报告，每年为一册，成为一部以年为出版周期的档案学学科发展研究连续出版物。《2018年档案学学科发展研究报告》是这部连续出版物的第六册。

《2018年档案学学科发展研究报告》延续了前几部的总体框架、样本来源、时间跨度、研究指标、研究方法和章节安排。报告采用定量研究（统计分析、计量分析、关键词词频分析、高频关键词共现分析、关键词聚类分析）和定性（综述）研究相结合的方法，对2018年度1月1日至当年12月31日期间，知网文献数据库科技信息类目下，档案及博物馆子类，档案学、档案事业小类下的文献样本，以样本资源类型、学科、研究层次、基金、文献类型为指标项，进行统计分析；以作者、机构、文献来源为指标项，进行文献计量分析；以关键词为指标项，通过关键词词频统计来分析这一年档案学的研究热点，通过高频词的变化来观察档案学学科研究的进展与方向；再以关键词共现及聚类分析来研究这一年档案学科研究热点的相关性及聚类特点。在此基础上，以高频词为检索词对相关文献进行综述分析。由于学科发展研究报告更多的还是对一个学科一定时期内发展现状的客观描述研究，所以本报告仍然偏重于客观陈述重要文献的研究成果及专家学者的观点。

《2018年档案学学科发展研究报告》分为总述、分述和专述三个部分，共12章。总述为第一章；分述由档案学、档案管理、档案整理与出版、各类型档案、建筑和设备、世界各国档案事业、中国档案事业七个固定分类各成一章；专述由档案法制、档案治理、大数据、电子文件四章构成。

每章分文献统计分析、文献计量分析、文献词频分析、文献关键词共词分析、文献综述五节。以数据、图表、图谱、文字等形式，从宏观视角，真实记录、系统描述、概括研究了2018年度中国档案学学科在期刊学术论文、会议论文、硕士/博士学位论文发表及相关活动报道等方面的发展情况，并对中国档案学学科发展做出展望。

《2018年档案学学科发展研究报告》在体例、风格上保持与前5册一致的前提下，做了一些细微的改变。一是根据参编者的建议，突出档案学学科发展报告的研究性，在书名中增加了"研究"二字，由《档案学学科发展报告》更名为《档案学学科发展研究报告》。二是为了拓展档案学学科发展研究的深度与广度，不再沿用"档案工作实践与研究丛书"，将其改为"档案学学科发展研究丛书"。

我们期望《2018年档案学学科发展研究报告》能够一如既往地客观呈现出档案学学科2018年的发展概貌，成为各位档案界专家及同仁，了解档案学学科发展的参考，为档案学学科及档案事业发展尽我们的微薄之力。由于参编撰写者受阅历、能力、经验和水平的局限，研究报告中难免存在不足之处，敬请各位不吝赐教。

编　者
2020年3月29日

目　　录

第一章　总述

我们以中国知网为样本来源,检索范围:中国学术期刊网络出版总库,中国博士学位论文全文数据库,中国优秀硕士学位论文全文数据库,中国重要会议论文全文数据库,国际会议论文全文数据库,中国重要报纸全文数据库,中国学术辑刊全文数据库。

检索年限:2018 年。

检索时间:2018 年 12 月 31 日。

检索式:发表时间=2018-01-01 至 2018-12-31,并且专题子栏目=档案学、档案事业(模糊匹配)。

样本文献总数:9923 篇。

第一节　文献统计分析

本节采用统计分析的方法,从资源类型分布、文献学科分布、文献研究层次分布、文献基金分布、文献类型分布 5 个方面对样本文献进行分析。

一、资源类型分布

从资源类型分布看,9923 篇样本文献涉及 7 个类型,其中:期刊 9497 篇,报纸 181 篇,硕士 169 篇,国内会议 34 篇,学术辑刊 29 篇,国际会议 12 篇,博士 1 篇。各类资源发表文献数量及占比情况见表 1-1。

表 1-1　各类资源发表文献数量及占比情况

序号	资源类型	发表文献数量/篇	占全部样本/%
1	期刊	9497	95.71
2	报纸	181	1.82
3	硕士	169	1.70
4	国内会议	34	0.34
5	学术辑刊	29	0.29
6	国际会议	12	0.12
7	博士	1	0.01
	合计	9923	100.00

由表 1-1 可见,期刊是 2018 年档案学、档案事业文献的主要来源,也是研究者进行交流与沟通的主要渠道和平台。

二、文献学科分布

从文献学科分布看,9923 篇样本文献涉及超过 50 个学科。其中前 15 个学科分别是:图书情报档案、公共卫生与预防医学、教育、公共管理、工业经济、工商管理、城市经济、农业经济、历史、政治、计算机、新闻传播、文化、法学、国民经济。前 15 个学科发表文献数量及占比情况见表 1-2。

表 1-2　前 15 个学科发表文献数量及占比情况

序号	学科	发表文献数量/篇	占全部样本/%
1	图书情报档案	9612	96.87
2	公共卫生与预防医学	594	5.99
3	教育	553	5.57
4	公共管理	242	2.44
5	工业经济	203	2.05
6	工商管理	198	2.00
7	城市经济	132	1.33
8	农业经济	85	0.86
9	历史	66	0.67
10	政治	65	0.66
11	计算机	58	0.58
12	新闻传播	53	0.53
13	文化	50	0.50
14	法学	46	0.46
15	国民经济	41	0.41
	总计	11 998	120.91
	实际	9923	100.00
	超出	2075	20.91

需要说明的是,按学科统计数为 11 998 篇,占 120.91%;超出实际文献数 2075 篇,占 20.91%。可见整个学科具有很高的学科交叉性。

除图书情报档案外,发表文献最多的 6 个学科是公共卫生与预防医学、教育、公共管理、工业经济、工商管理、城市经济,对应的热点分别是医疗卫生档案、教育档案、管理档案、企业与经济档案。

三、文献研究层次分布

从文献研究层次分布情况看,9923 篇样本文献涉及 17 个不同层次,其中:基础研究(社科)4224 篇,行业指导(社科)2412 篇,职业指导(社科)2189 篇,工程技术(自科)108 篇,政策研究(社科)99 篇,专业实用技术(自科)52 篇,基础与应用基础研究(自科)45 篇,经济信息 35 篇,基础教育与中等职业教育 33 篇,大众文化 31 篇,行业技术指导(自科)19 篇,高等教育 9 篇,政策研究(自科)3 篇,高级科普(自科)3 篇,大众科普 1 篇,高级科普(社科)1 篇,其他 659 篇。各层次发表文献数量及占比情况见表 1-3。

表 1-3　各层次发表文献数量及占比情况

序号	层次	发表文献数量/篇	占全部样本/%
1	基础研究(社科)	4224	42.57
2	行业指导(社科)	2412	24.31
3	职业指导(社科)	2189	22.06
4	工程技术(自科)	108	1.09
5	政策研究(社科)	99	1.00
6	专业实用技术(自科)	52	0.52
7	基础与应用基础研究(自科)	45	0.45
8	经济信息	35	0.35
9	基础教育与中等职业教育	33	0.33
10	大众文化	31	0.31
11	行业技术指导(自科)	19	0.19
12	高等教育	9	0.09
13	政策研究(自科)	3	0.03
14	高级科普(自科)	3	0.03
15	大众科普	1	0.01
16	高级科普(社科)	1	0.01
17	其他	659	6.64
	合计	9923	100.00

如果按社会科学、自然科学、经济文化教育和其他来分类,各类文献数量及占比分别是:社会科学 8925 篇,占 89.94%;自然科学 230 篇,占 2.32%;经济文化教育 109 篇,占 1.10%;其他 659 篇,占 6.64%。研究基本上属于社会科学的范畴。

如果按研究的基础性与应用性分,属基础性研究的有 4269 篇,占 43.02%;属应用性研究的有 5654 篇,占 56.98%。研究偏重应用性。

综上,2018 年档案学科研究偏重社会科学,且偏重应用性。

四、文献基金分布

从样本文献的基金分布情况看,9923 篇样本文献中有 280 篇得到国家、省级 23 种基金的资助,占全部样本的 2.82%。其中:国家社会科学基金 236 篇,国家自然科学基金 12 篇,江苏省教育厅人文社会科学研究基金 5 篇,中国地质调查局地质调查项目经费 3 篇,湖南省社会科学基金 3 篇,黑龙江省社会科学基金 2 篇,河南省软科学研究计划 2 篇,湖南省教委科研基金 2 篇,黑龙江省博士后科研启动基金 1 篇,海南省教育厅科研基金 1 篇,天津市教委基金 1 篇,重庆市教委科研基金 1 篇,陕西省软科学研究计划 1 篇,辽宁省科学技术基金 1 篇,江苏省科委社会发展基金 1 篇,航空科学基金 1 篇,湖南省自然科学基金 1 篇,中国博士后科学基金 1 篇,湖北省教委科研基金 1 篇,国家留学基金 1 篇,山西省 21 世纪初高等教育教学改革项目 1 篇,科技基础性工作专项计划 1 篇,国家重点基础研究发展计划(973)1 篇。各类基金资助发表文献数量及占比情况见表 1-4。

表 1-4　各类基金资助发表文献数量及占比情况

序号	基金	发表文献数量/篇	占全部样本/%	占基金资助文献/%
1	国家社会科学基金	236	2.38	84.29
2	国家自然科学基金	12	0.12	4.29
3	江苏省教育厅人文社会科学研究基金	5	0.05	1.79
4	中国地质调查局地质调查项目经费	3	0.03	1.07
5	湖南省社会科学基金	3	0.03	1.07
6	黑龙江省社会科学基金	2	0.02	0.71
7	河南省软科学研究计划	2	0.02	0.71
8	湖南省教委科研基金	2	0.02	0.71
9	黑龙江省博士后科研启动基金	1	0.01	0.36
10	海南省教育厅科研基金	1	0.01	0.36
11	天津市教委基金	1	0.01	0.36
12	重庆市教委科研基金	1	0.01	0.36
13	陕西省软科学研究计划	1	0.01	0.36
14	辽宁省科学技术基金	1	0.01	0.36
15	江苏省科委社会发展基金	1	0.01	0.36
16	航空科学基金	1	0.01	0.36
17	湖南省自然科学基金	1	0.01	0.36
18	中国博士后科学基金	1	0.01	0.36
19	湖北省教委科研基金	1	0.01	0.36
20	国家留学基金	1	0.01	0.36
21	山西省 21 世纪初高等教育教学改革项目	1	0.01	0.36
22	科技基础性工作专项计划	1	0.01	0.36
23	国家重点基础研究发展计划(973)	1	0.01	0.36
	合计	280	2.82	100.00
	总计	9923	100.00	

从基金资助的层次上看,国家级基金 5 种 251 项,占全部基金资助文献的 89.64%;部委基金 3 种 5 项,占全部基金资助文献的 1.79%;地方基金 15 种 24 项,占全部基金资助文献的 8.57%。

从地方基金资助的区域分布看,涉及海南、河南、黑龙江、湖北、湖南、江苏、辽宁、山西、陕西、天津、重庆 11 个省市。

综上,从层级上看,国家级资助力度远高于部委与地方的资助力度;从区域分布看,全国并不均衡,资助力度均有限。

五、文献类型分布

从文献类型分布看,9923 篇样本文献中,综述类文献 103 篇,政策研究类文献 102 篇,一般性文献 9718 篇。各类型文献数量及占比情况见表 1-5。

表 1-5　各类型文献数量及占比情况

序号	文献类型	文献数量/篇	占全部样本/%
1	综述类文献	103	1.04
2	政策研究类文献	102	1.03
3	一般性文献	9718	97.93
	合计	9923	100.00

综上,从表 1-5 中可以明显地看到,一般性论证文献在研究成果中占据了绝对主体,而宏观性及政策性的研究大致相等,但十分薄弱。

六、小结

从样本文献的统计情况看,2018 年档案学学科涉及的文献资源类型有 7 种,期刊仍然是研究文献的主要来源,也是广大研究者进行交流与沟通的主要渠道和平台。

除图书情报档案之外,以公共卫生与预防医学、教育、公共管理、工业经济、工商管理、城市经济 6 个学科为主,对应的热点分别是医疗卫生档案、教育档案、管理档案、企业与经济档案。

研究的学科重叠率为 20.91%,具有明显的学科交叉性;研究明显偏重于应用性和社会科学。

研究有 280 篇文献得到国家、部委、省级 23 种基金的资助,占全部样本的 2.82%;研究成果中一般性论证文献是研究的绝对主体,宏观性及政策性的研究分别只占 1% 略强,显得十分薄弱。

第二节　文献计量分析

本节采用计量分析的方法,从文献作者分布、文献机构分布和文献来源分布 3 个方面对样本文献进行分析。

一、文献作者分布

从作者的分布情况看,9923 篇文献中,前 40 位作者共发表文献 308 篇,占全部样本的 3.10%。占比较上年(2017 年为 2.62%)有所提高。前 40 位作者发表文章数量及占比情况见表 1-6。

表 1-6　前 40 位作者发表文章数量及占比情况

序号	作者	发表文献数量/篇	占全部样本/%
1	赵彦昌	17	0.17
2	周文泓	14	0.14
3	李子林	12	0.12
4	黄霄羽	11	0.11
5	肖秋会	10	0.10
6	王天浩	10	0.10
7	孙大东	10	0.10
8	许桂清	9	0.09
9	徐拥军	9	0.09
10	刘东斌	9	0.09
11	华林	9	0.09
12	王英玮	9	0.09
13	丁海斌	8	0.08
14	杨洋	8	0.08
15	管先海	8	0.08
16	张卫东	7	0.07
17	李红	7	0.07
18	颜野	7	0.07
19	祁天娇	7	0.07
20	吴雁平	7	0.07
21	杨位楠	7	0.07
22	成灵慧	7	0.07
23	邓君	7	0.07
24	丁晓阳	7	0.07
25	谭必勇	6	0.06
26	邓琳	6	0.06
27	周耀林	6	0.06
28	周爱军	6	0.06
29	王巍	6	0.06
30	陶冶	6	0.06
31	梁丽明	6	0.06
32	常大伟	6	0.06
33	龙家庆	6	0.06
34	马仁杰	6	0.06
35	李治伟	6	0.06

续表1-6

序号	作者	发表文献数量/篇	占全部样本/%
36	黄新荣	6	0.06
37	马双双	5	0.05
38	李晶伟	5	0.05
39	朱立香	5	0.05
40	李秀玲	5	0.05
合计		308	3.10
总计		9923	100.00

如果按照普赖斯提出的计算公式,核心作者候选人的最低发表文章数量 $M = 0.749 \sqrt{N_{max}}$,其中 N_{max} 为最高产作者发表文章数量。2018 年档案学学科作者中发表文献最多的为 17 篇,即 $N_{max} = 17$,所以 $M = 0.749 \sqrt{17} \approx 3.088$ 。因此,赵彦昌、周文泓、李子林、黄霄羽、肖秋会、王天浩、孙大东、许桂清、徐拥军、刘东斌、华林、王英玮、丁海斌、杨洋、管先海、张卫东、李红、颜野、祁天娇、吴雁平、杨位楠、成灵慧、邓君、丁晓阳、谭必勇、邓琳、周耀林、周爱军、王巍、陶冶、梁丽明、常大伟、龙家庆、马仁杰、李治伟、黄新荣、马双双、李晶伟、朱立香、李秀玲等前 40 位作者,均是 2018 年档案学科的高产作者及核心作者。可见,2018 年档案学科研究有一定数量高产作者,已经形成相当数量的核心作者群。

从前 40 位作者的所属单位看,11 位来自高校,可见高校作者仍然是 2018 年档案学研究的主力军,至少是高产及核心作者的主体。

二、文献机构分布

从机构分布情况看,9923 篇文献中,前 40 个机构发表文献 1523 篇,占全部样本的 15.35% 。如果使用普赖斯公式计算,核心机构的最低发表文章数量 $M = 0.749 \sqrt{N_{max}}$,其中 N_{max} 为最高产机构发表文章数量。这里 $N_{max} = 125$,所以 $M = 0.749 \sqrt{125} \approx 8.374$,即发表文献 8 篇以上的为核心研究机构。据此,发表文献居前 40 位的中国人民大学、云南省档案局、黑龙江大学、上海大学、浙江省档案局、四川省档案局、安徽大学、黑龙江省档案局、辽宁省档案局、云南大学、山东大学、辽宁大学、四川大学、郑州大学、河北大学、武汉大学、南京大学、广西民族大学、吉林大学、国家档案局、扬州大学、北京市档案局、南昌大学、河北省档案局、黑龙江省哈尔滨市档案局、沈阳市档案局、福建师范大学、中山大学、中国船舶重工集团公司、陕西省档案局、西北大学、河南省濮阳市档案局、解放军国防大学、苏州大学、吉林省高速公路管理局、郑州航空工业管理学院、云南省昭通市档案局、黑龙江省青冈县档案局、湘潭大学、中国第一历史档案馆,均是档案学研究的高产机构及核心机构。

前 40 个高产机构中有 23 个是高校,发表文献 939 篇,占核心研究机构发表文献数(1523 篇)的 61.65% 。说明高校是 2018 年档案学研究核心机构的主体。

前 40 个机构发表文献数量及占比情况见表1-7。

表 1-7 前 40 个机构发表文献数量及占比情况

序号	机构	发表文献数量/篇	占全部样本/%
1	中国人民大学	125	1.26
2	云南省档案局	112	1.13
3	黑龙江大学	93	0.94
4	上海大学	91	0.92
5	浙江省档案局	70	0.71
6	四川省档案局	63	0.63
7	安徽大学	63	0.63
8	黑龙江省档案局	56	0.56
9	辽宁省档案局	50	0.50
10	云南大学	49	0.49
11	山东大学	47	0.47
12	辽宁大学	46	0.46
13	四川大学	46	0.46
14	郑州大学	44	0.44
15	河北大学	37	0.37
16	武汉大学	35	0.35
17	南京大学	33	0.33
18	广西民族大学	31	0.31
19	吉林大学	27	0.27
20	国家档案局	26	0.26
21	扬州大学	25	0.25
22	北京市档案局	24	0.24
23	南昌大学	23	0.23
24	河北省档案局	22	0.22
25	黑龙江省哈尔滨市档案局	21	0.21
26	沈阳市档案局	21	0.21
27	福建师范大学	20	0.20
28	中山大学	20	0.20
29	中国船舶重工集团公司	19	0.19
30	陕西省档案局	18	0.18
31	西北大学	18	0.18
32	河南省濮阳市档案局	18	0.18
33	解放军国防大学	17	0.17
34	苏州大学	17	0.17
35	吉林省高速公路管理局	17	0.17

续表1-7

序号	机构	发表文献数量/篇	占全部样本/%
36	郑州航空工业管理学院	17	0.17
37	云南省昭通市档案局	16	0.16
38	黑龙江省青冈县档案局	16	0.16
39	湘潭大学	15	0.15
40	中国第一历史档案馆	15	0.15
	合计	1523	15.35
	总计	9923	100.00

从前40个机构发表文献的数量及占比情况看,高校发表文献的数量和占比均最高(23个),发表939篇,占全部样本的9.46%;档案行政管理机关次之(14个),发表文献533篇,占全部样本的5.37%;企业排第三位(1个),发表文献19篇,占全部样本的0.19%;其他行政机关居第四(1个),发表文献17篇,占全部样本的0.17%;档案馆排第五位(1个),发表文献15篇,占全部样本的0.15%。

这从整体上说明高校参与并进行档案学研究的热情最高,档案行政管理机关次之,企业、其他行政管理机构、档案馆的参与热情较低。

三、文献来源分布

从文献来源分布看,9923篇样本文献中,前14种文献来源,发表文献4661篇,占全部样本的46.97%。具体分布是:《办公室业务》1715篇,《兰台世界》537篇,《黑龙江档案》368篇,《城建档案》347篇,《中国档案》313篇,《浙江档案》229篇,《档案与建设》211篇,《云南档案》200篇,《兰台内外》198篇,《才智》187篇,《档案天地》185篇,《陕西档案》171篇,《山西档案》166篇,《档案管理》159篇。

前14种文献来源发表文献数量及占比情况见表1-8。

表1-8　前14种文献来源发表文献数量及占比情况

序号	文献来源	发表文献数量/篇	占全部样本/%
1	《办公室业务》	1715	17.28
2	《兰台世界》	537	5.41
3	《黑龙江档案》	368	3.71
4	《城建档案》	347	3.50
5	《中国档案》	313	3.15
6	《浙江档案》	229	2.31
7	《档案与建设》	211	2.13
8	《云南档案》	200	2.02
9	《兰台内外》	198	2.00
10	《才智》	187	1.88
11	《档案天地》	185	1.86

续表 1-8

序号	文献来源	发表文献数量/篇	占全部样本/%
12	《陕西档案》	171	1.72
13	《山西档案》	166	1.67
14	《档案管理》	159	1.60
	合计	4661	46.97
	总计	9923	100.00

按照布拉德福定律,9923 篇文献可分为核心区、相关区和非相关区,各个区的论文数量相等(约3308 篇)。因此,发表论文居前 4 位的《办公室业务》《兰台世界》《黑龙江档案》《城建档案》(3280篇)处于核心区之内;《中国档案》《浙江档案》《档案与建设》《云南档案》《兰台内外》《才智》《档案天地》《陕西档案》《山西档案》《档案管理》等发表文献 159 篇及以上的处于相关区;发表文献 158 篇以下的则小部分处在相关区,大部分处在非相关区。

从发表文献 159 篇及以上的 14 种文献来源看,12 种为档案学期刊,且三分之二(8 种)为档案学普通期刊,发表文章 2172 篇;核心期刊有 4 种,发表文章 912 篇。可以说,在期刊中,普通档案学期刊对档案学研究的关注度更高,是这一研究领域的主要阵地,核心期刊的关注度则相对较低。同时涉及1 种相关期刊和 1 种其他期刊。档案学期刊占比高,是相关研究成果的主要发布平台。

四、小结

从样本文献的计量分析情况看,2018 年档案学学科研究者众多,已经形成以高校作者为主体的高产作者和核心作者群,档案行政管理机构作者略逊于高校作者,但数量与作用不容小觑。

从前 40 个机构发表文献数量及占比情况看,高校发表文献的数量和占比均最高,档案行政管理机关次之,企业排第三位,其他行政机关居第四,档案馆排第五位。这从整体上说明高校参与并进行档案学学科研究的热情最高,档案行政管理机关次之,企业、其他行政机构和档案馆的参与热情相对较低。

从文献来源分布看,2018 年普通档案学期刊对档案学研究的关注度,要高于核心期刊,档案学期刊是这一研究领域的主要阵地。

第三节　文献词频分析

本节采用关键词词频的方法,从关键词词频、主题词词频和近五年高频词变化 3 个方面对样本文献进行分析。

一、关键词词频分析

表 1-9 是前 15 个高频关键词使用频率及占比情况。

表1-9　前15个高频关键词使用频率及占比情况

序号	关键词	使用频率/次	占全部样本/%
1	档案管理	1770	17.84
2	档案	465	4.69
3	信息化	409	4.12
4	管理	395	3.98
5	问题	334	3.37
6	对策	315	3.17
7	事业单位	270	2.72
8	医院	217	2.19
9	信息化建设	213	2.15
10	大数据	206	2.08
11	人事档案	176	1.77
12	创新	173	1.74
13	数字化	153	1.54
14	电子档案	140	1.41
15	措施	136	1.37
合计		5372	54.14
总计		9923(篇)	100.00

从表1-9可以看出,前15个高频关键词合计使用5372频次,占全部样本的54.14%,即半数以上文献使用这15个关键词。

其中居于前15位的分别是:档案管理(1770频次)、档案(465频次)、信息化(409频次)、管理(395频次)、问题(334频次)、对策(315频次)、事业单位(270频次)、医院(217频次)、信息化建设(213频次)、大数据(206频次)、人事档案(176频次)、创新(173频次)、数字化(153频次)、电子档案(140频次)、措施(136频次)。

相对而言,2018年档案学学科的研究,主要集中在上述15个关键词所涉及的方面,可以说,上述15个关键词是2018年档案学学科研究的热点所在。它们可以归纳为档案事务(档案管理、管理、问题、对策、创新、措施),档案(档案、人事档案、电子档案),信息化(信息化、信息化建设、大数据、数字化),机构(事业单位、医院)4个大类。

需要指出的是,由于档案学学科研究内容所反映出的广泛性,研究热点只是相对集中,每年都会有新的热点与重点出现。

二、主题词词频分析

从主题词使用频率看,2018年档案学研究涉及内容广泛,集中在档案事务、机构、信息化、档案、文件、档案人6个方面。使用频率最高的40个主题词分布情况见表1-10。

表 1-10　使用频率最高的 40 个主题词分布情况

序号	主题	使用频率/次	占全部样本/%
1	档案管理工作	1536	15.48
2	档案管理	1462	14.73
3	档案局	773	7.79
4	档案工作	434	4.37
5	档案馆	338	3.41
6	档案信息化建设	325	3.28
7	事业单位	321	3.23
8	档案管理人员	310	3.12
9	医院档案管理	308	3.10
10	电子档案	306	3.08
11	档案信息资源	277	2.79
12	信息化建设	266	2.68
13	档案信息化管理	240	2.42
14	信息化	240	2.42
15	档案信息	237	2.39
16	人事档案管理	220	2.22
17	档案事业	213	2.15
18	数字档案馆	209	2.11
19	档案资源	204	2.06
20	电子文件	204	2.06
21	大数据时代	191	1.92
22	大数据	183	1.84
23	国家档案局	180	1.81
24	单位档案管理	179	1.80
25	档案信息化	174	1.75
26	档案部门	174	1.75
27	人事档案管理工作	171	1.72
28	新形势下	163	1.64
29	档案室	157	1.58
30	综合档案馆	155	1.56
31	文件材料	152	1.53
32	企业档案管理	151	1.52
33	档案服务	146	1.47
34	文书档案	143	1.44
35	城建档案	138	1.39

续表 1-10

序号	主题	使用频率/次	占全部样本/%
36	档案工作者	130	1.31
37	档案资料	129	1.30
38	档案管理系统	115	1.16
39	民生档案	111	1.12
40	纸质档案	102	1.03
合计		11 467	115.56
总计		9923（篇）	100.00
重叠		1544	15.56

　　从涉及的主题词看,使用频率最高的 40 个主题词共使用 11 467 频次,占全部样本的 115.56%。也就是说,上述 40 个主题词涵盖了全部样本一次多。其中使用频率最高的是档案管理工作(1536 频次),使用频率最低的是纸质档案(102 频次),平均使用频率为 287 频次。

　　从主题词反映出的研究内容看,2018 年,档案学关注的 40 个主要问题又可归并为档案事务、机构、信息化、档案、文件、档案人 6 个方面。

　　档案事务(档案管理工作、档案管理、档案工作、医院档案管理、人事档案管理、档案事业、单位档案管理、人事档案管理工作、新形势下、企业档案管理、档案服务),共使用 4983 频次,占全部样本的50.22%。它涵盖了档案事务的多个层面,主要集中在管理层面,也包括具体工作环节的管理,是 2018年档案学界研究与关注度第一高的主题。

　　机构(档案局、档案馆、事业单位、数字档案馆、国家档案局、档案部门、档案室、综合档案馆),共使用 2307 频次,占全部样本的 23.25%。它是改革开放以来与档案事业、档案人关系最为密切的问题,也是档案学界一直关注的重要问题之一。2018 年,正值新一轮机构改革之时,档案机构再次成为档案界关注之重点,理所应当成为档案学界研究与关注度第二高的主题。

　　信息化(档案信息化建设、档案信息资源、信息化建设、档案信息化管理、信息化、大数据时代、大数据、档案信息化、档案管理系统),共使用 2011 频次,占全部样本的 20.27%。它涵盖了档案信息化的多个方面,主要集中在信息与系统两个方面,是 2018 年档案学界研究与关注度第三高的主题。

　　档案(档案信息、档案资源、文书档案、城建档案、档案资料、民生档案、纸质档案、电子档案),共使用 1370 频次,占全部样本的 13.81%。档案是档案学研究的本体,但从涉及的 8 个主题看,更注重对档案所承载的信息、专业专门和新型载体档案的关注与重视。

　　档案人(档案管理人员、档案工作者),共使用 440 频次,占全部样本的 4.43%。作为档案工作的主体,不足 5% 的占比已经足以说明档案界研究的关注点从来没有离开过档案人自身,遗憾的是没有涉及我们服务的对象。这表明相关研究更多注重档案工作者自身。

　　文件(电子文件、文件材料),共使用 356 频次,占全部样本的 3.59%。它与"档案"相差近四倍,显示出其虽然与档案相关,但已然不是档案界研究关注的重点。文件研究的重点不再是传统的文件材料,而是转向新型载体的电子文件。

　　可以说,2018 年档案学研究所涉及内容虽然十分广泛,但全部文献均包含在上述 6 类问题上。或者说,档案学研究主要是围绕上述 6 个方面展开的。

三、近五年高频词变化

　　年度关键词的变化,特别是高频关键词的变化,能够反映出相关研究内容与主题、重点与热点的变化。2014—2018 年档案学学科关键词及高频关键词的变化情况请扫描右侧二维码。

从近五年研究文献主要关键词的分布看,共涉及关键词 6 个,即档案管理、档案、信息化、管理、问题、对策。

5 年中,相邻年份中重复出现过的关键词有档案管理、档案、信息化、管理(各 5 年),重复率为 100%。不相邻年份重复出现的关键词有问题(4 年),重复率为 80%;对策(1 年),重复率为 20%。这说明近五年间档案管理、档案、信息化、管理相关研究一直是持续度最高的核心研究内容与方向,研究内容与主题在年度间连续性非常高。多数年份有 80% 以上的研究内容是上一年的重点。

但也要看到,这些持续的重点内容的关注度有所起伏,所有五个重点内容,2018 年均较 2017 年有所下降。近五年来相关研究的主要内容整体上集中,重点突出。

对"问题"的关注是 2015 年后出现的研究热点。在 2014—2018 年中出现的关键词最少为 334 次,最多时达到 2090 次。

四、小结

2018 年档案学科的研究,从高频关键词看,主要集中在档案事务(档案管理、管理、问题、对策、创新、措施),档案(档案、人事档案、电子档案),信息化(信息化、信息化建设、大数据、数字化),机构(事业单位、医院)4 类 15 个关键词所涉及的问题上。需要指出的是,由于档案学科研究内容的广泛性,研究热点只是相对集中,每年都会有新的热点与重点出现。

从主题词反映出的研究内容看,2018 年档案学关注的 40 个主要问题又可归并为档案事务、机构、信息化、档案、文件、档案人 6 个大类。使用频率最高的 40 个主题词共使用 11 467 频次,占全部样本的 115.56%,也就是说,上述 40 个主题词涵盖了全部样本文献一次多。其中使用频率最高的是档案管理工作(1536 频次),使用频率最低的是纸质档案(102 频次),平均使用频率为 287 频次。

从近五年研究文献主要关键词的分布看,共涉及关键词 6 个,即档案管理、档案、信息化、管理、问题、对策。这说明近五年间档案管理、档案、信息化、管理相关研究一直是持续度最高的核心研究内容与方向,研究内容与主题在年度间连续性非常高。多数年份有 80% 以上的研究内容是上一年的重点。近五年来相关研究的主要内容整体上集中,重点突出。

第四节　文献关键词共词分析

本节采用关键词共现分析的方法,从共现矩阵和共现网络两个方面对样本文献进行分析。

一、共现矩阵

矩阵提取使用频率最高的 20 个关键词,将这 20 个关键词形成 20×20 的共词矩阵。如果某两个关键词同时出现在一篇文章中时,就表明这两者之间存在相关关系,关键词右侧或下方对应位置的数值表示篇数。

图 1-1 是 2018 年档案学学科文献高频关键词共现矩阵。

	档案管理	档案	信息化	管理	问题	对策	事业单位	大数据	信息化建设	医院	创新	人事档案	数字化	电子档案	措施	策略	高校	档案工作	人事档案管理	医院档案管理
档案管理																				
档案	11																			
信息化	182	52																		
管理	5	91	51																	
问题	115	16	14	22																
对策	116	16	14	26	165															
事业单位	179	10	20	16	19	23														
大数据	79	12	17	9		6														
信息化建设	103	17		5	9	13	28	10												
医院	102	19	20	18	15	17		9	11											
创新	78	14	16	24			17	7		12										
人事档案	12		15	27	6	6	15		9	18	9									
数字化	46	32	17	11	6	5	8													
电子档案	29		4	22		4	6			7										
措施	56		11	16	38		12			9		5	6							
策略	49		14	8	20		11	5	7	5	6	7								
高校	25	14	15	7	7	9		6	7			8	6							
档案工作	12	5			5		5													
人事档案管理			7		14	11	21		13	16							4			
医院档案管理			5		10	5			7	7										

图 1-1　2018 年档案学学科文献高频关键词共现矩阵

图 1-1 显示,2018 年档案学学科文献关键词共现有 114 组,共现率为 57%。而共现次数 100 次以上的关键词组合有 7 组,共现率为 3.5%。

以横轴为准计:

20 组共现关键词中有 17 组与档案管理直接相关,占共现关键词的 8.5%。

20 组共现关键词中有 15 组与信息化直接相关,占共现关键词的 7.5%。

20 组共现关键词中有 13 组与管理直接相关,占共现关键词的 6.5%。

20 组共现关键词中有 12 组分别与档案、问题直接相关,各占共现关键词的 6%。

20 组共现关键词中有 10 组与对策直接相关,占共现关键词的 5%。

20 组共现关键词中有 8 组与事业单位直接相关,占共现关键词的 4%。

20 组共现关键词中有 7 组与大数据直接相关,占共现关键词的 3.5%。

20 组共现关键词中有 6 组分别与信息化建设、医院直接相关,各占共现关键词的 3%。

20 组共现关键词中有 3 组与人事档案直接相关,占共现关键词的 1.5%。

20 组共现关键词中有 2 组分别与创新、信息化直接相关,各占共现关键词的 1%。

20 组共现关键词中有 1 组与措施直接相关,占共现关键词的 0.5%。

另外还有电子档案、策略、高校、档案工作、人事档案管理、医院档案管理 6 个无共现关键词。

以共现频次为准计:

共现次数在 100 次以上的关键词有 7 组,分别是:

档案管理与信息化:182 次。

档案管理与问题:115 次。

档案管理与对策:116 次。

档案管理与事业单位:179 次。

档案管理与信息化建设:103 次。

档案管理与医院:102 次。

问题与对策:165 次。

从共现组数看,由于高共现频率的 20 个关键词的共现组数达 114 组,2018 年档案学学科的重点方向集中在档案管理、信息化、问题与对策 4 个主要方面。或者说,2018 年档案学学科仍然主要是在档案管理、信息化、问题与对策 4 个方向上展开的。问题导向突出。

2018 年档案学科的整体规模较大,研究内容相对集中。2018 年档案学科领域有相当规模的高频(100 次以上 7 组;50 次以上 5 组;20 次以上的 17 组)共现关键词,形成了比较突出的高相关共现关键词群,研究的集中趋势明显。

二、共现网络

在关键词共现网络中,关键词之间的关系可以用连线来表示,连线多少和粗细代表关键词间的亲疏程度,连线越多,代表该关键词与其他关键词共现次数越多,越是研究领域的核心和热点内容。

使用知网提供的工具,可获得 2018 年档案学科研究高频词共词网络图谱(扫描右侧二维码)。

从 2018 年档案学科高频关键词的网络图谱可以直观地看出:相关研究可分为 6 个聚类群组。其中又分别以"问题""大数据""档案管理""医院档案管理""高校""电子档案"为核心关键词,均为单核心群组。

其中,"问题"为多词群组,"大数据""档案工作""医院档案管理""高校""电子档案"是单词群组。

在以"问题"为核心的群组中,共涉及 13 个关键词。关联性最强(线条最粗)的是"档案""管理""对策",其次是"事业单位""信息化建设""医院"。整个群组间的距离比较近,聚团、相关性比较强。

在以"数字化"为核心的群组中一共只有 3 个相关关键词,除了"数字化"之外,还有"高校"与"建设"。三者间的距离不远,也不近。相互间的关系不算紧密。但这一群组与核心群组"问题"联系相对紧密。

此外,其他 5 个聚类各只有一个关键词,分别是"大数据""档案管理""医院档案管理""高校""电子档案"。

"大数据""档案管理""医院档案管理"处于"问题"主群组的一侧,且相互之间有关联。可以表述为:"大数据"与"问题""档案工作""医院档案管理"3 个群组相关联。"档案工作"与"问题""医院档案管理""大数据"3 个群组相关联。"医院档案管理"与"问题""档案工作""大数据"3 个群组相关联。

"高校"和"电子档案"两个群组只与"问题"主群组相关联。不同的是"高校"群组置于"问题"主群组的包围之中,而"电子档案"群组则处于"问题"主群组的一侧外围。

核心群组"问题"是联系"大数据""档案管理""医院档案管理""电子档案"4 个聚类群组的桥梁。

"大数据""档案管理""医院档案管理""电子档案"位于整个网络的外围,虽然不是 2018 年档案学学科研究的重心,但有可能成为今年,或明年、后年的研究热点。

三、小结

如果从共现矩阵的组数看,由于高共现频率的 20 组关键词的共现组数达 114 组,2018 年档案学科的重点方向集中在档案管理、信息化、问题与对策 4 个主要方面。或者说,2018 年档案学科仍然主要是在档案管理、信息化、问题与对策 4 个方向上展开的。问题导向突出。2018 年档案学科的整体规模较大,研究内容相对集中,形成了比较突出的高相关共现关键词群,研究的集中趋势明显。

如果从共现网络来看,2018 年档案学科是围绕以"问题"为核心的、与"档案""管理""对策"等主要内容展开的。"大数据""档案管理""医院档案管理""电子档案"位于整个网络的外围,虽然不是2018 年档案学科研究的重心,但有可能成为今后的研究热点。整个研究主题具有明显的向心性,聚团。

第五节　文献综述

本节仅对 2018 年档案学、档案管理、档案整理与出版、各类型档案、建筑和设备、世界各国档案事业、中国档案事业 7 个类别及档案法制、档案治理、大数据、电子文件 4 个热点做一个概略性的描述,详情在后面各章中细述。

一、档案学

2018 年档案学研究共发表文献 2499 篇。从样本文献的统计情况看,2018 年档案学研究涉及资源类型较多,期刊仍然是研究文献的主要来源,也是研究者进行交流与沟通的主要渠道和平台。硕士学位论文、报纸、学术辑刊、国内会议、国际会议、博士学位论文加起来,在规模上与期刊相差 2 个量级,只起辅助与点缀作用。

从研究涉及的学科看,2018 年档案学研究涉及学科众多,除图书情报档案外,发表文献最多的 5个学科是教育、公共卫生与预防医学、公共管理、计算机、工业经济。与 2017 年档案学研究的整体学科分布相比均有变化,显示 2018 年档案学研究的重心与热点发生较大变化。整个研究具有很高的学科交叉性。

从研究层次的整体上看,2018 年档案学研究偏重社会科学,且偏重应用性。

在基金资助方面,从层级上看,国家级资助力度远高于部委与地方的资助力度;从区域分布看,全国亦不均衡,平均资助项目数量有差别。

在研究成果的类型上,一般性论证文献是 2018 年档案学研究的绝对主体,宏观性及政策性的研究则十分薄弱。

从样本文献涉及的作者情况看,2018 年档案学研究已经形成了以高校作者为主,档案行政管理机构工作者为辅,数量相当的高产作者和核心作者群。

从前 40 个机构发表文献的数量及占比情况看,高校发表文献的数量和占比均最高,且居前 14 位的均为高校,档案行政管理机关次之,档案馆居第三位,企业排第四位,事业单位和其他行政管理机构并列第五位。这从整体上说明高校参与并进行档案学研究的热情最高,档案行政管理机构次之,档案馆、企业、事业单位和其他行政管理机构参与的热情较低。

从发表文献 37 篇及以上的前 13 种文献来源看,有 11 种为档案学期刊,发表文章 689 篇;档案学相关期刊 1 种,其他专业期刊 1 种。在档案学期刊中有 6 种为档案学核心期刊,5 种为普通期刊。可以说,在期刊中,档案学核心期刊对 2018 年档案学研究的关注度更高,是这一研究领域的主要阵地,普通期刊的关注度则相对较低。

从 2499 篇文献涉及的高频关键词看,2018 年档案学研究的内容,依规模可以概括为信息化、档案事务、机构、档案 4 个大类。研究主要集中在档案管理、信息化、信息化建设、档案、大数据、档案信息化、管理、建设、问题、高校、信息化管理、对策、事业单位、应用 15 个关键词所涉及的方面,或者说上述 15 个关键词是 2018 年档案学研究的热点。而其中又以档案管理、信息化、信息化建设、档案 4 个方面为重点。需要指出的是,由于档案学研究内容的广泛性,2018 年研究热点只是相对集中,每年的热点与重点会有所不同。

从涉及的主题词看,使用频率最高的 40 个主题词共使用 3871 频次,占全部样本的 154.90%,也就是说,上述 40 个主题词涵盖了全部样本一次半以上。其中使用频率最高的是档案管理(403 频次),使用频率最低的是高校档案管理(38 频次),平均使用频率为 97 频次。从主题词反映出的研究内容看,2018 年档案学研究关注的 40 个主要问题又可归并为信息化、档案事务、档案、机构、档案学、文件、档案人 7 个大类。也可以说,档案学界 2018 年的研究主要是围绕上述 7 个方面展开的。

从近五年研究文献主要关键词的分布看,档案学研究关注的重点始终集中在档案管理、信息化、信息化建设、档案 4 个方向上。不过也要看到,这些持续的重点内容的关注度在 2016 年前后有所不同。2016 年前,各个内容的文献数量及总体数量呈现上升趋势,而 2018 年后,无论是各个内容的文献数量,还是总体数量,均出现下降趋势。从总体上看,近五年来相关研究的主要内容整体上集中,重点突出,但强度差异明显。

从共现组数看,由于高共现频率有 13 组,占全部共现关键词的 13.40%,2018 年档案学研究的重点仍然集中在档案管理和信息化两个主要方向上。或者说,2018 年档案学研究是主要是在档案管理与信息化两个方向上展开的。2018 年档案学研究的整体规模较大,研究内容相对集中,研究的集中趋势明显。

从网络共现情况看,2018 年档案学研究是围绕以"档案管理"为核心的"信息化""信息化建设""数字化""档案"等主要内容展开的。"数字档案馆""应用""数字档案""档案信息化"和"档案馆"5 个单核心群组主要与"档案管理"主群组相关联,且与这个群组中的众多关键词存在关联。但整体处在"档案管理"群组之外。"数字档案馆""应用""数字档案""档案信息化"之间有一定联系,但联系强度不高。"档案馆"只与"档案管理"主群组相关联,与"数字档案馆""应用""数字档案""档案信息化"之间没有直接联系,是档案学研究中最为特殊的一类。这不仅表明档案馆研究本身在档案学研究中的地位,也反映出档案馆研究在档案学的非本体性突出。

二、档案管理

2018 年档案管理研究共发表文献 3403 篇。从样本文献的统计情况看,2018 年档案管理研究涉及 5 类资源,期刊是 2018 年档案管理研究文献的主要来源,也是研究者进行交流与沟通的主要渠道和平台。其他资源仅起点缀作用。

研究涉及学科众多,具有极高的学科交叉性。除图书情报档案之外,发表文献最多的 4 个学科分别是公共卫生与预防医学、公共管理、工商管理、工业经济。

从研究的层次上看,研究明显属于社会科学的范畴,并且更加偏重应用性。

从研究得到的基金资助情况看,国家级资助力度是地方资助力度的 2 倍以上。从地方基金资助的区域分布看,仅涉及 4 个省市。地方对这类研究关注与重视程度不足。

从研究成果的类型看,一般性论证文献在研究成果中占据了绝对主体,而综述类及政策研究类的研究显得薄弱。

从样本文献涉及的作者情况看,2018 年档案管理研究者众多,已形成相当数量的高产作者及核心作者群,其中以事业单位作者为主,高校作者为辅。

从文献涉及的机构看,事业单位居首,高校次之,档案行政管理机构再次,企业居第四,其他行政管理机构居第五。一方面,高校仍然是2018年档案管理核心研究机构群的主体之一,发表文献数量居前五位均为高校。另一方面,在前40个机构中非高校数量多于高校,其中事业单位数量就高于高校。从整体上看档案管理研究更趋近实践工作,而非理论。

从前12种文献来源看,普通档案学期刊对2018年档案管理研究的关注度更高,是这一研究领域的主要阵地,核心期刊的关注度则相对较低。其中3种为非档案学期刊,发表文献超过档案学期刊,关注度远高于档案学期刊。

从3403篇文献涉及的关键词看,2018年档案管理研究主要集中在档案事务、机构、档案、信息化4类15个关键词所涉及的方面,可以说,上述4类15个关键词是2018年档案管理研究的热点所在。其中又以档案管理、管理、问题、对策、事业单位5个方面为热点。与2017年档案管理、管理、问题、档案、对策5个热点相比,略有变化;明显与机构改革高相关。

从研究主题看,2018年档案管理研究所涉及内容虽然十分广泛,但全部样本均包含在档案事务、档案、机构、档案人、信息化、档案业务、文件、其他8类问题上,或者说,档案管理研究主要是围绕上述档案事务、档案、机构、档案人、信息化、档案业务、文件、其他8个方面展开的。研究管理性特征突出,是名副其实的大问题。

近五年间档案管理、管理、问题、对策的相关研究一直是持续度较高的核心研究内容与方向,其次是档案研究。研究内容与主题在年度间连续性非常好。近五年来相关研究的主要内容集中,重点突出。

从共现矩阵看,2018年档案管理研究的重点集中在档案管理和问题对策措施两个主要方向上。或者说,2018年档案管理研究主要是围绕档案管理存在问题及对策措施展开的。管理特性明显,问题导向突出。2018年档案管理研究的整体规模较大,研究内容相对集中,研究的集中趋势明显。

从网络图谱看,2018年档案管理研究是围绕以"对策"为核心的"问题""管理""档案"等主要内容展开的。"新形势"与"规范化"、"档案管理工作"与"新时期"、"档案工作"、"大数据"、"重要性"5个群组涉及的关键词,都处在核心群组的外围,目前还不是档案管理研究中的主题与核心,但或许可能成为日后档案管理研究的主题与核心。

三、档案整理与出版

2018年档案整理与出版研究共发表文献1026篇。从样本文献的统计情况看,2018年档案整理与出版研究涉及6类资源,期刊仍然是2018年档案整理与出版研究文献的主要来源,也是研究者进行交流与沟通的主要渠道和平台。相比之下会议论文、学位论文和报纸发表文献在研究中只起点缀作用。

研究的学科分布较广泛,除图书情报档案外,发表文献最多的7个学科是教育、工业经济、公共卫生与预防医学、工商管理、历史、公共管理、城市经济。研究具有明显的学科交叉性。

从整体上看,2018年档案整理与出版研究属于略偏重理论的社会科学范畴。

从层级上看,国家级资助力度远大于部委与地方的资助力度,部委资助又高于地方资助力度。从区域分布看,全国只有个别数省份对这类研究有所资助,资助力度均十分有限。

从研究成果的类型看,一般性论证文献在研究成果中占据了绝对主体,而代表宏观性及政策性研究的综述类文献、政策研究类文献体量很小,不到3%,显得十分薄弱。

2018年档案整理与出版研究已经形成了一定数量的高产作者和核心作者群。从前40位作者的所属单位看,多数来自高校,高校作者仍然是2018年档案整理与出版研究的主力,至少是高产及核心作者的主体。

从前 40 个机构发表文献的数量及占比情况看,高校发表文献的数量及占比均为最高,档案行政管理机关次之,档案馆位列第三位,企业位列第四,事业机构和其他行政管理机构位列第五。这说明档案整理与出版研究更趋近于纯理论研究,与档案实际工作还存在一定距离。

从前 14 种文献来源看,有 13 种为档案学期刊,发表文献 422 篇。在档案学期刊中又以档案学普通期刊略多(7 种),核心期刊略少(6 种)。可以说,档案类期刊,无论是核心期刊,还是普通期刊,对 2018 年档案整理与出版研究的关注度更高,是这一研究领域的主要阵地。档案学期刊以外的其他期刊的关注度相对较低。

从文献涉及的关键词看,2018 年档案整理与出版研究主要集中在档案、档案业务、档案事务、机构、新技术 5 类 15 个关键词所涉及的方面,与 2017 年的档案、开发利用、档案利用、档案管理、利用、收集相比有所变化。由于研究内容的广泛性,研究热点只是相对集中。

从主题词反映出的研究内容看,2018 年档案整理与出版研究关注的 40 个主要问题又可归并为档案、机构、档案业务、档案事务、档案人、新技术、文件 7 个大类。2018 年档案整理与出版研究所涉及内容虽然十分广泛,但全部样本均包含在上述 7 类问题上,或者说档案整理与出版研究主要是围绕上述 7 个方面展开的。

近五年间档案、开发利用、利用、档案利用、档案管理的相关研究持续稳定,一直是研究的核心内容与方向。研究内容与主题在年度间连续性非常好。但 2015 年是所有研究主题的分界线。从总体上讲,近五年来相关研究的主要内容集中,重点突出。

从共现矩阵看,2018 年档案整理与出版研究是围绕档案利用一个主要方向展开的,没有形成比较明显的高相关共现关键词群,研究的集中趋势不明显。

从网络图谱看,2018 年档案整理与出版研究是围绕以档案利用和问题对策为核心的相关内容展开研究的。"档案馆""档案编研""大数据"目前处于整个网络的边缘,不是研究的热点与重点,但今后可能成为热点与重点。

四、各类型档案

2018 年各类型档案研究共发表文献 1404 篇。从样本文献的统计情况看,2018 年各类型档案研究,涉及资源 5 类,期刊仍然是研究文献的主要来源,同时也是研究者进行交流的主要平台,沟通的主要渠道。其他来源只起点缀作用。

研究的学科分布广泛,除图书情报档案之外,发表文献最多的 4 个学科是教育、公共卫生与预防医学、历史、管理学。与 2017 年的医药卫生方针政策与法律法规研究、管理学、高等教育、行政学及国家行政管理、企业经济相比,有一定变化。学科交叉性明显。

从整体上看,2018 年各类型档案研究涉及 15 个不同层次,属于偏重应用性的社会科学研究。

研究有 54 篇文献得到 7 种国家或省级基金的资助。从层级上看,国家级资助力度远高于部委与地方的资助力度,资助数量约是部委与地方的资助数的 10 倍。从区域分布看,全国多数省份对这一问题缺少关注,有所关注的省份的资助力度也十分有限。

从文献类型分布看,一般性论证文献占绝对多数,而宏观性及政策性的研究则明显薄弱。

从样本文献涉及的作者情况看,2018 年各类型档案研究形成了一定数量的高产作者及核心作者群。高校与事业机构作者共同组成了 2018 年各类型档案研究的主体。

从前 40 个机构发表文献的数量及占比情况看,高校发表文献的数量及占比均为最高,档案行政管理机关次之(6 个,发表文献 29 篇,占 12.03%);档案馆第三(3 个,发表文献 15 篇,占 1.25%),企业和其他行政管理机构居第四(各 2 个,各发表文献 8 篇,各占 3.32%)。表明各类型档案研究偏于理论研究,距离档案实际工作有些远。

从发表文献 20 篇以上的前 13 种文献来源看,有 11 种为档案学期刊,发表文章 398 篇;在档案学期刊中又以普通期刊略多(6 种),发表文章 252 篇;核心期刊有 5 种,发表文章 146 篇。可以说,档案类期刊,特别是普通档案学期刊对 2018 年各类型档案研究的关注度高,是这一研究领域的主要阵地,核心期刊的关注度相对比较低。

从文献涉及的关键词看,2018 年各类型档案研究主要集中在档案、档案事务、文件、机构、信息化 5 类 15 个关键词所涉及的内容,其中又以电子档案、管理、档案管理、文书档案、人事档案 5 个内容为年度热点。与 2017 年的年度热点人事档案、管理、档案管理、电子档案、文书档案相比,内容没有变化,热度与发表文献数量有所变化。体现出相同内容在不同年度的热度差异。由于研究内容广泛,研究热点只是相对集中。每个年度均会产生变化。

从主题词使用频率看,2018 年各类档案研究涉及内容广泛,集中在档案、档案事务、机构、信息化、文件、人、其他 7 个方面,涵盖了全部样本文献。研究重点集中在档案、档案事务两个方面。

近五年间电子档案、档案管理、管理、人事档案的相关研究持续度较高,一直是研究的核心内容与方向;其次是文书档案问题。研究内容与主题在年度间连续性非常好。多数年份有 80% 以上的研究内容是上一年的重点。但也要看到,这些持续重点内容的关注度也有变化,从 2014 年起,总体呈现渐次下降的趋势。总之,近五年来相关研究的主要内容集中,重点突出。

从共现组数看,2018 年各类型档案研究的重点集中在管理、档案管理、问题 3 个主要方向上。档案研究的整体规模不大,研究内容相对集中,集中趋明显。

从共现网络显示的情况看,2018 年各类型档案研究是以"管理"为核心的人事档案、文书档案、电子档案等为主,涉及其他多种类型档案。而"归档"、"文书档案管理"、"作用"与"城建档案"等关键词处于网络的边缘,不是研究的中心与热点。

五、建筑和设备

2018 年档案建筑和设备研究共发表文献 70 篇。从样本文献的统计情况看,2018 年建筑和设备研究,涉及资源类型较少,但期刊仍然是研究文献的主要来源,也是相关研究者进行交流的平台和沟通主渠道。硕士学位论文、报纸文献数量合计占比不足一成,只起辅助作用。

研究涉及的学科分布狭窄,以图书情报档案和其他为主,表明 2018 年建筑和设备研究具有比较明显的学科交叉性。

从整体上看,2018 年建筑和设备研究是偏重基础理论的社会科学研究。

研究仅得到国家、省级 2 种基金的资助,数量稀少。从层级上看,国家级资助力度高于地方的资助力度 4 倍;从区域分布看,全国极不均衡,只有 1 个省份对这一类项目给予资助,资助力度十分有限。

从文献类型分布看,超过 97% 的为一般性论证文献,综述类文献和政策研究类文献合计占比不到 3%。整个研究的宏观性与政策性非常的薄弱。

从样本文献的计量分析情况看,邓君、郭艳、王卉乔、朱黎琴 4 位发表 2 篇以上文献的作者,是 2018 年建筑和设备研究的高产作者及核心作者。2018 年建筑和设备研究只有相当少量的高产作者,没有形成规模的核心作者群。从前 40 位作者的所属单位看,高校作者是 2018 年建筑与设备研究的主体。

从前 40 个机构发表文献的数量及占比情况看,高校发表文献的数量及占比均为最高,档案馆次之,档案行政管理机构再次之,其他行政管理机构和企业最少。这说明建筑和设备研究一方面趋近于理论研究,另一方面除高校之外,档案馆与档案局馆较为关注。

从前 12 种文献来源看,大多数(7 种)为档案学期刊。在档案学期刊中普通期刊数量多(4 种),发表文章也多(21 篇)。普通档案学期刊对 2018 年建筑和设备研究的关注度更高,是这一研究领域的主要阵地;其他期刊的关注度则相对较低。

从 70 篇文献涉及的关键词看,2018 年建筑和设备研究主要集中在机构、新媒体、档案服务、信息化、档案 5 类 15 个关键词所涉及的方面,可以说,上述 5 类 15 个关键词是 2018 年建筑和设备研究的热点所在。而且又以高校档案馆、档案馆、公共档案馆、高校、微信 5 个方面为热点,与 2017 年高校档案馆、档案馆、档案管理、档案、文化建设相比,有一定的内容变化。

2018 年,建筑和设备研究所涉及内容虽然十分广泛,但全部样本均包含在机构、新媒体、档案服务、档案、档案事务、档案人 6 类问题上,或者说,建筑和设备研究主要是围绕机构、新媒体、档案服务、档案、档案事务、档案人 6 个方面展开的。

从近五年的高频关键词分布看,五分之三的研究内容与主题是上一年的重点。但每年研究内容变化比较大,有 40% 左右的新研究内容成为热点。近五年来相关研究的主要内容相对集中,重点突出,同时新内容、新热点频出。

从共现矩阵看,2018 年建筑和设备研究的整体规模小,研究内容相对分散。2018 年建筑和设备研究领域只有少量高频(2 次以上)共现关键词,规模小,没有形成比较明显的高相关共现关键词群,但研究的集中趋势十分明显。

从网络聚类看,2018 年建筑和设备研究是在"高校档案馆""档案馆"两个群组的多个不同方向平行展开的。而处在网络外围的"互联网"独词聚类,目前不是研究的主题与核心,但有可能成为日后的主题与核心。

六、世界各国档案事业

2018 年世界各国档案事业研究共发表文献 94 篇。从样本文献的统计情况看,2018 年世界各国档案事业研究,涉及资源类型比较少,只有 3 种。其中期刊占比接近 90%,仍然是 2018 年世界各国档案事业研究的主要文献来源,也是相关研究者进行交流的主要平台与沟通渠道。硕士学位论文、报纸文章占比虽然只有 10% 略多,只是辅助作用,但在整个 2018 年档案学研究 12 个主题大类中已经属于占比高的。

研究学科分布相对比较狭窄,除图书情报档案外,发表文献较多的 2 个学科是政治、历史。与 2017 年的世界历史、图书情报与数字图书馆、中国近现代史不同,有所变化。2018 年世界各国档案事业研究具有一定的学科交叉属性。

从整体上看,2018 年世界各国档案事业研究属于偏重理论性的社会科学。

从研究得到资助情况看,国家级资助是地方资助的 9 倍,资助力度远高于地方的资助力度;从区域分布上看,全国仅有 1 个省对这类研究给予了资助,资助力度非常有限。

从研究成果中可以明显地看到,一般性论证文献占据了 95.74% 的绝对主体,而宏观性及政策性的研究则十分薄弱,综述类文献、政策研究类文献占比不到 5%。

从样本文献的计量分析情况看,2018 年世界各国档案事业研究已有少量高产作者,但并没有形成核心作者群。从前 39 位作者的所属单位看,高校作者仍然是 2018 年世界各国档案事业研究的主体。

从前 31 个机构发表文献的数量及占比情况看,高校 27 个,发表文献 59 篇,占比 62.77%,无论是数量及占比均为最高;档案行政管理机关再次之,发表文献 6 篇,占比 6.38%。这表明世界各国档案事业研究更多的趋近于理论研究。

从发表文献 2 篇以上的前 13 种文献来源看,有 11 种为档案学期刊,其中普通期刊 4 种,核心期刊 7 种。可以说,档案学核心期刊对 2018 年世界各国档案事业研究的关注度更高,是这一研究领域的主要阵地,非核心期刊和其他媒体的关注度则相对较低。

从文献涉及的关键词看,主要集中在社交媒体、美国国家档案馆、英国、启示、档案、国家档案馆、美国、档案工作 8 个关键词所涉及的方面,没有明显的热点,研究主题相对分散。与 2017 年的档案馆、档案服务、澳大利亚国家档案馆、法国档案管理、开放数据、英国国家档案馆、日本、美国国家档案馆所涉及的方面相比,除美国国家档案馆没有改变,其他 7 个均发生了变化,表现出研究主题相对分散且易变。

从主题词使用频率看,2018 年世界各国档案事业研究涉及内容广泛,但全部文献均包含在机构、国家与地区、档案事务、档案业务、档案、人物与事件、文件 7 类问题上,或者说,世界各国档案事业研究主要是围绕机构、国家与地区、档案事务、档案业务、档案、人物与事件、文件 7 个方面展开的。

在近五年的时间里,对档案馆、美国、美国国家档案馆的相关研究持续度最高,一直是研究的核心内容与方向;其次是档案和启示。总体上,近五年来相关研究的主要内容还是有集中趋势的,虽然重点不突出;但近两年研究的新变化、新内容、新方向还是比较突出。

从共现矩阵看,2018 年世界各国档案事业的整体研究规模小,研究内容相对分散。2018 年世界各国档案事业研究领域没有特别突出的高频(4 次以上)共现关键词,更没有形成比较明显的高相关共现关键词群,研究是在围绕国别、实体、业务多个主题,在美国、英国、中国、澳大利亚、档案馆、解锁档案、数字化多个方向上平行展开的。但研究的集中趋势不弱。

从网络图谱可以直观地看出,研究的突出特点是内容众多且分散。整个研究可分为 3 个不同聚类。各聚类中,多数关键词在同类中没有关联或只维持低强度的单线联系,各聚类相互之间没有或少有关联。这表明:2018 年世界各国档案事业研究是以“档案”“英国”“美国国家档案馆”与“社交媒体”3 个不同聚类群组为单位,在较大的空间范围内,在相关性不强的几个不同方向,围绕不同主题与内容同时展开。

七、中国档案事业

2018 年中国档案事业研究共发表文献 1560 篇。从样本文献的统计情况看,2018 年中国档案事业研究涉及资源类型多样,期刊和报纸是 2018 年中国档案事业研究文献的两大主要来源,其中期刊占比接近 92%,是研究者进行交流与沟通的首选渠道和平台;报纸成为研究者进行交流与沟通的辅助渠道和平台。硕士学位论文、国内会议论文由于体量上远低于期刊文献,在研究中只起点缀作用。

学科分布较为广泛,研究具有一定的学科交叉性。除图书情报档案外,发表文献最多的两个学科是法学、政治,与 2017 年的农业经济、行政法及地方法制、文化、图书情报与数字图书馆、新闻与传媒没有重合。表明研究的热点与重点有所变化。

从整体上看,2018 年中国档案事业研究属于社会科学范畴,在理论研究与应用研究上大体平衡。

从基金分布情况看,1560 篇样本文献中有 17 篇得到 3 种国家或省市级基金的资助,仅占全部样本的 1.09%。从层级上看,国家级资助力度远高于地方的资助力度,是地方资助数量的 7 倍以上。从区域分布看,全国仅有两个省市对此类研究有所资助,资助力度有限。

从文献类型分布看,一般性论证文献在研究成果中占据了近 98% 的份额,是绝对的主体,而涉及宏观性及政策性的研究成果却非常的薄弱。

从样本文献涉及的作者情况看,2018 年中国档案事业研究涉及研究者广泛,核心研究者相对较少。但 2018 年中国档案事业研究已经拥有了一定数量的高产作者,并且已经形成相当规模的核心作者群。从前 40 位作者的所属单位看,多数来自档案行政管理机关,是 2018 年中国档案事业研究的主体。

从前 40 个机构发表文献的数量及占比情况看,档案行政机关参与并进行中国档案事业研究的热情最高,高校次之,档案馆最低。

从发表文献 37 篇以上的 13 种期刊来源看,均为档案学期刊。在档案学期刊中又以普通期刊为多(9 种),核心期刊只有 4 种,发表文章 372 篇。可以说,档案类期刊,特别是普通档案学核心对 2018 年中国档案事业研究的关注度最高,是这一研究领域的主要阵地,其他期刊的关注度则相对较低。

从关键词词频上看,2018 年中国档案事业的研究主要集中在档案、档案事务、机构、其他 4 个方面,可以说,档案、档案工作、档案文化、档案馆、征订、新时代、依法治档、发展、文化、档案资源、政治、经济、档案事业、文案名词、文化自信 15 个关键词是 2018 年中国档案事业研究的热点所在。而其中又以档案、档案工作、档案文化、档案馆 4 个方面为热点,与 2017 年的档案、档案文化、档案工作、档案馆相同,只有档案工作、档案文化的次序发生了变化。需要指出的是,由于中国档案事业研究内容所反映出的广泛性,研究热点只是相对集中,每年都会有新的热点与重点出现。2018 年新出现的热点有依法治档、文化自信等。

从研究主题看,2018 年中国档案事业研究所涉及内容虽然十分广泛,但全部文献均包含在档案机构、档案事务、档案、人、区域、文件、其他 7 类问题上,或者说,中国档案事业研究主要是围绕档案机构、档案事务、档案、人、区域、文件、其他 7 个方面展开的。

从近五年高频关键词变化看,档案、档案工作、档案馆研究的持续度最高,一直是研究的核心内容与方向,其次是档案文化、征订、档案管理和档案事业问题。研究内容与主题在相邻近的年度间连续性好。虽然重点内容的持续性良好,但重点内容的关注度均有明显的持续下降趋势。总之,近五年来相关研究的主要内容集中,重点突出。

从共现矩阵看,2018 年中国档案事业研究的整体规模小,研究内容相对分散。2018 年中国档案事业研究领域没有特别突出的高频(7 次及以上)共现关键词,更没有形成非常明显的高相关共现关键词群,研究的集中趋势不高。重点研究集中在档案、档案文化与文化工作 3 个方向。或者说,中国档案事业研究是在档案、档案文化与文化 3 个方向上展开的。

从网络图谱可以直观地看出,2018 年中国档案事业相关研究可以分为“文化”“改革开放”“档案治理”3 个不同聚类群组。2018 年中国档案事业研究是在“文化”“改革开放”“档案治理”3 个相关性不强的方向,围绕不同主题与内容平行展开的;同时表明中国档案事业研究也是一个主题变化较快的研究内容。

八、档案法制

2018 年档案法制研究共发表文献 537 篇。从样本文献的统计情况看,2018 年档案法制研究中,期刊和报纸是 2018 年档案法制研究文献的主要来源,硕士学位论文占比也明显增加。研究形成了以期刊为主,报纸硕士学位论文和国内会议为辅,报纸、学术辑刊、博士学位论文为点缀的交流与沟通渠道、平台。

研究具有明显的学科交叉性。除图书情报档案外,发表文献最多的 5 个学科分别是法学、教育、公共卫生与预防医学、公共管理、工商管理,与 2017 年发表文献最多的 5 个学科行政法及地方法制、诉讼法与司法制度、医药卫生方针政策与法律法规研究、高等教育、法理法史全部不相同。这说明档案法制研究的内容变化较大。

从整体上看,2018 年档案法制研究主体上属于社会科学的范畴,研究偏重应用性。

从基金资助的层次上看,国家级资助力度远高于地方的资助力度,是地方资助的 16 倍。从区域分布看,全国只有个别省市给予此类研究资助,资助力度也非常有限。

从文献类型分布看,一般性论证文献在研究成果中占据了 90% 以上的绝对主体,而政策性及宏观性的研究相对薄弱,相比之下政策研究类文献要高出综述类文献 9 倍。

从高频关键词词频看,2018 年档案法制研究主要集中在档案事务、档案、档案法制、档案业务、机构 5 类 15 个关键词所涉及的方面。其中又以档案管理、档案、对策、问题、档案工作、管理 6 个方面为热点。与 2017 年的档案管理、档案、管理、问题、对策、档案工作只有次序上的不同,没有内容上的差别。

从研究的主题看,2018 年档案法制研究所涉及内容虽然十分广泛,但全部文献均包含在档案事务、档案法制、机构、档案、档案业务、文件、档案人 7 类问题上,或者说,档案法制研究主要是围绕档案事务、档案法制、机构、档案、档案业务、文件、档案人 7 个方面展开的。

从共现组数看,2018 年档案法制的整体规模不大,有 2 次以上共现关键词 18 组,虽然没有形成比较突出的高相关共现关键词群,但研究的集中趋势较为明显。2018 年档案法制研究的重点集中在档案、管理、问题、对策、依法治档、档案法 6 个主要方向上。与 2017 年集中在档案管理、档案、管理和问题 4 个主要方向相比,突出的变化是增加了依法治档、档案法两个重要内容,这与 2018 年《档案法》修订加速直接相关。

从关键词的网络共现聚类看,2018 年档案法制研究重心集中在问题与研究、法律与法规两个方面。"人事档案"与"数字档案"、"档案治理"与"城建档案"相互之间,与"档案管理"主群聚类间均无联系,并且位处整个网络的外围,不是 2018 年档案法制研究的重心,但有可能成为日后的研究热点。

九、档案治理

2018 年档案治理研究共发表文献 64 篇。从样本文献的统计情况看,期刊是 2018 年档案治理研究文献的主要来源,硕士学位论文次之,起辅助作用,这两类文献构成档案治理研究者进行交流与沟通的主要渠道和平台。

研究具有学科交叉性。除图书情报档案外,发表文献最多的 4 个学科是政治、历史、教育、法学。

从整体上看,2018 年档案治理研究是偏重理论的社会科学研究。

研究仅得到了国家社会科学基金和 1 项省级基金的资助。国家级基金对此类项目占比是地方政府资助的 11 倍,地方政府资助仅涉及 1 个省。

研究成果以一般性论证文献为主体,宏观性及政策性的研究相对比较薄弱,综述类文献、政策研究类文献合计占比不到 5%。

从样本文献涉及的作者情况看,宋晶晶、陈忠海、刘东斌、陈红、刘俊恒、高山、龙家庆、陆阳 8 位发表 2 篇以上的作者,是 2018 年档案治理研究的高产作者及核心作者。2018 年档案治理已有一定数量的高产作者,但没有形成核心作者群。从前 40 位作者的所属单位看,高校作者显然是 2018 年档案治理研究的主力。

从署名机构发表文献的数量及占比情况看,发表 2 篇以上文献的郑州大学、上海大学、四川省档案局、南昌大学、中国人民大学、武汉大学、辽宁大学、云南大学、河南省图书馆、河南省濮阳市档案局等 10 个机构是研究的高产机构。档案治理核心研究机构是高校,档案行政管理机关次之,其他党政领导机构再次之,事业单位居第四,企业最少。

从文献来源看,发表论文 4 篇以上的《档案管理》《档案学研究》《兰台世界》《中国档案》《山西档案》5 种期刊(26 篇)为核心媒体。全部期刊中档案学核心期刊发表文献数量多于档案学普通期刊。档案学期刊整体上对 2018 年档案治理研究的关注度更高,非档案学期刊的关注度则相对较低。

从 64 篇文献涉及的高频关键词看,2018 年档案治理的研究主要集中在治理、档案事务、档案、机构 4 类 15 个关键词所涉及的方面,可以说,治理、档案事务、档案、机构 4 类 15 个关键词是 2018 年档案治理研究的热点所在。而其中又以档案治理、档案工作、全球治理、国家治理、依法治理、协同治理、全球档案治理、社会治理、数据治理为热点,与 2017 年治理、社会治理、档案治理体系、档案 4 个方面热点多有重合。

从主题词分布看,2018 年档案治理研究所涉及内容虽然十分广泛,但全部文献均包含在机构、治理、档案事务、档案、档案人、区域 6 类问题上,或者说,档案治理研究主要是围绕机构、治理、档案事务、档案、档案人、区域 6 个方面展开的。

从共现组数看,2018 年档案治理研究的整体规模很小,关键词共现只有 15 组,共现率为 7.5%。2 次以上的关键词组只有 5 组。研究内容相对集中在档案治理、全球治理、国家治理、依法治理 4 个方面。2018 年档案治理研究领域没有突出的高频(2 次以上)共现关键词,更没有形成比较明显的高相关共现关键词群,研究的面比较狭窄。

从网络图谱可以直观地看出,相关研究可分为"档案治理"、"依法治档"、"企业档案"与"数据治理"3 个聚类群组。从总体上看,各关键词相互之间或者没有关联,或者关联较少,或游离在整个网络的边缘。研究的相关性与关联性弱。说明档案治理研究的主题分散,且与档案学、档案工作的融合度不高。

十、大数据

2018 年大数据研究共发表文献 500 篇。从样本文献的统计情况看,2018 年大数据研究涉及资源类型多样。期刊占比接近 98%,是 2018 年大数据研究文献的主要来源,也是研究者进行交流与沟通的主要渠道和平台。相比之下硕士学位论文、国内会议论文、学术辑刊论文、报纸文章、博士学位论文合计占比不到 3%,总量上与期刊至少差一个量级,合在一起勉强能起辅助作用。

研究具有明显的学科交叉性。除图书情报档案外,发表文献最多的 4 个学科是教育、公共卫生与预防医学、计算机、公共管理。

从整体上看,2018 年大数据研究是偏重应用性的社会科学研究。

从层级上看,国家级资助力度高于地方的资助力度;从区域分布看,全国有 4 个省份对此有所资助,但资助力度有限。

在研究成果中,一般性论证文献占据了绝对主体,占比超过 98%,而宏观性及政策性的研究则十分薄弱,政策研究类、综述类文献数量占比不足 2%。

从样本文献涉及的作者情况看,2018 年大数据研究涉及研究者广泛,核心研究者较少。大数据研究已有少量的高产作者,但还没有核心作者。高校作者是大数据研究核心作者的主体。

从前 40 个机构发表文献数量及占比情况看,高校发表文献的数量及占比均为最高,企业次之,档案局馆再次之,事业机构列第四,其他行政管理机构列第五,档案馆列最后。

从发表文献 8 篇以上的前 13 种文献来源看,9 种为档案学期刊,全部为普通期刊,发表文章 150 篇;没有核心期刊。可以说,普通档案学期刊对 2018 年大数据研究的关注度更高,是这一研究领域的主要阵地,其他非档案学期刊的关注度稍低,但也高于档案学核心期刊的关注度。

从 500 篇文献涉及的关键词看,2018 年大数据研究主要集中在大数据、档案事务、机构、信息化、档案 5 类 15 个关键词所涉及的方面,可以说,大数据、档案事务、机构、信息化、档案 5 类 15 个关键词是 2018 年大数据研究的热点所在。而其中又以大数据、档案管理、大数据时代、高校、信息化、信息化建设、管理、大数据环境等方面为热点,与 2017 年大数据、档案、文化建设、高校、开发利用、传播、文化资源、大数据建设等热点相比,仅有大数据、高校两个相同内容。

从研究的主题词分析看,2018 年大数据研究所涉及内容虽然十分广泛,但全部文献均包含在大数据、档案事务、档案、信息化、档案业务、机构、文件、档案人 8 类问题上,或者说,大数据研究主要是围绕大数据、档案事务、档案、信息化、档案业务、机构、文件、档案人 8 个方面展开的。

从共现组数看,2018 年大数据研究主要集中在大数据、档案、档案管理和信息化 4 个方面。或者说,2018 年大数据研究是围绕大数据、档案、档案管理和信息化展开的。2018 年,大数据研究的整体规模有所扩大,研究内容相对集中。当年大数据研究领域已经出现比较突出的高频(10 次以上)共现关键词,研究的集中趋势增强。

2018 年大数据高频关键词的网络图谱显示,相关研究分为 1 个单核心多词聚类群组和 3 个单核心单词聚类群组。"大数据环境""档案信息资源""智慧档案馆"3 个聚类群组间没有联系,与"档案管理"单核心多词聚类群组也没有联系。空间上均分布在"档案管理"单核心多词聚类群组外围。这显然不是 2018 年大数据研究的重心,但不排除日后成为研究重心或热点。从总体上看,各关键词以核心关键词为中心相互之间关联交叉,少数游离在网络的边缘。研究的相关性与关联性以核心关键词为中心聚类。

十一、电子文件

2018 年电子文件研究共发表文献 798 篇。从样本文献的统计情况看,2018 年电子文件研究涉及资源类型较多。期刊(包括学术辑刊)整体上占全部样本的 88% 以上,是电子文件研究文献的主要来源,也是研究者进行交流与沟通的主要渠道和平台。硕士、博士学位论文合计约占全部样本的 9%,成为电子文件研究的辅助渠道和平台。会议论文与报纸发表的文献数量不到 3%,在研究中只起点缀作用。

研究具有明显的学科交叉性。除了图书情报档案外,2018 年发表文献最多的 5 个学科分别是教育、计算机、法学、工业经济、国民经济。与 2017 年发表文献最多的 5 个学科计算机软件及计算机应用、高等教育、医药卫生方针政策与法律法规研究、职业教育、宏观经济管理与可持续发展有所不同。

从整体上看,2018 年电子文件研究是偏重应用的社会科学。

从基金资助的层次上看,国家级基金 3 种 30 篇,部委基金 3 种 4 篇,地方基金 2 种 2 篇。国家级资助力度高于部委与地方的资助力度 4 倍。从区域分布看,全国只有 2 个省市有资助,并且资助力度有限。

在研究成果上,一般性论证文献占据了 95% 以上的份额,是研究文献的主要类型,而宏观性及政策性的研究则相对薄弱,综述类、政策研究类文献合计占比不到 5%。

从样本文献涉及的作者情况看,2018 年电子文件研究已有少量高产作者,但尚没有形成有分量的核心作者群。高校及事业机构作者是 2018 年电子文件研究的主力。

从机构分布情况看,电子文件研究的核心研究机构群仍为高校,其次为档案局、企业、事业机构、其他行政管理机构。

从文献来源分布看,发表文章 12 篇以上的期刊共有 15 种,发表文献 388 篇,占全部样本的 48.62%。其中,以档案学期刊为多(14 种)。档案类期刊(321 篇),特别是档案学非核心期刊(7 种 166 篇)对档案电子文件研究的关注度更高,是这一研究领域的主要阵地,其他期刊的关注度则相对较低。

从 798 篇文献涉及的关键词看,2018 年电子文件研究主要集中在电子文件、档案事务、档案、信息化、机构 5 类 15 个关键词所涉及的方面,可以说,电子文件、档案事务、档案、信息化、机构 5 类 15 个关键词是 2018 年电子文件研究的热点所在。而其中又以电子文件、档案管理、电子档案、管理、信息化 5 个方面为重点。需要指出的是,由于电子文件研究内容的广泛性和多样性,每年的研究热点只是相对集中,每年都会有新的热点与重点出现。

2018 年,电子文件研究所涉及内容虽然十分广泛,但全部文献均包含在电子文件、档案、档案事务、档案信息化、机构 5 类问题上,或者说,档案管理研究主要是围绕电子文件、档案、档案事务、档案信息化、机构 5 个方面展开的。

从高频关键词上看,2018 年电子文件研究是围绕电子文件、档案管理、电子档案、管理为重心展开的。电子文件研究整体上已经初步形成规模,研究内容相对集中,形成比较明显的高相关共现关键词群,研究集中趋势日趋明显。

从共词网络图谱看,相关研究可分为"电子文件"、"信息技术"、"问题"、"文档一体化"、"档案信息化"、"档案"与"高校"6 个聚类群组。"电子文件"单核心多词聚类群组共涉及 14 个关键词,有"档案管理""电子档案""管理""归档"4 个次核心高频词;并以这 4 个次核心高频词构成一个不规则矩形。电子文件研究的主要内容基本包括在这个矩形之内,或环绕周边。"信息技术"、"问题"、"文档一体化"、"档案信息化"、"档案"与"高校"5 个聚类,除了"信息技术"、"问题"、"文档一体化"、"档案"与"高校"4 个与"电子文件"核心聚类群组有关联外,相互之间均没有关联。而且 5 个群组均在"电子文件"核心聚类群组的外围,显然不是 2018 年电子文件研究的热点,但有可能成为明年或后年的研究热点。

第二章　档案学

我们以中国知网为样本来源,检索范围:中国学术期刊网络出版总库,中国博士学位论文全文数据库,中国优秀硕士学位论文全文数据库,中国重要会议论文全文数据库,国际会议论文全文数据库,中国重要报纸全文数据库,中国学术辑刊全文数据库。

检索年限:2018 年。

检索时间:2018 年 12 月 30 日。

检索式:发表时间=2018-01-01 至 2018-12-31,并且专题子栏目=档案学(模糊匹配)。

样本文献总数:2499 篇。

第一节　文献统计分析

本节采用统计分析的方法,从资源类型分布、文献学科分布、文献研究层次分布、文献基金分布、文献类型分布 5 个方面对样本文献进行分析。

一、资源类型分布

从资源类型分布看,2499 篇样本文献涉及 7 类资源,分别是期刊、硕士、报纸、学术辑刊、国内会议、国际会议、博士。各类资源发表文献数量及占比情况见表 2-1。

表 2-1　各类资源发表文献数量及占比情况

序号	资源类型	发表文献数量/篇	占全部样本/%
1	期刊	2412	96.52
2	硕士	41	1.64
3	报纸	13	0.52
4	学术辑刊	12	0.48
5	国内会议	12	0.48
6	国际会议	8	0.32
7	博士	1	0.04
合计		2499	100.00

表 2-1 显示,期刊仍然是 2018 年档案学研究文献的主要来源,也是研究者进行交流与沟通的主要渠道和平台;硕士学位论文、报纸、学术辑刊、国内会议、国际会议、博士学位论文相加,在规模上与期刊相差 2 个量级,只起辅助与点缀作用。

二、文献学科分布

从样本文献学科分布看,2499 篇样本文献涉及超过 15 个学科。前 15 个学科分别是:图书情报档案、教育、公共卫生与预防医学、公共管理、计算机、工业经济、城市经济、工商管理、新闻传播、法学、政治、国民经济、保险、生态、城乡规划与市政。前 15 个学科发表文献数量及占比情况见表 2-2。

表 2-2 前 15 个学科发表文献数量及占比情况

序号	学科	发表文献数量/篇	占全部样本/%
1	图书情报档案	2461	98.48
2	教育	299	11.96
3	公共卫生与预防医学	123	4.92
4	公共管理	46	1.84
5	计算机	44	1.76
6	工业经济	35	1.40
7	城市经济	29	1.16
8	工商管理	17	0.68
9	新闻传播	14	0.56
10	法学	9	0.36
11	政治	8	0.32
12	国民经济	7	0.28
13	保险	6	0.24
14	生态	6	0.24
15	城乡规划与市政	6	0.24
	总计	3110	124.45
	实际	2499	100.00
	超出	611	24.45

需要说明的是,按学科统计数为 3110 篇,占 124.45%;超出实际文献数 611 篇,占 24.45%。这表明,2018 年档案学研究具有很高的学科交叉性。

除图书情报档案之外,发表文献最多的 5 个学科是教育、公共卫生与预防医学、公共管理、计算机、工业经济。与 2017 年发表文献最多的 5 个学科计算机软件及计算机应用、高等教育、医药卫生方针政策与法律法规研究、企业经济、行政学及国家行政管理相比,排在前 5 位的学科均发生变化,显示 2018 年档案学研究的重心与热点发生较大变化。

三、文献研究层次分布

从文献研究层次分布情况看,2499 篇样本文献涉及 14 个不同层次,分别是基础研究(社科)、行业指导(社科)、职业指导(社科)、政策研究(社科)、工程技术(自科)、基础教育与中等职业教育、专业实用技术(自科)、基础与应用基础研究(自科)、经济信息、大众文化、高级科普(自科)、行业技术指导(自科)、高等教育、其他。各层次发表文献数量及占比情况见表 2-3。

表 2-3　各层次发表文献数量及占比情况

序号	层次	发表文献数量/篇	占全部样本/%
1	基础研究(社科)	1093	43.74
2	行业指导(社科)	568	22.73
3	职业指导(社科)	498	19.93
4	政策研究(社科)	37	1.48
5	工程技术(自科)	34	1.36
6	基础教育与中等职业教育	13	0.52
7	专业实用技术(自科)	13	0.52
8	基础与应用基础研究(自科)	11	0.44
9	经济信息	10	0.40
10	大众文化	7	0.28
11	高级科普(自科)	3	0.12
12	行业技术指导(自科)	3	0.12
13	高等教育	2	0.08
14	其他	207	8.28
	总计	2499	100.00

如果按社会科学、自然科学、经济文化教育和其他来分类,各类文献数量及占比分别是:社会科学 2196 篇,占 87.88%;自然科学 64 篇,占 2.56%;经济文化教育 32 篇,占 1.28%;其他 207 篇,占 8.28%。研究明显属于社会科学的范畴。

如果按研究的基础性与应用性划分,基础性研究 1104 篇,占 44.18%;应用性研究 1395 篇,占 55.82%。研究偏重应用性。

从整体上看,2018 年档案学研究偏重社会科学,且偏重应用性。

四、文献基金分布

从样本文献的基金分布情况看,2499 篇样本文献中有 104 篇得到国家社会科学基金、中国地质调查局地质调查项目经费、河南省软科学研究计划、国家自然科学基金、黑龙江省社会科学基金、中国博士后科学基金、湖北省教委科研基金、黑龙江省博士后科研启动基金、湖南省自然科学基金、国家留学基金 10 种国家、省级基金的资助,占全部样本的 4.16%。各类基金资助发表文献数量及占比情况见表 2-4。

表2-4　各类基金资助发表文献数量及占比情况

序号	基金	发表文献数量/篇	占全部样本/%	占基金资助文献/%
1	国家社会科学基金	91	3.64	87.50
2	中国地质调查局地质调查项目经费	2	0.08	1.92
3	河南省软科学研究计划	2	0.08	1.92
4	国家自然科学基金	2	0.08	1.92
5	黑龙江省社会科学基金	2	0.08	1.92
6	中国博士后科学基金	1	0.04	0.96
7	湖北省教委科研基金	1	0.04	0.96
8	黑龙江省博士后科研启动基金	1	0.04	0.96
9	湖南省自然科学基金	1	0.04	0.96
10	国家留学基金	1	0.04	0.96
	合计	104	4.16	100.00
	总计	2499	100.00	

从基金资助的层次上看,国家级基金4种95项,占基金资助文献的91.35%;部委基金1种2项,占基金资助文献的1.92%;地方基金5种7项,占基金资助文献的6.73%

从地方基金资助的区域分布看,涉及河南、黑龙江、湖南和湖北4个省份。

综上,从层级上看,国家级资助力度远高于部委与地方的资助力度,是地方与部门资助的十倍以上。从区域分布看,全国亦不均衡,资助项目数量有差别。

五、文献类型分布

从文献的类型分布看,2499篇样本涉及政策研究类、综述类、一般性3类文献。各类型文献数量及占比情况见表2-5。

表2-5　各类型文献数量及占比情况

序号	文献类型	发表文献数量/篇	占全部样本/%
1	综述类	27	1.08
2	政策研究类	37	1.48
3	一般性	2435	97.44
	合计	2499	100.00

由表2-5所示,约占全部样本98%的一般性论文是2018年档案学研究的绝对主体,具有宏观性及政策性研究性质的政策研究类、综述类文献不足3%,十分薄弱。

六、小结

从样本文献的统计情况看,2018年档案学研究涉及资源类型较多,期刊仍然是研究文献的主要来源,也是研究者进行交流与沟通的主要渠道和平台。硕士学位论文、报纸、学术辑刊、国内会议、国际会议、博士学位论文加起来,在规模上与期刊相差 2 个量级,只起辅助与点缀作用。

从研究涉及的学科看,2018 年档案学研究涉及学科众多,除图书情报档案外,发表文献最多的 5 个学科是教育、公共卫生与预防医学、公共管理、计算机、工业经济。与 2017 年档案学研究的整体学科分布相比均有变化,显示 2018 年档案学研究的重心与热点发生较大变化。整个研究具有很高的学科交叉性。

从研究层次的整体上看,2018 年档案学研究偏重社会科学,且偏重应用性。

在基金资助方面,从层级上看,国家级资助力度远高于部委与地方的资助力度,从区域分布看,全国亦不均衡,平均资助项目数量有差别。

在研究成果的类型上,一般性文献是 2018 年档案学研究的绝对主体,宏观性及政策性的研究则十分薄弱。

第二节　文献计量分析

本节采用计量分析的方法,从文献作者分布、文献机构分布和文献来源分布 3 个方面对样本文献进行分析。

一、文献作者分布

从作者的分布情况看,2499 篇文献中,前 40 位作者共发表文献 165 篇,占全部样本的6.60%。前 40 位作者发表文献数量及占比情况见表2-6。

表2-6　前 40 位作者发表文献数量及占比情况

序号	作者	发表文献数量/篇	占全部样本/%
1	李子林	8	0.32
2	张卫东	7	0.28
3	周文泓	6	0.24
4	孙大东	6	0.24
5	陆璐	5	0.20
6	卞咸杰	5	0.20
7	邓君	5	0.20
8	赵彦昌	5	0.20
9	李晶伟	5	0.20
10	邢变变	5	0.20
11	马仁杰	4	0.16
12	郝琦	4	0.16
13	沙洲	4	0.16
14	胡芳芳	4	0.16
15	牛力	4	0.16

续表2-6

序号	作者	发表文献数量/篇	占全部样本/%
16	宋雪雁	4	0.16
17	吴雁平	4	0.16
18	刘越男	4	0.16
19	杨亦君	4	0.16
20	王玉珏	4	0.16
21	朱立香	4	0.16
22	魏扣	4	0.16
23	刘东斌	4	0.16
24	范桂红	4	0.16
25	任汉中	4	0.16
26	丁晓阳	4	0.16
27	周耀林	4	0.16
28	王阮	4	0.16
29	徐洁	3	0.12
30	黄新荣	3	0.12
31	徐杰	3	0.12
32	孙红方	3	0.12
33	单旭东	3	0.12
34	陆阳	3	0.12
35	刘佳敏	3	0.12
36	管先海	3	0.12
37	刘颖	3	0.12
38	严永官	3	0.12
39	盛盼盼	3	0.12
40	张兆红	3	0.12
	合计	165	6.60
	总计	2499	100.00

如果按照普赖斯提出的计算公式,核心作者候选人的最低发表文章数量 $M=0.749\sqrt{N_{max}}$,其中 N_{max} 为最高产作者发表文章数量。2018 年档案学研究文献作者中发表文献最多的为 8 篇,即 $N_{max}=8$,所以 $M=0.749\sqrt{8}\approx2.118$。因此,李子林、张卫东、周文泓、孙大东、陆璐、卜咸杰、邓君、赵彦昌、李晶伟、邢变变、马仁杰、郝琦、沙洲、胡芳芳、牛力、宋雪雁、吴雁平、刘越男、杨亦君、王玉珏、朱立香、魏扣、刘东斌、范桂红、任汉中、丁晓阳、周耀林、王阮、徐洁、黄新荣、徐杰、孙红方、单旭东、陆阳、刘佳敏、管先海、刘颖、严永官、盛盼盼、张兆红等发表 3 篇及以上文献的作者,是 2018 年档案学研究的高产作者及核心作者。可见 2018 年档案学研究有相当数量的高产作者和核心作者群。

从前 40 位作者的所属单位看,高校作者仍然是 2018 年档案学研究的主体。

二、文献机构分布

从机构分布情况看,2499 篇文献中,前 40 个机构发表文献 486 篇,占全部样本的 19.45%。其中发表文献 6 篇及以上的 32 个机构发表文献 446 篇,占全部样本的 17.85%。前 40 个机构发表文献数量及占比情况见表 2-7。

表 2-7　前 40 个机构发表文献数量及占比情况

序号	机构	发表文献数量/篇	占全部样本/%
1	中国人民大学	58	2.32
2	上海大学	47	1.88
3	黑龙江大学	27	1.08
4	安徽大学	25	1.00
5	郑州大学	24	0.96
6	吉林大学	20	0.80
7	山东大学	16	0.64
8	武汉大学	15	0.60
9	四川大学	14	0.56
10	广西民族大学	14	0.56
11	辽宁大学	14	0.56
12	河北大学	13	0.52
13	南昌大学	13	0.52
14	福建师范大学	12	0.48
15	中国第一历史档案馆	11	0.44
16	云南大学	9	0.36
17	南京大学	9	0.36
18	盐城师范学院	9	0.36
19	中国船舶重工集团中国舰船研究院	8	0.32
20	云南省档案局	8	0.32
21	苏州大学	8	0.32
22	西北民族大学	8	0.32
23	中山大学	7	0.28
24	湖北大学	7	0.28
25	河南省濮阳市档案局	7	0.28
26	西北大学	7	0.28
27	解放军国防大学	6	0.24
28	郑州航空工业管理学院	6	0.24
29	烟台职业学院	6	0.24

续表2-7

序号	机构	发表文献数量/篇	占全部样本/%
30	辽宁省档案局	6	0.24
31	扬州大学	6	0.24
32	齐齐哈尔大学	6	0.24
33	晋中师范高等专科学校	5	0.20
34	吉林省高速公路管理局	5	0.20
35	中国船舶重工集团公司	5	0.20
36	天津师范大学	5	0.20
37	广东医科大学	5	0.20
38	武警后勤学院	5	0.20
39	浙江省档案局	5	0.20
40	武汉科技大学	5	0.20
	合计	486	19.45
	总计	2499	100.00

如果使用普赖斯公式计算,核心机构的最低发表文章数量 $M=0.749\sqrt{N_{max}}$,其中 N_{max} 为最高产机构发表文章数量。这里 $N_{max}=58$,所以 $M=0.749\sqrt{58}\approx5.704$,即发表文献6篇及以上的为核心研究机构。据此,发表文献6篇及以上的前32个机构是研究的高产机构,具体是:中国人民大学、上海大学、黑龙江大学、安徽大学、郑州大学、吉林大学、山东大学、武汉大学、四川大学、广西民族大学、辽宁大学、河北大学、南昌大学、福建师范大学、中国第一历史档案馆、云南大学、南京大学、盐城师范学院、中国船舶重工集团中国舰船研究院、云南省档案局、苏州大学、西北民族大学、中山大学、湖北大学、河南省濮阳市档案局、西北大学、解放军国防大学、郑州航空工业管理学院、烟台职业学院、辽宁省档案局、扬州大学、齐齐哈尔大学。

前40个高产机构中有32个是高校(发表文献431篇,占前40机构发表文献数的88.68%),表明高校是2018年档案学核心研究机构群的主体。

从前40个机构发表文献数量及占比情况看,高校发表文献的数量和占比均最高,且居前14位的均为高校,档案行政管理机关次之,档案馆居第三位,企业排第四位,事业单位和其他行政管理机构并列第五位。这从整体上说明高校参与并进行档案学研究的热情最高,档案行政管理机构次之,档案馆、企业、事业单位和其他机构参与的热情较低。

三、文献来源分布

从文献来源分布看,发表文章37篇及以上的文献来源共有13种,发表文献1172篇,占全部样本的46.90%。

前13种文献来源是《办公室业务》《兰台世界》《城建档案》《山西档案》《档案管理》《黑龙江档案》《中国管理信息化》《浙江档案》《中国档案》《档案学研究》《兰台内外》《档案学通讯》《档案与建设》。前13种文献来源发表文献数量及占比情况见表2-8。

表 2-8　前 13 种文献来源发表文献数量及占比情况

序号	文献来源	发表文献数量/篇	占全部样本/%
1	《办公室业务》	427	17.09
2	《兰台世界》	128	5.12
3	《城建档案》	96	3.84
4	《山西档案》	81	3.24
5	《档案管理》	63	2.52
6	《黑龙江档案》	61	2.44
7	《中国管理信息化》	56	2.24
8	《浙江档案》	52	2.08
9	《中国档案》	45	1.80
10	《档案学研究》	44	1.76
11	《兰台内外》	43	1.72
12	《档案学通讯》	39	1.56
13	《档案与建设》	37	1.48
合计		1172	46.90
总计		2499	100.00

按照布拉德福定律,2499 篇文献可分为核心区、相关区和非相关区,各个区的论文数量相等(833 篇)。因此,居前 5 位的《办公室业务》《兰台世界》《城建档案》《山西档案》《档案管理》(795 篇)处于核心区之内;居第 6～13 位的《黑龙江档案》《中国管理信息化》《浙江档案》《中国档案》《档案学研究》《兰台内外》《档案学通讯》《档案与建设》(377 篇)处于相关区。而发表文献 37 篇及以下的其他来源少数处于相关区,多数处于非相关区。

从发表文献 37 篇及以上的 13 种文献来源看,有 11 种为档案学期刊,发表文章 689 篇;档案学相关期刊 1 种,其他专业期刊 1 种。在档案学期刊中,有 6 种为核心期刊,5 种为普通期刊。可以说,档案学核心期刊对 2018 年档案学研究的关注度更高,是这一研究领域的主要阵地,普通期刊的关注度则相对较低。

四、小结

从样本文献的计量分析情况看,2018 年档案学研究已经形成了以高校作者为主,档案行政管理机构工作者为辅,数量相当的高产作者和核心作者群。

从前 40 个机构发表文献数量及占比情况看,高校发表文献的数量和占比均最高,且居前 14 位的均为高校,档案行政管理机关次之,档案馆居第三位,企业排第四位,事业单位和其他行政管理机构并列第五位。这从整体上说明高校参与并进行档案学研究的热情最高,档案行政管理机构次之,档案馆、企业、事业单位和其他行政管理机构参与的热情较低。

从发表文献 37 篇及以上的 13 种文献来源看,有 11 种为档案学期刊,发表文章 689 篇;档案学相关期刊 1 种,其他专业期刊 1 种。在档案学期刊中,有 6 种为核心期刊,5 种为普通期刊。可以说,档案学核心期刊对 2018 年档案学研究的关注度更高,是这一研究领域的主要阵地,普通期刊的关注度则相对较低。

第三节　文献词频分析

本节采用关键词词频的方法,从关键词词频、主题词词频和近五年高频词变化3个方面样本文献进行分析。

一、关键词词频分析

从2499篇文献涉及的关键词看,档案管理、信息化、信息化建设、档案、大数据、数字化、档案信息化、管理、建设、问题、高校、信息化管理、对策、事业单位、应用15个高频词共使用1945频次,占全部样本的77.83%。即近八成文献使用这15个关键词。前15个高频关键词使用频率及占比情况见表2－9。

表2-9　前15个高频关键词使用频率及占比情况

序号	关键词	使用频率/次	占全部样本/%
1	档案管理	459	18.37
2	信息化	279	11.16
3	信息化建设	193	7.72
4	档案	184	7.36
5	大数据	128	5.12
6	数字化	124	4.96
7	档案信息化	93	3.72
8	管理	77	3.08
9	建设	63	2.52
10	问题	61	2.44
11	高校	60	2.40
12	信息化管理	58	2.32
13	对策	58	2.32
14	事业单位	56	2.24
15	应用	52	2.08
合计		1945	77.83
总计		2499(篇)	100.00

相对而言,2018年档案学研究的内容归纳起来依规模可以概括为信息化(信息化、信息化建设、大数据、数字化、档案信息化、信息化管理)、档案事务(档案管理、管理、建设、问题、对策、应用)、机构(高校、事业单位)、档案(档案)4类。研究主要集中在上述15个关键词所涉及的方面,或者说,上述15个关键词是2018年档案学研究的热点。而其中又以档案管理、信息化、信息化建设、档案4个方面为重点。

需要指出的是,由于档案学研究内容的广泛性,2018 年研究热点只是相对集中,每年的热点与重点会有所不同。

二、主题词词频分析

从主题词使用频率看,2018 年档案学研究涉及内容广泛,集中在信息化、档案事务、档案、机构、档案学、文件、档案人 7 个方面。使用频率最高的 40 个主题词分布及占比情况见表 2-10。

表 2-10 使用频率最高的 40 个主题词分布及占比情况

序号	主题	使用频率/次	占全部样本/%
1	档案管理	403	16.13
2	档案管理工作	280	11.20
3	档案信息化建设	252	10.08
4	信息化建设	230	9.20
5	档案信息化管理	201	8.04
6	信息化	184	7.36
7	档案信息化	139	5.56
8	数字档案馆	131	5.24
9	档案信息	126	5.04
10	档案信息资源	125	5.00
11	大数据	116	4.64
12	大数据时代	112	4.48
13	档案馆	92	3.68
14	数字档案	80	3.20
15	管理信息化	80	3.20
16	数字化	78	3.12
17	电子档案	74	2.96
18	档案管理系统	67	2.68
19	事业单位	66	2.64
20	数字化建设	65	2.60
21	档案数据	63	2.52
22	数字化管理	63	2.52
23	医院档案管理	58	2.32
24	档案学	56	2.24
25	电子文件	55	2.20
26	档案工作	51	2.04
27	档案资源	51	2.04
28	高校档案	50	2.00

续表2-10

序号	主题	使用频率/次	占全部样本/%
29	计算机	47	1.88
30	档案管理人员	47	1.88
31	档案局	46	1.84
32	档案数字化管理	46	1.84
33	人事档案管理	44	1.76
34	单位档案管理	44	1.76
35	档案部门	44	1.76
36	大数据技术	43	1.72
37	企业档案管理	42	1.68
38	城建档案	41	1.64
39	信息化管理	41	1.64
40	高校档案管理	38	1.52
合计		3871	154.90
总计		2499(篇)	100.00

从涉及的主题词看,使用频率最高的40个主题词共使用3871频次,占全部样本的154.90%,也就是说,上述40个主题词涵盖了全部样本文献一次半以上。其中使用频率最高的是档案管理(403频次),使用频率最低的是高校档案管理(38频次),平均使用频率为97频次。

从主题词反映出的研究内容看,2018年档案学研究关注的40个主要问题又可归并为信息化、档案事务、档案、机构、档案学、文件、档案人7个大类。

信息化(档案信息化建设、信息化建设、档案信息化管理、信息化、档案信息化、大数据、大数据时代、管理信息化、数字化、档案管理系统、数字化建设、数字化管理、档案数字化管理、大数据技术、信息化管理、计算机),共使用1764频次,占全部样本的70.59%。它涵盖了档案信息化的多个方面,主要集中在信息化与数字化两个方面,是2018年档案学研究与关注度第一高的主题。

档案事务(档案管理、档案管理工作、医院档案管理、档案工作、单位档案管理、人事档案管理、企业档案管理、高校档案管理),共使用960频次,占全部样本的38.42%。它涵盖了档案事务的多个层面,主要集中在管理层面,包括各类专业专门档案的管理。它是2018年档案学研究与关注度第二高的主题。管理性特征突出。

档案(档案信息、档案信息资源、数字档案、电子档案、档案数据、档案资源、高校档案、城建档案),共使用610频次,占全部样本的24.41%。档案是档案学研究的本体,但从涉及的8个主题看,更注重对档案所承载的信息、数据、资源及专业专门和新型载体档案的研究。

机构(数字档案馆、档案馆、事业单位、档案局、档案部门),共使用379频次,占全部样本的15.17%。它是与档案事业、档案人关系最为密切的问题。2018年,正值新一轮机构改革之时,档案机构再次成为档案界关注之重点,理所应当成为档案学界研究关注的主题之一。

档案学(档案学),共使用56频次,占全部样本的2.24%。

文件(电子文件),共使用55频次,占全部样本的2.20%。与"档案"相差近15倍,显示出其虽然与档案相关,但已经不是档案界研究关注的重点。而且文件研究的重点也不再是传统的文件材料,而是转向新型载体电子文件。

档案人（档案管理人员），共使用 47 频次，占全部样本的 1.88%。作为档案工作的主体，不足 2% 的占比已经足以说明档案学研究的关注点从来没有离开过档案人自身，遗憾的是没有涉及我们服务的对象。这表明相关研究更多注重档案工作者自身。

可以说，2018 年档案学研究所涉及内容虽然十分广泛，但全部文献均包含在上述 7 类问题上，或者说，档案学研究主要是围绕上述 7 个方面展开的。

三、近五年高频词变化

年度关键词的变化，特别是高频关键词的变化，能够反映出相关研究内容与主题、重点与热点的变化。

2014—2018 年档案学研究年度关键词及高频关键词的变化情况，请扫描右侧二维码。

从近五年研究文献主要关键词的分布看，共使用关键词 7 个，即档案管理、信息化、信息化建设、档案、数字化、大数据、管理。

5 年中，不相邻年份中重复出现过的关键词有档案管理、信息化、信息化建设、档案 4 个，并且均为连续 5 年重复出现，重复率为 100%。

5 年中，相邻年份中重复出现过的关键词有数字化，相邻年份出现 2 次，不重复出现 1 次，重复率为 60%。

5 年中单独出现过一次的有大数据和管理，各出现一次，出现频率为 20%。

可见，近五年间，档案学研究关注的重点始终集中在档案管理、信息化、信息化建设、档案 4 个方向上。

不过也要看到，这些持续的重点内容的关注度在 2016 年前后有所不同。2016 年前，各个内容的文献数量及总体数量是呈现上升趋势，而 2018 年后，无论是各个内容的文献数量，还是内容的总体数量，均出现下降趋势。

从总体上看，近五年来相关研究的主要内容整体上集中，重点突出，但强度差异明显。在 2014—2018 年中出现的关键词最少为 113 次，最多时达到 571 次。档案管理始终处于最高位。

四、小结

从 2499 篇文献涉及的高频关键词看，2018 年档案学研究的内容，依规模可以概括为信息化、档案事务、机构、档案 4 类。研究主要集中在 15 个关键词所涉及的方面，或者说，上述 15 个关键词是 2018 年档案学研究的热点。而其中又以信息化、管理、事业单位、档案 4 个方面为重点。需要指出的是，由于档案学研究内容的广泛性，2018 年研究热点只是相对集中，每年的热点与重点会有所不同。

从涉及的主题词看，使用频率最高的 40 个主题词共使用 3871 频次，占全部样本的 154.90%，也就是说，上述 40 个主题词涵盖了全部样本一次半以上。其中使用频率最高的是档案管理（403 频次），使用频率最低的是高校档案管理（38 频次），平均使用频率为 97 频次。从主题词反映出的研究内容看，2018 年档案学研究关注的 40 个主要问题又可归并为信息化、档案事务、档案、机构、档案学、文件、档案人 7 个大类。

从近五年研究文献主要关键词的分布看，档案学研究关注的重点始终集中在档案管理、信息化、信息化建设、档案 4 个方向上。不过也要看到，这些持续的重点内容的关注度在 2016 年前后有所不同。2016 年前，各个内容的文献数量及总体数量呈现上升趋势，而 2018 年后，无论是各个内容的文献数量，还是总体数量，均出现下降趋势。从总体上看，近五年来相关研究的主要内容整体上集中，重点突出，但强度差异明显。

第四节　文献关键词共词分析

本节采用关键词共现分析的方法,从共现矩阵和共现网络两个方面对样本文献进行分析。

一、共现矩阵

矩阵提取使用频率最高的 20 个关键词,将这 20 个关键词形成 20×20 的共词矩阵。如果某两个关键词同时出现在一篇文章中时,就表明这两者之间存在相关关系,关键词右侧或下方对应位置的数值表示篇数。

图 2-1 是 2018 年档案学研究文献高频关键词共现矩阵。

	档案管理	信息化	信息化建设	档案	大数据	数字化	档案信息化	管理	高校	建设	问题	信息化管理	事业单位	应用	对策	数字档案	数字档案馆	人事档案	医院	档案馆
档案管理																				
信息化	126																			
信息化建设	96																			
档案	3	45	15																	
大数据	46	11	9	9																
数字化	39	14		30																
档案信息化	12		5		4															
管理		32	5	18	5	8	5													
高校	15	14	7	9	6	4	7	2												
建设	9	30		15		8	8	6	5											
问题	17	13	9	7		7	7	2	4	8										
信息化管理	6			14				3												
事业单位	44	11	27			6			5											
应用	23	2	3		4	4		2			4									
对策	18	10	13	6		3	6	4	4	6	24	3		4						
数字档案					2					3				2						
数字档案馆	2	4			8															
人事档案	3	12	7		3			3	5			8	2							
医院	25	6	11	6	4	2						6						8		
档案馆		3								3										

图 2-1　2018 年档案学研究文献高频关键词共现矩阵

图 2-1 显示,2018 年档案学研究文献关键词共现有 97 组,共现率为 48.5%。共现次数 100 次以上的关键词组合有 1 组,共现率为0.5%。共现次数50~99 次的关键词组合有 1 组,共现率为0.5%。共现次数 20~49 次以上的关键词组合有 11 组,共现率为 5.5%。

以横轴为准计:

20 组共现关键词中有 16 组与档案管理直接相关,占共现关键词的 8%。

20 组共现关键词中有 14 组与信息化直接相关,占共现关键词的 7%。

20 组共现关键词中有 11 组与信息化建设直接相关,占共现关键词的 5.5%。

20 组共现关键词中有 9 组与档案直接相关,占共现关键词的 4.5%。

20 组共现关键词中各有 8 组与数字化、高校直接相关,分别占共现关键词的 4%。

20 组共现关键词中有 7 组与大数据直接相关,占共现关键词的 3.5%。

20 组共现关键词中有 6 组与档案信息化直接相关,占共现关键词的 3%。

20 组共现关键词中各有 3 组与建设、信息化管理、事业单位直接相关,分别占共现关键词的 1.5%。

20 组共现关键词中有 2 组与问题直接相关,分别占共现关键词的 1%。

20 组共现关键词中各有 1 组与应用、人事档案直接相关,占共现关键词的 0.5%。

另有对策、数字档案、数字档案馆、医院、档案馆 5 个无共现关键词。

以共现频次为准计:

共现次数在 100 次以上的特高共现关键词有 1 组,即:

档案管理与信息化:126 次。

共现次数在 50～99 次的超高共现关键词有 1 组,即:

档案管理与信息化建设:96 次。

共现次数在 20～49 次的高共现关键词有 11 组,分别是:

档案管理与大数据:46 次。

档案管理与数字化:39 次。

档案管理与事业单位:44 次。

档案管理与应用:23 次。

档案管理与医院:25 次。

信息化与档案:45 次。

信息化与管理:32 次。

信息化与建设:30 次。

信息化建设与事业单位:27 次。

档案与数字化:30 次。

问题与对策:24 次。

从共现组数看,由于高共现频率的 20 个关键词的共现组数达 97 组,特高、超高与高共现词有 13 组,占全部共现关键词的 13.40%。可见,2018 年档案学研究的重点仍然集中在档案管理和信息化两个主要方向上。或者说,2018 年档案学研究主要是在档案管理与信息化两个方向上展开的。

2018 年档案学研究的整体规模较大,研究内容相对集中。2018 年档案学研究领域有相当规模的高频(20 次以上)共现关键词,形成了比较明显的高相关共现关键词群,研究的集中趋势明显。

二、共现网络

在关键词共现网络中,关键词之间的关系可以用连线来表示,连线多少和粗细代表关键词间的亲疏程度,连线越多,代表该关键词与其他关键词共现次数越多,越是研究领域的核心和热点内容。

使用工具获得 2018 年档案学研究高频词共词网络图谱(扫描二维码)。

从共词网络图谱可以直观地看出:2018 年档案学研究可以分成"档案管理""数字档案馆""应用""数字档案""档案信息化"和"档案馆"6 个聚类群组。其中群组中关键词超过 2 个以上的只有"档案管理"群组。其他 5 个群组均为单词群组。

群组最大的是以"档案管理"为核心关键词和以"信息化""信息化建设""数字化""档案"4 个辅关键词组成的主群组。在这个主群组中,与中心关键词"档案管理"联系密切,共现次数多(连线粗)的有"信息化""信息化建设",而距离近的有"数字化""事业单位""信息化管理""高校""问题"等,距离略远的有"大数据""建设""管理"等。

"数字档案馆""应用""数字档案""档案信息化"和"档案馆"5 个单核心群组主要与"档案管理"主群组相关联,与这个群组中的众多关键词存在关联。但整体处在"档案管理"群组之外。

"数字档案馆""应用""数字档案""档案信息化"间有一定联系,但联系强度不高。

"档案馆"只与"档案管理"主群组相关联,与"数字档案馆""应用""数字档案""档案信息化"之间没有直接联系。它是档案学研究中最为特殊的一类。这不仅表明档案馆研究本身在档案学研究中的地位,还反映出档案馆研究在档案学的非本体性突出。

可见,2018 年档案学研究是围绕以"档案管理"为核心的"信息化""信息化建设""数字化""档案"等主要内容展开的。

三、小结

从共现组数看,由于高共现频率的共现组数达 13 组,占全部共现关键词的 13.40%,可见 2018 年档案学研究的重点仍然集中在档案管理和信息化两个主要方向上。或者说,2018 年档案学研究主要是在档案管理与信息化两个方向上展开的。2018 年档案学研究的整体规模较大,研究内容相对集中,研究的集中趋势明显。

2018 年档案学研究是围绕以"档案管理"为核心的"信息化""信息化建设""数字化""档案"等主要内容展开的。"数字档案馆""应用""数字档案""档案信息化"和"档案馆"5 个单核心群组主要与"档案管理"主群组相关联,与这个群组中的众多关键词存在关联。但整体处在"档案管理"群组之外。"数字档案馆""应用""数字档案""档案信息化"间有一定联系,但联系强度不高。"档案馆"只与"档案管理"主群组相关联,与"数字档案馆""应用""数字档案""档案信息化"之间没有直接联系。它是档案学研究中最为特殊的一类。这不仅表明档案馆研究本身在档案学研究中的地位,还反映出档案馆研究在档案学的非本体性突出。

第五节　文献综述

一、档案学理论研究

1.总论

中国人民大学信息资源管理学院张斌认为:"尽管我国档案学理论已经取得了长足发展,但在新时代环境下,我国的国情和面临的世情都发生了变化,'档案人'应该齐心协力,打造中国档案学派,建立、丰富和完善具有中国特色的新时代档案学理论。一是立足于中国本土实践,着眼中国档案事业建设与发展中的重大、重点和难点问题,寻求解决方案,从学术自觉到学术自信,进而实现学术自强。二是要加强对档案学理论研究的规划与支持,聚焦国际社会共同关注的档案学理论问题,推出并牵头组织相关研究项目,及时研究、提出、运用新思想、新理念、新办法,用中国话语体系解读中国档案学理论与实践,进一步推介我国档案学走向世界,打破'有理说不出、说了传不开'的困境。三是要着眼档案内容研究,利用新技术加强档案信息资源的深度开发,充分挖掘我们档案与档案工作的历史基因、文化基因,提取合理的、有营养的成分,并提出具有主体性、原创性的理论观点。"①

中国人民大学信息资源管理学院王英玮认为:"档案学是一门实践性很强的综合性社会科学,从事档案学研究应遵循正确的政治方向。""如果没有正确的政治方向和思维方法,研究者就会迷失科学的研究目标。'言必称希腊',只能成了别人的工具和传声筒。"②

河南省濮阳市档案馆刘东斌认为:"档案是档案学研究之根本。虽然,档案与文件、图书、情报有着密切关系,尤其是与文件有着千丝万缕的复杂关系,但在中国档案学形成之初及以后相当一段时间内,一直是在专心研究档案。""档案学要姓'档',档案学研究不能忘记档案这个根本,一定要用档案的视角去研究。否则的话,档案学不是消失在信息学中,就是被文件学所替代。"③他还认为:"目前,我国档案学理论研究存在着概念不清、逻辑混乱、论证不严谨等现象。""档案学理论研究要以马克思主义为指导;档案学理论研究一定要遵循严谨性和逻辑性原则;借鉴和引入其他学界的理论一定要符合档案学理论自身发展的规律;档案学理论研究要有自信心。"④

河南省开封市档案馆吴雁平认为:"档案学研究者,是档案工作者,但不是普通的档案工作者,而是一头挑着档案工作者的职责与义务,一头挑着档案用户的需求与期望的特殊档案工作者。""档案学研究者,尤如挑担远行,必须保持平衡,不能顾此失彼,只顾一头。否则必然是'一头抹脱,另一头挑单',难以成就档案学研究之行。"⑤

南京大学信息管理学院马双双、古琬莹、高胜楠认为,改革开放后我国档案学学科演变特点是:第一,档案实践领域的活跃与档案学理论研究反思之间的共存与对照。第二,档案学学科角色的缺位与补位共现。第三,多学科交叉融合研究、多国界交流互通是主流趋势。⑥

苏州大学社会学院谢诗艺认为:"多位研究者指出中国档案学理论与实践的联系不够紧密,个别学者认为已经出现'脱节'现象",其"关键原因在于中国档案学理论和理论研究者陷入'象牙塔'囹圄不能自拔"。他还指出:"这种判断是一种'刻板印象'下的'标签化'认知,具有一定的负面影响。在要求已'脱节'者走出'象牙塔'之时,研究者也要走出自己的标签化认知。"⑦

2. 基础理论研究

上海大学图书情报档案系张澍雅认为:"'新来源观'是在来源原则遭受冲击的情况下,通过自我调整与完善,增强对新载体、新领域档案管理的适用性。它坚持了历史主义思想,这一思想是根据事物现实存在状态来进行划分的,是对事物客观状态的直接认定,强调尊重历史、尊重客观、尊重事物之间的有机联系。'新来源观'虽然不再按照机构来源整理档案,但它仍遵循着特定内容,客观反映历史面貌,并进一步发展来源的内涵。"⑧

河南省郑州市公路管理局高爱民、河南省交通运输厅公路管理局范亚明认为:"新来源观与建设项目管理理论形成核心契合点——业务活动过程。核心契合点使档案管理与业务管理形成合力,推动利用信息技术形成多维全息实时的原始信息记录、强化档案的历史再现性和凭证作用,促进建立基

① 张斌. 打造新时代中国档案学派[J]. 档案学通讯,2018(4):1.
② 王英玮. 学术并进　望远勤思[J]. 档案学通讯,2018(5):1.
③ 刘东斌. 以"档"为本:档案学研究中的档案视角[J]. 档案管理,2018(5):1.
④ 刘东斌. 唯物严谨　求实自信:对档案学理论研究的若干思考[J]. 中国档案研究,2018(2):39-51.
⑤ 吴雁平. 一肩两挑:档案学研究中的平衡视角[J]. 档案管理,2018(6):1.
⑥ 马双双,古琬莹,高胜楠. 改革开放后我国档案学学科演变过程及特点[J]. 档案与建设,2018(8):8-12.
⑦ 谢诗艺. 走出"象牙塔"与"去标签化":论中国档案学理论与实践的"脱节"[J]. 档案学通讯,2018(3):29-32.
⑧ 张澍雅. 对"新来源观"实践探索的再认识[J]. 档案学通讯,2018(6):26-30.

于信息流集成的建设项目集成管理信息系统,消解全宗理论对建设项目适应性的争议基础。"①

上海大学图书情报档案系连志英认为:"文件连续体理论是在澳大利亚基于证据和连续体的文件管理思想、文件系列体系思想的基础上,借鉴后保管主义及结构化理论建构的后现代主义文件保管的新范式。它强调文件并非是中立物,文件的运动具有时空延伸性。该理论的终极诉求是建立一个自下而上的、可靠的文件保存体系,以完整保存集体记忆,促进社会民主发展。要实现这一诉求,文件的保存就需多方主体的参与和合作。文件连续体理论为文件管理提供了重要的理论框架,对建构完整的社会记忆具有重要的指导价值,同时也为对传统档案学的核心概念及理论进行批判性反思提供新的视角和工具。"②

上海市奉贤区档案馆严永官认为:"从档案的客观实际和目前档案工作的实践、档案学研究的理论成果来看,档案确实有前身,档案的前身是'历史记录',档案的前身是人类有意识形成的。"③

西安航空职业技术学院档案馆张欢"对'档案多元论'的理论定位、中国化过程及同类西方理论中国化的相关问题进行了重新思考和多角度审视,提出'档案多元论'实为中国化产物,西方理论中国化应以中国向世界发声为最终环节等观点"。④

广西民族大学管理学院归吉官认为:"文件形成活动和现行价值不仅是档案学的重要概念,而且还是文件运动理论研究的核心概念。以往的研究之所以出现瑕疵,主要是由于对这些基础概念的内涵与外延界定不清,把握不准所致。文件形成活动是贯穿于文件运动全程的主线,是文件运动规律的本质反映,同时也是文件价值形态转化的重要观察窗口。现行价值的价值主体与文件形成者、受文者密切相关,其价值形态与文件双重价值存在必然联系,其价值作用范畴也有特定的时空范围。对核心概念界定不清或脱离核心概念可能会误认为文件运动可以出现回流或逆向、横向等现象。"⑤

上海大学档案馆洪佳惠认为:"构建一棵'档案载体的派生树',以一种多维的视角来打开'档案载体'可能联系的、更为广大的视域。如此,实体档案和电子档案被安置入一个适合的探讨位置,其各个衍射线所包含的陈述也更为明晰。"⑥

上海大学图书情报档案系杨智勇认为:"从时间和空间两大体系,微观、中观和宏观三个层面,阐述四维时空观在档案工作基础理论和实践应用中的认识和定位,进而提出信息时代档案时空观的重要特征是'信息流动'。"⑦

3. 其他

郑州大学信息管理学院杨瑞仙、孙富杰、石凤娟认为:"建议档案学领域加大与其他学科之间的知识交流深度,提高知识的转化效率,促进档案学的发展。"⑧

中共河南商丘市委党校陈光认为:"从知识集中度层面来分析,图书馆学与档案学多集中在图书馆和档案馆相关方面,而情报学的研究范围相对更大,涵盖图书情报、社会网络、文献计量、知识图谱等领域。"⑨

河南省开封市档案馆吴雁平、河南省濮阳市档案馆刘东斌对10年来,档案界"长尾理论"在档案

---

① 高爱民,范亚明. 数字时代新来源观与建设项目管理理论的契合研究[J]. 档案管理,2018(2):15-16.

② 连志英. 一种新范式:文件连续体理论的发展及应用[J]. 档案学研究,2018(1):14-21.

③ 严永官. 档案的前身是人类有意识形成的:档案形成中的人为意识问题研究之二[J]. 档案管理,2018(6):14-16.

④ 张欢. 关于档案多元论的"多元"思考:与李子林同学商榷[J]. 档案学通讯,2018(3):8-11.

⑤ 归吉官. 论文件运动的核心概念:由文件运动理论研究引起的若干问题思考[J]. 档案管理,2018(6):17-20.

⑥ 洪佳惠. 实体档案与电子档案之差异的另一种探索:档案载体派生树的构建[J]. 档案学研究,2018(5):9-13.

⑦ 杨智勇. 信息时代的档案时空观探析[J]. 档案学通讯,2018(1):29-33.

⑧ 杨瑞仙,孙富杰,石凤娟. 从期刊文献引证视角看学科结构与知识演变:以档案学为例[J]. 档案管理,2018(2):69-73.

⑨ 陈光. 基于知识网络视角探讨图书、情报、档案学科的交叉与融合[J]. 档案管理,2018(1):71-72.

工作中的适用范围与适用方面、运用思路、实现途径三个方面的研究进行梳理,认为:"档案并不是商品;档案被利用(档案的使用价值)与商品售卖给消费者消费(商品的使用价值)不同;档案工作行为不同于商业行为。总之,'长尾理论'并不适用于档案工作。"①

中国人民大学信息资源管理学院杨光认为:"档案职业概念'一词多译',违背术语无歧义性的基本原则,且主流译法有失准确性。核心概念界定与翻译的'乱'与'误'降低了档案职业研究应有的学术价值和社会价值。"②

广西民族大学管理学院黄夏基、南宁市城建档案馆梁艳、广西医科大学第二附属医院杨桂凤"引入信息栈理论,认为档案信息传播是有栈传播。在传播过程中,档案馆是档案信息有栈传播的主要承担者,履行着档案信息栈的功能,其具体功能通过档案馆栈的代理功能、控制功能、增值功能、跨时空传播功能得到体现。并且,档案馆信息栈功能与'五位一体'功能一脉相承"。③

二、书评

辽宁大学历史学院赵彦昌认为:"《基于范式论批判的中国档案学发展研究》是一部应用范式理论探索中国档案学发展规律的力作。全书的内容从逻辑联系上可分为理论分析和理论应用两部分,批判性思维的运用、研究方法的多元化、系统性理念为先导是其呈现出的主要特点;该书的价值在于纠正了已有研究成果中的错误,发现了已有研究成果的不足,促进了档案学范式论的研究。"④

河南省驻马店市城建档案馆张曼琴认为:"《档案直接形成论》具有重要的档案学理论价值,填补了我国档案学基础理论研究的多项空白,创立了有中国元素的档案学基础理论,明确了档案概念内涵,稳定了档案学发展研究基石。"⑤

河南省沈丘县档案局孙胜利认为:"《档案直接形成论》是一部生于实践,长于实践,成于实践,根植于中国档案工作土地上的专门系统研究档案学基础理论的著作,具有博采众长、继承创新,系统阐述、全面论证,全面梳理、实证分析,广征博引、写作创新等鲜明特点。"⑥

东方电气集团东方电机有限公司档案中心陈勇、四川省德阳市人民医院王东云、四川省德阳市档案文秘学会庄园认为:"20 世纪 90 年代的中国企业档案管理(学)著作呈现井喷式爆发,除少部分著作是具体实践的提炼与总结外,理论上有了长足进步,并出现了涉外企业、现代企业、国外企业、流通企业等档案管理工作的探讨与介绍,尤其值得一读的是《企业档案工作探索》《现代企业档案管理》《现代企业文件与档案工作实用教程》三本书,代表了 20 世纪 90 年代中国企业档案管理(学)著作的水平。"⑦

四川省昭通市档案馆朱兰、四川省德阳市档案局(馆)庄园、东方电气集团东方电机有限公司档案中心陈勇认为:《新经济时代的企业档案管理》第一次将"知识管理"概念引入档案管理领域,是一本

---

①　吴雁平,刘东斌."长尾理论"在档案界遇冷的思考:档案界 10 年"长尾理论"研究综述[J].档案管理,2018(2):23-26.

②　杨光.档案职业研究成果价值评析:以核心概念为视角[J].档案学通讯,2018(3):38-43.

③　黄夏基,梁艳,杨桂凤.基于信息栈理论对档案馆功能的研究[J].档案与建设,2018(9):12-16.

④　赵彦昌.解析档案学发展规律的一部力作:《基于范式论批判的中国档案学发展研究》读后[J].兰台世界,2018(3):37-40.

⑤　张曼琴.土生土长的中国档案学元素:简述《档案直接形成论》的理论价值[J].档案管理,2018(2):37-38.

⑥　孙胜利.生于实践长于实践成于实践:试述《档案直接形成论》的特色[J].档案管理,2018(2):39-40.

⑦　陈勇,王东云,庄园.中国企业档案管理(学)著作(1988—2013 年)述评(上)[J].机电兵船档案,2014(2):14-16.

追求探索和开拓、面向理论和实践、具有新意的学术著作。①

辽宁大学历史学院赵彦昌、苏亚云认为,《面向公众需求的档案资源建设与服务研究》一书的"价值有四:一是在实地调查的基础上进行问题探讨;二是提出有效的面向公众需求的档案资源整合方法;三是构建出创新性的档案资源建设与服务联动模型;四是革新新媒体下的档案服务理念和路径"。②

中南大学信息安全与大数据研究院、中南大学档案技术研究所向禹认为,《科学素养与科技档案读本》(杨健康编撰,中南大学出版社 2018 年版)有如下特点:第一,内容安排具有严密的逻辑性,结构合理。第二,著作具有鲜明的时代印记。近年来,大数据成为业界关注的焦点。为此,该著作紧扣时代的要求,较为全面地阐述了大数据时代背景下,科技档案工作面临的挑战、亟待解决的问题以及相应的对策建议。第三,研究方法多样。首先,在研究方法上,该著作运用理论演绎法,对科技档案工作者应具备的科学素养进行了演绎研究;其次,该著作采用了当前较流行的实证法,以各类统计数据为基础,分类别、分层次、分年段对科技档案进行实例编研;最后,该著作将理论与实践相结合,内容丰富全面,数据翔实,具有较强的可读性和实用性。③

三、档案学学人

辽宁大学历史学院赵彦昌、苏亚云认为:"当前,学术界对于吴宝康的研究主要集中在对其生平及其在档案学术研究、档案教育、档案事业上的贡献进行探讨";"但也存在一些问题,即研究主题不够多样、创新性不足、研究成果的种类不够丰富,需要档案人继续对吴老进行多方位、创新性探讨,以期全面展现吴老在档案界的风采和学习吴老档案学术研究和档案教育的精华"。④

甘肃省灵台县地方志办公室曹建忠认为:"吴宝康档案学术思想并不是高大上的东西,不是高深莫测的理论,而是紧密联系实践的应用科学。其为我国档案工作和档案事业发展提供了坚实理论基础和业务指导,是做好我国档案工作,发展我国档案事业的指南。尤其是他倡导的应用档案学、科技档案体系,以及广泛开展群众性学术研究的学术思想,极大地鼓舞和激发了广大档案工作者的工作激情,有力地推动和保障了档案工作和档案事业的蓬勃发展。"⑤

湖北大学历史文化学院档案系苏诗萌认为:"裴桐在长期的档案工作实践中产生的档案管理思想对今天的档案工作起到重要作用。首先,他认为档案的收集工作应集中统一管理,使我国档案工作原则得以确立。其次,他认为档案分类要便于研究、便于存取,针对不同情况用不同的分类方法,提出了科学的档案分类思想。再次,他认为档案保管的最终目的是提供利用,档案工作人员应具有主动服务的思想。最后,裴桐还积极主张使用现代化高新技术来进行档案管理,与时俱进,开创档案工作新篇章。"⑥

中山大学资讯管理学院李少建认为:"龙兆佛作为 20 世纪中国档案学重要学术人之一,十分重视档案的分类管理,在长期实践所得的经验基础之上,他总结出档案分类的有效方法,并在其著作《档案管理法》中做了详尽的阐述,包括拟定《省政府档案分类法》,提出档案分类的三个标准和分类表编制的五项原则,以及提出档案分类和图书分类的区别等,大大推动了我国档案学分类理论发展的历程,

① 朱兰,庄园,陈勇.中国企业档案管理(学)著作述评(中)[J].机电兵船档案,2018(2):14-17.

② 赵彦昌,苏亚云.联档案资源建设与服务 应公众档案信息之需求:周耀林等著《面向公众需求的档案资源建设与服务研究》读后[J].兰台世界,2018(12):23-26.

③ 向禹.高校科技档案建设与管理的拓新之作:评《科学素养与科技档案读本》[J].档案时空,2018(11):22.

④ 赵彦昌,苏亚云.吴宝康研究述评:纪念吴宝康先生诞辰 100 周年[J].档案学研究,2018(1):4-9.

⑤ 曹建忠.吴宝康档案学术思想探微[J].档案,2018(9):13-18.

⑥ 苏诗萌.浅析裴桐的档案管理思想[J].档案管理,2018(1):39-40.

这不仅对当时的行政效率和档案管理产生了重大影响,对现行档案分类体系的构建也有重要的参考价值和启示意义。"①

上海大学图书情报档案系胡陈晨认为:"周连宽先生的档案学是从研究政府机关档案室工作中产生的,因此周连宽先生的档案学研究带有浓厚的行政色彩,这也是周连宽档案学思想的一大特色。周连宽先生档案学思想的另一大特色则是在档案分类上对于图书馆学的借鉴。当时我国在图书分类方面已经取得了大量可观成绩,可是当时档案学仍然采用老式的档案管理方式。因此,将当时国内先进的图书馆管理方式与理念引入到档案管理是必然之举。那个时候档案学研究的中心是分类问题,档案的分类也是采用图书馆上面的十进分类法。而周连宽先生主张的分类系统采用五级分类,分别为'类''纲''项''目''子目'这五级。这个分类法兼顾了理论与事实,但是当理论与事实不能协调时,则理论服从于事实。周连宽先生的档案学思想实事求是,理论来源于事实,思想源于实践,理论与实践结合。"②

四、档案价值

1.档案情感价值

中国舰船研究院李晶伟认为:"从本体论维度,档案情感价值来源于原始记录本体,是一种关系范畴;从认识论维度,档案情感价值聚焦于档案开发利用,是一种社会事实;从方法论维度,档案情感价值由档案工作者所主导,是一种社会行动。档案情感价值是档案价值形态之一,具有个体性、公共性、依附性、外向性、多元性、实践性等特征。"③

武汉大学信息管理学院王玉珏、中国人民大学信息资源管理学院张馨艺认为:"档案情感价值是指档案(客体)对人们(主体)所具有的情感方面的有用性,即人们在社会实践活动中,由档案内容或载体而触发的对历史、记忆、文化和社会的情感体验、情感共鸣等。这种情感体验、情感共鸣对个人、集体和社会产生一定作用。档案情感源于其内容、载体、社会文化和社会情感,具有依附性、发展性、个体性和公共性。"④

中国舰船研究院魏丽维、李晶伟,中国人民大学信息资源管理学院管清潆认为:"档案情感价值研究与后现代社会密切相关,档案价值论、档案记忆观、社群档案都间接关注了档案对主体所具有的情感价值。现有研究初步探索了档案情感价值内涵,强调档案背后隐藏的情感维度与档案记录的情感力量,侧重研究档案情感价值的实践意义,认识到要做好档案管理工作须重视情感投入。现有研究存在研究观点有待商榷、缺乏理论阐释与专题系统性,研究视角受限、缺乏后继持续性,研究适用性不强、缺乏本土代表性等不足,为后续研究提供研究空间。"⑤

对于"档案情感价值",钦州学院人文学院王玉玲认为:"一些研究者在论证过程中混淆了全称判断与特称判断、必然判断与或然判断、价值判断和事实判断、性质判断和价值判断,提出'档案情感价值'论断在适用范围上不具有普遍性,在性质上不具有确定性。"⑥

中国人民大学信息资源管理学院吴志杰、王英玮"对档案情感研究提出若干质疑与反思;提出应立足我国档案工作理论与实践来分析国外档案情感研究成果。未来档案情感研究应在明确相关概念

① 李少建.龙兆佛档案分类理念探析[J].档案学通讯,2018(6):75-79.
② 胡陈晨.周连宽档案学学术思想初探[J].办公室业务,2018(6):183.
③ 李晶伟.档案情感价值的内涵与特征[J].北京档案,2018(11):9-12.
④ 王玉珏,张馨艺.档案情感价值的挖掘与开发研究[J].档案学通讯,2018(5):30-36.
⑤ 魏丽维,李晶伟,管清潆.档案情感价值研究述评[J].档案与建设,2018(6):4-8.
⑥ 王玉玲.审度逻辑:对"档案情感价值"研究相关论断的质疑[J].档案学通讯,2018(6):40-43.

基础上,将研究重点放在情感因素对档案开发利用领域的影响及情感作用的双向意义等方面"。①

2.档案的情报价值

国防大学政治学院军事信息与网络舆论系孔维冲认为:"根据军民融合背景下档案与情报的特点规律,提出档案情报价值实现的三要素:情报用户、档案、档案情报工作者,进一步搭建起档案情报价值实现模型。"②

中央军委装备发展部原档案馆陈方舟、张若梅"针对档案所特有的情报价值,提出面向决策的智库型档案平台模型,基于需求中心原则、高内聚低耦合原则、信息共享原则和评估反馈原则,引入分布式管理技术、数据挖掘技术和人机交互技术,围绕决策机构需求搭建分布式共享档案信息平台、信息挖掘引擎及管理系统,使之成为档案开发管理新模式"。③

3.其他

苏州大学社会学院谢诗艺认为:"档案与文化的耦合集中体现为两点:一是社会需求促使档案产生并使之成为社会文化的载体,二是成为信息介质的档案促发了档案人的文化自觉并规范了其自身的子文化。从档案双元价值理论视角来看,第一个耦合点由档案的'信息价值'决定,第二个耦合点则由档案的'工具价值'触发。"④

福建师范大学社会历史学院王运彬、王小云认为:"在资产概念的认知演进中,价值和权利至关重要,提示着档案资产的理论审视也应沿着价值与权利的脉络展开。经济学界关于资产价值客体的梳理中,探索出从生存之用到抽象之用、从需求之用到稀缺之用的扩张脉络,提示着档案资产的价值审视也应置身其中。法学界关于资产权利客体的梳理中,探索出从狭义之物到广义之物、从自在之物到人为之物、从自然之物到法律之物的扩张脉络,提示着档案资产的权利审视不能置身事外。"⑤

南昌大学人文学院周林兴认为:"长期以来对档案价值的认知都是凭借主体能力、通行标准、领导意志等通道来实现","重塑档案价值的认知理念很有必要,在对档案价值认知时应是'问题导向'而不是'量入为出'的思维模式,认识到完善的社会关系体现需要完整的档案存在,完整的档案体系是社会主体形成而非制造的产物"。⑥

苏州大学社会学院邵华、成蹊、毕建新、丁家友认为:"档案价值是事物中蕴含的信息记录质的原始性、真实性和唯一性,事物之间的差异性决定了其所具有档案价值的普遍性与泛在性。"文章从档案价值现有研究情况出发,考察在'后保管时代''互联网+'以及社会记忆理论研究背景下,以文件为起点研究档案价值的必要性,并从文件与档案的关系、档案价值与文件的关系的角度论证其合理性。⑦

五、数字档案馆（室）

华东政法大学、上海市档案局赵海军认为:"数字档案馆将档案数字化后供档案利用者复制和下载,构成版权法意义上的信息网络传播行为。档案利用者通过数字档案馆将数字化档案下载或打印,可根据我国著作权法规定判断是否构成合理使用。而对于数字档案馆的合理使用问题,可适用比例原则,司法实践中可参照指导性案例,档案部门在著作权法立法中要有所作为。数字档案馆通过网络

①　吴志杰,王英玮.质疑与反思:档案情感研究辨析[J].档案学通讯,2018(6):34-39.
②　孔维冲.军民融合视角下档案情报价值的认知与实现[J].档案与建设,2018(12):16-20.
③　陈方舟,张若梅.面向决策的智库型档案平台建设初探[J].档案管理,2018(6):36-38.
④　谢诗艺.试析档案与文化的耦合及其机理[J].中国档案研究,2018(2):72-83.
⑤　王运彬,王小云.资产客体的扩张脉络与档案资产的理论审视[J].档案学研究,2018(2):44-49.
⑥　周林兴.价值、认知与社会关系:档案存在的正当性阐释[J].档案学通讯,2018(2):23-27.
⑦　邵华,成蹊,毕建新,等.基于文件起点的档案价值研究:从文件开始研究档案价值的必要性与合理性探究[J].档案学通讯,2018(2):28-32.

提供数字化档案不构成版权法意义上的发行行为。同时,数字档案馆建设中要树立版权意识,明确有版权的档案及其权利归属,同版权人签订版权许可合同,采取技术措施等方式,解决版权问题。"①

湘潭大学公共管理学院向立文、张茜对数字档案馆风险管理研究进行了综述,认为:"目前研究的不足之处体现在研究视角有待进一步开阔、数字档案馆风险因素的分析有待加强、风险管理过程的研究不够系统以及风险评估的研究不够深入等方面。"②

上海大学图书情报档案系罗传祥认为:"数字档案馆生态系统的健康水平决定着数字档案馆可持续发展的高度",应当"从健康风险评估、健康干预、健康预防三个方面改善数字档案馆生态系统的管理方式,确保数字档案馆生态系统的健康运行"。③

北京师范大学档案馆杨桂明认为:数字档案馆、智能档案馆、智慧档案馆的关系是档案馆建设和发展的三个不同阶段。第一个阶段也叫初级阶段,是数字档案馆建设,它是基础,也是最重要、最关键的一步。第二个阶段也叫中级阶段,是智能档案馆建设,是在对数字档案馆进行全方位的升级管理,为智慧档案馆的建设搭桥铺路。第三个阶段也叫高级阶段,是智慧档案馆建设,它是在数字档案馆和智能档案馆的基础上,融入人的智慧,强调档案信息感知和协同处置,是数字档案馆、智能档案馆发展的高级阶段和未来趋势。④

中国人民大学信息资源管理学院牛力、中国人民大学人文北京研究中心裴佳勇认为:"虽然学者们对智慧档案馆的定义众说纷纭,但仍达成了一些共识:首先,智慧档案馆是档案馆发展的高级形态和必然结果;其次,它通过应用物联网、云计算等先进技术,实现城市各类信息资源的有序整合、协同共享和高效利用,从而更好地为公众服务。"智慧档案馆的建设,"在档案收集阶段,突破数字档案馆以档案数字化副本为主的局限,实现馆藏档案资源的多元化。在档案管理阶段,实现档案馆全方位的信息感知与协同处置功能。在档案利用阶段,实现档案利用服务的移动化、便捷化和个性化"。⑤

自然资源部信息中心杨玲、吴玉龙、宋元、米捷针对数字档案室建设"存在的电子档案与纸质档案组件方式、档案在线归档等问题,提出转变思想观念、管理与时俱进,加大投入力度,切实解决电子文件在线归档问题,积极运用新技术,重点打造'档案云'等对策"。⑥

六、社交媒体

西北大学公共管理学院高晨翔、黄新荣"给予社交媒体文件一个简洁、科学的定义——'形成并发布于社交媒体平台上的电子文件',使得社交媒体文件明确打上了档案学的烙印"。他们认为:"社交媒体文件蕴含了电子文件的基本特征,同时还具备受众广泛、结构灵活、题材多样、流转迅速等个性化特征。"⑦

四川大学公共管理学院卢林涛认为:"档案社交媒体准备度评估是对各级各类档案机构在开设社交媒体之前能力和意愿相关指标的整体评估,其关键要素包括基础保障、内容创建、内容发布和内容管理等。档案机构可委托第三方机构对其开展档案社交媒体准备度评估,并以雷达图形式呈现定性评估结果。"⑧

① 赵海军. 数字档案馆建设中涉及的版权问题探析[J]. 档案与建设,2018(10):10-14.
② 向立文,张茜. 数字档案馆风险管理研究综述[J]. 北京档案,2018(4):9-12.
③ 罗传祥. 论数字档案馆生态系统的健康管理[J]. 档案管理,2018(1):22-24.
④ 杨桂明. 从数字、智能和智慧的视角论档案馆建设的三个阶段[J]. 档案学通讯,2018(2):110-112.
⑤ 牛力,裴佳勇. 面向服务的我国智慧档案馆建设探析[J]. 档案学研究,2018(2):89-96.
⑥ 杨玲,吴玉龙,宋元,等. 自然资源部数字档案室建设的问题与对策[J]. 北京档案,2018(5):34-35.
⑦ 高晨翔,黄新荣. 概念、理论与体系:社交媒体文件研究的基础问题[J]. 档案管理,2018(4):12-16.
⑧ 卢林涛. 档案社交媒体准备度评估研究[J]. 档案与建设,2018(3):12-15.

吉林大学管理学院张卫东、陆璐"选取具有代表性的微信、新浪微博平台从账号类型、地域分布和影响力三个方面进行了调查分析,总结档案机构在不同平台上提供信息服务所呈现出的不同特点",提出了"制定管理规范、优化资源内容、挖掘平台价值和关注用户需求四个方面"的对策。①

中国人民大学信息资源管理学院黄霄羽、郭煜晗、王丹、冯磊提出了档案馆应用社交媒体创新档案服务的方式:"一方面,应用社交媒体可以对传统的档案服务方式进行变革,包括将被动服务转向主动服务、单向服务转向多向服务、滞后服务转向即时服务等。另一方面,社交媒体的应用也给档案馆引入了全新的服务方式,主要包括自助服务方式和个性服务方式。"②

七、微信公众号

莆田学院教务处陈祖芬认为:"档案机构微信公众号只是档案机构与时代和社会互动的平台之一,立足档案、为民服务是它的主要功能。"她提出:"档案机构可以尝试通过分工合作解人员之困,问计于民解选题之困,'形''神'结合解内容之困,立体宣传解传播之困。"③

郑州大学信息管理学院邢变变、刘佳敏"通过问卷调查对档案微信公众号用户'点赞'的行为动机从信息获取、社会交往、功能性体验三个维度展开研究。结果显示,不同动机取向以及各取向中具体需求的满意度对用户点赞行为影响程度各不相同;用户点赞行为的强度与档案微信公众号信息传播内容和服务方式密切相关",并"认为可从提升档案微信公众号的信息价值和加强个性化功能体验服务开发两方面予以改进,以最大限度地满足用户需求动机"。④ 邢变变、崔夕雨还"通过问卷调查,对档案微信公众号用户关注、点赞、留言评论、转发/分享、收藏这五种信息接受行为的动机进行研究",认为档案微信公众号用户采取信息接受行为的意愿度、用户对信息内容的认同度和档案微信推文的内容形式,都会影响用户信息接受行为意愿。档案微信运维者可以从加强与用户的互动、重视用户反馈行为并有针对性地进行改进、增强档案微信推文内容的专业性和形式的新颖性等方面,加强档案微信公众号的建设。⑤

华南师范大学档案馆陈海平"对我国知名院校档案馆微信公众号进行调查研究,获取各档案馆公众号的服务模块和推文模块基本情况,并重点分析推文的主题特征和非主题特征及其对推文传播效果的影响,指出主题特征中原创性和契合时事与微信推文传播效果正相关,非主题特征中推文字数、推文标题情感以及新元素的应用与传播效果正相关"。⑥

郑州大学档案馆张予宏、郑州大学信息管理学院娄海婷提出了档案馆微信公众平台发展对策:①增加重视程度,规范命名方式与认证主体;②打造优质团队,关注内容建设和形式多元;③加大宣传力度,扩大受众范围;④尊重原创,注重对档案信息的安全保护。⑦

八、档案与记忆

上海大学图书情报档案系古同日认为:"档案记忆概念在档案学理论研究中的应用愈来愈多",并

① 张卫东,陆璐.档案社交媒体影响力分析[J].档案学研究,2018(1):59-64.
② 黄霄羽,郭煜晗,王丹,等.档案馆应用社交媒体创新档案服务的方式[J].北京档案,2018(2):13-15.
③ 陈祖芬.档案机构微信公众号实践反思与难点突破[J].中国档案研究,2018(2):129-141.
④ 邢变变,刘佳敏.使用与满足理论视域下档案微信公众号用户"点赞"行为动机调查研究[J].档案管理,2018(5):74-77.
⑤ 邢变变,崔夕雨.档案微信公众号用户信息接受行为动机调查研究[J].档案与建设,2018(6):9-12,41.
⑥ 陈海平.基于内容分析的知名院校档案馆微信公众号调查研究[J].浙江档案,2018(5):20-24.
⑦ 张予宏,娄海婷.河南省综合档案馆微信公众平台发展现状调查研究[J].档案管理,2018(3):69-71.

"从档案和记忆两者单独概念到档案和记忆的联结有属性论、要素论、载体论三种,并把档案记忆和档案信息、档案知识、档案文化等邻近概念进行比较",认为"档案记忆内涵丰富而独特,非个篇文字所能阐释,对其概念有待学界新的进一步的挖掘完善"。①

上海大学图书情报档案系丁华东、东华大学档案馆张燕认为:"档案记忆观的主要理论来源包括后现代主义、社会记忆理论、新史学理论;档案记忆观历经孕育期、形成期,正向成熟期发展。国内外研究主题从实证研究和规范研究两个层面展开,成果丰富的同时也具有一定的局限性,有必要在意义探寻中深化理论向度,在比较框架中拓展研究题域,在研究方法中注重社会调查。"②

云南大学历史与档案学院单旭东、赵局建、王红梅认为:"现行档案记忆观是以社会记忆(集体记忆)的视角对档案、档案工作的系统认知。但是,在档案记忆观的主要思想内涵中,关于档案的媒介记忆属性以及建构属性描述却更加符合文化记忆的特征。"③

云南大学历史与档案学院郭胜溶、单旭东、赵局建认为:"档案作为一种客观记忆承载,在历史与现实的思想交融下,以线性的承接在传衍着先祖固化的文化记忆,同样以文化记忆的固化反向形构出人们对于过往的真实图景。"④

中山大学资讯管理学院苏焕宁认为:"社会记忆的构建是档案工作重要但不是唯一的责任,理解并重视档案社会记忆的属性,有利于开拓我们的档案视野,从社会记忆的需求出发,积极思索提高社会利用率,更多地实现档案的社会、历史、文化价值。但档案工作者应防止走入档案记忆中的'歪门邪道',明确档案记忆观并不是将档案和社会记忆的概念等同,在坚持档案真实性的同时也应将'权力'因素对档案鉴定与保管的消极影响降至最小,为构建社会记忆建立全面的、完整的档案资源体系。"⑤

上海大学图书情报档案系丁华东、东华大学档案馆张燕认为:"意义再生产作为档案记忆传承的核心,本质上以人为中心,集中体现为主客体关系范畴。新媒体传播从重构意义场域、强化意义源头、赋予意义再生产要素、改变意义再生产路径等四方面,演化为作用其中的一项重要社会机制。从意义取向出发,档案记忆再生产的新媒体传播方略包括:主体维度引导公众参与生产档案记忆;客体维度积累数字资源建构档案记忆;关系维度面向身份认同诠释档案记忆;中介维度融合媒介技术传播档案记忆。"⑥

山东大学历史文化学院邹燕琴提出:应"从多主体合作构建地方特色数字档案资源库、商业化开发实现地方特色数字档案的经济与社会双重效益和数字人文技术促进地方数字档案资源公共服务 3 个维度",在社会记忆视域下开发地方特色数字档案资源。⑦

广西民族大学管理学院徐辛酉认为:"米歇尔·福柯档案思想中,档案成为规训社会开展管理控制活动的常规手段,承载了人类的管理思想。这种理解源自档案形成于人们有意识的检查与描述活动中,目标是指向对相关人和事物的有效管理与控制。米歇尔·福柯档案思想广泛实践于当代人事档案管理及档案鉴定工作中。"⑧

山东大学历史文化学院曲春梅、郭旭认为:"泰勒很早就认识到档案与集体记忆之间的关系,他有关总体档案的思想蕴含着一种广泛的社会记忆观,倡导不同层次的主体积极参与并守护共同的社会

① 古同日."档案记忆"概念辨析[J].档案管理,2018(5):33-35.
② 丁华东,张燕.探寻意义:档案记忆观的学术脉络与研究图景[J].档案学研究,2018(1):22-28.
③ 单旭东,赵局建,王红梅.档案记忆观理论再探讨:基于文化记忆视角[J].档案管理,2018(4):31-34.
④ 郭胜溶,单旭东,赵局建.档案记忆观理论探究:档案文化记忆的固化与被固化的逻辑思考[J].档案与建设,2018(7):17-20.
⑤ 苏焕宁.档案记忆研究的双重思考[J].北京档案,2018(1):11-14.
⑥ 丁华东,张燕.论新媒体传播与档案记忆的意义再生产[J].档案学通讯,2018(3):62-67.
⑦ 邹燕琴.社会记忆视域下地方特色数字档案资源开发模式与路径研究[J].档案与建设,2018(7):13-16,20.
⑧ 徐辛酉.米歇尔·福柯档案思想的渊源及其当代实践[J].档案管理,2018(4):20-23.

记忆。泰勒具有前瞻性的档案思想对档案学理论和实践发展产生了深远的影响。"①

九、定量分析

北京电子科技学院图书馆(档案馆)李晓明认为:"档案学文献定量研究近年来呈现了良好发展态势,文献定量研究成为档案学研究的重要方法之一,以 CiteSpace 为主要研究工具的可视化分析成为档案学文献定量研究的热点。"②

云南大学历史与档案学院刘宇、南昌大学人文学院历史系周林兴"通过问卷法,采用同行评议的方式调查档案学研究人员对 12 种档案专业期刊的感知和认同,使用聚类分析展示档案期刊的分层结构。研究发现,档案专业期刊可以划归为 3 个层级,档案学研究人员对期刊的主观认知与量化期刊评价体系结果整体上呈现一致性"。③

中国人民大学信息资源管理学院牛力、中国人民大学人文北京研究中心杜丽华、北京航空航天大学经济管理学院韩小汀"以 CNKI 数据库《档案学研究》《档案学通讯》2008—2017 年发表的 2753 篇学术论文为样本,基于词频分析法、共词聚类法和突现词探测法,借助 CiteSpace 可视化工具绘制国内档案学研究主题知识图谱。从研究热点与主要领域分布展现档案学的发展现状,从热点演进与研究前沿的分析预测发展趋势。研究发现:近十年,档案学研究热点集中在 8 个主要领域,社交媒体、数字档案资源、大数据以及知识库成为近几年新的研究方向。进一步加深对档案资源知识层面的利用和服务,更加重视从不同视角揭示和挖掘档案的价值,在数字环境的影响下档案学的研究视角将进一步拓宽和创新"。④

黑龙江大学信息管理学院杨诗涵依据 CNKI 数据库中 2017 年档案学 8 个核心期刊刊载的论文为研究对象,采用引文分析和文献检索法对文献内容和外部特征进行调查分析,认为:"2017 年档案核心期刊在不断创新档案学科领域的研究热点,无论是档案业务工作、信息化的发展还是民生问题,都体现出核心期刊鼓励档案学者多发表创新性、有实践价值的文献成果,特别是档案学 A 类核心期刊《档案学研究》和《档案学通讯》由于权威性和专业性以及对文章质量的严格要求,非常注重档案基础理论的研究,使得其文章的高被引量和影响力也非常高。但仍存在些许不足,从发文数量、被引次数、影响因子和基金文献成果等指标看,8 个核心期刊却良莠不齐,存在着明显的差异,比如发文量高,但被引和影响力度都较弱、学术质量和影响力与发文数量严重不符,以及对业务工作过度倾向而忽略档案理论的研究等问题。"⑤

郑州大学信息管理学院李宗富、袁丽娜、冯少华"对 1978—2017 年我国 8 种档案学核心期刊所载的统计调查类研究文献的调查周期进行统计分析。调查结果显示,档案统计调查类研究文献普遍存在着调查周期短、统计周期'互轧'或'重叠'甚至'滥选'时间段等现象以及文献命名不规范等问题"。⑥

南京大学信息管理学院吕文婷"以 CSSCI 数据库中《档案学通讯》和《档案学研究》1997—2016 年的引文数据为数据源,采用社会网络分析方法构建档案学学术群体的共被引网络,并分析网络密度、

①　曲春梅,郭旭.休·泰勒的档案思想:一个记忆的视角[J].档案学通讯,2018(3):43-47.

②　李晓明.档案学文献定量研究的定量分析[J].北京档案,2018(3):17-21.

③　刘宇,周林兴.档案学研究人员对档案期刊的认知研究[J].浙江档案,2018(2):21-24.

④　牛力,杜丽华,韩小汀.从档案学核心期刊看国内档案学研究现状及发展趋势[J].档案学研究,2018(3):4-9.

⑤　杨诗涵.我国档案学核心期刊学术影响力研究:基于 2017 年发表文献分析[J].办公自动化,2018,23(20):51-53,29.

⑥　李宗富,袁丽娜,冯少华.档案统计调查研究中的时间段选取现象透视及反思:基于 1978—2017 年我国档案学核心期刊载文的统计分析[J].档案管理,2018(5):68-70.

中心度、凝聚子群等网络特性,得出我国档案学学术群体已具备一定规模、共被引网络连通性好、呈现出明显的核心—边缘分布等结论"。①

郑州大学信息管理学院李宗富、王宾剑"选取 2006 年至 2015 年中国人民大学复印报刊资料《档案学》中所有被全文转载的论文,运用文献计量方法对全文转载文献的来源期刊、第一作者、栏目主题、关键词、基金论文、被引情况等方面进行调查统计分析。研究发现,转载论文来源期刊相对集中、研究领域比较广泛、作者主要来源于高校,有 1/4 的论文为科研基金项目成果;当前的档案学研究积极关注档案实践的各种现实问题,热点集中于电子文件、档案管理、档案信息化服务和档案学基础理论等方面;在未来的档案学研究中,档案大数据、档案新媒体、智慧档案馆、档案记忆等主题将持续受到关注"。②

黑龙江大学信息资源管理研究中心马海群、姜鑫利用 CSSCI 数据库的被引和来源文献数据,对 1998—2017 年我国档案学领域的核心作者知识交流结构进行分析,认为具有如下特点:①相比于其他学科领域核心作者之间的知识交流情况,档案学领域核心作者之间的知识交流不够充分,从二值网络的密度仅为 0.1459 可以看出,大部分核心作者之间都不存在引用关系。②基于引用关系的核心作者之间的学术影响力差异较大,核心作者的平均被引作者数和平均引用作者数都为 7.29,不同作者之间的被引作者数和引用作者数存在较大差异。③核心作者之间的知识交流具有明显的集中趋势,从互引网络的中心性分析结果来看,互引网络的点入中心势和点出中心势分别为 0.0676 和 0.1350,说明核心作者之间的知识输出和知识输入都仅集中于少数作者。③

十、其他

湖北大学历史文化学院赵雪芹、上海师范大学张奕萍"对我国 31 个省级档案网站在线展览的展览内容、呈现形式、更新频率、版权保护四个方面进行调查,分析在线展览的发展现状,发现目前档案在线展览存在选题单一重复率高、内容缺少深层次挖掘、展示形式单一、交互性不足等问题",并提出"从优化选题、提高内容质量、丰富展览形式、加强宣传四个方面"的建议。④

郑州大学信息管理学院孙大东、张欢笑"以我国 70 个档案网站为研究对象,对其是否设有隐私声明、隐私声明的位置以及内容等三个方面进行了调查。调查结果显示,我国档案网站的隐私政策存在公开性较差、全面性不够、科学性缺乏等问题",认为:"可通过树立隐私保护意识、规范档案网站隐私保护制度、完善隐私保护法律体系等措施予以完善。"⑤

中国人民大学信息资源管理学院马广惠、中国人民大学智慧城市研究中心安小米认为我国国家数字档案资源整合与服务研究发展趋势:"面向社会范式的顶层设计、支持政务协同的整合模式、嵌入业务前端的整合方法、跨资源整合的技术架构、知识集成导向的服务模式、动态性的影响因素识别及服务驱动的评价指标构建。研究表明,数字档案资源整合与服务与社会信息化的融合趋势日益明显,已经成为一个档案领域内外共同关注的社会性焦点议题。"⑥

山东大学历史文化学院谭必勇、陈艳认为:"数字档案资源建设是数字时代维护整体社会记忆的

① 吕文婷. 中国档案学学术群体共被引网络探析[J]. 档案学研究,2018(2):38-43.
② 李宗富,王宾剑. 文献转载视域下人大《档案学》近 10 年全文转载论文统计分析[J]. 档案管理,2018(2):65-68.
③ 马海群,姜鑫. 我国档案学领域核心作者知识交流结构研究:以作者互引分析为视角[J]. 档案学研究,2018(6):19-24.
④ 赵雪芹,张奕萍. 我国省市级档案网站在线展览调查研究[J]. 档案学研究,2018(6):110-117.
⑤ 孙大东,张欢笑. 我国档案网站隐私政策调查研究[J]. 档案管理,2018(6):65-68.
⑥ 马广惠,安小米. 我国国家数字档案资源整合与服务研究发展趋势[J]. 档案学通讯,2018(6):57-61.

重要基础。从新公共管理理论及国内外档案信息资源管理实践的角度看,数字档案资源建设存在政府公共模式、企业市场模式和非营利性组织公益模式三种路径。"①

重庆大学李仪、重庆三峡学院张娟认为:"评估治理绩效的核心标准是,信息主体与用户权益受保障的效果及用户对共享的满意度。为优化绩效,治理者应完善档案学会等行业组织对共享者的监督职能,同时通过深化信息素养教育来提升档案管理人员在应对信息安全风险中的决策能力。"②

---

① 谭必勇,陈艳.社会记忆视野下数字档案资源建设的多元化路径探析[J].档案学通讯,2018(1):62-66.

② 李仪,张娟.云计算下个人档案信息共享的治理:以实现共享的知识服务功能为视角[J].档案管理,2018(4):26-30.

第三章　档案管理

我们以中国知网为样本来源,检索范围:中国学术期刊网络出版总库,中国博士学位论文全文数据库,中国优秀硕士学位论文全文数据库,中国重要会议论文全文数据库,国际会议论文全文数据库,中国重要报纸全文数据库,中国学术辑刊全文数据库。

检索年限:2018 年。

检索时间:2018 年 12 月 30 日。

检索式:发表时间＝2018-01-01 至 2018-12-31,并且专题子栏目＝档案管理(模糊匹配)。

样本文献总数:3403 篇。

第一节　文献统计分析

本节采用统计分析的方法,从资源类型分布、文献学科分布、文献研究层次分布、文献基金分布、文献类型分布5 个方面对样本文献进行分析。

一、资源类型分布

从资源类型分布看,3403 篇样本文献涉及期刊、报纸、硕士、国内会议、国际会议 5 类资源。各类资源发表文献数量及占比情况见表3-1。

表 3-1　各类资源发表文献数量及占比情况

序号	资源类型	发表文献数量/篇	占全部样本/%
1	期刊	3298	96.91
2	报纸	43	1.26
3	硕士	43	1.26
4	国内会议	16	0.47
5	国际会议	3	0.09
合计		3403	100.00

从表 3-1 显示的情况看,期刊是 2018 年档案管理研究文献的主要来源,也是研究者进行交流与

沟通的主要渠道和平台,体量远超报纸、硕士、国内会议、国际会议之和两个数量级。与期刊相比,报纸、硕士、国内会议、国际会议只起点缀作用。

二、文献学科分布

从样本文献学科分布看,3403 篇样本文献涉及超过 15 个学科。前 15 个学科分别是:图书情报档案、公共卫生与预防医学、公共管理、工商管理、工业经济、教育、城市经济、农业经济、保险、国民经济、政治、社会、水利工程、建筑科学、新闻传播。前 15 个学科发表文献数量及占比情况见表 3-2。

表 3-2　前 15 个学科发表文献数量及占比情况

序号	学科	发表文献数量/篇	占全部样本/%
1	图书情报档案	3330	97.85
2	公共卫生与预防医学	389	11.43
3	公共管理	155	4.55
4	工商管理	136	4.00
5	工业经济	112	3.29
6	教育	98	2.88
7	城市经济	67	1.97
8	农业经济	52	1.53
9	保险	30	0.88
10	国民经济	26	0.76
11	政治	25	0.73
12	社会	21	0.62
13	水利工程	18	0.53
14	建筑科学	16	0.47
15	新闻传播	15	0.44
	总计	4490	131.94
	实际	3403	100.00
	超出	1087	31.94

需要说明的是,按学科统计数为 4490 篇,占 131.94%;超出实际文献数 1087 篇,占 31.94%。研究具有很高的学科交叉性。

除图书情报档案之外,发表文献最多的 4 个学科分别是公共卫生与预防医学、公共管理、工商管理、工业经济。

三、文献研究层次分布

从文献研究层次分布情况看,3403 篇样本文献涉及基础研究(社科)、职业指导(社科)、行业指导(社科)、工程技术(自科)、专业实用技术(自科)、政策研究(社科)、基础与应用基础研究(自科)、经济信息、大众文化、行业技术指导(自科)、基础教育与中等职业教育、高等教育、政策研究(自科)、其他 14 个不同层次。各层次发表文献数量及占比情况见表 3-3。

表 3-3　各层次发表文献数量及占比情况

序号	层次	发表文献数量/篇	占全部样本/%
1	基础研究（社科）	1140	33.50
2	职业指导（社科）	1085	31.88
3	行业指导（社科）	663	19.48
4	工程技术（自科）	51	1.50
5	专业实用技术（自科）	31	0.91
6	政策研究（社科）	28	0.82
7	基础与应用基础研究（自科）	27	0.79
8	经济信息	22	0.65
9	大众文化	19	0.56
10	行业技术指导（自科）	14	0.41
11	基础教育与中等职业教育	12	0.35
12	高等教育	3	0.09
13	政策研究（自科）	1	0.03
14	其他	307	9.02
	总计	3403	100.00

如果按社会科学、自然科学、经济文化教育和其他来分类,各类文献数量及占比分别是:社会科学 2916 篇,占 85.69%;自然科学 124 篇,占 3.64%;经济文化教育 56 篇,占 1.65%;其他 307 篇,占 9.02%。研究明显属于社会科学的范畴。

如果按研究的基础性与应用性分,基础性研究 1167 篇,占 34.29%;应用性研究 2237 篇,占 65.71%。研究偏重应用性。

综上,2018 年档案管理研究是偏重应用性的社会科学研究。

四、文献基金分布

从样本文献的基金分布情况看,3403 篇样本文献中有 36 篇得到国家社会科学基金、湖南省社会科学基金、湖南省教委科研基金、江苏省教育厅人文社会科学研究基金、山西省 21 世纪初高等教育教学改革项目、重庆市教委科研基金、国家自然科学基金 7 种国家、省市级基金的资助,占全部样本的1.06%。其中国家基金 1 种 28 项;地方基金 5 种 8 项。各类基金资助发表文献数量及占比情况见表3-4。

表 3-4　各类基金资助发表文献数量及占比情况

序号	基金	发表文献数量/篇	占全部样本/%	占基金资助文献/%
1	国家社会科学基金	27	0.79	75.00
2	湖南省社会科学基金	2	0.06	5.56

续表3-4

序号	基金	发表文献数量/篇	占全部样本/%	占基金资助文献/%
3	湖南省教委科研基金	2	0.06	5.56
4	江苏省教育厅人文社会科学研究基金	2	0.06	5.56
5	山西省21世纪初高等教育教学改革项目	1	0.03	2.78
6	重庆市教委科研基金	1	0.03	2.78
7	国家自然科学基金	1	0.03	2.78
	合计	36	1.06	100.00
	总计	3403	100.00	

从层级上看,国家的资助力度高于地方的资助力度2倍以上。从地方基金资助的区域分布看,仅涉及4个省市。地方对这类研究关注与重视程度不足。

五、文献类型分布

从文献的类型分布看,3403篇样本涉及政策研究类、综述类、一般性3类文献。各类型文献数量及占比情况见表3-5。

表3-5　各类型文献数量及占比情况

序号	文献类型	文献数量/篇	占全部样本/%
1	综述类	15	0.44
2	政策研究类	29	0.85
3	一般性	3359	98.71
	合计	3403	100.00

综上,从表3-5中可以明显地看到,一般性论证文献在研究成果中占据了近99%的份额,是绝对主体,而反映宏观性及政策性研究的综述类、政策研究类文献占比仅有1%强,显得十分薄弱。

六、小结

从样本文献的统计情况看,2018年档案管理研究涉及5类资源,期刊是2018年档案管理研究文献的主要来源,也是研究者进行交流与沟通的主要渠道和平台。其他资源仅起点缀作用。

研究涉及学科众多,具有极高的学科交叉性。除图书情报档案之外,发表文献最多的4个学科分别是公共卫生与预防医学、公共管理、工商管理、工业经济。

从研究的层次上看,研究明显属于社会科学的范畴,并且更偏重应用性。

从研究得到的基金资助情况看,国家的资助力度是地方资助力度的2倍以上。从地方基金资助的区域分布看,仅涉及4个省市。地方对这类研究关注与重视程度不足。

研究中,一般性论证文献在研究成果中占据了绝对主体,而综述类及政策研究类的研究显得薄弱。

第二节　文献计量分析

本节采用计量分析的方法,从文献作者分布、文献机构分布和文献来源分布 3 个方面对样本文献进行分析。

一、文献作者分布

从作者的分布情况看,3403 篇文献中,前 40 位作者共发表文献 136 篇,占全部样本的 4.00%。前 40 位作者发表文献数量及占比见表 3-6。

表 3-6　前 40 位作者发表文献数量及占比情况

序号	作者	发表文献数量/篇	占全部样本/%
1	徐拥军	7	0.21
2	王巍	6	0.18
3	王辉	5	0.15
4	高华	5	0.15
5	田鑫	4	0.12
6	梁丽明	4	0.12
7	马荣	4	0.12
8	王妍	4	0.12
9	李治伟	4	0.12
10	王辉	3	0.09
11	杨静	3	0.09
12	关绍鹏	3	0.09
13	赵韶峰	3	0.09
14	李子林	3	0.09
15	汪丽	3	0.09
16	杨玲	3	0.09
17	许志颖	3	0.09
18	马双双	3	0.09
19	高和平	3	0.09
20	郭有琴	3	0.09
21	杨琳	3	0.09
22	张楠	3	0.09
23	王艳春	3	0.09

续表3-6

序号	作者	发表文献数量/篇	占全部样本/%
24	张秀清	3	0.09
25	明晶	3	0.09
26	王英玮	3	0.09
27	刘靖	3	0.09
28	宿娜	3	0.09
29	王梅	3	0.09
30	严峰	3	0.09
31	冯旋	3	0.09
32	崔刚	3	0.09
33	刘泽珊	3	0.09
34	高阳	3	0.09
35	杨雪	3	0.09
36	徐秀香	3	0.09
37	蒋苏培	3	0.09
38	焦钧	3	0.09
39	吴颖蓉	3	0.09
40	李雪	3	0.09
	合计	136	4.00
	总计	3403	100.00

如果按照普赖斯提出的计算公式,核心作者候选人的最低发表文章数量 $M = 0.749\sqrt{N_{max}}$,其中 N_{max} 为最高产作者发表文章数量。2018年档案管理研究文献作者中发表文献最多的为7篇,即 $N_{max} = 7$,所以 $M = 0.749\sqrt{7} \approx 1.982$。因此,发表文献2篇及以上的作者均可视为高产作者和核心作者。

从统计结果看,发表文献3篇及以上的徐拥军、王巍、王辉、高华、田鑫、梁丽明、马荣、王妍、李治伟、王辉、杨静、关绍鹏、赵韶峰、李子林、汪丽、杨玲、许志颖、马双双、高和平、郭有琴、杨琳、张楠、王艳春、张秀清、明晶、王英玮、刘靖、宿娜、王梅、严峰、冯旋、崔刚、刘泽珊、高阳、杨雪、徐秀香、蒋苏培、焦钧、吴颖蓉、李雪等40位作者是2018年档案管理研究的高产作者与核心作者。这表明2018年档案管理研究仍然有相当数量的高产作者和核心作者群。

从前40位作者的所属单位看,来自档案管理机构的作者数量多于高校作者,是2018年档案管理研究的主体。这与档案学研究情况正好相反,甚至完全不同。

二、文献机构分布

从机构分布情况看,前40个机构发表文献263篇,占全部样本的7.73%。

全部3403篇文献中,发表4篇及以上文献的机构有中国人民大学、黑龙江大学、河北大学、四川大学、山东大学、云南省档案局、南京大学、吉林省高速公路管理局、河北省秦皇岛市医保中心、辽宁大学、海口市第三人民医院、河北省南运河河务管理处、云南大学、新疆油田公司、郑州市第七人民医院、海口市第四人民医院、邹平县中医院、郑州大学、国华徐州发电有限公司、云南省昭通市档案局、襄阳市第二人民医院、湖南广播电视大学、黑龙江省大庆市住房公积金管理中心、中山大学、德宏州医疗集团人民医院、滨州市人民医院、国家新闻出版广电总局、宝鸡文理学院、吉林省公主岭市广播电视局、西安交通大学、武汉大学、哈励逊国际和平医院、中国石油工程建设（集团）公司、辽宁省档案局、福建师范大学、肇庆市第一人民医院、济宁市第一人民医院、黑龙江省青冈县档案局、青岛大学、四川省疾病预防控制中心。前 40 个机构发表文献数量及占比情况见表 3-7。

表 3-7　前 40 个机构发表文献数量及占比情况

序号	机构	发表文献数量/篇	占全部样本/%
1	中国人民大学	21	0.62
2	黑龙江大学	20	0.59
3	河北大学	10	0.29
4	四川大学	9	0.26
5	山东大学	8	0.24
6	云南省档案局	8	0.24
7	南京大学	8	0.24
8	吉林省高速公路管理局	8	0.24
9	河北省秦皇岛市医保中心	7	0.21
10	辽宁大学	7	0.21
11	海口市第三人民医院	7	0.21
12	河北省南运河河务管理处	7	0.21
13	云南大学	7	0.21
14	新疆油田公司	6	0.18
15	郑州市第七人民医院	6	0.18
16	海口市第四人民医院	6	0.18
17	邹平县中医院	6	0.18
18	郑州大学	6	0.18
19	国华徐州发电有限公司	6	0.18
20	云南省昭通市档案局	6	0.18
21	襄阳市第二人民医院	5	0.15
22	湖南广播电视大学	5	0.15
23	黑龙江省大庆市住房公积金管理中心	5	0.15
24	中山大学	5	0.15
25	德宏州医疗集团人民医院	5	0.15
26	滨州市人民医院	5	0.15
27	国家新闻出版广电总局	5	0.15

续表3-7

序号	机构	发表文献数量/篇	占全部样本/%
28	宝鸡文理学院	5	0.15
29	吉林省公主岭市广播电视局	5	0.15
30	西安交通大学	5	0.15
31	武汉大学	5	0.15
32	哈励逊国际和平医院	5	0.15
33	中国石油工程建设(集团)公司	5	0.15
34	辽宁省档案局	5	0.15
35	福建师范大学	4	0.12
36	肇庆市第一人民医院	4	0.12
37	济宁市第一人民医院	4	0.12
38	黑龙江省青冈县档案局	4	0.12
39	青岛大学	4	0.12
40	四川省疾病预防控制中心	4	0.12
	合计	263	7.73
	总计	3403	100.00

如果使用普赖斯公式计算,核心机构的最低发表文章数量 $M = 0.749\sqrt{N_{max}}$,其中 N_{max} 为最高产机构发表文章数量。这里 $N_{max} = 21$,所以 $M = 0.749\sqrt{21} \approx 3.432$,即发表文献 3 篇以上的为核心研究机构。据此,发表 4 篇及以上文献的前 40 个机构是 2018 年档案管理研究的高产机构和核心研究机构。

40 个高产机构中有事业单位 16 个,发表文献 89 篇,占全部样本的 2.62%;高校 15 个,发表文献 124 篇,占全部样本的 3.64%;档案行政管理机关 4 个,发表文献 23 篇,占全部样本的 0.68%;企业 3 个,发表文献 17 篇,占全部样本的 0.50%;其他行政管理机构 2 个,发表文献 10 篇,占全部样本的 0.29%。

一方面,高校仍然是 2018 年档案管理研究核心研究机构群的主体之一,发表文献居前五位均为高校。另一方面,在前 40 个机构中非高校数量多于高校,其中事业单位数量就高于高校。从整体上看档案管理研究更趋近实践工作,而非理论。

三、文献来源分布

从文献来源分布看,3403 篇样本文献中,发表文章 35 篇及以上的文献来源共有《办公室业务》《兰台世界》《城建档案》《才智》《黑龙江档案》《兰台内外》《档案天地》《山东档案》《中国档案》《机电兵船档案》《档案时空》《现代经济信息》等 12 种,发表文献 1713 篇,占全部样本的 50.34%。

前 12 种文献来源发表文献数量及占比情况见表 3-8。

表 3-8　前 12 种文献来源发表文献数量及占比情况

序号	文献来源	发表文献数量/篇	占全部样本/%
1	《办公室业务》	873	25.65
2	《兰台世界》	164	4.82
3	《城建档案》	139	4.08
4	《才智》	120	3.53
5	《黑龙江档案》	89	2.62
6	《兰台内外》	68	2.00
7	《档案天地》	60	1.76
8	《山东档案》	44	1.29
9	《中国档案》	41	1.20
10	《机电兵船档案》	40	1.18
11	《档案时空》	40	1.18
12	《现代经济信息》	35	1.03
	合计	1713	50.34
	总计	3403	100.00

按照布拉德福定律,3403 篇文献可分为核心区、相关区和非相关区,各个区的论文数量相等(约1134 篇)。因此,发表论文居前 2 位的《办公室业务》《兰台世界》(1037 篇)处于核心区之内;发表文献 35 篇及以上的《城建档案》《才智》《黑龙江档案》《兰台内外》《档案天地》《山东档案》《中国档案》《机电兵船档案》《档案时空》《现代经济信息》等 10 种文献来源(676 篇)处于相关区;发表文献 35 篇以下的少数处在相关区,多数则处在非相关区。

从发表文献 35 篇及以上的前 12 种文献来源看,9 种为档案学期刊,发表文献 685 篇;且多(8 种)为档案学普通期刊,发表文献 644 篇;核心期刊有 1 种,发表文献 41 篇。可以说,普通档案学期刊对2018 年档案管理研究的关注度更高,是这一研究领域的主要阵地,核心期刊的关注度则相对较低。

其他 3 种非档案学期刊,发表文献 1028 篇,超过档案学期刊近一倍,是档案管理问题的主要关注者和研究者,表明档案管理问题的社会普遍性。

四、小结

从样本文献涉及的作者情况看,2018 年档案管理研究者众多,已形成相当数量的高产作者及核心作者群,其中以事业单位作者为主,高校作者为辅。

从文献涉及的机构看,事业单位居首,高校次之,档案行政管理机构再次,企业居第四,其他行政管理机构居第五。一方面,高校仍然是 2018 年档案管理研究核心研究机构群的主体之一,发表文献居前五位的均为高校。另一方面,在前 40 个机构中非高校数量多于高校,其中事业单位数量就高于高校。从整体上看档案管理研究更趋近实践工作,而非理论。

从前 12 种文献来源看,普通档案学期刊对 2018 年档案管理研究的关注度更高,是这一研究领域的主要阵地,档案学期刊相对较低,核心期刊的关注度更低。3 种非档案学期刊,发表文献超过档案学期刊,关注度远高于档案学期刊。

第三节　文献词频分析

本节采用关键词词频的方法,从关键词词频、主题词词频和近五年高频词变化 3 个方面对样本文献进行分析。

一、关键词词频分析

表 3-9 是前 15 个高频关键词使用频率及占比情况。

前 15 个高频关键词中,使用频率最高的是档案管理,使用 1196 频次。前 15 个高频关键词合计使用 2855 频次,占全部样本的 83.90%,即八成以上文献使用这 15 个关键词。

表 3-9　前 15 个高频关键词使用频率及占比情况

序号	关键词	使用频率/次	占全部样本/%
1	档案管理	1196	35.15
2	管理	207	6.08
3	问题	194	5.70
4	对策	185	5.44
5	事业单位	172	5.05
6	档案	156	4.58
7	医院	130	3.82
8	创新	108	3.17
9	信息化	97	2.85
10	医院档案管理	75	2.20
11	措施	73	2.15
12	现状	69	2.03
13	规范化	68	2.00
14	新形势	67	1.97
15	策略	58	1.70
	合计	2855	83.90
	总计	3403(篇)	100.00

上述 15 个高频关键词可以归纳为档案事务(档案管理、管理、问题、对策、创新、措施、现状、规范化、新形势、策略、医院档案管理)、机构(事业单位、医院)、档案(档案)、信息化(信息化)4 类。

相对而言,2018 年档案管理研究主要集中在上述 4 类 15 个关键词所涉及的方面,可以说,上述 4 类 15 个关键词是 2018 年档案管理研究的热点所在。而其中又以档案管理、管理、问题、对策、事业单位 5 个方面为热点。与 2017 年档案管理、管理、问题、档案、对策 5 个热点相比,略有变化。这明显与机构改革高度相关。

需要指出的是,由于档案管理研究内容所反映出的广泛性,研究热点只会相对集中,每年总会有新的热点与重点出现。

二、主题词词频分析

从主题词使用频率看,2018 年档案管理研究涉及内容广泛,集中在档案事务、档案、机构、档案人、信息化、档案业务、文件、其他 8 个方面。使用频率最高的 40 个主题词分布及占比情况见表 3-10。

表 3-10　使用频率最高的 40 个主题词分布及占比情况

序号	主题	使用频率/次	占全部样本/%
1	档案管理工作	1181	34.70
2	档案管理	936	27.51
3	医院档案管理	243	7.14
4	档案管理人员	204	5.99
5	事业单位	200	5.88
6	档案工作	153	4.50
7	单位档案管理	134	3.94
8	新形势下	113	3.32
9	企业档案管理	103	3.03
10	档案室	89	2.62
11	档案管理制度	80	2.35
12	项目档案	78	2.29
13	文件材料	77	2.26
14	人事档案管理	72	2.12
15	档案资料	69	2.03
16	人事档案管理工作	62	1.82
17	工程档案	61	1.79
18	医院档案	55	1.62
19	大数据时代	54	1.59
20	电子档案	49	1.44
21	档案管理创新	47	1.38
22	档案工作者	45	1.32
23	规范化	45	1.32
24	新医改	44	1.29
25	新时期	44	1.29
26	档案馆	43	1.26
27	档案信息	41	1.20

续表 3-10

序号	主题	使用频率/次	占全部样本/%
28	档案信息资源	41	1.20
29	大数据	41	1.20
30	档案信息化建设	40	1.18
31	规范化管理	40	1.18
32	城建档案	39	1.15
33	会计档案	39	1.15
34	信息化	38	1.12
35	重要性	37	1.09
36	档案资源	36	1.06
37	企业档案	35	1.03
38	归档范围	34	1.00
39	档案事业	34	1.00
40	档案收集	33	0.97
合计		4809	141.32
总计		3403(篇)	100.00

从涉及的主题词看,使用频率最高的 40 个主题词共使用 4809 频次,占全部样本的 141.32%。也就是说,上述 40 个主题词涵盖了全部样本文献近一次半。其中使用频率最高的是档案管理工作(1181 频次),使用频率最低的是档案收集(33 频次),平均使用频率为 120 频次。

从主题词反映出的研究内容看,2018 年档案管理研究关注的 40 个主要问题又可归并为档案事务、档案、机构、档案人、信息化、档案业务、文件、其他 8 个大类。

档案事务(档案管理工作、档案管理、医院档案管理、档案工作、单位档案管理、新形势下、企业档案管理、档案管理制度、人事档案管理、人事档案管理工作、档案管理创新、规范化、新时期、规范化管理、重要性、档案事业),共使用 3324 频次,占全部样本的 97.68%。它涵盖了档案事务的多个层面,主要集中在管理层面,包括各类专业专门档案的管理,是 2018 年档案管理研究关注度第一高的主题。管理性特征突出。在规模上与后面 7 个主题相差 1～2 个数量级,是名副其实的大问题。

档案(项目档案、档案资料、工程档案、医院档案、电子档案、档案信息、档案信息资源、城建档案、会计档案、档案资源、企业档案),共使用 543 频次,占全部样本的 15.96%。档案是档案管理研究的本体,但从涉及的 11 个主题看,更注重对各类专业专门档案及档案所承载的信息的研究,是档案管理研究关注度第二高的主题。

机构(事业单位、档案馆、档案室),共使用 332 频次,占全部样本的 9.76%。它是与档案事业、档案人关系最为密切的问题。包括档案局、档案馆、档案室三大研究主题中的两个。2018 年,正值新一轮机构改革之时,档案机构再次成为档案界关注之重点,而事业单位性质成为理所应当的关注点之一。

档案人(档案管理人员、档案工作者),共使用 249 频次,占全部样本的 7.32%。作为档案工作的主体,接近 8% 的占比位已经很好地说明档案管理研究的关注点从来没有离开过档案人自身,稍显遗憾的是没有涉及我们服务的对象。这也表明档案管理相关研究中档案人更多注重了对档案工作者自身的研究,而不是我们的服务对象。

　　信息化(大数据时代、大数据、档案信息化建设、信息化),共使用 173 频次,占全部样本的5.08%。主要集中在信息化与大数据两个方面,是 2018 年档案管理研究关注度第五高的主题。

　　档案业务(归档范围、档案收集),共使用 67 频次,占全部样本的1.97%。聚焦档案收集环节。这表明 2018 年档案管理研究主要聚焦在档案工作业务中的档案收集环节上。

　　文件(文件材料),共使用 77 频次,占全部样本的 2.26%。与"档案"相差 7 倍,显示出其虽然与档案相关,但已经不是档案管理研究关注的重点。

　　其他(新医改),共使用 44 频次,占全部样本的 1.29%。

　　可以说,2018 年,档案管理研究所涉及内容虽然十分广泛,但全部文献均包含在上述 8 类问题上,或者说,档案管理研究主要是围绕上述 8 个方面展开的。

三、近五年高频词变化

　　年度关键词的变化,特别是高频关键词的变化,能够反映出相关研究内容与主题、重点与热点的变化。

　　2014—2018 年档案管理研究年度关键词及高频关键词的变化情况,请扫描右侧二维码。

　　从近五年研究文献主要关键词的分布看,共使用关键词 6 个,即档案管理、管理、问题、对策、档案、事业单位。

　　5 年中,相邻年份中重复出现过的关键词有档案管理、管理、问题、对策(各 5 年),重复率为 100%。不相邻年份重复出现的关键词有档案(4 年),重复率为80%。仅事业单位 1 个关键词没有年度重复。这说明近五年间档案管理、管理、问题、对策的相关研究一直是持续度最高的核心研究内容与方向,其次是档案研究。研究内容与主题在年度间连续性非常好。多数年份有 80% 以上的研究内容是上一年的重点。

　　但必须看到,这些传统重点内容的关注度也有变化,2016 年是一个转折点。2016 年前,所有研究基本上是有升有降,而 2016 年后所有内容基本上都呈现下降态势。

　　事业单位是 2018 年新出现的研究热点。在 2014—2018 年中出现的关键词最少为 172 次,最多时达到 1347 次。

　　总之,近五年来相关研究的主要内容集中,重点突出。

四、小结

　　从 3403 篇文献涉及的关键词看,2018 年档案管理研究主要集中在档案事务、机构、档案、信息化4 类 15 个关键词所涉及的方面,可以说,上述 4 类 15 个关键词是 2018 年档案管理研究的热点所在。而其中又以档案管理、管理、问题、对策、事业单位 5 个方面为热点。与2017 年档案管理、管理、问题、档案、对策 5 个热点相比,略有变化。这明显与机构改革高度相关。

　　从研究主题看,2018 年档案管理研究所涉及内容虽然十分广泛,但全部文献均包含在档案事务、档案、机构、档案人、信息化、档案业务、文件、其他 8 类问题上,或者说,档案管理研究主要是围绕档案事务、档案、机构、档案人、信息化、档案业务、文件、其他 8 个方面展开的。研究管理性特征突出,是名副其实的大问题。

　　近五年间档案管理、管理、问题、对策的相关研究一直是持续度最高的核心研究内容与方向,其次是档案研究。研究内容与主题在年度间连续性非常好。总之,近五年来相关研究的主要内容集中,重点突出。

第四节　文献关键词共词分析

本节采用关键词共现分析的方法,从共现矩阵和共现网络两个方面对样本文献进行分析。

一、共现矩阵

矩阵提取使用频率最高的 20 个关键词,将这 20 个关键词形成 20×20 的共词矩阵。如果某两个关键词同时出现在一篇文章中时,就表明这两者之间存在相关关系,关键词右侧或下方对应位置的数值表示篇数。

图 3-1 是 2018 年档案管理研究文献高频关键词共现矩阵。

	档案管理	管理	对策	问题	事业单位	档案	医院	创新	信息化	医院档案管理	措施	规范化	新形势	现状	策略	档案工作	新时期	重要性	大数据	档案管理工作
档案管理																				
管理	3																			
对策	94	14																		
问题	89	9	100																	
事业单位	130	11	12	9																
档案	7	67	7	4	8															
医院	74	12	12	8		10														
创新	67	13		5	14	5	7													
信息化	52	11	4		8	5	7	6												
医院档案管理			5	9				4	3											
措施	42	10		21	8		5	2	2											
规范化	48			2	5															
新形势	39	3	4		10		4	2				7								
现状	35	6	28		10		4	4	2			3	7							
策略	29	5		10	4	3	3	3	3					5						
档案工作	9		5	4	2	3		2					2							
新时期	23	3	2		8															
重要性	26	8	7	4							3									
大数据	30		3				2	2	5	4										
档案管理工作				2	3		3	6			4					6				

图 3-1　2018 年档案管理研究文献高频关键词共现矩阵

图 3-1 显示,2018 年档案管理研究文献关键词共现有 101 组,共现率为 50.5%。共现次数 100 次以上的关键词组合有 2 组,共现率为 1%。共现次数 50 ~ 99 次的关键词组合有 6 组,共现率为 3%。共现次数 20 ~ 49 次以上的关键词组合有 10 组,共现率为 5%。

以横轴为准计：

20 组共现关键词中有 17 组与档案管理直接相关,占共现关键词的 8.5%。

20 组共现关键词中有 13 组与管理直接相关,占共现关键词的 6.5%。

20 组共现关键词中有 12 组与对策直接相关,占共现关键词的 6%。

20 组共现关键词中各有 11 组与问题、事业单位直接相关,分别占共现关键词的 5.5%。

20 组共现关键词中有 9 组与创新直接相关,占共现关键词的 4.5%。

20 组共现关键词中有 8 组与医院直接相关,占共现关键词的 4%。

20 组共现关键词中各有 5 组与档案、信息化直接相关,分别占共现关键词的 2.5%。

20 组共现关键词中有 3 组与医院档案管理直接相关,占共现关键词的 1.5%。

20 组共现关键词中各有 2 组与措施、规范化直接相关,分别占共现关键词的 1%。

20 组共现关键词中各有 1 组与新形势、现状、新时期直接相关,分别占共现关键词的 0.5%。

另有策略、档案工作、重要性、大数据、档案管理工作 5 个无共现高频关键词。

以共现频率为准计：

共现次数 100 次以上(含 100 次)的特高关键词组合有 2 组,分别是:

档案管理与事业单位:130 次。

对策与问题:100 次。

共现次数 50~99 次的超高关键词组合有 6 组,分别是:

档案管理与对策:94 频次。

档案管理与问题:89 频次。

档案管理与医院:74 频次。

档案管理与创新:67 频次。

档案管理与信息化:52 频次。

管理与档案:67 频次。

共现次数 20~49 次的高关键词组合有 10 组,分别是:

档案管理与措施:42 频次。

档案管理与规范化:48 频次。

档案管理与新形势:39 频次。

档案管理与现状:35 频次。

档案管理与策略:29 频次。

档案管理与新时期:23 频次。

档案管理与重要性:26 频次。

档案管理与大数据:30 频次。

对策与现状:28 频次。

问题与措施:21 频次。

从共现组数看,由于高共现频率的 20 个关键词的共现组数达 101 组,特高、超高与高共现词有 18 组,占全部共现词的 17.82%。可见,2018 年档案管理研究的重点集中在档案管理和问题及对策措施两个主要方向上。或者说,档案管理研究主要是在档案管理和问题及对策措施两个方向上展开的。管理特性明显,问题导向突出。

2018 年档案管理研究的整体规模较大,研究内容相对集中。研究领域有相当规模的高频(20 次以上)共现关键词,形成了比较明显的高相关共现关键词群,研究的集中趋势明显。

二、共现网络

在关键词共现网络中,关键词之间的关系可以用连线来表示,连线多少和粗细代表关键词间的亲疏程度,连线越多,代表该关键词与其他关键词共现次数越多,越是研究领域的核心和热点内容。

使用工具获得2018年档案管理研究高频词共词网络图谱(扫描右侧二维码)。

从共词网络图谱可以直观地看出:2018年档案管理研究可以分为"对策"、"新形势"与"规范化"、"档案管理工作"与"新时期"、"档案工作"、"大数据"、"重要性"6个不同聚类群组。

最大群组是由以"对策"为核心关键词和以"管理""档案""事业单位""问题""医院""创新"6个辅关键词组成的核心群组。在这个大群组中,核心关键词"对策"与"问题"间联系最密切,共现次数多(连线粗),而距离近的有"创新""管理"。距离略远的"档案"与"管理"两个次重要关键词关联度高。12个群组关键词整体关联性较为均衡,核心关键词居于整个群组中心位置。

另外两个关键词以上的群组,是两个双核心群组,分别是"新形势"与"规范化"、"档案管理工作"与"新时期"。两个群组有四个共性,一是两群组间有弱联系,二是两群组内联系也同样比较弱,三是两群组与"对策"主群组关联性相对较强,四是两群组位于"对策"主群组外围。不同点是"新形势"与"规范化"群组与另一群组"档案工作"有关联,而"档案管理工作"与"新时期"群组与之没有关联。

另外两个单核心单词群组"大数据""重要性"相互间没有关联,位于"对策"主群组外围,仅与"对策"主群组有关联。

上述5个非核心聚类关键词,都处在核心群组的外围,目前还不是档案管理研究中的主题与核心,但可能成为日后档案管理研究的主题与核心。

总体上,2018年档案管理研究是围绕以"对策"为核心的"问题""管理""档案"等相关内容展开的。

三、小结

从共现矩阵看,2018年档案管理研究的重点集中在档案管理和问题及对策措施两个主要方向上。或者说,2018年档案管理研究主要是围绕档案管理和问题及对策措施展开的。管理特性明显,问题导向突出。2018年档案管理研究的整体规模较大,研究内容相对集中,研究的集中趋明显。

总体上,2018年档案管理研究是围绕以"对策"为核心的"问题""管理""档案"等相关内容展开的。"新形势"与"规范化"、"档案管理工作"与"新时期"、"档案工作"、"大数据"、"重要性"5个群组涉及的关键词,都处在核心群组的外围,目前还不是档案管理研究中的主题与核心,但可能成为日后档案管理研究的主题与核心。

第五节 文献综述

一、档案管理理论

南京大学信息管理学院贾玲、中国矿业大学档案馆吴建华、江苏省徐州市人大常委会副秘书长陆江"提出了适应新时期大数据环境条件的档案业务流程再造方法,包括内容消减与整合、环节简化、流程细化、信息化水平和人员业务能力提升"。[①]

陕西省宝鸡市档案局权周宁提出档案管理创新模式:第一,意识创新。任何工作的跨越和创新,都必须有一个崭新的、有创意的思想观念作前导。而现实工作中,创新档案工作面临着许多思想障碍和条条框框。第二,管理创新。在发展决策上,要用长远发展的眼光对待和落实档案工作,走出档案工作单纯是档案部门之事的误区,把档案工作定位在全社会各项事业之必需的基点上,把近期发展目标定在未来发展需要的基础上,做到每项工作既要当前计划,又要统筹长远规划。第三,知识创新。档案工作具有档案信息资源的采集、存储、传递与开发利用的综合性、交叉性和应用性的特点,并吸收管理科学和信息科学的先进理论。第四,服务创新。档案工作的服务性是档案工作赖以存在和发展的基本因素。第五,机制创新。档案工作机制只有不断创新,档案工作才能生机勃勃,档案部门的服务水平才能随着形势、任务的变化发展得到不断提高。[②]

河南省濮阳市档案局管先海,郑州大学信息管理学院孙大东、刘佳敏,河南省台前县档案局王凤珍认为:"档案管理工作在管理对象层面呈现出由继承淘汰走向共生统一的发展规律,在管理手段层面呈现出由简单传统走向科学统一的发展规律,在管理过程层面呈现出由相对独立走向互动统一的发展规律,在管理生存层面呈现出由各自为战走向协调统一的发展规律。认识和掌握档案管理工作的发展规律,对于更好地做好新形势下的档案管理工作具有一定的现实意义。"[③]

甘肃省档案局方荣认为:"对档案和档案工作及其实践的认识和感悟就是让档案引导我们去做好档案工作。认识档案、理解档案,搞清楚档案和档案管理工作各环节的因果关系,让档案引导我们去做好档案管理工作,这是档案管理工作的本质。通过不断加深对档案的认识和理解,把档案对档案管理工作的要求变成档案工作者的切实行动,这是实现档案引导我们去做好档案管理工作的唯一途径。"[④]

二、档案管理规范化

杨凌职业技术学院鄢虹英认为:"档案管理的规范化和制度化优化创新管理,能够保证改变传统的档案管理模式,对往常的档案管理制度不一致、档案管理系统不规范致使档案信息数据应用不全面等现实问题进行改善,通过导入'互联网+'的技术支持,以全网通的理念引导,向着档案管理制度从封

---

① 贾玲,吴建华,陆江. 大数据视野下档案业务流程再造方法研究[J]. 档案学研究,2018(6):90-94.
② 权周宁. 档案管理创新模式探析[J]. 中国档案,2018(12):40.
③ 管先海,孙大东,刘佳敏,等.档案管理工作发展规律研究[J].档案,2018(12):10-16.
④ 方荣.让档案引导我们去做好档案管理工作[J].档案,2018(8):46-51.

闭型向开放型的转变,最终实现档案管理的规范化和制度化的创新发展。"①

山东省济南市农业机械推广站俞燕认为:"档案管理是机关工作的一项重要内容,涉及事项很多,工作较为繁杂,需要不断提升规范化水平。对此,档案管理人员应尽快转变思想理念,跟上时代发展步伐,创新机关档案管理工作方法,加快信息技术、网络技术、数字化技术的应用,提升机关档案管理工作效率,为今后的查询与利用提供便利,确保真正发挥出机关档案的应有价值。"②

甘肃省陇西县人力资源和社会保障局康顺花提出了加强县级人力资源市场人事档案管理规范化建设的建议:①完善档案管理标准。②落实档案专人专管。③加强档案管理制度执行力度。④建立人力资源市场档案资料共享平台。⑤维护人力资源市场档案信息的安全。③

陕西省铜川市国土资源信息中心陈国芹认为:"会计档案管理作为财务管理中不可缺少的重要环节,需要制定统一的标准实施规范化管理,然而现阶段一些单位的会计档案管理仍然存在很多问题。单位领导应重视会计档案工作,建立健全有关的规章制度,不断提升相关人员认识水平并进行业务培训,加快会计档案电子化发展速度,提高会计档案管理效率。"④

山东诚祥建设集团股份有限公司李敏认为:"建立企业内部的档案管理制度,从上到下建立严格的档案管理体系。首先是档案的记录,可以建立专门的档案管理部门,从而实现内部良好的分工和合作,可将员工分为几个小组:有专门负责记录档案(施工进度)的,对项目进展阶段及时跟踪和处理;有专门负责抽查档案信息资料的,检查档案数据是否真实,是否符合档案建设规范;有专门负责档案信息化建设的。在公司内部建立完备的档案管理体系,将更利于档案的及时更新和整理。因此,要加强档案管理体系和制度的建设,为档案的永久性建设提供基础,通过这些具体分工可以更好地实现档案管理建设。同时,还要时刻关注档案管理的发展,以促使档案系统不断完善和发展。"⑤

浙江省永康市公安局陈小青认为:"户籍档案事关群众切身利益,实现户籍档案规范化管理是应有之义。当前户籍档案管理存在保管随意、工作信息化水平不高等问题,不利于档案的规范化管理。对此要采取有针对性的措施,如增强档案保管的规范性、完善档案信息并修复破损档案、提升档案管理信息化水平。"⑥

三、档案安全管理

扬州大学社会发展学院于海燕认为:"预先危险分析是在管理中预先对系统存在的危险类别、出现条件及可能造成的后果进行宏观、概略性分析的系统安全分析方法。这种方法的应用有利于科学准确地识别危险源,确定安全防控的关键部位,筛选出事故预防的优先措施。预先危险分析法在档案安全管理中的流程从建立预先危险分析列表开始,确定危险源、划分危险性等级、制定安全防控措施。在使用预先危险分析法时要坚持科学性、动态性,还要与其他分析方法相结合,从而提高预先危险分析的质量,提升档案安全防护的效果。"⑦

北京京东方显示技术有限公司李玉生认为应当"从企业安全与企业档案安全、企业档案日常管理中的安全管理、企业档案库房安全管理以及企业档案防火预案等四个方面"做好企业档案防火工作。⑧

① 鄢虹英. 新时期档案管理的规范化和制度化创新分析[J]. 陕西档案,2018(3):36-37.
② 俞燕. 机关档案规范化管理工作探讨[J]. 城建档案,2018(2):59-60.
③ 康顺花. 对县级人力资源市场人事档案规范化管理的思考[J]. 档案,2018(3):57-58.
④ 陈国芹. 事业单位会计档案管理规范化探讨[J]. 陕西档案,2018(6):46-47.
⑤ 李敏. 现代化工程档案管理制度完善研究[J]. 城建档案,2018(10):31-32.
⑥ 陈小青. 户籍档案规范化管理刍议[J]. 浙江档案,2018(8):65.
⑦ 于海燕. 预先危险分析在档案安全管理中的应用[J]. 档案学研究,2018(5):125-128.
⑧ 李玉生. 做好企业档案防火工作的几点建议[J]. 北京档案,2018(8):35-36.

河北大学管理学院杨丹一认为："文件安全系统包括安全子系统的档案管理、档案维护安全系统、档案安全子系统信息资源的开发与利用三个子系统。三个子系统贯穿于档案的整个生命周期，包括安全基础设施、安全全过程控制、安全组织管理和安全法律法规四个方面。档案安全保障体系的建设包含着档案安全保护的方方面面，是对档案信息安全的全面保护。"①

扬州大学社会发展学院于海燕认为："档案安全保障体系应树立'预防为主''风险最小化'等理念，坚持自上而下、技术与管理并进，并寻求多方合作，通过不断的健全与完善，最终建立起人防、物防、技防'三位一体'的档案安全防范体系。"②

广佛高速公路有限公司刘泽珊提出了多角度进行档案安全保障管理机制的构建：①加强多层次组织机构建设，提升档案安全保障管理机制的高效性与时代性；②提升风险评估机制的针对性，强化对多种风险的规避与处理；③积极完善安全管理制度机制，有力维护档案的真实性；④建立有效的应急机制，最大限度降低事故影响力；⑤提升人员管理机制的健全性，为档案安全保障管理工作的开展培养复合型人才。③

中船重工第七一六研究所胡艳认为："建立健全确保档案安全保密的档案安全体系，重点是要建立健全人防、物防、技防'三位一体'的综合安防体系。""人防"就是要建立健全各项档案安全保密制度，扎紧档案安全的"篱笆墙"。"物防"就是切实改善档案保密的硬件条件，为档案筑起安全的"巢"。"技防"就是综合运用各种技术防范档案安全风险，用现代化科技手段彻底掐掉事故发生的"捻子"。④

四、企业档案管理

中国人民大学信息资源管理学院张斌、李子林、黄蕊认为："20 世纪 50、60 年代我国开始建立企业档案工作。70 多年以来，我国企业档案宏观管理体制可以相应分为创建、恢复、发展、转型 4 个阶段。企业档案宏观管理体制演变历程及发展特点受国家经济体制、政府职能、法律规范、市场环境、企业产权归属、企业行业特点、企业组织架构等内外部因素的影响。新时期企业档案宏观管理体制的发展方向是：公共管理理论指导的企业档案管理体制、法治化的企业档案管理体制、多元主体合作的企业档案管理体制。"⑤

河南金龙精密铜管集团岳振廷认为："企业档案与企业文化都是在企业管理活动和生产经营中形成的，都是为了服务企业发展，两者之间有着密不可分的联系。做好企业档案管理能够促进企业文化建设，包括为企业文化建设提供充足的资源、展现企业精神和提升企业形象。为此必须加强企业档案管理，可采取的有效措施包括加强企业档案文化建设、档案工作主动融入企业文化建设、在档案管理中贯彻以人为本的理念等。"⑥

中船重工第七〇一研究所李侃认为："内容管理是对静态显性知识的管理，一般是运用 XML 语言将组织中的各类信息特别是非结构化信息进行组织、分类和有序化的过程。将内容管理理念运用于档案管理是企业档案工作革新和发挥企业档案价值的需要。企业档案内容管理系统一般具有文档模板化处理和知识挖掘的功能。"⑦

中国人民大学信息资源管理学院宫晓东"针对我国企业档案管理理念在实际运行中存在的目标

① 杨丹一.我国档案安全保障体系建设概况及其思考[J].档案天地,2018(6):32-34.
② 于海燕.档案安全保障体系的可持续发展研究[J].档案学通讯,2018(5):78-81.
③ 刘泽珊.档案安全保障管理机制的构建[J].城建档案,2018(3):44-45.
④ 胡艳.新形势下档案安全管理体系建设实践探究[J].机电兵船档案,2018(5):29-30.
⑤ 张斌,李子林,黄蕊.我国企业档案宏观管理体制的演变与发展[J].档案学研究,2018(2):50-56.
⑥ 岳振廷.企业档案管理推动企业文化建设路径探析[J].浙江档案,2018(10):62-63.
⑦ 李侃.内容管理:企业档案管理的新理念[J].机电兵船档案,2018(4):37-39.

模糊、数据割裂、标准滞后、技术更新困难等问题,提出了以层级化和针对性思路定位企业档案管理的目标;以整体化和科学化精神指导企业档案资源建设;以层级化、协同化、精细化、智能化、简化的原则指导档案业务标准的调整和技术转换过程的实现等一系列改进措施"。①

华润(集团)有限公司王辉凯"提出了新时期企业档案工作亮点管理的几大方向——为重大问题决策提供优质档案服务、建设企业文化宣传培训基地、积极承担企业知识管理任务、利用档案工作促进企业科学管理、做好企业档案宣传工作以及依托现代信息技术等,以此促进企业档案工作创新管理,提升企业档案管理工作价值"。②

中国人民大学信息资源管理学院徐拥军、舒蓉,国家开发投资公司培训与保障中心李孟秋认为:"我国企业境外档案管理面临档案管辖权冲突、境内外档案法律规定冲突。对于前者,基于地域原则接受所在国家或地区的法律管辖是首要的,但也可以依据母公司对子公司的控制手段、国籍原则与保护原则确立对我国企业境外档案的管辖权,从而确立我国法律对我国企业境外档案的适用性。对于后者,实行双重遵从原则,即我国企业境外档案管理中应既遵从所在国或地区的法律规定,同时又遵从我国的法律规定。双重遵从符合公司法中的跨国公司管理原则,符合国际私法中基于所有权和控制权行使的管辖权原则,也符合国际经济贸易法中的'当事人意思自治'原则。"③

中国人民大学信息资源管理学院徐拥军、洪泽文、王露露认为:"我国企业境外档案管理面临动荡的政治环境带来的安全隐患,应增强风险管理意识,建立突发事件档案应急处置预案;面临复杂的法律环境带来的法律风险,应贯彻双重遵守的法律原则,即同时遵守境外法律和我国的法律规定;面临多元的文化环境带来的管理冲突,应以跨文化管理理论为指导,实行'双向包容'的档案管理模式;面临偏远的地理环境带来的监管难度,应构建全球化企业档案管理系统,并实现平台云端化。"④

五、事业单位档案管理

吉林省白城市通榆县人才交流中心于洪坤认为:"近年来,我国事业单位的档案管理工作取得了很大的进展。然而,在新时代的要求下,事业单位的档案管理工作还须厘清思路,创新综合档案管理的模式和方法,更好地促进事业单位综合档案管理工作的协调运作,提升事业单位综合档案管理的科学化、现代化水平。"⑤

中共湖南省双峰县委党校戴咏雪认为:"档案管理必须高效、规范、严谨、细致。所以说,机关事业单位一定要结合自身的工作实际,制订规范的管理制度,将档案的收集、整理、保管、鉴定、统计和提供利用等各个环节纳入常态化、制度化、规范化、精细化管理范畴,以确保单位档案信息资源的安全完整和有效利用。"⑥

辽宁教育研究院办公室吕峰提出了加强事业单位档案管理质量保障体系建设的主要措施:①强化档案管理的先进职业观念。②提高单位领导对档案管理工作的重视。③提升档案管理队伍的整体素质。④强化档案管理工作的规范性建设。⑤促进档案管理工作的制度化建设。⑦

山东省菏泽市广播电视台董晓声提出了事业单位档案管理创新发展策略:①进一步完善相关法

① 宫晓东.我国企业档案管理理念改进[J].档案学通讯,2018(3):4-8.
② 王辉凯.新时期企业档案工作亮点管理方向探析[J].机电兵船档案,2018(1):16-18.
③ 徐拥军,舒蓉,李孟秋.我国企业境外档案管理面临的法律冲突与适用原则[J].档案学通讯,2018(4):9-14.
④ 徐拥军,洪泽文,王露露.我国企业境外档案管理面临的挑战与对策[J].浙江档案,2018(3):7-9.
⑤ 于洪坤.事业单位综合档案管理的创新改革[J].城建档案,2018(4):64-65.
⑥ 戴咏雪.关于做好新形势下机关事业单位档案工作的思考[J].档案时空,2018(4):42-43.
⑦ 吕峰.事业单位档案管理的质量保障体系建设探析[J].兰台世界,2018(4):61-62.

律法规。②培养优秀的档案管理队伍。③注重细节,弥补漏洞。①

陕西省地质调查中心田园提出了事业单位档案管理的创新思路:①加强对档案管理的重视程度,创新管理理念。②事业单位应完善并创新档案管理机制。③引进先进的管理手段。④强化事业单位档案管理保密效果。②

中国医学科学院生物医学工程研究所李维艳、关嫚提出了优化事业单位档案管理模式的对策:①加大档案工作的宣传力度。②加强档案管理员队伍建设。③改善档案管理软硬件配置。④健全档案工作的各项规章制度。⑤积极推进事业单位档案信息化建设。③

辽宁省凌源市机关事业单位社会保险管理局王殿利提出了提升档案管理核心竞争力的路径:①建立现代化的档案管理理念,引领档案事业全面发展。②建立先进的档案管理文化,实现档案事业的内在价值。③建立完善的档案管理制度,保障档案事业持续发展。④建立专业化档案管理团队,推动档案管理高质量发展。⑤建立信息化的档案管理方式,助力档案管理提升效率。④

山东省高密市人力资源管理服务中心梁慧提出了提升事业单位档案信息化建设的途径:①引进先进信息设备。②充分利用先进的信息技术。③借鉴国外的先进经验。④将传统的管理模式同信息化的管理模式有效结合。⑤保障档案管理信息化的同时也要保证档案信息的安全。⑥健全相关管理制度。⑤

六、城建档案管理

四川省成都市城市建设档案馆颜山龄认为:"目前,城建档案管理水平处于初级阶段,传统的档案管理办法不仅需要耗费大量人力物力,造成严重资源浪费,还不利于科学研究,在一定程度上阻碍了行业的发展。因此,在城建档案管理过程中需要引入创新理念和先进科技,将现代管理技术与传统管理办法相结合,建立信息一体化平台,实现档案智能化管理,提高档案管理效率,保障档案管理安全,从而有效推动城建档案事业的健康发展。"⑥

辽宁省东港市城乡建设档案馆于静"针对如何加强地下管线档案管理制度建设进行了分析,指出了目前东港市地下管线工程档案的管理现状及制度建设难题,对症提出了通过完善查询制度、验收制度、报送制度,有效规范管线档案管理的具体流程,并详述了东港市加强城乡地下管线管理工作的一系列具体做法"。⑦

吉林省长春市城市建设档案馆闫实提出了人工智能技术在城建档案管理中的应用和实现:①人工智能打造智能系统管理平台。②人工智能能够建立信息化城建档案保管方式。③人工智能能够深入开发城建档案应用潜力。⑧

内蒙古自治区包头市城乡建设档案馆申红认为:"城建档案管理者管理思想创新,首先要采取积极主动的服务方式,在服务过程中,依照一定的主题,合理地开发、科学地规划、系统地展示城建档案馆馆藏档案的内容,充分地挖掘并发挥档案的资鉴作用,以服务机制的创新带动城建档案的管理形式和服务内容创新,以满足社会需求为目标,触动思维模式与管理手段的创新,进而扩张城建档案工作

①　董晓声.试论新形势下事业单位档案管理与创新[J].办公室业务,2018(15):76-77.
②　田园.探究事业单位档案管理的创新思路[J].兰台内外,2018(8):71-72.
③　李维艳,关嫚.关于做好新形势下事业单位档案管理工作的思考[J].兰台内外,2018(12):26-27.
④　王殿利.提升事业单位档案管理核心竞争力的路径研究[J].城建档案,2020(2):79-80.
⑤　梁慧.提升事业单位档案管理信息化建设的方法策略[J].山东档案,2018(5):46-47.
⑥　颜山龄.对城建档案管理工作的几点思考[J].城建档案,2018(5):46-47.
⑦　于静.加强地下管线档案管理制度建设提高城乡综合管理水平[J].城建档案,2018(7):37-39.
⑧　闫实.探析人工智能在城建档案管理中的应用与发展[J].兰台内外,2018(13):76.

的社会性,焕发城建档案工作的生命力。"①

四川省成都市城市建设档案馆吕晨曦提出了城建档案管理数字化建设的策略及方法:①完善基础设施,开发管理系统。②优化馆藏结构,丰富数字资源。③健全法制保障,建立标准体系。④强化信息意识,培养技术人才。②

四川省成都市城市建设档案馆颜山龄认为城建档案管理的难点:一是城建档案管理制度不健全。二是城建档案管理技术落后。他还提出了城建档案管理的对策:①信息化档案管理。②声像档案管理。③档案异地备份管理。④引进创新理念、增添智能设备。③

山东省东营市住房和城乡建设局尚冠华提出了新时代加强城市旧区改造档案管理工作的几点建议:①加强统一领导,建立部门协同机制。②明确工作职责,建立内外联动机制。③以点带面,发挥典型示范作用。④提高人员素质,提升规范化管理水平。④

江苏省张家港市城建档案馆贺颂华认为:"创建 BIM+GIS 城建档案管理平台,就是在 GIS 地理信息平台基础上,将 BIM 模型与档案管理系统进行有机的结合,实现城建档案收集工作的前端控制和全程督导。平台通过档案目录的设定、档案质量的监督、档案验收的严谨、档案管理的高效和档案服务的便捷,打造'智慧城市'下城建档案'收管用'联动机制,推动城建档案工作向信息化、智慧化方向发展,为新型'智慧城市'建设与管理提供实时、精准的城建档案可视化调阅服务,为政府决策、公共服务提供数据支撑。"⑤

七、项目档案管理

中国石油化工集团公司办公厅吕海民认为:"企业项目档案管理工作应引入系统论的管理方法,实现文件全生命周期管理,建立文件标准化管理体系;要加大档案大数据信息的研究,通过创建档案数据基础云等措施,解决数据的归档和利用问题。"⑥

中国联通河南省分公司档案馆田煜探讨倒逼机制在地方重大通信建设项目档案管理中的应用策略,认为倒逼机制的基本模式包括:①外部监管倒逼;②审查监督倒逼;③内部控制倒逼;④信息需求倒逼;⑤质量体系竞争倒逼。⑦

中国电子科技集团有限公司办公厅陈燕宁针对中国电子科技集团有限公司"在项目档案管控中存在的问题,并结合实际工作提出通过建立协作组实施区块化管理、规范项目档案验收程序和强化相关部门间的协作三种举措来提升集团公司项目档案管理的整体水平"。⑧

中国人民大学信息资源管理学院王英玮认为《建设项目档案管理规范》(修订稿)"如果能够在术语定义方面、项目电子文件的规范范围方面作进一步的修订和完善,澄清'项目文件'和'项目档案'、'项目电子文件'和'项目电子档案'之间的'因素与集合体'关系,并依据项目电子文件和电子档案所需要解决的矛盾及应当遵循的电子文件和电子档案的运动规律,有效扩大和调整项目电子文件的归档范围,则会进一步提升该标准的实践价值"。⑨

———————————

① 申红.城建档案管理工作创新刍议[J].城建档案,2018(5):43-45.
② 吕晨曦.城建档案管理数字化建设探讨[J].城建档案,2018(7):12-14.
③ 颜山龄.对城建档案管理工作的几点思考[J].城建档案,2018(5):46-47.
④ 尚冠华.加强新时代城建档案管理的几点认识[J].山东档案,2018(4):67-68.
⑤ 贺颂华.BIM+GIS 城建档案管理平台建设的设想与探索[J].档案与建设,2019(9):46-48,64.
⑥ 吕海民.企业项目档案管理问题的系统性修复及互联网+下新举措[J].档案管理,2018(2):57-58.
⑦ 田煜.地方重大通信建设项目档案管理倒逼机制构建[J].档案管理,2018(1):50-51.
⑧ 陈燕宁.加强集团管控 全面提升固定资产投资项目档案管理水平[J].机电兵船档案,2018(5):20-22.
⑨ 王英玮.《建设项目档案管理规范》(修订稿)的解读[J].北京档案,2018(2):21-25.

陕西秦达房地产开发有限公司许允萍提出了项目文件材料归档管理追踪实施措施:①优化管理机制,严格归档责任。②完善管理制度,统一规范标准。③划分归档范围,明确归档原则。④落实相关措施,强化一体化管理。①

水利部长江水利委员会水文局支静洁、许淑芳提出了水文基建项目档案管理的思考与对策:①健全管理制度。②强化职责落实。③重视声像档案归档。④推进档案数字化工作。②

辽宁省葫芦岛市城建档案馆蔡军提出了加强重大建设项目档案管理工作的对策:①改进方式,将档案登记纳入项目审批(备案)程序。②完善体制,推动项目档案工作健康有序开展。③强化控制,切实保障项目档案的完整性、真实性。④深化服务,把档案业务指导工作贯穿项目建设始终。⑤严格把关,统筹推进重大建设项目档案验收工作。⑥畅通渠道,合理界定重大建设项目档案归属与流向。③

天津华北地质勘查局邓菊华提出了地质项目档案管理工作优化策略:①建立健全档案管理体系。②利用地质项目管理系统进行项目过程管控。③利用地质资料管理系统创新服务机制。④优化人员配置,加强档案人员培训工作。⑤保障档案信息安全。④

江苏省交通工程建设局张凤霞认为高速公路档案管理存在的问题与不足:一是档案法规规章落实不到位,全过程监管执行不力,验收前突击整理,影响了项目内业务资料的形成质量和档案管理水平。二是个别参建单位对项目档案管理工作重视程度不够,过多依赖外包服务,档案编制质量水平有待提高。三是相关从业人员配备不足,专业素质与经验欠缺,项目档案编制进度及质量控制难度加大。四是营运和养护档案提升空间大,但缺乏相应的业务标准和指导意见。她还提出了解决思路与对策:①强化两个意识。一是强化责任意识,依法依规落实档案责任主体;二是强化问题意识。②确立三个理念。一是价值理念;二是法规遵从理念;三是管理融合理念。③着力四个提升。一是着力提升项目档案管理人员的专业素养和管理能力;二是着力提升项目档案管理规范标准的科学性与执行力;三是着力提升项目档案信息化管理水平;四是着力提升营运养护档案规范化管理水平。⑤

八、工程档案管理

广东电网有限责任公司河源供电局郭慧妮认为:"基建工程档案管理工作的推进需要以先进的档案管理模式为手段,遵循工程发展程序,遵守管理标准,促进档案管理工作按部就班的开展。基建工程的各个环节与阶段关系紧密,环环相扣,任何环节的收集工作出现问题,都会对档案资料整体完整性造成威胁。因此,档案部门要善于进行全程监督、跟踪和服务,重视对收集工作方法进行培训,加强针对性指导,保证工作标准与流程都极具合理性与可靠性,为档案可靠归档提供保障。"⑥

湖南省怀化市城乡建设档案馆彭丽明探讨了建设工程档案管理创新:①管理模式的创新。加强建设工程档案管理,关键是建立起建设工程档案管理工作的有效管理模式,"有法可依、有关可把",建设工程档案管理就能逐步走上正轨。②服务方式的创新。在服务方式上不断创新,是加强建设档案管理的重要手段。③工作程序的创新。把建设工程档案工作纳入建设行政程序,通过建设口把关,强化工程档案业务指导、质量验收和报送接收职能。④协作机制的创新。建设工程档案管理牵涉到方

① 许允萍. 房地产项目文件材料归档追踪管理体系创建探索[J]. 陕西档案,2018(4):44.
② 支静洁,许淑芳. 水文基建项目档案管理的实践与思考[J]. 中国档案,2018(11):64-65.
③ 蔡军. 加强重大建设项目档案管理工作之我见[J]. 兰台内外,2018(10):34-35.
④ 邓菊华. 地勘单位地质项目档案管理工作优化策略[J]. 兰台内外,2018(11):57-58.
⑤ 张凤霞. 强化现代工程管理 打造品质工程平台:新时代高速公路档案管理的趋势与对策[J]. 档案与建设,2018(6):81-85.
⑥ 郭慧妮. 新时期基建工程档案管理工作方法思路探究[J]. 城建档案,2018(11):42-43.

方面面,需要纵向和横向、建设行政各部门以及各建设、施工、监理单位共同协作和共同努力。①

中国建筑西北设计研究院有限公司徐岚认为:"建筑设计单位的工程质量保证与档案管理工作息息相关,档案管理人员应针对现阶段本单位档案管理存在的问题,提升档案管理措施,构建档案管理反馈机制,逐步加大网络电子化信息技术的应用,不断提高档案管理效率。"②

广州开发区城市建设和房地产档案馆陈宁提出了提升工程档案管理水平的建议:①坚持与时俱进,加强领导的工程档案管理意识。②积极开展培训,全面提升档案管理者专业能力与素质。③积极构建完善的档案管理制度与机制,强化制度性保障作用的发挥。③

对于水利工程档案管理,浙江省杭州市河道管理总站何晓青认为:"当前档案管理工作中存在档案成套性得不到保障、档案没有实现集中统一管理、档案工作专业性不强等问题",应当"通过实现全过程管理、加强各方协作、提高档案人员业务水平等方式,切实提高档案工作的水平"。④

河南省开封水文水资源勘测局沈凯提出了优化水利重点工程档案管理的建议:①积极推进管理体制的改革,构建重点工程档案管理模式。②通力合作,对档案管理全过程进行优化。③加强信息化管理,促进水利重点工程档案管理数据化发展。⑤

浙江省杭州市河道管理总站何晓青认为水利工程档案管理存在的问题包括:第一,档案的成套性得不到保障。第二,档案的集中统一管理得不到落实。第三,档案管理的专业性要求得不到满足。他还提出了加强档案管理的若干对策:一要实现档案全过程管理。二要加强工作中各方协作。三要提高档案人员专业化水平。⑥

陕西省渭南市林业局李莉认为做好退耕还林工程档案管理的要点和方法包括:①确保档案资料的合法、真实、完整。②建立健全档案管理制度和业务规范建设。③加强档案存放环境的安全保护设施。⑦

国网天津市电力公司李临认为:"电网工程档案网格化管理,以助力电网项目规范化、标准化管理为原则,以电网项目建设和档案工作协同管理为目标,以整合现有工程管理、档案管理的相关标准和资源为依托,以整合管理机制和标准、支撑在线和离线收集的档案系统为工具,实现了文件材料动态收集、整编著录固化标准、归档情况在线监督检查的功能,从而形成管理与技术两个维度相耦合的档案网格化管理体系,解决了目前电网项目档案管理与工程建设同步难、要件及时归档难、整理规范落实难等现实问题,形成了'工程档案管理有网,网中有格,格中定人,人负其责,责有标准'的工作局面。"⑧

九、高校档案管理

江苏医药职业学院杨旭中提出了信息化视域下高校档案管理的创新思路:①提高档案信息化软硬件建设水平。②加大档案信息资源建设力度。③建立档案安全技术支撑体系。④构筑档案管理信息服务体系,建立复合型档案管理队伍。⑨

① 彭丽明.建设工程档案管理创新探讨[J].城建档案,2018(3):25-26.
② 徐岚.对建筑设计单位档案管理工作的几点建议[J].陕西档案,2018(6):42.
③ 陈宁.强化工程档案管理工作的策略[J].城建档案,2018(9):41-42.
④ 何晓青.水利工程档案管理存在问题与解决对策[J].浙江档案,2018(2):65.
⑤ 沈凯.重点工程档案管理问题反思与优化策略设计[J].档案管理,2018(4):95.
⑥ 何晓青.水利工程档案管理存在问题与解决对策[J].浙江档案,2018(2):65.
⑦ 李莉.渭南市退耕还林工程档案管理要点探析[J].陕西档案,2018(1):48-49.
⑧ 李临.电网企业工程档案网格化管理构想[J].中国档案,2018(12):41.
⑨ 杨旭中.信息化视域下的高校档案管理创新[J].山西档案,2018(6):47-49.

　　盐城工学院符昌慧提出了新媒体环境下档案管理信息化建设策略：①适时转变观念，树立新媒体信息化档案管理观。②基于数字化技术，推动高校档案信息化管理基础设施建设。③加强与用户交流、互动，通过反馈了解用户需求。④打造一支综合素质较高的人才队伍，提高高校档案新媒体管理信息化水平。⑤全方位搜索档案信息，编研档案资料。⑥树立品牌战略意识，驱动高校档案信息化建设路径创新。①

　　广西财经学院综合档案室甘萍高校认为："构建高校档案大数据技术服务平台，是对高校档案管理服务的有效创新，能实现高效档案管理智能、自动、网络化，完全改变了传统高校档案管理重视保存的服务理念，更多体现在档案管理人性化查询、甄别、收集、归档上，同时还可根据客户要求进行打印、复印、可视化功能服务，服务质量和效率都得到极大提升。在互联网环境下人机互动更加频繁，在高校日常学习工作中，网络技术作用日益增大，新型电子档案服务需求日渐增多，已经惠及校园建设各个方面。"②

　　河南信息统计职业学院旅游系朱晓杰认为："高等院校档案信息资源建设是我国数字时代背景下，高等院校档案管理现代化工作的重点与关键点，实现高等院校档案信息化需要各项管理规定的保障。""为了提升高等院校档案的建设质量，适应我国高等院校档案现代化管理的规范化要求，高等院校应结合自身实际情况，建立一套规范、操作性强的档案管理制度，选择符合学校实际的先进、可靠和适用的档案信息管理系统，确保档案管理工作顺利推进。"③

　　广东社会科学大学陈秋妹提出了高校档案信息化管理建设模式的建议：①提高工作人员的重视程度；②明确档案信息化管理建设的行业标准；③高校要加大对档案信息化管理建设工作的经济投入；④加快将档案转变为电子数据，以便于管理；⑤制定相应的安全措施，确保档案的信息安全。④

　　云南体育运动职业技术学院王延勇认为："现代化的高校档案管理工作，应与新媒体环境更好的贴合，针对多项问题实施多元化的解决策略。"他建议："第一，新聘请的档案管理人员，要对新媒体的应用保持熟练，能够在工作态度上保持端正。第二，固有的档案管理人员，必须进行积极的考核与评判，要从新媒体的角度来出发，对于工作的思想、技能、模式等，都做出分析，如果不符合标准，或者是在工作能力上、思想上，存在严重的不足，都应该及时地做出替换，不能因为个人的不足，对团队工作造成不良影响。第三，在建设管理队伍的过程中，需要坚持从长远的角度出发，对于相关行业的人才积极的吸纳，要将技术、管理、制度等方面的内容，良好地融合在一起，让高校档案管理工作与新媒体环境的发展，表现为相辅相成的作用。"⑤

十、医院档案管理

　　广东省梅州市梅县区妇幼保健计划生育服务中心黄增东认为："智能化档案的出现符合当前社会发展需求，同时也为档案管理人员的工作提供了便利。随着我国医疗体系的不断完善，当前医院经营方式逐渐发生变化，而档案管理工作作为医院日常管理中的重要内容，应该受到重视。医院实行智能化档案管理，有助于提高医院档案利用率，为医院今后的长期、稳定发展提供有力保障。"⑥

　　上海市嘉定区中心医院朱成英认为："医德档案是记录医务人员医德表现的一种形式，是反映每位医务人员在医疗活动中职业道德行为的文字、图像、声像等载体的文字记录。完整规范的医德档案

　　① 符昌慧. 新媒体环境下高校档案管理信息化建设策略[J]. 档案与建设，2018（5）：89-92.
　　② 甘萍. 信息时代高校档案管理的创新路径[J]. 兰台世界，2018（4）：58-60.
　　③ 朱晓杰. 数字时代高校档案管理创新研究：以河南信息统计职业学院为例[J]. 档案管理，2018（6）：94-95.
　　④ 陈秋妹. 基于信息化高校档案管理建设模式探究[J]. 兰台内外，2018（13）：72-73.
　　⑤ 王延勇. 新媒体环境下高校档案管理工作现状及对策[J]. 云南档案，2018（3）：57-58.
　　⑥ 黄增东. 医院智能化档案管理探析[J]. 档案时空，2018（4）：26-27.

有利于促进医院的档案管理,提升医院行风建设,构建和谐医患关系。"①

广东省江门市中心医院刘惠敏提出了提高医院档案管理水平的对策:①建立有效的管理机制;②完善医院档案管理模式;③提高管理者素质;④改善档案利用管理方式。②

苏州大学附属第一医院郜翀提出了提高医院档案管理水平的策略:①树立医院"大档案"观,设立专门机构管理所有门类档案。②以电子档案(病历)管理为导向,加快档案信息化建设步伐。③深入发掘医院自身档案信息资源,提升医院档案管理水平。③

河南中医药大学第一附属医院焦钧提出要加强医院档案管理,推进医院文化建设:第一,要加强医务工作者的档案意识。第二,要进一步建立健全医院档案管理制度。第三,要积极提高档案工作者的综合素质。第四,要进一步强化档案工作的规范管理。第五,要进一步加强档案资源的开发利用。④

山西医科大学第二医院档案馆赵艳兰认为新时代大型公立医院档案管理创新的主要路径是:第一,加强法制宣传,提高档案意识。第二,建立科学体系,实行规范管理。第三,扩大归档范围,实现管理全覆盖。第四,开发信息资源,主动提供服务。第五,加大管理投入,实现资源共享。第六,加强队伍建设,提高人员素质。⑤

山东省临沂市肿瘤医院王建伟提出了建立以知识管理为导向的医院档案管理体系的具体措施:①改变传统管理理念,宣传医院文化。②注重档案管理人才的引进。③加强档案管理与基层信息录入的互动。④档案管理人员配合信息管理平台软件的制作工作。⑤培养医院内部医务人员的计算机基础操作能力。⑥

山东省济宁市第一人民医院闫军慧提出了医院档案管理模式改革建议:①组织档案管理人员参与专业培训。②采用现代化技术完善医院档案。③不断完善档案管理制度。⑦

十一、乡镇档案管理

山西省文水县凤城镇财政统计所田素萍认为:"为适应新时期乡镇档案管理的需要,乡镇档案管理部门必须探索新的档案管理路子,实行'全乡镇立体档案'管理模式:乡镇党委政府领导全乡镇档案事业,以党政办作为档案工作的具体负责机构,下设乡镇档案管理办公室,具体抓乡镇档案工作事务的落实,并由各站所负责人为成员的办事机构,必要时可设立乡镇档案信息服务中心,负责乡镇所辖区域内机关及所属单位档案的总体规划、监督、指导和利用,将乡镇档案统一交由信息服务中心管理,打通信息壁垒,实现档案利用的无障碍化。"⑧

黑龙江省哈尔滨市呼兰区白奎镇农业综合服务中心印天才认为:"从长远来看,档案记录了乡镇的历史发展进程,无论乡镇机构怎么改革发展,档案管理工作都必须有专门的人员去做。而且要对其不断地培训,以适应档案管理规则的不断更新。在乡镇必须配备齐全专业的档案管理者,不仅有利于档案管理的顺利开展,而且更有利于提高其工作效率,发挥其效能。在人员配备上需要视乡镇具体情况而定,而且要注意管理人员的有效衔接,避免因人员更换频繁而造成档案管理断档和缺失。"⑨

---

①　朱成英.浅谈医德档案对促进医院档案管理的作用[J].黑龙江档案,2018(2):84-85.
②　刘惠敏.医院档案管理中存在的问题和对策[J].档案时空,2018(4):8-9.
③　郜翀.浅谈医院目标管理体系中档案工作与"大档案"观[J].黑龙江档案,2018(2):67-68.
④　焦钧.加强医院档案管理　助推医院文化建设[J].档案管理,2018(1):95.
⑤　赵艳兰.新时代大型公立医院档案管理的创新[J].山西档案,2018(5):137-139.
⑥　王建伟.构建以知识管理为导向的医院档案管理体系[J].兰台内外,2018(9):35-36.
⑦　闫军慧.医院档案管理中档案管理模式改革路径分析[J].办公室业务,2018(1):133.
⑧　田素萍.乡镇档案管理新特点及对策探究[J].档案时空,2018(4):30-31.
⑨　印天才.定准位　负起责　管起来:浅析如何加强乡镇档案管理[J].黑龙江档案,2018(4):99.

　　浙江省金华市档案局杨智认为乡镇档案管理存在的问题:一是乡镇档案员业务能力堪忧、人员队伍不稳定。二是档案缺漏现象较为严重。三是档案集中管理难以落实。四是档案管理基础设施配置不到位。他还提出了解决问题的举措:①加强档案工作宣传。②加大业务指导力度。③实现工作依法监管。①

　　山西省汾阳市石庄镇人民政府陈冬冬提出做好基层乡镇档案管理工作的有效途径:①加快队伍建设,提高人员素质。②加大收集力度,丰富馆藏类别。③加强基础建设,提高管理力度。②

　　山东省胶州市九龙街道办事处刘凤玲认为:"乡镇政府就必须结合当前乡镇档案工作实际,健全档案管理制度。首先,要完善档案管理流程,对档案工作的各个细节加以规范,严格按照流程和要求来开展档案工作。其次,完善档案监管制度,对档案管理工作进行全面的监督和管理,确保档案管理工作有条不紊地开展。再者,要建立审查机制,对在档案归档前,对档案信息进行反复的核查,确保档案信息无误后方可归档。"③

　　吉林省桦甸市金沙镇农村经济管理服务中心陈雪、桦甸市就业服务局张庚乔提出了加强乡镇档案管理的举措:①加强档案管理人员领导力。②完善档案管理制度。③重视档案的收集。④提高档案管理人员的专业素质。④

　　吉林省镇赉县档案馆李晓丹提出了加强乡镇档案管理工作的对策:①加强档案法宣传力度,增强全员档案意识。②完善档案管理工作体系,健全档案管理制度。③加快管理硬件建设,保证档案实体安全。④加强档案队伍建设,提高档案管理水平。⑤积极推进档案管理现代化。⑤

　　山东省滨州市邹平县九户镇人民政府付海涛认为:"基层乡镇档案室内的档案文件具备综合性特点,为了强化这种综合性属性,要求档案管理人员要加强对各种门类档案文件的收集,并按照各个门类进行分开保管,结合具体类别和档案文件的价值,划分层次,构建层次化管理体系,进而提高基层乡镇档案管理工作的针对性和有效性。乡镇领导要给予档案管理工作足够的关注和重视,设立专门的档案室,协调各部门归纳文件信息,形成文件档案,并移交档案部门进行统一管理,各部门指派一名专职档案人员进行本部门档案文件的收集、整理、归档、移交等工作,履行职责,进而提高基层乡镇档案管理工作的规范性和有序性。"⑥

十二、其他档案管理

　　福建师范大学社会历史学院李健、王运彬认为:"目前'政府机构+传统村落档案管理''社会组织+传统村落档案管理'等为主的人文引导管理模式引发了文化环境失序、文化内涵失真、文化表达失传等村落文化生态失衡倾向。从人文引导管理至'人文引导管理+文化生态保护'并重的管理模式,即以管理与规划相结合为基础、管理与发展相结合为保证、管理与文化自觉相结合为核心,最终在促进传统村落档案与村落文化生态合一的基础上实现传统村落文化生态复兴。"⑦

　　浙江省庆元县食用菌科学技术研究中心吴冰云认为:"做好基层农业科研机构档案管理是基层农业科研机构的应有之义,应立足档案的特点分析当前工作中存在的问题,并通过加强组织领导、强化

　　① 杨智.乡镇档案管理存在问题与解决对策[J].浙江档案,2018(11):56-57.
　　② 陈冬冬.谈如何做好基层乡镇档案管理工作[J].兰台世界,2018(S2):133.
　　③ 刘凤玲.关于当前乡镇档案管理存在的主要问题及对策研究[J].办公室业务,2018(17):87.
　　④ 陈雪,张庚乔.加强乡镇档案管理的举措[J].兰台内外,2017(06):58.
　　⑤ 李晓丹.乡镇档案管理工作的现状及对策[J].兰台内外,2019(30):46.
　　⑥ 付海涛.浅析如何做好基层乡镇档案管理工作[J].办公室业务,2018(1):103.
　　⑦ 李健,王运彬.传统村落档案管理路径转型:从人文引导管理到文化生态复兴[J].浙江档案,2018(10):13-15.

对档案工作的监管、保证归档材料齐全完整和提高工作规范化、信息化水平等方式,提高档案管理成效。"①

甘肃省张掖市档案局吴居善对提升祁连山生态环境保护档案规范化管理水平进行思考,认为:"应坚持相关性、补充性、价值性、系统性原则,分部门研究制定其文件归档范围和保管期限表,加强对各部门收集归档文件的审查审核,全面提升祁连山生态环境保护档案的规范化管理水平。"②

云南大学历史与档案学院华林、赵局建、成灵慧认为:"对档案中介服务机构进行依法治理是规范其管理,维护国家档案质量、载体与信息安全的重要方式。""档案中介服务机构已经成为我国档案管理的重要平台,将其纳入档案安全体系,对其进行依法治理,可维护国家档案资源的完整与安全。"③

河南省清丰县疾病预防与控制中心陈金玲针对疾控中心档案管理工作存在的问题,"提出了四方面的建议:一要建立档案管理工作领导责任制并严格层级管理,优化并严格执行档案管理制度;二要建设完善的档案管理基础设施,改进疾控中心档案管理模式;三要加大信息化档案管理人才培养力度,提高疾控中心档案管理人员的综合素质;四要加强对电子档案的规范化管理,提升电子档案的开发利用水平"。④

南阳师范学院张宛艳认为社区综合减灾档案管理存在的问题是:①缺乏具体执行细则,档案管理各自为政。②综合减灾档案研究近于空白,相关理论建设尚未起步。她还提出了完善社区综合减灾档案管理的途径:①明确应归档的材料。②加强业务指导并提供业务培训。⑤

山东省诸城市档案局张海艳认为机关文书立卷工作中存在的问题是:①归档的文件材料收集不齐全、不完整、不规范现象。②卷内文件排列不合理,卷内文件目录不能揭示文件内容现象。③案卷标题不准确,卷面书写不规范现象。④忽视卷内备考表的填写现象。她还提出了加强机关文书档案管理工作的对策:①加强领导,提高认识。②加强宏观管理,搞好业务指导。③举办业务培训班,提高人员业务水平。④积极推行现代化管理,加速实现计算机在档案管理中的应用。⑥

———————————

①　吴冰云.加强基层农业科研机构档案管理刍议[J].浙江档案,2018(2):66.

②　吴居善.全面提升祁连山生态环境保护档案规范化管理水平的思考[J].档案,2018(7):55-56.

③　华林,赵局建,成灵慧.基于档案安全体系构建的档案中介服务机构依法治理研究[J].档案学通讯,2018,(2):100-105.

④　陈金玲.浅谈当前疾控中心档案管理工作存在问题与对策[J].档案管理,2018(3):90-91.

⑤　张宛艳.社区综合减灾档案管理研究[J].浙江档案,2018(11):25-27.

⑥　张海艳.机关文书档案管理工作开展现状、存在问题及对策[J].档案天地,2018(11):50-53.

第四章　档案整理与出版

我们以中国知网为样本来源,检索范围:中国学术期刊网络出版总库,中国博士学位论文全文数据库,中国优秀硕士学位论文全文数据库,中国重要会议论文全文数据库,国际会议论文全文数据库,中国重要报纸全文数据库,中国学术辑刊全文数据库。

检索年限:2018 年。

检索时间:2018 年 12 月 30 日。

检索式:发表时间=2018-01-01 至 2018-12-31,并且专题子栏目=收集和整理、保管和利用、公布、出版(模糊匹配)。

样本文献总数:1026 篇。

第一节　文献统计分析

本节采用统计分析的方法,从资源类型分布、文献学科分布、文献研究层次分布、文献基金分布、文献类型分布 5 个方面对样本文献进行分析。

一、资源类型分布

从资源类型分布看,1026 篇样本文献涉及 6 个类型,包括:期刊、硕士、报纸、学术辑刊、国内会议、国际会议。各类资源发表文献数量及占比情况见表 4-1。其中期刊合计占比约为 95%,总体量超过会议论文、学位论文和报纸发表文献之和一个量级。

表 4-1　各类资源发表文献数量及占比情况

序号	资源类型	发表文献数量/篇	占全部样本/%
1	期刊	972	94.74
2	硕士	32	3.12
3	报纸	12	1.17
4	学术辑刊	7	0.68
5	国内会议	2	0.19
6	国际会议	1	0.10
	合计	1026	100.00

表4-1显示,期刊仍然是2018年档案整理与出版研究文献的主要来源,也是研究者进行交流与沟通的主要渠道和平台。相比之下会议论文、学位论文和报纸发表文献在研究中只起点缀作用。

二、文献学科分布

从样本文献学科分布看,1026篇样本文献涉及图书情报档案、教育、工业经济、公共卫生与预防医学、工商管理、历史、公共管理、城市经济、农业经济、新闻传播、政治、水利工程、文化、地质、轻工等15个学科。前15个学科发表文献数量及占比情况见表4-2。

表4-2　前15个学科发表文献数量及占比情况

序号	学科	发表文献数量/篇	占全部样本/%
1	图书情报档案	998	97.27
2	教育	86	8.38
3	工业经济	24	2.34
4	公共卫生与预防医学	22	2.14
5	工商管理	19	1.85
6	历史	13	1.27
7	公共管理	12	1.17
8	城市经济	12	1.17
9	农业经济	9	0.88
10	新闻传播	9	0.88
11	政治	8	0.78
12	水利工程	6	0.58
13	文化	6	0.58
14	地质	4	0.39
15	轻工	4	0.39
	总计	1232	120.08
	实际	1026	100.00
	超出	206	20.08

从表4-2可见,按学科统计数为1232篇,占120.08%;超出实际文献数206篇,占20.08%。研究具有较高的学科交叉性。

除图书情报档案之外,发表文献最多的7个学科是教育、工业经济、公共卫生与预防医学、工商管理、历史、公共管理、城市经济。

三、文献研究层次分布

从文献研究层次分布情况看,1026篇样本文献涉及基础研究(社科)、行业指导(社科)、职业指导(社科)、政策研究(社科)、工程技术(自科)、基础与应用基础研究(自科)、专业实用技术(自科)、经济信息、基础教育与中等职业教育、高等教育、大众科普、大众文化、政策研究(自科)、行业技术指导

（自科）、其他等 15 个层次。各层次发表文献数量及占比情况见表 4-3。

表 4-3　各层次发表文献数量及占比情况

序号	层次	发表文献数量/篇	占全部样本/%
1	基础研究（社科）	540	52.63
2	行业指导（社科）	248	24.17
3	职业指导（社科）	157	15.30
4	政策研究（社科）	11	1.07
5	工程技术（自科）	6	0.58
6	基础与应用基础研究（自科）	4	0.39
7	专业实用技术（自科）	4	0.39
8	经济信息	2	0.19
9	基础教育与中等职业教育	2	0.19
10	高等教育	1	0.10
11	大众科普	1	0.10
12	大众文化	1	0.10
13	政策研究（自科）	1	0.10
14	行业技术指导（自科）	1	0.10
15	其他	47	4.58
	总计	1026	100.00

如果按社会科学、自然科学、经济文化教育和其他来分类，各类文献数量及占比分别是：社会科学 956 篇，占 93.18%；自然科学 16 篇，占 1.56%；经济文化教育 7 篇，占 0.68%；其他 47 篇，占 4.58%。研究明显属于社会科学的范畴。

如果按研究的基础性与应用性分，基础性研究 544 篇，占 53.02%；应用性研究 482 篇，占 46.98%。研究略偏重理论性。

综上，从整体上看，2018 年档案整理与出版研究属于略偏重理论的社会科学范畴。

四、文献基金分布

从样本文献的基金分布情况看，1026 篇样本文献中有 67 篇得到 6 种国家和省部级基金的资助，占全部样本的 6.53%。包括：国家社会科学基金、国家自然科学基金、国家重点基础研究发展计划（973）、航空科学基金、中国地质调查局地质调查项目经费、江苏省教育厅人文社会科学研究基金。各类基金资助发表文献数量及占比情况见表 4-4。

表 4-4 各类基金资助发表文献数量及占比情况

序号	基金	发表文献数量/篇	占全部样本/%	占基金资助文献/%
1	国家社会科学基金	57	5.56	85.07
2	国家自然科学基金	6	0.58	8.96
3	航空科学基金	1	0.10	1.49
4	中国地质调查局地质调查项目经费	1	0.10	1.49
5	江苏省教育厅人文社会科学研究基金	1	0.10	1.49
6	国家重点基础研究发展计划(973)	1	0.10	1.49
	合计	67	6.53	100.00
	总计	1026	100.00	

从基金资助的层次上看,国家的基金 3 种 64 项,占基金资助文献的 95.52%;部委基金 2 种 2 项,占基金资助文献的 2.99%;地方基金 1 种 1 项,占基金资助文献的 1.49%。

从地方基金资助的区域分布看,仅涉及 1 个省份。

综上,从层级上看,国家级资助力度远大于部委与地方的资助力度,部委资助又高于地方资助力度。从区域分布看,全国只有 1 个省份对这类研究有所资助,但资助力度十分有限。

五、文献类型分布

从文献类型分布看,1026 篇样本文献中,综述类文献 14 篇,占 1.36%;政策研究类文献 12 篇,占 1.17%;一般性文献 1000 篇,占 97.47%。各类型文献数量及占比情况见表 4-5。

表 4-5 各类型文献数量及占比情况

序号	文献类型	文献数量/篇	占全部样本/%
1	综述类	14	1.36
2	政策研究类	12	1.17
3	一般性	1000	97.47
	合计	1026	100.00

综上,从表 4-5 中可以明显地看到,一般性论证文献在研究成果中占据了绝对主体,而代表宏观性及政策性研究的综述类、政策研究类文献体量很小,不到 3%,显得十分薄弱。

六、小结

从样本文献的统计情况看,2018 年档案整理与出版研究涉及 6 类资源。期刊仍然是 2018 年档案整理与出版研究文献的主要来源,也是研究者进行交流与沟通的主要渠道和平台。相比之下会议论文、学位论文和报纸发表文献在研究中只起点缀作用。

研究的学科分布较广泛,除图书情报档案外,发表文献最多的 7 个学科是教育、工业经济、公共卫生与预防医学、工商管理、历史、公共管理、城市经济。研究具有明显的学科交叉性。

从整体上看,2018 年档案整理出版研究属于略偏重理论的社会科学范畴。

从层级上看,国家的资助力度远大于部委与地方的资助力度,部委资助又高于地方资助力度。从区域分布看,全国只有 1 个省份对这类研究有所资助,但资助力度十分有限。

在研究成果中,一般性论证文献占据了绝对主体,而代表宏观性及政策性研究的综述类、政策研究类文献体量很小,不到 3%,显得十分薄弱。

第二节　文献计量分析

本节采用计量分析的方法,从文献作者分布、文献机构分布和文献来源分布 3 个方面对样本文献进行分析。

一、文献作者分布

从作者的分布情况看,前 40 位作者赵彦昌、张林华、周爱军、李玉虎、张美芳、李颖、逯国良、龙家庆、梁艳丽、苏亚云、华林、黄丽华、张师师、那伟栋、黄霄羽、陶冶、邢惠萍、刘姣姣、马寅源、张永梅、陈玉杰、管先海、罗吉鹏、吕健、首小琴、李赛、刘清、陈瑞群、钱海峰、杨智勇、聂云霞、程瑶、熊爱桃、虞香群、刘敏、张正霞、黎晓、王福辰、黄亚、王振威,共发表文献 106 篇,占全部样本的 10.33%。前 40 位作者发表文献数量及占比情况见表 4-6。

表 4-6　前 40 位作者发表文献数量及占比情况

序号	作者	发表文献数量/篇	占全部样本/%
1	赵彦昌	8	0.78
2	张林华	4	0.39
3	周爱军	4	0.39
4	李玉虎	4	0.39
5	张美芳	3	0.29
6	李颖	3	0.29
7	逯国良	3	0.29
8	龙家庆	3	0.29
9	梁艳丽	3	0.29
10	苏亚云	3	0.29
11	华林	3	0.29
12	黄丽华	3	0.29
13	张师师	3	0.29
14	那伟栋	3	0.29
15	黄霄羽	3	0.29
16	陶冶	3	0.29

续表 4-6

序号	作者	发表文献数量/篇	占全部样本/%
17	邢惠萍	3	0.29
18	刘姣姣	3	0.29
19	马寅源	2	0.19
20	张永梅	2	0.19
21	陈玉杰	2	0.19
22	管先海	2	0.19
23	罗吉鹏	2	0.19
24	吕健	2	0.19
25	首小琴	2	0.19
26	李赛	2	0.19
27	刘清	2	0.19
28	陈瑞群	2	0.19
29	钱海峰	2	0.19
30	杨智勇	2	0.19
31	聂云霞	2	0.19
32	程瑶	2	0.19
33	熊爱桃	2	0.19
34	虞香群	2	0.19
35	刘敏	2	0.19
36	张正霞	2	0.19
37	黎晓	2	0.19
38	王福辰	2	0.19
39	黄亚	2	0.19
40	王振威	2	0.19
	合计	106	10.33
	总计	1026	100.00

如果按照普赖斯提出的计算公式,核心作者候选人的最低发文数 $M = 0.749\sqrt{N_{max}}$,其中 N_{max} 为最高产作者发表文章数量。2018 年档案整理与出版研究作者中发表文献最多的为 8 篇,即 $N_{max} = 8$,所以 $M = 0.749\sqrt{8} \approx 2.118$。因此,发表文献 2 篇以上的作者均为 2018 年档案整理与出版研究的高产作者与核心作者。

可见 2018 年档案整理与出版研究已经形成了一定数量的高产作者和核心作者群。

从前 40 位作者的所属单位看,多数来自高校,高校作者仍然是 2018 年档案整理与出版研究的主力,是高产及核心作者的主体。

二、文献机构分布

从机构分布情况看,前40个机构发表文献266篇,占全部样本的25.93%。前40个机构发表文献数量及占比情况见表4-7。

表4-7　前40个机构发表文献数量及占比情况

序号	机构	发表文献数量/篇	占全部样本/%
1	上海大学	23	2.24
2	黑龙江大学	21	2.05
3	安徽大学	21	2.05
4	中国人民大学	16	1.56
5	云南大学	13	1.27
6	山东大学	11	1.07
7	辽宁大学	11	1.07
8	河北大学	10	0.97
9	广西民族大学	7	0.68
10	郑州大学	6	0.58
11	四川大学	6	0.58
12	国家档案局	6	0.58
13	北京市档案局	6	0.58
14	陕西师范大学	6	0.58
15	中国船舶重工集团公司	6	0.58
16	黑龙江省档案局	6	0.58
17	南昌大学	5	0.49
18	武汉大学	5	0.49
19	云南省档案局	5	0.49
20	黑龙江省青冈县档案局	5	0.49
21	南京大学	4	0.39
22	北京市西城区档案局	4	0.39
23	辽宁省档案局	4	0.39
24	北京城市建设档案馆	4	0.39
25	哈尔滨金融高等专科学校	4	0.39
26	北京市航天档案馆	4	0.39
27	吉林大学	4	0.39
28	江苏省档案局	4	0.39
29	解放军国防大学	4	0.39
30	扬州大学	4	0.39

续表4-7

序号	机构	发表文献数量/篇	占全部样本/%
31	中山大学	4	0.39
32	河南省新乡市档案局	3	0.29
33	黑龙江省哈尔滨市档案局	3	0.29
34	山西省地震局	3	0.29
35	西安工程大学	3	0.29
36	江西师范大学	3	0.29
37	黑龙江省肉类食品产业发展服务中心	3	0.29
38	咸阳师范学院	3	0.29
39	湖南农业大学	3	0.29
40	四川省档案局	3	0.29
	合计	266	25.93
	总计	1026	100.00

如果使用普赖斯公式计算,核心机构的最低发文数 $M=0.749\sqrt{N_{max}}$,其中 N_{max} 为最高产机构发表文献数量。这里 $N_{max}=23$,所以 $M=0.749\sqrt{23}\approx3.592$,即发表文献4篇及以上的为核心研究机构。据此,发表文献4篇及以上的上海大学、黑龙江大学、安徽大学、中国人民大学、云南大学、山东大学、辽宁大学、河北大学、广西民族大学、郑州大学、四川大学、国家档案局、北京市档案局、陕西师范大学、中国船舶重工集团公司、黑龙江省档案局、南昌大学、武汉大学、云南省档案局、黑龙江省青冈县档案局、南京大学、北京市西城区档案局、辽宁省档案局、北京城市建设档案馆、哈尔滨金融高等专科学校、北京市航天档案馆、吉林大学、江苏省档案局、解放军国防大学、扬州大学、中山大学31个机构是研究的高产机构。

发表文献最多的前11个机构均为高校。31个高产机构中有27个是高校,占核心研究机构的93.10%,可见高校是2018档案整理与出版研究核心机构群的主体。

在前40个机构中,高校有24个,占60%;发表文献197篇,占全部样本的19.20%。档案行政管理机关有11个,占27.5%;发表文献49篇,占全部样本的4.78%。档案馆有2个,占5%;发表文献8篇,占全部样本的0.78%。企业有1个,占2.5%;发表文献6篇,占全部样本的0.58%。事业机构有1个,占2.5%;发表文献3篇,占全部样本的0.29%。其他行政管理机构有1个,占2.5%;发表文献3篇,占全部样本的0.29%。

从前40个机构发表文献的数量及占比情况看,高校发表文献的数量及占比均为最高,档案行政管理机关次之,档案馆列第三,企业列第四,事业机构和其他行政管理机构列最后。这说明收集和整理、保管和利用、公布、出版研究更趋近于纯理论研究,与档案实际工作还存在一定距离。

三、文献来源分布

从文献来源分布看,发表文献19篇及以上的有《办公室业务》《兰台世界》《黑龙江档案》《城建档案》《中国档案》《山西档案》《浙江档案》《档案天地》《档案与建设》《北京档案》《兰台内外》《档案管理》《档案学研究》《档案时空》14种,共发表文献560篇,占全部样本的54.58%。前14种文献来源发表文献数量及占比情况见表4-8。

表 4-8　前 14 种文献来源发表文献数量及占比情况

序号	文献来源	发表文献数量/篇	占全部样本/%
1	《办公室业务》	138	13.45
2	《兰台世界》	76	7.41
3	《黑龙江档案》	54	5.26
4	《城建档案》	43	4.19
5	《中国档案》	33	3.22
6	《山西档案》	32	3.12
7	《浙江档案》	29	2.83
8	《档案天地》	26	2.53
9	《档案与建设》	25	2.44
10	《北京档案》	24	2.34
11	《兰台内外》	22	2.14
12	《档案管理》	20	1.95
13	《档案学研究》	19	1.85
14	《档案时空》	19	1.85
	合计	560	54.58
	总计	1026	100.00

按照布拉德福定律,1026 种文献可分为核心区、相关区和非相关区,各个区的论文数量相等(342 篇)。因此,发表论文居前 5 位的《办公室业务》《兰台世界》《黑龙江档案》《城建档案》《中国档案》(344 篇)处于核心区之内;发表论文居 6 ~ 14 位的《山西档案》《浙江档案》《档案天地》《档案与建设》《北京档案》《兰台内外》《档案管理》《档案学研究》《档案时空》(216 篇)处于相关区;发表文献 19 篇以下的则少数处于相关区,多数处于非相关区。

从发表文献 19 篇及以上的 14 种文献来源看,有 13 种为档案学期刊,发表文献 422 篇。在档案学期刊中又以档案学普通期刊略多(7 种),核心期刊略少(6 种)。可以说,档案类期刊,无论是核心期刊,还是普通期刊,对 2018 年档案整理与出版研究的关注度更高,是这一研究领域的主要阵地。档案学期刊以外的其他期刊的关注度相对较低。

四、小结

2018 年档案整理与出版研究已经形成了一定数量的高产作者和核心作者群。从前 40 位作者的所属单位看,多数来自高校,高校作者仍然是 2018 年档案整理与出版研究的主力,至少是高产及核心作者的主体。

从前 40 个机构发表文献的数量及占比情况看,高校发表文献的数量及占比均为最高,档案行政管理机关次之,档案馆列第三,企业列第四,事业机构和其他行政管理机构列最后。这说明档案整理与出版研究更趋近于纯理论研究,与档案实际工作还存在一定距离。

从发表文献 19 篇及以上的 14 种文献来源看,有 13 种为档案学期刊,发表文献 422 篇。在档案学期刊中又以档案学普通期刊略多(7 种),核心期刊略少(6 种)。可以说,档案类期刊,无论是核心期刊,还是普通期刊,对2018年档案整理与出版研究的关注度更高,是这一研究领域的主要阵地。档案学期刊以外的其他期刊的关注度相对较低。

第三节　文献词频分析

本节采用关键词词频的方法,从关键词词频、主题词词频和近五年高频词变化3个方面对样本文献进行分析。

一、关键词词频分析

从1026篇文献涉及的关键词看,使用频率在17次以上(含17次)的有档案、开发利用、档案利用、利用、档案管理、问题、对策、收集、档案服务、档案馆、档案编研、高校档案、大数据、档案资源、措施15个,可以归并为档案、档案业务、档案事务、机构、新技术5个大类。

前15个高频关键词共使用419频次,占全部样本的40.84%。即超过四成的文献使用这15个关键词。表4-9是前15个高频关键词使用频率及占比情况。

表4-9　前15个高频关键词使用频率及占比情况

序号	关键词	使用频率/次	占全部文献/%
1	档案	74	7.21
2	开发利用	46	4.48
3	档案利用	36	3.51
4	利用	34	3.31
5	档案管理	24	2.34
6	问题	24	2.34
7	对策	23	2.24
8	收集	23	2.24
9	档案服务	22	2.14
10	档案馆	22	2.14
11	档案编研	20	1.95
12	高校档案	19	1.85
13	大数据	18	1.75
14	档案资源	17	1.66
15	措施	17	1.66
合计		419	40.84
总计		1026(篇)	100.00

相对而言,2018 年档案整理与出版研究主要集中在上述档案、档案业务、档案事务、机构、新技术5 类 15 个关键词所涉及的方面,可以说,上述档案、档案业务、档案事务、机构、新技术 5 类 15 个关键词是 2018 年档案整理与出版研究的热点所在。

与 2017 年的档案、开发利用、档案利用、档案管理、利用、收集相比有所变化。

由于研究内容所表现出的广泛性,研究热点只是相对集中,每年都会有新的热点与重点出现。

二、主题词词频分析

从主题词使用频率看,2018 年档案整理与出版研究涉及内容广泛,集中在档案、机构、档案业务、档案事务、档案人、新技术、文件 7 个方面。使用频率最高的 36 个主题词分布及占比情况见表 4-10。

表 4-10　使用频率最高的 36 个主题词分布及占比情况

序号	主题	使用频率/次	占全部样本/%
1	档案信息资源	86	8.38
2	档案馆	74	7.21
3	档案编研	63	6.14
4	开发利用	62	6.04
5	档案服务	51	4.97
6	档案资源	49	4.78
7	档案利用	47	4.58
8	编研成果	47	4.58
9	档案信息	45	4.39
11	档案收集	42	4.09
12	编研工作	39	3.80
14	档案部门	29	2.83
15	档案局	29	2.83
18	档案利用服务	29	2.83
19	民生档案	26	2.53
20	档案管理	25	2.44
23	档案保护	24	2.34
24	档案工作者	23	2.24
25	高校档案	23	2.24
31	文件材料	23	2.24
33	档案工作	22	2.14
35	综合档案馆	22	2.14
37	利用者	22	2.14
38	纸质档案	20	1.95

续表 4-10

序号	主题	使用频率/次	占全部样本/%
39	城建档案	20	1.95
10	档案资料	19	1.85
13	档案鉴定	19	1.85
16	档案管理人员	19	1.85
17	馆藏档案	19	1.85
26	档案征集	19	1.85
28	收集工作	17	1.66
29	电子档案	17	1.66
30	大数据	16	1.56
40	归档工作	16	1.56
21	档案公共服务	16	1.56
22	文件归档	14	1.36
27	档案库房	14	1.36
34	档案室	14	1.36
32	归档范围	14	1.36
36	社交媒体	14	1.36
合计		1189	115.89
总计		1026(篇)	100.00

从涉及的主题词看,使用频率最高的 36 个主题词共使用 1189 频次,占全部样本的 115.89%,也就是说,上述 36 个主题词涵盖了全部样本文献。其中使用频率最高的是档案信息资源(86 频次),使用频率最低的是文件归档、档案库房、档案室、归档范围、社交媒体(各 14 频次),平均使用频率为 30 频次。

从主题词反映出的研究内容看,2018 年档案整理与出版研究关注的 40 个主要问题又可归并为档案、机构、档案业务、档案事务、档案人、新技术、文件 7 个大类。

档案(档案信息资源、档案资源、档案信息、民生档案、高校档案、纸质档案、城建档案、档案资料、电子档案、馆藏档案),共使用 324 频次,占全部样本的 31.58%。档案是档案学研究的本体,但从涉及的 10 个主题看,涉及各类各种载体的专业专门档案及档案所承载的信息,是档案整理与出版研究关注度第二高的主题。

机构(档案馆、档案部门、档案局、综合档案馆、档案库房、档案室),共使用 182 频次,占全部样本的 17.74%。它是与档案事业、档案人关系最为密切的问题,包括档案局、档案馆、档案室三大研究主题。2018 年,正值新一轮机构改革之时,档案机构再次成为档案界关注之重点,而事业单位性质成为理所应当的关注点之一。

档案业务(档案编研、开发利用、档案服务、档案利用、编研成果、档案收集、编研工作、档案利用服务、档案保护、档案鉴定、档案征集、收集工作、归档工作、归档范围),共使用 503 频次,占全部样本的 49.03%。它聚焦档案收集环节,表明 2018 年档案整理与出版研究主要聚焦在档案业务工作中的各环节上。它是档案整理与出版研究关注度第一高的主题。

档案事务(档案管理、档案工作、档案公共服务),共使用 63 频次,占全部样本的 6.14%。它涉及档案事务的宏观层面。管理性特征突出。

档案人(档案工作者、利用者、档案管理人员),共使用 64 频次,占全部样本的 6.24%。作为档案工作的主体和服务对象,6% 的占比说明档案整理与出版研究的关注点从来没有离开过档案人自身和我们服务的对象。

新技术(大数据、社交媒体),共使用 30 频次,占全部样本的 2.92%。集中关注社交媒体与大数据两个方面,是 2018 年档案整理与出版研究关注度第六高的主题。

文件(文件材料),共使用 23 频次,占全部样本的 2.24%。与"档案"相差近 15 倍,显示出其虽然与档案相关,但不是档案整理与出版研究关注的重点。

可以说,2018 年,档案管理研究所涉及内容虽然十分广泛,但全部文献均包含在上述 7 类问题中,或者说,档案管理研究主要是围绕上述 7 个方面展开的。

三、近五年高频词变化

年度关键词的变化,特别是高频关键词的变化,能够反映出相关研究内容与主题、重点与热点的变化。

2014—2018 年档案整理与出版研究年度关键词及高频关键词的变化情况,请扫描右侧二维码。

从近五年研究文献主要关键词的分布看,共使用关键词 5 个,即档案、开发利用、档案利用、利用、档案管理。

5 年中,以上 5 个关键词均在相邻年份中重复出现过,重复率为 100%。这说明近五年间档案、开发利用、档案利用、利用、档案管理的相关研究持续稳定,一直是研究的核心内容与方向。研究内容与主题在年度间连续性非常好。全部年份 100% 的研究内容是上一年的重点。

但也要看到,2015 年是所有研究主题的分界线。2015 年之前,所有研究热度是上升趋势,2015 年后大多数重点内容均出现不同程度下降。在 2014—2018 年中出现的关键词最少为 24 次,最多时达到 142 次。

从总体上讲,近五年来相关研究的主要内容集中,重点突出。

四、小结

从 1026 篇文献涉及的关键词看,2018 年档案整理与出版研究主要集中在档案、档案业务、档案事务、机构、新技术 5 类 15 个关键词所涉及的方面,与 2017 年的档案、开发利用、档案利用、档案管理、利用、收集相比有所变化。由于研究内容的广泛性,研究热点只是相对集中。

从主题词反映出的研究内容看,2018 年档案整理与出版研究关注的 40 个主要问题又可归并为档案、机构、档案业务、档案事务、档案人、新技术、文件 7 类。可见,2018 年档案整理与出版研究所涉及内容虽然十分广泛,但全部文献均包含在上述 7 类问题上,或者说,2018 年档案整理与出版研究主要是围绕上述 7 个方面展开的。

近五年间档案、开发利用、利用、档案利用、档案管理的相关研究持续稳定,一直是研究的核心内容与方向。研究内容与主题在年度间连续性非常好。但 2015 年是所有研究主题的分界线。从总体上讲,近五年来相关研究的主要内容集中,重点突出。

第四节　文献关键词共词分析

本节采用关键词共现分析的方法,从共现矩阵和共现网络两个方面对样本文献进行分析。

一、共现矩阵

矩阵提取使用频率最高的 20 个关键词,将这 20 个关键词形成 20×20 的共词矩阵。如果某两个关键词同时出现在一篇文章中时,就表明这两者之间存在相关关系,关键词右侧或下方对应位置的数值表示篇数。

图 4-1 是 2018 年档案整理与出版研究文献高频关键词共现矩阵。

	档案	开发利用	档案利用	利用	收集	档案管理	档案服务	档案编研	对策	档案馆	高校档案	问题	大数据	档案信息资源	档案保护	档案资源	措施	开发	城建档案	高校
档案																				
开发利用	9																			
档案利用																				
利用	9																			
收集	7																			
档案管理		4																		
档案服务		1																		
档案编研		2																		
对策		3	1	1																
档案馆									1											
高校档案								1												
问题	3	2		3				2		11										
大数据		2	1					2												
档案信息资源		5																		
档案保护									2					2						
档案资源	1	5								1										
措施		3							2					4						
开发	3			11										2						
城建档案		4		3					3									2		
高校	2			4	3															

图 4-1　2018 年档案整理与出版研究高频关键词共现矩阵

图 4-1 显示,2018 年档案整理与出版研究文献关键词共现有 38 组,共现率为 19% 。而共现次数 3 次以上(含 3 次)的关键词组合有 18 组,共现率为 9% 。

以横轴为准计:

20 组共现关键词中各有 7 组与档案、开发利用直接相关,分别占共现关键词的 3.5%。

20 组共现关键词中有 5 组与档案利用直接相关,占共现关键词的 2.5%。

20 组共现关键词中各有 4 组与利用、对策直接相关,分别占共现关键词的 2%。

20 组共现关键词中有 3 组与档案管理直接相关,占共现关键词的 1.5%。

20 组共现关键词中各有 2 组与收集、问题直接相关,分别占共现关键词的 1%。

20 组共现关键词中各有 1 组与档案服务、档案馆、档案信息资源、开发直接相关,分别占共现关键词的 0.5%。

另外还有档案编研、高校档案、大数据、档案保护、档案资源、措施、城建档案、高校 8 个无共现关键词。

以共现频次为准计:

共现次数在 10 次以上的特高共现关键词有 2 组,分别是:

利用与开发:11 频次。

对策与问题:11 频次。

共现次数在 6~9 次的超高共现关键词有 3 组,分别是:

档案与开发利用:9 频次。

档案与利用:9 频次。

档案与收集:7 频次。

共现次数在 3~5 次的高共现关键词有 14 组,分别是:

档案与问题:3 频次。

档案与开发:3 频次。

开发利用与档案信息资源:5 频次。

开发利用与档案资源:5 频次。

开发利用与城建档案:4 频次。

开发利用与措施:3 频次。

档案利用与档案管理:4 频次。

档案利用与问题:3 频次。

档案利用与对策:3 频次。

对策与城建档案:3 频次。

问题与措施:4 频次。

收集与高校:3 频次。

利用与高校:4 频次。

利用与城建档案:3 频次。

从共现组数看,由于高共现频率的 20 个关键词的共现组数达 38 组,特高、超高与高共现词有 19 组,占全部共现关键词的 50%。2018 年档案整理与出版研究的重点集中在档案利用一个主要方向上。或者说,2018 年档案整理与出版研究主要是围绕档案利用展开的。

2018 年档案整理与出版研究的整体研究规模不是很大,研究内容相对分散;没有形成相对比较明显的高相关共现关键词群,研究的集中趋势不明显。

二、共现网络

在关键词共现网络中,关键词之间的关系可以用连线来表示,连线多少和粗细代表关键词间的亲疏程度,连线越多,代表该关键词与其他关键词共现次数越多,越是研究领域的核心和热点内容。

使用工具获得 2018 年档案整理与出版研究高频词共词网络图谱(扫描右侧二维码)。

从共词网络图谱可以直观地看出:档案整理与出版研究可划分为"档案"、"问题"、"档案服务"与"高校档案"、"档案馆"、"档案编研"、"大数据"6 个聚类群组。其中"档案""问题"是单核心多词群组。"档案服务"与"高校档案"是双核心双词群组。"档案馆""档案编研""大数据"是单核心单词群组。

单核心多词"档案"群组由 8 个关键词组成,主要有开发利用、利用、收集、档案资源、档案信息资源等高频词组成。特别是与开发利用、利用、收集之间的共现次数高。它是整个共现网络中最大、最突出的群组,也是档案整理与出版研究的主要内容。

单核心多词"问题"群组由 6 个关键词组成。主要有问题与对策、档案管理与档案利用两组相关度高的高频关键词。在反映出档案利用这个核心主题的同时,问题对策导向十分明显。

上述两个群组相近,但关联点不多,仅仅通过各自相邻的两个关键词有少而弱的关联。同时两个群组内部之间的各关键词间的联系也比较松散,聚集性不是特别强。

"档案服务"与"高校档案"是双核心双词群组位于整个网络的边缘。与"问题"群组维系着一线联系。

"档案馆""档案编研""大数据"是单核心单词群组位于"档案""问题"两个群组的外侧。"档案馆""大数据"与"档案""问题"两个群组的少数关键词有弱联系,"档案编研"只与"档案"群组中的核心"档案"有弱联系。

"档案服务"与"高校档案"、"档案馆"、"档案编研"、"大数据"4 个聚类群组之间没有关联,互不往来。

可见,2018 年档案整理与出版研究是围绕以档案利用和问题对策为核心的相关内容展开的。"档案馆""档案编研""大数据"目前处于整个网络的边缘,不是研究的热点与重点,但今后可能成为热点与重点。

三、小结

从共现矩阵看,档案整理与出版研究是围绕档案利用一个主要方向展开的,没有形成比较明显的高相关共现关键词群,研究的集中趋势不明显。

从共词网络图谱看,2018 年档案整理与出版研究是围绕以档案利用和问题对策为核心的相关内容展开的。"档案馆""档案编研""大数据"目前处于整个网络的边缘,不是研究的热点与重点,但今后可能成为热点与重点。

第五节　文献综述

一、档案收集

1.归档

河北省唐山市中心血站王艳春认为:"在基层机关和社会团体对文件材料归档范围和保管期限界定中,根据本单位的实际情况,科学合理地实施《规定》,适当地扩大和放宽文件材料归档范围和保管期限,是可行的。"其理由是:①一些基层机关和社会团体在全宗单位构成条件上不完全。②基于以上原因,由于单位级别和规模较小,如果完全按正规的大机关全宗单位构成条件确定文件材料归档范围和划分保管期限,将有大量的文件材料不能归档,保管期限的划分也会降低,形成的档案材料势必不能全面、系统地反映本单位的历史。③防止基层单位有文必归和无档可归的极端倾向。①

山东省潍坊市公共资源交易中心刘莎认为,招投标档案的归档范围和归档内容包括:①项目立项及批复材料,如委托代理协议。②项目的招标材料,如招标公告、招标邀请函。③项目的开标文件材料,如投标文件的登记记录。④项目评审文件材料,如评审工程记录及打分表。⑤项目的中标文件材料,如确定中标人的文件材料(招标结果的确定文件、中标通知书)。⑥项目采购阶段的材料,如采购项目合同。⑦其他文件材料,如项目工作总结、项目效益评估书。②

武汉大学信息管理学院肖秋会、詹欣然认为"可将我国政务微博的归档范围确定为:①发布者为党政机关的宣传部门或同职能机构;②发布内容与机构职能相关;③原始政务博文的评论数、转发数可作为元数据内容进行归档;④转发的及评论内容如果不涉及政务活动则无须归档;⑤电子文件元数据标准中要求归档的其他元数据信息需与博文一同打包归档"。③

中国航空规划设计研究总院有限公司王柏杰、李澎"利用层次分析法对编制过程的影响因素进行研究,认为采用层次分析法有利于梳理编制过程各影响因素的关系,定量比较各因素的影响程度权重可形成直观认识,便于进一步进行关键因素分析;通过对航空工业规划编制工作参与者的调查建立影响因素模型,共构建了12组判断矩阵,并对同级各因素间的影响程度进行两两比较,最终结果均通过一致性检验,体现了认识的一致性和判断的稳定性;根据计算结果,档案部门的牵头作用和领导及各部门的重视程度是影响整个编制过程的重要因素,编制过程的难点在于启动阶段的内部培训、编制及审查阶段对于关联性业务的沟通协调"。④

陕西秦达房地产开发有限公司许允萍提出了房地产项目文件材料归档追踪管理实施措施:①优化管理机制,严格归档责任;②完善管理制度,统一规范标准;③划分归档范围,明确归档原则;④落实相关措施,强化一体化管理。⑤

山东省淄博市张店区人民医院耿强认为,立卷归档的关键环节要注意解决好三个问题:一是要准确把握文件立卷归档的时效性,完成现行文件阶段任务的,才能予以立卷或归档,而没有完成的,则不能立卷或归档,否则,将会给档案管理造成无序和混乱。二是明确立卷归档的重点和进行合理的立卷分工。三是在坚持贯彻"以我为主"归档原则的前提下,要注意有效地维护全宗的完整性。⑥

河南省新乡市结核病防治所孙智博认为:"大数据对文件归档工作产生的影响集中表现在归档概念模糊化、归档范围的扩大化和归档管理思维的多样化。厘清概念、辨明关系、划定范围、转变观念是应对大数据对文件归档工作影响的要求。主动适应新环境、学习新知识、运用新技术、掌握新技能、创造新方法、解决新问题,是应对档案职业环境变化的不二法则。"⑦

2. 档案征集

北京市档案局刘立认为:"北京市各区档案馆通过配置专门部门,设立专项经费,建立征集制度等方式保障征集工作的顺利开展。各区档案馆通过向社会广泛征集、向有关机构和个人购买、自行拍摄

---

①　王艳春.从历史研究的角度看基层单位文件材料归档范围和档案保管期限的界定[J].档案天地,2018(5):41—42,40.

②　刘莎.对招标档案规范化管理的思考[J].山东档案,2018(2):64—65.

③　肖秋会,詹欣然.我国政务微博信息的归档范围和归档流程研究[J].档案管理,2018(1):52—54.

④　王柏杰,李澎.《企业管理类文件材料归档范围和档案保管期限表》编制关键因素研究[J].浙江档案,2018(9):62—63.

⑤　许允萍.房地产项目文件材料归档追踪管理体系创建探索[J].陕西档案,2018(4):44.

⑥　耿强.卫生事业单位档案规范化管理重要环节的探讨[J].山东档案,2018(2):52—53.

⑦　孙智博.试述大数据对文件归档工作产生的影响[J].办公自动化,2018,23(4):59—60,28.

和组织区属单位摄录、对老党员和老干部进行口述史料采集等方式,征集大量彰显本地区历史文化特点的历史档案、个人档案、照片、音视频资料并主动记录反映本地区工作发展、城乡面貌变迁的重大活动和重要事件,有效地丰富了各区档案馆具有地域文化特色的馆藏档案资源体系。"①

辽宁大学历史学院赵彦昌、苏亚云"统计分析 21 世纪以来 8 家档案学类核心期刊中有关档案征集的研究成果发现,相关成果多是围绕档案征集的必要性、档案征集工作中存在的主要问题和解决对策、档案征集的方法等主题进行探讨,且研究的内容极为细致,具有很好的现实指导意义。但当前档案学界,尤其是高校档案学者,并不太重视档案征集理论研究和理论创新,这不利于档案征集工作的科学开展,在以后的档案征集研究中需要改善"。②

3.其他档案收集

山西农业大学档案馆张宝爱"分析高校文书档案收集不齐全、完整收集存在滞后性、文书处理不规范以及归档材料处理程序上缺乏连续性等问题",结合高校工作实际情况,"提出完善收集制度、增强档案意识、了解档案业务流程及丰富业务培训等对策"。③

浙江师范大学档案馆田彩霞认为:"高校档案收集工作是档案工作的基础工作,但实际工作的成效受到兼职档案员理解的限度,领导认识的限度,档案收集管理的限度,文件的限度,师生、档案馆工作人员认识限度的影响,从而制约了档案收集工作的成效。通过开展档案意识教育,利用好几个时间点,举办形式多样的学习培训活动,成立'档案收集日'工作制度提升档案收集成效。"④

浙江省丽水市档案局周率、浙江省丽水市莲都区党校兰峻认为:"救灾档案对于总结救灾经验、开展灾害防治工作等具有重要意义。档案部门要加强救灾档案收集工作,在工作开始前要制定工作方案并印发工作要求;在工作中要深入救灾现场收集,务必保证档案的完整性;还要注重收集口述资料。"⑤

二、档案整理

郑州大学信息管理学院孙大东、陈冉认为:"地方档案具有重要的资政价值、史料价值和学术价值。现阶段,我国地方档案整理工作中存在不注意维护档案的原生性、缩微黑白胶片与传统点校方法不便于档案识读、档案选取方式不当、档案整理者缺乏档案保护意识、对档案的研究不够深入等问题。在整理地方档案时应注意维持档案原貌,采用通过影印的方式复制档案、提高档案整理者的档案保护意识、对档案进行数字化处理等策略,提高地方档案的利用率,使其充分发挥自身价值。"⑥

河南省豫东水利工程管理局崔爱君认为:"事由原则是一种以文件内容为核心并通过主题分类建立逻辑关系的档案整理原则,曾长期引领欧陆各国的档案管理工作。现今,由于来源原则盛行,档案馆普遍强调文件形成机关与文件历史联系的影响,事由原则已不受欢迎。不过,事由原则依然有其用途。事由原则侧重于文件载述内容的解析,归纳主题属性相同文件的作业导向,促进档案利用,是体现档案参考价值的最佳途径。在档案整理过程中,倘若能辅以现代主题分析方法,善于利用标目词汇,则事由原则不仅能够适应维护档案内容完整之分类需求,而且能成为方便使用者翻检查索的有效

① 刘立.北京市各区档案馆征集工作综述[J].北京档案,2018(2):26-27.
② 赵彦昌,苏亚云.21 世纪以来档案征集研究述评:基于 8 家档案学类核心期刊的数据统计[J].山西档案,2018(3):31-34.
③ 张宝爱.高校文书档案收集与归档工作研究[J].兰台内外,2018(6):75-76.
④ 田彩霞.对制约高校档案收集成效的限度分析[J].科技视界,2018(7):220-221.
⑤ 周率,兰峻.加强救灾档案收集工作的若干对策[J].浙江档案,2018(1):63.
⑥ 孙大东,陈冉.地方档案整理存在的问题及应对策略研究[J].中国档案研究,2018(2):175-183.

工具。"①

河南省驻马店市中医院张爱曾认为:"档案整理是各级档案馆的重要工作内容,主要分为文本整理和数据整理,旨在为用户提供更多的服务。从实际应用看,文本整理为数据整理提供了更广泛的信息来源,数据整理的信息裂变无限拓展了文本范围,数据整理有助于文本整理的社会活动重构。两种整理方式存在较大的互补性,是一个有机的整体。"②

河南省新乡市档案局梁艳丽认为:"档案整理合格证之所以处于尴尬的境地,原因有三:一是在档案整理不够规范的情况下开具与领取合格证不合适;二是档案整理是否合格没有规范的界定标准;三是档案整理合格证不是档案能顺利进馆的通行证。"解决这一问题,档案局(馆)有关人员需要在以下三个方面下功夫。首先,加强前端培训,中端指导。其次,加强对业务档案的监督和指导。再次,加强与档案馆接收征集工作的衔接。③

北京联合大学应用文理学院沈蕾、北京市档案局刘立认为:"立卷方法指导不当、贯彻文书部门立卷归档制度的相关工作没有制度化、体系化是导致立卷方法烦琐的根本原因。同时认为,档案工作的'存史'使命要求归档文件整理必须保持文件之间的历史联系,立卷思想(在文书部门整理归档的制度框架下的以'保持文件之间历史联系'整理原则的思想)应该在现行归档文件整理工作中继续发挥指导作用,而且文书学的理论研究和教学在其中具有重要作用。"④

华南理工大学档案馆欧阳慧芳认为,"对目前高校基建档案在归档质量方面存在的一些细节性问题,需从根本上采取相应措施加以改善",应采取"理顺基建档案的归档渠道;对基建档案归档工作实行前端介入、全程监督把控归档质量;严格落实对基建工程施工单位的约束机制等"。⑤

三、档案鉴定

1. 鉴定理论研究

中山大学资讯管理学院、中山大学档案科学技术研究院杨茜茜认为:"档案鉴定理论体系以档案价值理论为基础,以档案鉴定理论为构成实质。传统档案鉴定理论体系以档案信息内容的价值评估为核心基础,已难以涵盖实际工作中所存在的多元档案鉴定活动与现象。"并"通过对我国标准中档案鉴定概念内涵和外延的演变分析发现,档案鉴定概念演变中蕴含着档案价值内涵的变化,即不再仅以档案信息内容所传达的价值为标度,而是在主客体档案价值观的基础上,由档案属性、档案内容和来源背景以及档案价值实现方式等多个方面构成";进而"提出档案鉴定理论体系的重构也应当以主客体档案价值观为基础,以档案属性鉴定、档案内容和来源背景鉴定、档案价值实现方式鉴定三个方面作为档案鉴定理论体系的三个基点进行拓展"。⑥

咸阳师范学院培训学院华榕、赵和选认为:"档案价值鉴定论作为档案鉴定理论是诞生以来认可最普遍的档案学思想,从档案的保存价值、价值判别主体、判别标准、价值内容等多个方面,逐步揭示了档案鉴定的一般规律,在中外档案鉴定的历史实践和现实工作中得到普遍遵循。但是,价值鉴定论把档案的'保存价值'建立在档案'未来用户需求'的基础上,不仅超出了档案工作者的能力极限和实践操作的可行性,而且使档案鉴定陷入'主观臆测'的悖论。对此,档案鉴定应立足于鉴定环节的基本

① 崔爱君. 再议事由原则在档案整理中的作用[J]. 山西档案,2018(2):103-105.
② 张爱曾. 档案整理的规范性探索[J]. 山西档案,2018(1):83-85.
③ 梁艳丽. 再谈档案整理合格证及档案进馆问题[J]. 档案管理,2018(2):87-88.
④ 沈蕾,刘立. 论立卷思想在归档文件整理工作中的延续:兼谈文书学研究和教学在其中的重要作用[J]. 档案学通讯,2018(3):53-57.
⑤ 欧阳慧芳. 基建工程档案归档的质量问题及解决途径[J]. 兰台世界,2018(5):49-51.
⑥ 杨茜茜. 档案鉴定理论体系重构探析:基于我国档案鉴定概念演变的思考[J]. 档案学通讯,2018(5):25-30.

职能,从档案作为'社会记忆'的本质出发,以档案的社会记忆作用为鉴定依据和标准,判别文件的'保存价值',从主客体和主客观方面建构档案记忆鉴定理论。"①

2. 鉴定原则

中共河南省新郑市委党校代俊红认为:"智库内部档案的价值鉴定也需要遵循以下原则:①整体性原则,即内部档案价值鉴定应从行业或者智库机构的整体利益出发,综合各方面因素来评定内部档案的价值;②主体性原则,即在明确内部档案属性的前提下,根据智库主体需求对档案的价值进行评估;③全面性原则,即在判断内部档案价值时,智库机构不仅要考虑本单位的需求,而且要兼顾其他单位、系统的需求,从社会、国家角度来衡量内部档案的价值;④发展性原则,即对智库内部档案的价值鉴定不能仅从眼前的利益出发,还应当结合现阶段的实际情况来考虑其未来的潜在的价值;⑤效益性原则,即智库机构在鉴定内部档案价值时应充分考虑鉴定和保管的成本及收益。"②

甘肃省核工业地质局朱勇玲认为:"文书档案管理是机关单位档案管理中最主要的内容,而机关档案室文书档案鉴定工作是优化机关档案室室藏档案的必要前提,体现了一个机关单位档案管理的整体水平。在开展机关档案室文书档案鉴定工作中,应统筹兼顾,有机地把握好全面分析、尊重历史、兼顾发展、'不唯职能'四个原则。"③

3. 鉴定模式与方法

长江水利委员会长江科学院文振兴认为:"当前企事业单位档案室开展档案鉴定工作存在一定困难","具体可以归结为内部原因与外部原因,前者包括档案鉴定前期工作不够扎实、档案鉴定工作机制存在缺陷,后者包括鉴定依据模糊、鉴定指导不足。应分别针对内部与外部制定应对策略,从档案室自身的角度来说,应当重视档案鉴定前期工作、健全内部工作机制、组织档案工作人员参加对外交流与学习;从外部环境来说,要积极发展档案鉴定理论和推进档案鉴定业务培训"。④

东方电气集团东方电机有限公司刘佐认为,对于档案鉴定工作的基本方法,不同国家、各个时期和各种学派的论述林林总总。归纳起来主要有以下八个方面的内容:①文件内容。②文件来源。③文件产生时间。④文件名称。⑤文件的稿本。⑥文件的有效期。⑦文件的外形特点。⑧全宗和全宗群内档案的完整程度。⑤

上海大学图书情报档案系杨映驰认为:"档案鉴定模式的演变万变不离其宗,可以归纳为鉴定中主导统治者权力,兼顾公民权利,保障民族文化传承。在档案鉴定演变历程中,权力在恒定的影响因素中的权重最大。"⑥

四、档案保护

辽宁大学历史学院庞晓哲认为:"档案保护技术学的发展与科学技术的关系十分密切。由于档案保护的研究范畴非常广泛,其技术手段和保护方法必然涉及其他多门学科,仅靠单一保护理论很难指导档案保护的具体活动。特别是在数字时代,数字档案在传输与利用中的保护,如网络信息安全、计算机病毒防治、信息加密技术、漏洞检测技术等,都需要引进和借鉴先进的信息技术,对档案原始记录进行预防性和治理性保护。通过引用和借鉴先进的科学技术,可将保护工作的实践经验上升到理论

①　华榕,赵和选. 社会记忆理论视角下档案鉴定的本质回归与理论突围[J]. 档案学研究,2018(1):40-43.
②　代俊红. 我国智库建设中的内部档案鉴定与保管[J]. 山西档案,2018(3):129-131.
③　朱勇玲. 机关档案室文书档案鉴定原则浅析[J]. 档案,2018(9):54-56.
④　文振兴. 档案室档案鉴定工作存在的困难及应对策略[J]. 浙江档案,2018(10):56-58.
⑤　刘佐. 论档案鉴定的基本涵义[J]. 机电兵船档案,2018(1):51-53.
⑥　杨映驰. 论权力在档案鉴定中的合法性及其疏导[J]. 档案管理,2018(6):7-9.

高度,采用理论分析与科学技术相结合的研究方法,推动我国档案保护学科体系全面发展。"①

唐山师范学院资源管理系王丹阳认为:"目前工业遗产档案保护现状是系统性、完整性缺乏,开放运用和所有权间存在矛盾,制约着工业遗产档案的保护和开发利用。对此应构建全方位的保护机制,完善相应法律法规及行业标准,实现档案的数字化,从而有效加强工业遗产档案的保护工作。"②

福建农林大学综合档案室陈惠琼对纸质档案真菌群落进行分析,"在存放 80 年和 50 年的纸质档案中采样,利用分子生物学手段分析,发现相比于存放 50 年的纸质档案,存放 80 年纸质档案中含有更多有害真菌,且多样性更高,差异更明显。说明纸质档案中的真菌随时间变得更为复杂,长时间存放档案会产生更多易分解纸质档案的真菌"。这"为库房纸质档案微生物防治提供科学依据"。③

青岛大学教务处张永进、王晓辉认为:"高校档案馆纸质档案的保存与保护是档案馆档案保护的重要课题。应更好地对纸质档案进行科学的保护,提升主动性保护,充分利用现代科技技术,对纸质档案保存的小环境、微环境进行监测和调控,强化日常养护工作,最大限度地延长纸质档案的寿命。"④

天津市档案局(馆)张长林、李跃、赵继来、穆欣提出档案保护技术工作对策:①增强使命意识,提高重视程度。②坚持依法依规,健全长效机制。③创新培养机制,促使人才辈出。④发挥京津冀优势,创建抢修中心。⑤

安徽大学管理学院罗吉鹏、程瑶认为:"唐代经济发达、文化繁荣、科技进步,在档案保护制度和技术上,继承前朝经验,并结合本朝实际日益完善,逐渐走向成熟。唐代统治者重视对档案的保护,制定出详细而又严密的制度,制度的完善对于维护档案的真实性与完整性有着重要的作用。在档案保护技术上也代表了当时科技发展的水平,是唐人在档案保护技术上智慧的结晶。"⑥

辽宁大学历史学院赵淑梅、郭硕楠认为:"中国纸质档案修复技术有着悠久的发展历史,在 1965—2017 年间,我国纸质档案修复技术经历了由传统的修裱技术的传承与改造到现代修复技术的持续研发和创新的发展过程,在技术不断发展的同时对修复理念、修复管理标准化、区域化保护中心建设等方面也在同步跟进探索着。未来将不断融入文化遗产保护的'大保护观'发展中,协同档案、图书、文物等文献保管机构以及社会化服务机构共同承担起对我国文献遗产保护的责任。"⑦

五、档案利用

1.档案利用特点

安徽大学管理学院马仁杰、涂有兵认为:"在'互联网+'时代,我国档案利用主体的特点主要有:范围扩大且人数增多、需求立体化且层次丰富、档案观念发生转变;我国档案利用客体的特点主要有:数字化且可共享、数据量增大且载体形式发生变化;我国档案利用过程的特点主要有:以人为本、档案利用法制化、档案利用相关理论迅速发展、档案利用方便高效、档案利用途径多种多样、档案利用过程中提供个性化服务、档案利用工作开展跨界合作等。"⑧

辽宁省沈阳市档案局依佳宁认为民生档案利用的基本特点:"第一,利用主体和内容单一。民生

① 庞晓哲.数字时代我国档案保护技术学新发展[J].档案天地,2018(6):42-43,41.
② 王丹阳.工业遗产档案价值及保护策略浅析[J].唐山师范学院学报,2018,40(06):142-144.
③ 陈惠琼.纸质档案真菌群落分析:以 80 年和 50 年样本为例[J].档案学通讯,2018(5):81-84.
④ 张永进,王晓辉.高校档案馆纸质档案保存与保护方法研究与实践[J].兰台世界,2018(5):55-57.
⑤ 张长林,李跃,赵继来,等.对档案保护技术工作的思考[J].中国档案,2018(5):42-43.
⑥ 罗吉鹏,程瑶.唐代档案保护制度与技术探析[J].北京档案,2018(7):14-17.
⑦ 赵淑梅,郭硕楠.中国纸质档案修复技术的回顾与展望:基于 1965—2017 年相关文献的统计分析[J].档案学通讯,2018(4):108-112.
⑧ 马仁杰,涂有兵."互联网+"时代我国档案利用的特点[J].山西档案,2018(1):12-15.

档案的查阅主体基本上为当事人个人。查阅的内容多为个人的某项登记表或存根等相关登记材料。第二,查询目的单一。民生档案的查询多数为被动查询,即在办理相关手续和事项过程中由于缺少相关要件,需要到档案馆查找相关材料复印件用以辅佐证明。第三,查询手段单一。由于当年的原始档案材料中个人信息模糊且不全,检索条件较少,只能通过查询者姓名进行检索,检索范围大、识别率低、定位不准确。"①

2.提升档案利用方法措施

河北省石家庄市鹿泉区档案馆赵品认为:"提高馆藏档案利用水平和质效,同样需要创新举措。要结合档案馆的实际情况和社会需求,积极探索馆藏档案利用的新途径、新方法。如:通过新闻发布会、报纸、电视、广播、档案信息网站等形式,向社会公众通告开放馆藏档案的信息;参与当地文化建设,征集书画摄影作品入馆,提升馆藏文化品位;依托馆藏档案,深入挖掘深入整合有关当地历史、地理、文化、民俗等方面资料,制作电视节目,从档案的视角向广大市民解读本地历史文化和风土人情,进一步拓宽档案宣传渠道,让广大群众增强认同感、自信心。只有拓宽思路,把创新文章做好了,馆藏档案就能活起来、火起来,并发挥出更大作用。"②

云南大学档案馆刘大巧、徐娟针对"高校档案利用存在利用效果不佳、馆藏档案资源建设不力、档案开放鉴定滞后、人员岗位技能有待提高等问题","提出了完善档案利用法律法规政策、加强档案资源建设、创新高校档案服务方式和引进人才激励机制的对策"。③

扬州大学社会发展学院蔡非凡、肖强认为:"档案部门应拓宽思路,积极开展多元的跨界合作,并运用创新思维,进行多途径的跨界合作,同时要遵循合作双方互惠互利的原则,坚持以用户为中心,建立及时的反馈机制,通过跨界合作的方式对档案信息资源进行整合与利用。"④

广东省珠海市档案馆黄亚提出了提升档案利用效率的建议措施:①丰富馆藏资源,服务人员熟悉并优化馆藏结构。②提升编研效率,与现代化需求保持信息同步。③提高档案管理人员职业素养,强化专业能力。④优化档案检索方式,提升服务效率。⑤

安徽大学管理学院余清提出了档案利用中个人信息保护的应对措施:①加快个人信息保护的档案立法工作。②增强档案利用主体的个人信息保护意识。③提高档案利用中个人信息保护的技术水平。⑥

湖北省襄阳市规划展览馆朱海林提出了提升档案利用工作的建议:①加强学习,解放思想,与时俱进。②领导重视。③建章立制。④利用现代技术提升档案利用效果。⑦

3.其他

宁夏大学张娟认为档案数字化对档案利用工作带来的变化"主要体现在以下几个方面:一是利用档案的意识有了显著的加强,利用档案的领域越来越普遍;二是对档案利用的时间值开始有了更为高效的要求,要求尽最大限度做到迅速、及时、准确;三是对档案利用的便捷性开始有了更高的期待,希望能通过网络快捷的方式进行自动检索、编目、统计、立卷等一系列烦琐的程序"。⑧

盐城工学院档案馆左婷婷认为:"从档案利用的角度来说,档案利用理念在很大程度上反映了人

① 依佳宁.立足档案资源共享 提高民生服务质量:沈阳市各级档案馆民生档案利用情况简析及几点思考[J].兰台世界,2018(S1):8.
② 赵品.馆藏档案利用之我见[J].档案天地,2018(8):60-61.
③ 刘大巧,徐娟.依法治档视角下的高校档案利用服务研究[J].兰台世界,2018(11):120-123.
④ 蔡非凡,肖强.档案信息资源开发利用跨界合作策略研究[J].兰台世界,2018(8):26-28.
⑤ 黄亚.浅论如何提高档案利用效率[J].兰台世界,2018(8):97-99.
⑥ 余清.论档案利用中的个人信息保护[J].档案天地,2018(11):47-49.
⑦ 朱海林.档案利用应与时俱进[J].城建档案,2018(10):33-34.
⑧ 张娟.论档案数字化对档案利用工作的重要意义[J].档案天地,2018(10):55+54.

们对档案利用的关注程度和满意程度。在档案实行开放存取以后,'自由、开放、共享'理念随着互联网技术的发达逐渐深入人心,有效利用网络条件实现信息资源的共享也成为广大用户共同追求的目标。档案机构提供利用的理念由开放存取之前的'以档案为中心',即公众需要什么则提供什么,逐渐地上升为主动'以用户为中心',即主动提供数字化、展览、远程服务等等。广大的用户也对档案机构的各类宣传活动进行了积极的参与和反馈,档案利用理念得到了强化。"①

山东省寿光市中医医院王钧认为:"要做好居民健康档案利用中个人隐私的保护,就必须从健全法律法规、做好网络信息保护、提高工作人员道德素质和业务素质、做好社会宣传教育等几方面加以完善。"②

上海科技馆办公室李敏认为:"我国档案信息资源利用实践逐渐从封闭走向开放、从资政走向民主、从人治走向法治",并从"档案信息资源利用的演变规律,以档案利用相关的主体、提供利用的客体、提供利用的途径为着力点发现:利用主体中档案机构从握有绝对权力向分权转变,并且利用者与档案中介机构扮演着越来越重要的角色;档案提供利用的客体呈现内容平民化、范围扩大化、产品多元化的趋势;提供利用的途径则逐渐向多样化、智能化、个性化发展"。③

六、档案编研

辽宁大学张倩玉认为:"档案编研在我国有着悠久的历史,'编研'一词正式出现于 20 世纪 50 年代末的中国档案界,该词的出现很快受到了全国档案工作者的普遍认同。20 世纪 80 年代后,该词在档案界的影响逐渐扩大,并得到了广泛应用。与'编纂'一词有所区别,'编研'一词强调的是'编'与'研'的结合,既有编纂的含义,又有研究、研讨的内容。而'编纂'主要强调遵照一定的体例对档案文献进行编辑。档案编研工作是以馆(室)藏档案为基础,在对档案文献内容进行分析和研究的基础上,通过对档案文献的收集、挑选、编辑与加工,形成不同形式的出版物,来满足社会各方面档案利用需求的一项专门工作。"④

江苏省档案馆胡卫国认为:"档案编研开发利用工作是档案事业的重要组成部分,目的在于对档案资源的潜在功能和价值的再挖掘和创造,再现事件与问题。文化自信是一个国家、一个民族、一个政党对自身文化价值的充分肯定,对自身文化生命力的坚定信念。只有在坚定文化自信的基础上,对档案进行编研开发利用,才能创新发展。同时,文化自信和档案编研开发又相互促进,对于新时期档案编研工作显得迫切和重要,其工作的重要性艰巨性,已为广大档案工作者所认识,并在档案服务于社会的工作中发挥了积极作用。随着新时期意识形态领域的斗争愈演愈烈,坚定文化自信,关键在人。人才在开发富有时代特色的档案成果、编撰高质量档案文化精品的任务中将显得愈发重要。"⑤

湖南省长沙商贸旅游职业技术学院档案馆鄢嫦认为:"'互联网+'时代给档案编研工作带来机遇与挑战","当前档案编研选题以社会需求为导向、以馆藏特色为依据;选材数据资源丰富,馆藏资源共享;具体编纂环节则表现为合作化的编研主体、互动性的编研过程、高效性的编研效率;成果最为突出的特点即形式的多样化"。⑥

河南省濮阳市档案局管先海、刘夏楠,国家税务总局濮阳市税务局葛昱彤认为:"档案编研是为'档案利用者'编研的。具体来说,党政领导是档案编研工作的最重要的服务对象,为领导决策提供参

① 左婷婷.开放存取对档案利用理念与实践的影响[J].山西档案,2018(2):64-66.
② 王钧.浅谈健康档案利用中个人信息隐私的保护问题[J].兰台内外,2018(10):7-8.
③ 李敏.我国档案信息资源利用演变规律探析[J].档案与建设,2018(11):9-12.
④ 张倩玉.21 世纪以来辽宁省档案馆编研工作现状研究[D].沈阳:辽宁大学,2018.
⑤ 胡卫国.文化自信:档案编研开发的新实践新思考[J].档案与建设,2018(11):13-17.
⑥ 鄢嫦."互联网+"时代档案编研工作的特点分析[J].资源信息与工程,2018,33(2):204-206.

考服务是档案编研的首要任务;社会大众是档案编研成果的重要'受众',服务群众、服务民生是新时期档案编研的重要内容;研究人员是档案编研的另一个服务对象,为研究人员提供服务是档案编研的又一重要内容;编史修志人员是档案编研的传统服务对象,外来宾朋客商是档案编研的新兴服务对象。"①

中国船舶重工集团公司第七二五研究所孙卫红认为:"企业档案编研工作存在着意识淡薄、力量薄弱、质量堪忧等问题。针对存在的问题,提出了企业要转变观念,强化编研意识;强化编研力量,提高人员素质;加强企业档案编研的目的性,提高编研成果质量等建构路径。"②

航天档案馆周爱军认为:"在企业档案编研成果中,辅文得到了积极的运用,促进了编研成果质量的提升。辅文对于保证编研成果的完整性、强化其功能、促进阅读理解和检索利用等都具有重要的作用。在编研工作的实践中,辅文的编制还存在很多问题,需要档案编研人员积极探索,不断提高辅文的编制质量。"③

湖北医药学院孟旸认为:"在新媒体背景之下,高校在档案编研方面存在滞后性问题,严重影响整体工作效果。所以,为了促进高校的档案编研发展,应合理采用新媒体渠道进行创新开发,创建多元化的工作模式,为其后续发展夯实基础。"④

四川大学公共管理学院胡康林认为:"突发事件档案编研,既是发挥突发事件档案价值与作用的重要方法,也是为突发事件应急管理与决策提供信息产品的保障。突发事件档案编研产品按载体形式可划分为文件、图片、视频和网页等类型,按文献类型可划分为一次文献、二次文献和三次文献等,按成果体例可划分为指南介绍、目录工具、选集汇编等类型。"⑤

四川省南充市档案局胡剑认为:"在档案编研工作中,通过借鉴'四则运算'的方式,来收集、筛选、提炼和编纂编研资料,有助于更好地推出编研成果,提高编研工作绩效。""+"在编研工作中收集获取素材的过程;"-"去粗取精、去杂提纯、去伪存真的过程;"÷"对选定的各种典型材料进行提炼的过程;"×"加工完善形成编研成果的过程。"把握好编研工作'加''减''乘''除'的各个环节,有助于我们厘清编研工作思路,增强编研工作的有序性、科学性和前瞻性。只要我们将这'四则运算'创造性地运用于编研工作的实践中去,就一定能推出为社会各界利用者所喜闻乐见的、更多更好的档案编研成果。"⑥

七、档案服务

1.档案公共服务

内蒙古赤峰市红山区人力资源和社会保障局白杨认为:"当前档案公共服务能力建设应适应经济社会发展需要,立足于科学发展的新起点,坚持以公共服务为中心、资政惠民为出发点和落脚点,努力促成一站式服务,从而全面强化档案公共服务能力。"⑦

浙江金融职业学院章萍认为:"做好数字档案公共服务工作是档案部门利用信息技术创新服务方式方法的重要工作内容,具体的工作举措包括完善公共服务内容、提高档案资源建设水平、强化档案

①　管先海,刘夏楠,葛昱彤.档案编研:为谁编研:档案编研基本问题思考之一[J].档案,2018(9):19-24.
②　孙卫红.企业档案编研工作存在的问题与建构路径[J].机电兵船档案,2018(3):67-68.
③　周爱军.谈企业档案编研成果中的辅文[J].机电兵船档案,2018(2):49-52.
④　孟旸.新媒体环境下高校档案编研的创新发展探讨[J].兰台内外,2018(11):71-72.
⑤　胡康林.突发事件档案编研产品类型研究[J].办公室业务,2018(23):61-62.
⑥　胡剑.档案编研工作的"四则运算"[J].四川档案,2018(2):25-27.
⑦　白杨.强化档案公共服务能力建设的研究探讨[J].办公室业务,2018(14):81.

安全管理。"①

2. 服务用户

郑州大学信息管理学院邢变变、冯妍认为："'互联网+'环境下,为满足庞大用户群体的不同需求,应当对其进行细分化研究以提供精准服务。根据档案用户是否存在档案利用需求及是否有实际档案利用行为,可将其划分为档案潜在用户、机会用户、现有用户和稳定用户,不同的档案用户群体,其利用意识、利用行为均有差异,档案部门应创造条件促进档案用户由低层级向高层级逐层转化。"②

湖北省武汉船用电力推进装置研究所刘芳英认为："用户满意度是衡量档案工作效益的重要指标,企业如何提升档案用户满意度?""应采取确立档案服务目标导向、完善档案服务功能、构建用户满意度测评体系等策略来提升企业档案用户满意度。"③

河南省信阳市公路管理局王敏认为："档案用户心理特征的类型较多,包括求助心理、不信任心理、急切心理等。档案服务人员如果对用户心理特征不重视,就难以认识到档案服务的重要性,服务态度跟不上时代潮流,甚至导致服务工作的技巧性缺失。服务人员应结合用户心理特征不断完善档案服务,充分认识档案服务的重要性,通过严格要求持续改进服务态度,并在服务过程中讲究一定的技巧。"④

3. 其他

郑州大学信息管理学院苗倩倩认为："传统的档案服务模式明显无法满足人们对民生档案的需求,为了更好地服务社会、服务民生,档案部门必须转变传统服务模式,树立开放共享的发展理念,坚持以人为本、服务为先。在这种趋势下,一站式服务不失为一种很好的选择,它不仅拓展了服务民生渠道,实现了民生档案资源的整合共享,还进一步推动了档案事业的可持续发展。"⑤

山东省莱西市崔子范美术馆李文娟认为："档案利用服务中存在着三个方面的问题,即档案资源建设与利用需求的矛盾、开放鉴定和利用需求之间的矛盾、档案服务平台和利用需求之间的矛盾。针对上述问题,一要加强档案资源整合,不断丰富优化馆藏。二要加大档案宣传力度,建立完善配套的档案利用制度。三要加大软硬件建设力度,提高档案利用工作规范程度。"⑥

黑龙江省青冈县档案局逯国良认为："档案部门要在完善利用制度、文件目录中心、搞好日常查借阅和定期开放档案的基础上,进一步挖掘资源,发挥优势,拓展服务领域。如建立现行文件服务中心,通过建立现行文件送交制度、现行文件阅览反馈制度,加强现行文件管理,规范现行文件目录登记、保管和查阅利用程序,方便社会公民及时了解党和国家的各项方针、政策。"⑦

浙江省绍兴市档案局周国行认为："绍兴市档案局以群众需求为导向,加强档案资源建设、加大档案开放力度,档案查阅利用服务由档案馆窗口利用向'馆际一体化''市域一体化''省际一体化'迈进;并牢固树立'网络+政务服务'理念,推进'馆室一体化'建设、打造信息化利用平台,在全市各部门中率先实现档案利用服务'一证通办、全城通办'。"⑧

中国船舶工业系统工程研究院宋立华认为,"知识经济时代和网络化时代带来的机遇和挑战下,如何提高企业档案利用服务能力,更好地助力企业的稳定持续发展,是摆在每个档案管理者面前的一个新课题",并"从提高对档案工作重视程度,细化档案基础服务,深挖档案深层价值以及提高档案管

① 章萍. 做好数字档案公共服务工作的若干思考[J]. 浙江档案,2018(3):66.

② 邢变变,冯妍. "互联网+"环境下档案用户转化策略研究[J]. 档案,2018(10):10-16.

③ 刘芳英. 企业档案用户满意度提升策略[J]. 机电兵船档案,2018(4):60-62.

④ 王敏. 用户心理特征视域下档案服务的提升[J]. 山西档案,2018(3):138-140.

⑤ 苗倩倩. 我国部分省市民生档案一站式服务实践及启示[D]. 郑州:郑州大学,2018.

⑥ 李文娟. 浅谈档案利用服务中存在的问题与对策[J]. 办公室业务,2018(9):62.

⑦ 逯国良. 强化档案馆服务功能的几点思考[J]. 黑龙江档案,2018(5):97.

⑧ 周国行. 地市级档案部门做好档案查阅利用工作的实践分析[J]. 浙江档案,2018(12):57-59.

理工作者综合素质四个方面提出了几点建议"。[①]

八、档案开发

1. 档案文化开发

江西经济管理干部学院邓晓华针对历史文化档案资源开发利用中存在的问题,提出:"从加强宣传创新历史文化档案新形式、增进馆际合作深入挖掘历史文化档案资源价值、科学组织档案编纂规范历史文化档案管理等方面,深入挖掘历史文化资源开发利用价值,以特色历史文化和旅游为切入点,可以有效助推新时代下社会主义精神文明建设进程。"[②]

上海大学图书情报档案系庚梦琪认为:"档案文化创意产品开发就是在档案馆的组织和指导下,根据相关法律法规的规定,将档案背后的历史文化与流行时尚的元素相结合,创造出兼具娱乐性、实用性与艺术性的档案文化创意产品,在此过程中,档案价值得到升华,档案文化得到重新塑造与包装,实现档案的社会效益与经济效益的统一。目前,档案文化创意产品的种类主要有档案出版类、陈列展览和影视类以及部分体验式产品等。"[③]

武汉大学信息管理学院许晓彤提出了宜家效应启发下地域特色档案文创产品开发的创新策略:①将"生活美学"的理念融入无劳动型产品,通过增强使用意愿激发依恋感。②通过为简单劳动"留白",使公众成为地域特色档案文创产品的"生产者"。③引导公众实施创意型劳动,打造富有个人特色的地域特色档案文创产品。[④]

北京联合大学应用文理学院孙琳提出了高校档案文化创意产品的开发原则:①以实现社会效益为首要目标。②针对不同需求开发系列产品。③走品牌化开发之路。④做好价格、质量管理。[⑤]

2. 开发的策略和途径

黑龙江省宁安市结核病防治所陈平提出了档案信息资源开发利用的策略和途径:①强化对档案资源开发和利用的宣传。②对管理机制进行完善,增强岗位意识。③提升档案管理人员素质,提高档案开发和利用的质量和效率。④通过现代化手段促进档案管理的现代化。[⑥]

中共陕西省委党校郭萍认为新时代党校档案开发:要"主动开展档案服务宣传,积极参与校内外各类重大活动的资料展示,独立或联合有关部门开展档案成果编研,利用馆藏档案开展党史、党风、党性等相关主题教育活动,让工具检索式服务转向成果开发,真正实现档案资源以档助教、以档促训的价值升华"。[⑦]

山东大学历史文化学院邹燕琴提出了社会记忆视域下地方特色数字档案资源的开发路径:①多主体合作构建地方特色数字档案资源库。②商业化开发实现档案经济与社会双重效益。③数字人文技术促进数字档案资源公共服务。[⑧]

云南大学历史与档案学院李婧楠提出了白族特色工艺非遗档案开发策略:①重视人才培养,形成传承性开发。②加速行业转型,走向产业化开发。③研发新产品,倡导创新型开发。④注重宣传工

① 宋立华. 关于提升企业档案利用服务能力的几点思考[J]. 机电兵船档案,2018(4):63-65.
② 邓晓华. 精神文明建设视域下历史文化档案资源的开发利用[J]. 山西档案,2018(6):17-19.
③ 庚梦琪. 档案文化创意产品开发路径研究[J]. 档案天地,2018(10):34-36.
④ 许晓彤. 宜家效应视角下地域特色档案文创产品开发研究[J]. 兰台世界,2018(6):24-28,12.
⑤ 孙琳. 高校档案文化创意产品开发研究[J]. 北京档案,2018(2):30-32.
⑥ 陈平. 如何做好医院档案开发利用工作[J]. 兰台内外,2018(4):65.
⑦ 郭萍. 新时代党校档案开发开放策略研究[J]. 陕西档案,2018(6):53-54.
⑧ 邹燕琴. 社会记忆视域下地方特色数字档案资源开发模式与路径研究[J]. 档案与建设,2018(7):13-16,20.

作,注重宣传性开发。①

南京大学信息管理学院朱令俊提出了基于数字人文的档案信息资源开发实施策略:①技术——变革的契机与挑战。②服务——本质的回归与拓展。③资源——生态的融合与重构。②

3. 其他

云南大学历史与档案学院陈子丹、谯丹、廖可佳认为:"当代云南少数民族档案资源开发利用实现了跨越式发展,取得前所未有的成就,但也存在着一些不足。在新形势下,应积极探讨少数民族档案资源开发利用的新领域,广泛开展全方位、多角度、深层次的开发利用,培育与打造有影响的少数民族档案品牌,充分挖掘和弘扬独特深厚的民族档案文化。"③

青海省核工业地质局马忠花、青海省有色地质矿产勘查局文雪峰提出了加强地质档案开发利用和综合研究的对策建议:①加强地质档案汇交管理;②充分调动社会因素和市场因素;③加强地质档案人员队伍建设;④加强地质档案综合研究机构建设;⑤探索开展地质档案的成矿背景研究和体制机制研究。④

江苏省太仓市地方海事处全益红认为:"随着互联网、信息化、大数据走进人们的生活,档案信息的开发利用不再受到时空限制。基层单位能够通过数据库的建立形成一套科学合理的检索体系。通过开展档案编研工作,形成档案汇编、摘要、大事记等,利用档案中潜在的信息资源换取社会效益。把应当公开的档案经过再录入、再制作后在网上公布,让群众知晓。开通网上档案服务,通过网络实现档案查询利用。建立档案工作微信群、公众号,实现档案信息共享,提高档案资源的利用效率。"⑤

辽宁庆阳特种材料制造有限公司毛海强认为:"开发档案信息资源是一项系统性强、技术性高的工作,必须掌握针对性、适用性和准确性的原则,做到整体规划,不能盲目进行,只有这样才能真正做到服从服务于企业,围绕生产经营中心工作,有效提升档案利用服务能力。做好档案工作必须要服务企业,认真做好编研工作,找准档案服务功能;必须要结合需求,有的放矢,合理选择编研题目;必须要归纳整理,梳理共性,不断提高服务水平;必须要以编为主、先编后研,有效提升编研水平。"⑥

九、档案公布出版

1. 档案公布

杨立人认为:"在知识产权中,著作权与档案公布权的关系较为密切。由于档案与作品形式相似,以及档案公布与作品发表的性质相同、方式相似,使得档案公布不仅可能涉及作品的发表权,还可能涉及作品的财产权。幸而,档案与作品在性质和涉及领域,以及档案公布权与作品著作权等方面存在着明显差别,这些差别使得区分档案公布权与作品著作权并对其进行保护成为可能。与著作权不同,专利权和商标权在性质和内容上与档案公布权明显不同,因而,档案的公布权一般不会触及专利权和商标权。"⑦

吉林省公主岭市档案馆吕英敏对认为:"档案公布与利用的权限进行合理划分,需要从档案移交进行管理。档案管理者对移交的档案进行鉴定,首先要确定档案的价值,以便更好地进行管理,为档案使用者进行服务。其次是对档案管理的相关制度进行整改,对于档案管理中存在的不合理制度予

①　李婧楠. 白族特色工艺非遗档案开发研究[J]. 兰台世界,2018(12):14-18,10.
②　朱令俊. 基于数字人文的档案信息资源开发模式构建和实施研究[J]. 浙江档案,2018(12):21-23.
③　陈子丹,谯丹,廖可佳. 云南少数民族档案资源开发利用的思考[J]. 档案学通讯,2018(1):67-70.
④　马忠花,文雪峰. 新形势下地质档案开发利用和综合研究探析[J]. 中国国土资源经济,2018,31(7):70-73.
⑤　全益红. 新形势下基层单位档案开发利用之管见[J]. 档案与建设,2018(4):87-89.
⑥　毛海强. 服从服务企业大局　全面提升档案利用服务能力[J]. 机电兵船档案,2018(1):32-34.
⑦　杨立人. 档案公布与知识产权保护微观分析[J]. 档案学研究,2018(2):97-100.

以取消或者是整改,档案管理制度的整改有利于档案使用者对于档案的使用。合理地划分档案有关公布与利用的权限,档案使用者能够利用更多有价值的档案,也同样使档案馆中的档案能够充分发挥自身的作用,将价值应用到更多的方面。"①

2. 出版

辽宁大学历史学院赵彦昌、辽宁大学中国档案文化研究中心梁爽对近三十年来出版的抗战档案汇编进行分类,总结出抗战档案汇编的四个基本特点:抗战档案汇编数量受政治因素影响大、抗战档案汇编内容具有地域性、抗战档案汇编选题关注热点问题以及抗战档案汇编编排大多采用多层分类排序法。②

辽宁省交通建设管理有限责任公司吕娜认为:"新形势下的档案编研工作,应借助和使用各种编排出版方法和多媒体技术,以丰富档案编研出版工作。在信息载体方式上,除编辑出版传统的纸质文献外,还应大力发展原迹影印、照片图片、录音录像、缩微品、电子出版物、多媒体数据库、网上出版物等新型文献传播形式,以扩大档案编研成果的传播范围和社会影响。""档案编研出版工作的社会化,可以改变档案编研人员的工作思路,使他们更多地关注社会的、大众的信息需求,并据此确定编研题目和出版形式,以促进档案编研出版工作与社会文化生活的融合,满足社会和大众的基本文化需求。"③

① 吕英敏. 档案利用与公布的工作问题分析[J]. 兰台内外,2018(13):45.
② 赵彦昌,梁爽. 近三十年来抗战档案编纂研究[J]. 山西档案,2018(1):34-40.
③ 吕娜. 档案编研出版工作的发展趋势与思考[J]. 兰台世界,2018(S2):161-162.

第五章　各类型档案

我们以中国知网为样本来源,检索范围:中国学术期刊网络出版总库,中国博士学位论文全文数据库,中国优秀硕士学位论文全文数据库,中国重要会议论文全文数据库,国际会议论文全文数据库,中国重要报纸全文数据库,中国学术辑刊全文数据库。

检索年限:2018 年。

检索时间:2018 年 12 月 30 日。

检索式:发表时间=2018-01-01 至 2018-12-31,并且专题子栏目=各类型档案(模糊匹配)。

样本文献总数:1404 篇。

第一节　文献统计分析

本节采用统计分析的方法,从资源类型分布、文献学科分布、文献研究层次分布、文献基金分布、文献类型分布 5 个方面对样本文献进行分析。

一、资源类型分布

从资源类型分布看,1404 篇样本文献涉及期刊、硕士、报纸、学术辑刊、国内会议 5 类资源。各类资源发表文献数量及占比情况见表 5-1。

表 5-1　各类资源发表文献数量及占比情况

序号	资源类型	发表文献数量/篇	占全部样本/%
1	期刊	1356	96.58
2	硕士	23	1.64
3	报纸	12	0.85
4	学术辑刊	9	0.64
5	国内会议	4	0.28
合计		1404	100.00

由表 5-1 可见,期刊(包括学术辑刊)发表文献数量占比超过 97%,是 2018 年各类型档案研究文献的主要来源,同时也是研究者进行交流的主要渠道和沟通主要平台。相比之下,硕士、报纸、国内会议发表文献数量只占不到 3%,在数量规模上与期刊相差两个数量级,只能算是起点缀作用。

二、文献学科分布

从样本文献学科分布看,1404 篇样本文献涉及图书情报档案、教育、公共卫生与预防医学、历史、管理学、工业经济、公共管理、文化、工商管理、城市经济、农业经济、新闻传播、语言、法学、政治等学科。前 15 个学科发表文献数量及占比情况见表 5-2。

表 5-2　前 15 个学科发表文献数量及占比情况

序号	学科	发表文献数量/篇	占全部样本/%
1	图书情报档案	1347	95.94
2	教育	66	4.70
3	公共卫生与预防医学	60	4.27
4	历史	42	2.99
5	管理学	33	2.35
6	工业经济	27	1.92
7	公共管理	26	1.85
8	文化	25	1.78
9	工商管理	24	1.71
10	城市经济	21	1.50
11	农业经济	18	1.28
12	新闻传播	11	0.78
13	语言	10	0.71
14	法学	9	0.64
15	政治	8	0.57
总计		1727	123.01
实际		1404	100.00
超出		323	23.01

需要说明的是,按学科统计数为 1727 篇,占 123.01%;超出实际文献数 323 篇,占 23.01%。研究的学科交叉性十分突出。

除图书情报档案之外,发表文献最多的 4 个学科是教育、公共卫生与预防医学、历史、管理学,对应的热点是高校档案、医疗卫生档案、历史档案、管理档案。与 2017 年的医药卫生方针政策与法律法规研究、管理学、高等教育、行政学及国家行政管理、企业经济,以及对应的热点是医疗卫生档案、档案法制、管理、高校档案、档案行政管理与企业档案相比,有一定变化。

三、文献研究层次分布

从文献研究层次分布情况看,1404 篇样本文献涉及基础研究(社科)、职业指导(社科)、行业指导(社科)、工程技术(自科)、政策研究(社科)、基础教育与中等职业教育、专业实用技术(自科)、大众文化、基础与应用基础研究(自科)、高等教育、高级科普(社科)、政策研究(自科)、行业技术指导(自科)、经济信息、其他 15 个不同层次。各层次发表文献数量及占比情况见表 5-3。

表 5-3　各层次发表文献数量及占比情况

序号	层次	发表文献数量/篇	占全部样本/%
1	基础研究(社科)	626	44.59
2	职业指导(社科)	329	23.43
3	行业指导(社科)	295	21.01
4	工程技术(自科)	16	1.14
5	政策研究(社科)	11	0.78
6	基础教育与中等职业教育	6	0.43
7	专业实用技术(自科)	4	0.28
8	大众文化	4	0.28
9	基础与应用基础研究(自科)	3	0.21
10	高等教育	2	0.14
11	高级科普(社科)	1	0.07
12	政策研究(自科)	1	0.07
13	行业技术指导(自科)	1	0.07
14	经济信息	1	0.07
15	其他	104	7.41
	总计	1404	100.00

如果按社会科学、自然科学、经济文化教育和其他来分类,各类文献数量及占比分别是:社会科学 1262 篇,占 89.89%;自然科学 25 篇,占 1.78%;经济文化教育 13 篇,占 0.93%;其他 104 篇,占 7.41%。研究整体上属于社会科学的范畴。

如果按研究的基础性与应用性分,基础性研究 629 篇,占 44.80%;应用性研究 775 篇,占 55.20%。研究偏重应用性研究。

综上,从整体上看,2018 年各类型档案研究属于偏重应用性的社会科学范畴。

四、文献基金分布

从样本文献的基金分布情况看,1404 篇样本文献中有 54 篇得到国家社会科学基金、国家自然科学基金、湖南省社会科学基金、辽宁省科学技术基金、江苏省教育厅人文社会科学研究基金、海南省教育厅科研基金、科技基础性工作专项计划等 7 种国家、省部级基金的资助。各类基金资助发表文献数量及占比情况见表 5-4。

表 5-4　各类基金资助发表文献数量及占比情况

序号	基金	发表文献数量/篇	占全部样本/%	占基金资助文献/%
1	国家社会科学基金	45	3.21	83.33
2	国家自然科学基金	4	0.28	7.41
3	湖南省社会科学基金	1	0.07	1.85
4	辽宁省科学技术基金	1	0.07	1.85
5	江苏省教育厅人文社会科学研究基金	1	0.07	1.85
6	海南省教育厅科研基金	1	0.07	1.85
7	科技基础性工作专项计划	1	0.07	1.85
	合计	54	3.85	100.00
	总计	1404	100.00	

从基金资助的层次上看,国家级基金 2 种 49 项,占基金资助文献的 90.74%;部委基金 1 种 1 项,占基金资助文献的 1.85%;地方基金 4 种 4 项,占基金资助文献的 7.41%。

从地方基金资助的区域分布看,只涉及 4 个省份。

从层级上看,国家的资助力度远高于部委与地方的资助力度,资助数量是部委与地方的资助数量的差不多十倍。从区域分布看,全国多数省份对这一问题缺少关注,有所关注的省份的资助力度也十分有限。

五、文献类型分布

从文献类型分布看,1404 篇样本涉及综述类、政策研究类和一般性 3 类文献。各类型文献数量及占比情况见表 5-5。

表 5-5　各类型文献数量及占比情况

序号	文献类型	文献数量/篇	占全部样本/%
1	综述类	18	1.28
2	政策研究类	12	0.85
3	一般性	1374	97.86
	合计	1404	100.00

综上,从表 5-5 中可以明显地看到,一般性论证文献在研究成果中占到了近 98%,是绝对主体,而代表宏观性及政策性研究的综述类、政策研究类文献,则明显薄弱。

六、小结

从样本文献的统计情况看,2018 年各类型档案研究涉及 5 类资源,期刊仍然是研究文献的主要来源,同时也是研究者进行交流的主要平台,沟通的主要渠道。其他来源只起点缀作用。

研究的学科分布广泛,除图书情报档案之外,发表文献最多的 4 个学科是教育、公共卫生与预防医学、历史、管理学。与 2017 年的医药卫生方针政策与法律法规研究、管理学、高等教育、行政学及国家行政管理、企业经济相比,有一定变化。学科交叉性明显。

从整体上看,2018 年各类型档案研究涉及 15 个不同层次,属于偏重应用性的社会科学研究。

研究有 54 篇文献得到 7 种国家或省级基金的资助。从层级上看,国家的资助力度远高于部委与地方的资助力度,资助数量是部委与地方的资助数的差不多十倍。从区域分布看,全国多数省份对这一问题缺少关注,有所关注的省份的资助力度也十分有限。

在研究成果中,一般性论证文献占绝对多数,而宏观性及政策性的研究则明显薄弱。

第二节　文献计量分析

本节采用计量分析的方法,从文献作者分布、文献机构分布和文献来源分布 3 个方面对样本文献进行分析。

一、文献作者分布

从作者的分布情况看,周文泓、卢芷晴、肖秋会、赵彦昌、王英玮、王萍、赵彦龙、华林、付文丽、冯凯、王海欧、成灵慧、陈懋、孙大东、李丽红、周丹、高荣欣、刘云霞、张玉梅、刘迎春、谷利英、周天博、肖鸿强、何晓东、李倩楠、胡选江、蔡玲玲、刘淑妮、赖秀琴、黄霄羽、吴晓希、周成龙、黄体杨、周妍、杨秋香、满静、游利、林烨、熊爱桃、郑丹妮等前 40 位作者,共发表文献 101 篇,占全部样本的 7.19%。前 40 位作者发表文献数量及占比情况见表 5-6。

表 5-6　前 40 位作者发表文献数量及占比情况

序号	作者	发表文献数量/篇	占全部样本/%
1	周文泓	6	0.43
2	卢芷晴	4	0.28
3	肖秋会	4	0.28
4	赵彦昌	4	0.28
5	王英玮	4	0.28
6	王萍	3	0.21
7	赵彦龙	3	0.21
8	华林	3	0.21
9	付文丽	3	0.21
10	冯凯	3	0.21
11	王海欧	3	0.21
12	成灵慧	3	0.21
13	陈懋	3	0.21
14	孙大东	3	0.21

续表5-6

序号	作者	发表文献数量/篇	占全部样本/%
15	李丽红	2	0.14
16	周丹	2	0.14
17	高荣欣	2	0.14
18	刘云霞	2	0.14
19	张玉梅	2	0.14
20	刘迎春	2	0.14
21	谷利英	2	0.14
22	周天博	2	0.14
23	肖鸿强	2	0.14
24	何晓东	2	0.14
25	李倩楠	2	0.14
26	胡选江	2	0.14
27	蔡玲玲	2	0.14
28	刘淑妮	2	0.14
29	赖秀琴	2	0.14
30	黄霄羽	2	0.14
31	吴晓希	2	0.14
32	周成龙	2	0.14
33	黄体杨	2	0.14
34	周妍	2	0.14
35	杨秋香	2	0.14
36	满静	2	0.14
37	游利	2	0.14
38	林烨	2	0.14
39	熊爱桃	2	0.14
40	郑丹妮	2	0.14
	合计	101	7.19
	总计	1404	100.00

如果按照普赖斯提出的计算公式,核心作者候选人的最低发文数 $M = 0.749\sqrt{N_{max}}$,其中 N_{max} 为最高产作者发表文章数量。2018年各类型档案研究作者中发表文献最多的为6篇,即 $N_{max} = 6$,所以 $M = 0.749\sqrt{6} \approx 1.835$ 。故发表文献2篇及以上的作者,是2018年各类型档案研究的高产作者及核心作者。因此,表5-6中的作者,是2018年各类型档案研究的高产作者及核心作者。2018年各类型档案研究已有一定数量的高产作者和核心作者群。

从前40位作者的所属单位看,企业事业机构和高校作者是2018年各类型档案研究的主体。

二、文献机构分布

　　从机构分布情况看,1404 篇样本文献涉及的前 40 个机构有中国人民大学、黑龙江大学、云南大学、四川大学、上海大学、南京大学、浙江省档案局、中国第一历史档案馆、辽宁省档案局、安徽大学、武汉大学、辽宁大学、宁夏大学、郑州航空工业管理学院、河北大学、解放军国防大学、哈尔滨理工大学、西北大学、哈尔滨工业大学、广西民族大学、福建亿榕信息技术有限公司、郑州大学、吉林省高速公路管理局、中山大学、中国现代文学馆、云南省档案局、吉林大学、宝鸡文理学院、国家新闻出版广电总局、中国船舶重工集团公司第七〇一研究所、山西大学、扬州大学、山东大学、广西科技大学、中国电影资料馆、广东省档案局、云南省昭通市档案局、黑龙江省档案局、湘潭大学、海南师范大学。

　　前 40 个机构发表文献 241 篇,占全部样本的 17.17%。前 40 个机构发表文献数量及占比情况见表 5-7。

表 5-7　前 40 个机构发表文献数量及占比情况

序号	机构	发表文献数量/篇	占全部样本/%
1	中国人民大学	19	1.35
2	黑龙江大学	17	1.21
3	云南大学	16	1.14
4	四川大学	14	1.00
5	上海大学	9	0.64
6	南京大学	8	0.57
7	浙江省档案局	8	0.57
8	中国第一历史档案馆	8	0.57
9	辽宁省档案局	8	0.57
10	安徽大学	8	0.57
11	武汉大学	7	0.50
12	辽宁大学	6	0.43
13	宁夏大学	5	0.36
14	郑州航空工业管理学院	5	0.36
15	河北大学	5	0.36
16	解放军国防大学	5	0.36
17	哈尔滨理工大学	5	0.36
18	西北大学	5	0.36
19	哈尔滨工业大学	5	0.36
20	广西民族大学	4	0.28
21	福建亿榕信息技术有限公司	4	0.28
22	郑州大学	4	0.28
23	吉林省高速公路管理局	4	0.28

续表5-7

序号	机构	发表文献数量/篇	占全部样本/%
24	中山大学	4	0.28
25	中国现代文学馆	4	0.28
26	云南省档案局	4	0.28
27	吉林大学	4	0.28
28	宝鸡文理学院	4	0.28
29	国家新闻出版广电总局	4	0.28
30	中国船舶重工集团公司第七〇一研究所	4	0.28
31	山西大学	4	0.28
32	扬州大学	4	0.28
33	山东大学	4	0.28
34	广西科技大学	4	0.28
35	中国电影资料馆	3	0.21
36	广东省档案局	3	0.21
37	云南省昭通市档案局	3	0.21
28	黑龙江省档案局	3	0.21
39	湘潭大学	3	0.21
40	海南师范大学	3	0.21
	合计	241	17.17
	总计	1404	100.00

如果使用普赖斯公式计算,核心机构的最低发文数 $M=0.749\sqrt{N_{max}}$,其中 N_{max} 为最高产机构发表文章数量。这里 $N_{max}=19$,所以 $M=0.749\sqrt{19}\approx3.265$,即发表文献3篇以上的为核心研究机构。据此,表5-7中前40个机构是研究的高产机构。

在前40个机构中有27个是高校,发表文献181篇,占核心研究机构发表文献数的75.1%。这表明高校是2018年各类型档案研究核心研究机构群的主体。

从前40个机构中各类机构发表文献的数量及占比情况看,高校发表文献的数量及占比均为最高,档案行政管理机关次之(6个,发表文献29篇,占12.03%);档案馆居第三(3个,发表文献15篇,占1.25%),企业和其他行政管理机构居第四(各2个,各发表文献8篇,各占3.32%)。

上述表明各类型档案研究偏于理论研究,距档案实际工作有些远。

三、文献来源分布

从文献来源分布看,发表文章20篇及以上的文献来源共有13种,发表文献685篇,占全部样本的48.79%。这13种文献来源是《办公室业务》《兰台世界》《黑龙江档案》《城建档案》《档案与建设》《兰台内外》《中国档案》《浙江档案》《档案管理》《北京档案》《才智》《山西档案》《陕西档案》。前13种文献来源发表文献数量及占比情况见表5-8。

表 5-8　前 13 种文献来源发表文献数量及占比情况

序号	文献来源	发表文献数量/篇	占全部样本/%
1	《办公室业务》	265	18.87
2	《兰台世界》	79	5.63
3	《黑龙江档案》	49	3.49
4	《城建档案》	48	3.42
5	《档案与建设》	37	2.64
6	《兰台内外》	34	2.42
7	《中国档案》	30	2.14
8	《浙江档案》	29	2.07
9	《档案管理》	26	1.85
10	《北京档案》	24	1.71
11	《才智》	22	1.57
12	《山西档案》	22	1.57
13	《陕西档案》	20	1.42
	合计	685	48.79
	总计	1404	100.00

　　按照布拉德福定律,1404 篇文献可分为核心区、相关区和非相关区,各个区的论文数量相等(468篇)。因此,发表论文居前 5 位的《办公室业务》《兰台世界》《黑龙江档案》《城建档案》《档案与建设》(478 篇)处于核心区之内;发表论文居 6～13 位的《兰台内外》《中国档案》《浙江档案》《档案管理》《北京档案》《才智》《山西档案》《陕西档案》处于相关区;其他发表 20 篇以下的少数处于相关区,多数处于非相关区。

　　从发表文献 20 篇及以上的前 13 种文献来源看,有 11 种为档案学期刊,发表文章 398 篇;在档案学期刊中又以普通期刊略多(6 种),发表文章 252 篇;核心期刊有 5 种,发表文章 146 篇。可以说,普通档案学期刊对 2018 年各类型档案研究的关注度较高,是这一研究领域的主要阵地,核心期刊的关注度相对比较低。

四、小结

　　从样本文献的计量分析情况看,2018 年各类型研究者比较多,形成了一定数量的高产作者及核心作者群。高校与事业机构作者共同组成了 2018 年各类型档案研究的主体。

　　从前 40 个机构发表文献的数量及占比情况看,高校发表文献的数量及占比均为最高,档案行政管理机关次之(6 个,发表文献 29 篇,占 12.03%);档案馆居第三(3 个,发表文献 15 篇,占 1.25%),企业和其他行政管理机构居第四(各 2 个,各发表文献 8 篇,各占 3.32%)。这表明各类型档案研究偏于理论研究,距档案实际工作有些远。

　　从发表文献 20 篇及以上的前 13 种文献来源看,有 11 种为档案学期刊,发表文章 398 篇;在档案学期刊中又以档案学普通期刊略多(6 种),发表文章 252 篇;核心期刊有 5 种,发表文章 146 篇。可以说,普通档案学期刊对 2018 年各类型档案研究的关注度较高,是这一研究领域的主要阵地,核心期刊的关注度相对比较低。

第三节　文献词频分析

本节采用关键词词频的方法,从关键词词频、主题词词频和近五年高频词变化 3 个方面对样本文献进行分析。

一、关键词词频分析

表 5-9 是前 15 个高频关键词使用频率及占比情况。

前 15 个高频关键词中使用频率最高的是电子档案,使用 107 频次;最低的是文书档案管理,使用 24 频次。前 15 个高频关键词合计使用 859 频次,占全部样本的 61.18%,即六成以上文献使用上述 15 个关键词。这 15 个高频关键词分别是电子档案、管理、档案管理、文书档案、人事档案、电子文件、问题、人事档案管理、对策、医院、事业单位、信息化、科技档案、档案、文书档案管理,可以归纳为档案、档案事务、文件、机构、信息化 5 个方面。

表 5-9　前 15 个高频关键词使用频率及占比情况

序号	关键词	使用频率/次	占全部样本/%
1	电子档案	107	7.62
2	管理	101	7.19
3	档案管理	94	6.70
4	文书档案	72	5.13
5	人事档案	71	5.06
6	电子文件	68	4.84
7	问题	55	3.92
8	人事档案管理	53	3.77
9	对策	46	3.28
10	医院	41	2.92
11	事业单位	39	2.78
12	信息化	31	2.21
13	科技档案	30	2.14
14	档案	27	1.92
15	文书档案管理	24	1.71
合计		859	61.18
总计		1404(篇)	100.00

可以说,2018 年各类型档案研究主要集中在档案、档案事务、文件、机构、信息化 5 个方面 15 个关键词所涉及的内容,其中又以电子档案、管理、档案管理、文书档案、人事档案 5 个内容为年度热点。与 2017 年的年度热点人事档案、管理、档案管理、电子档案、文书档案相比,内容没有变化,热度与发表文献数量有所变化。这体现出相同内容在不同年度的热度差异。

由于研究内容广泛,研究热点只是相对集中。每个年度均会产生变化。

二、主题词词频分析

从主题词使用频率看,2018 年各类档案研究涉及内容广泛,集中在档案、档案事务、机构、信息化、文件、人、其他 7 个方面。使用频率最高的 40 个主题词分布及占比情况见表 5-10。

表 5-10　使用频率最高的 40 个主题词分布及占比情况

序号	主题词	使用频率/次	占全部样本/%
1	电子档案	155	11.04
2	电子文件	116	8.26
3	人事档案管理	102	7.26
4	文书档案	96	6.84
5	档案管理	87	6.20
6	文书档案管理工作	85	6.05
7	人事档案管理工作	79	5.63
8	档案管理工作	49	3.49
9	事业单位	48	3.42
10	干部人事档案	47	3.35
11	档案管理人员	42	2.99
12	文件归档	40	2.85
13	纸质档案	35	2.49
14	城建档案	34	2.42
15	科技档案	33	2.35
16	干部人事档案管理	33	2.35
17	档案工作	31	2.21
18	声像档案	30	2.14
19	科技档案管理	29	2.07
20	家庭档案	27	1.92
21	声像档案管理	26	1.85
22	档案资源	25	1.78
23	人事档案	25	1.78
24	档案局	25	1.78

续表5-10

序号	主题词	使用频率/次	占全部样本/%
25	文书档案管理	25	1.78
26	照片档案	24	1.71
27	计算机	22	1.57
28	文件材料	22	1.57
29	档案馆	22	1.57
30	新形势下	21	1.50
31	档案管理系统	20	1.42
32	档案信息	20	1.42
33	信息化	19	1.35
34	电子档案信息	19	1.35
35	人事档案材料	18	1.28
36	非物质文化遗产	18	1.28
37	口述档案	18	1.28
38	档案材料	18	1.28
39	新时期	16	1.14
40	归档工作	16	1.14
合计		1617	115.17
总计		1404(篇)	100.00

从涉及的主题词看,使用频率最高的40个主题词共使用1617频次,占全部样本的115.17%。也就是说,上述40个主题词涵盖了全部样本。其中使用频率最高的是电子档案(155频次),使用频率最低的是新时期、归档工作(各16频次),平均使用频率为40频次。

从主题词反映出的研究内容看,2018年,各类型档案研究关注的40个主要问题又可归并为档案、档案事务、机构、信息化、文件、人、其他7个大类。

档案(电子档案、文书档案、纸质档案、城建档案、科技档案、声像档案、家庭档案、档案资源、人事档案、照片档案、档案信息、电子档案信息、人事档案材料、口述档案、档案材料、干部人事档案),共使用624频次,占全部样本的44.44%。档案是档案学研究的本体,但从涉及的16个主题看,涉及各类各种载体的专业专门档案及档案所承载的信息。它是各类型档案研究关注度第二高的主题。

档案事务(人事档案管理、档案管理、文书档案管理工作、人事档案管理工作、档案管理工作、文件归档、干部人事档案管理、档案工作、科技档案管理、声像档案管理、文书档案管理、新形势下、新时期、归档工作),共使用639频次,占全部样本的45.51%,占比接近半数。它主要涉及档案事务的管理层面,14个关键词中有9个涉及管理,各类型档案研究的管理性特征十分突出。它是各类型档案研究关注度第一高的主题。

文件(电子文件、文件材料),共使用136频次,占全部样本的9.83%。与"档案"相差近5倍,显示出其虽然与档案相关,但在各类型档案研究中不是重点。

机构(事业单位、档案局、档案馆),共使用95频次,占全部样本的6.77%。它是与档案事业、档案人关系最为密切的问题,包括档案局、档案馆、档案室三大研究主题中的两个。2018年,正值新一轮机构改革之时,档案机构再次成为档案界关注之重点,而事业单位性质成为理所应当的关注点之一。但与前两类主题相比体量上相差一个数量级。

信息化(计算机、档案管理系统、信息化),共使用 61 频次,占全部样本的 4.34%。它分布在硬件、软件、信息化 3 个方面,是 2018 年各类型档案研究关注度第五高的主题,但体量不大。

人(档案管理人员),共使用 42 频次,占全部样本的 2.99%。作为档案工作的主体,约 3% 的占比说明档案界在各类型档案研究中关注点始终没有离开过档案人自身。

其他(非物质文化遗产),共使用 18 频次,占全部样本的 1.28%。

可以说,2018 年各类型档案研究所涉及内容虽然十分广泛,但全部文献均包含在上述 7 类问题上,或者说,各类型档案研究主要是围绕上述 7 个方面展开的。

三、近五年高频词变化

年度关键词的变化,特别是高频关键词的变化,能够反映出相关研究内容与主题、重点与热点的变化。

2014—2018 年各类型档案研究年度关键词及高频关键词的变化情况,请扫描右侧二维码。

从近五年研究文献主要关键词的分布看,涉及的关键词有电子档案、管理、档案管理、人事档案、文书档案、问题、对策 7 个,与 2017 年的电子档案、档案管理、管理、人事档案、文书档案、电子文件、问题、对策相比,少了一个电子文件,其他完全相同。差异只表现在同一关键词发表文献数量的多少,在排序上发生变化。

5 年中,相邻年份中重复出现过的关键词有电子档案、管理、档案管理、人事档案(各 5 年),重复率为 100%;文书档案(3 年),重复率为 60%。问题、对策 2 个关键词没有年度重复。

这说明近五年间电子档案、档案管理、管理、人事档案相关研究的持续度最高,一直是研究的核心内容与方向;其次是文书档案问题。

研究内容与主题在年度间连续性非常好。多数年份 80% 以上的研究内容是上一年的重点。但也要看到,这些持续重点内容的关注度也有变化,2014 年起,总体上呈现渐次下降的趋势。在 2014—2018 年中出现的关键词最少为 72 次,最多时达到 241 次。

总之,近五年来相关研究的主要内容集中,重点突出。

四、小结

从 1404 篇文献涉及的关键词看,2018 年各类型档案研究主要集中在档案、档案事务、文件、机构、信息化 5 个方面 15 个关键词所涉及的内容,其中又以电子档案、管理、档案管理、文书档案、人事档案 5 个内容为年度热点。与 2017 年的年度热点人事档案、管理、档案管理、电子档案、文书档案相比,内容没有变化,热度与发表文献数量有所变化。这体现出相同内容在不同年度的热度差异。由于研究内容广泛,研究热点只是相对集中,每个年度均会产生变化。

从主题词使用频率看,2018 年各类档案研究涉及内容广泛,集中在档案、档案事务、机构、信息化、文件、人、其他 7 个方面,涵盖了全部样本文献。它重点在档案、档案事务两个方面。

近五年间电子档案、档案管理、管理、人事档案相关研究的持续度最高,一直是研究的核心内容与方向;其次是文书档案问题。研究内容与主题在年度间连续性非常好。多数年份 80% 以上的研究内容是上一年的重点。但也要看到,这些持续重点内容的关注度也有变化,2014 年起,总体上是渐次下降的趋势。总之,近五年来相关研究的主要内容集中,重点突出。

第四节 文献关键词共词分析

本节采用关键词共现分析的方法,从共现矩阵和共现网络两个方面对样本文献进行分析。

一、共现矩阵

矩阵提取使用频率最高的 20 个关键词,将这 20 个关键词形成 20×20 的共词矩阵。如果某两个关键词同时出现在一篇文章中时,就表明这两者之间存在相关关系,关键词右侧或下方对应位置的数值表示篇数。

图 5-1 是 2018 年各类型档案研究文献高频关键词共现矩阵。

	电子档案	管理	档案管理	文书档案	电子文件	人事档案	问题	人事档案管理	对策	事业单位	医院	信息化	科技档案	文书档案管理	档案	声像档案	城建档案	干部人事档案	归档	作用
电子档案																				
管理	22																			
档案管理	19																			
文书档案		18	9																	
电子文件	10	7	13																	
人事档案		13	3																	
问题		8	7	5		2														
人事档案管理						9														
对策	2	8	4	6		2	29	3												
事业单位	4	5	5	10		7	4	10	4											
医院	6	5	3	5		2	7	8	4											
信息化	3	9	2	10	2	2			4											
科技档案		5	4				3		2		3									
文书档案管理							3		4	4	1									
档案		3					2		2											
声像档案		6	3				2		3											
城建档案		3																		
干部人事档案		3	5				3													
归档					4	10														
作用							3	4								6				

图 5-1 2018 年各类型档案研究高频关键词共现矩阵

图 5-1 显示,2018 年各类型档案研究关键词共现有 69 组,共现率为 34%。而共现次数 10 次及以上的关键词组合有 11 组,共现率为 5.5%。

以横轴为准计：

20 组共现关键词中有 13 组与管理直接相关,占共现关键词的 8%。

20 组共现关键词中有 11 组与档案管理直接相关,占共现关键词的 7%。

20 组共现关键词中有 9 组与问题直接相关,占共现关键词的 5.5%。

20 组共现关键词中有 7 组与电子档案直接相关,占共现关键词的 3.5%。

20 组共现关键词中各有 6 组与文书档案、人事档案、对策直接相关,分别占共现关键词的 3%。

20 组共现关键词中有 4 组与人事档案管理直接相关,占共现关键词的 2%。

20 组共现关键词中各有 2 组与电子文件、医院直接相关,分别占共现关键词的 1%。

20 组共现关键词中各有 1 组与事业单位、信息化、城建档案直接相关,分别占共现关键词的 0.5%。

此外,还有科技档案、文书档案管理、档案、声像档案、干部人事档案、归档、作用 7 个无共现关键词。

共现次数 10 次及以上的共现关键词有 11 组,分别是：

电子档案与管理:22 频次。

电子档案与档案管理:19 频次。

电子档案与电子文件:10 频次。

管理与文书档案:18 频次。

管理与人事档案:13 频次。

档案管理与电子文件:13 频次。

文书档案与事业单位:10 频次。

文书档案与信息化:10 频次。

电子文件与归档:10 频次。

问题与对策:29 频次。

人事档案管理与事业单位:10 频次。

从共现组数看,由于高共现频率的 20 个关键词的共现组数达 69 组,特高、超高与高共现词有 11 组,占全部共现关键词的 16.18%。2018 年各类型档案研究的重点集中在电子档案、文书档案、人事档案 3 个主要方向上。或者说,2018 年各类型档案研究主要是在上述 3 个方向上展开的。

综上,2018 年各类型档案研究的整体规模不大,研究内容相对集中;各类型档案研究领域有相对突出的高频(10 次以上)共现关键词(占比 16.18%),形成了比较明显的高相关共现关键词群,研究的集中趋势明显。

二、共现网络

在关键词共现网络中,关键词之间的关系可以用连线来表示,连线多少和粗细代表关键词间的亲疏程度,连线越多,代表该关键词与其他关键词共现次数越多,越是研究领域的核心和热点内容。

使用工具获得 2018 年各类型档案研究高频词共词网络图谱(扫描右侧二维码)。

从共词网络图谱可以直观地看出:2018 年各类型档案研究分成"管理"、"档案"、"干部人事档案"、"归档"、"文书档案管理"、"作用"与"城建档案"6 个不同聚类。其中"管理"是单核心多词群组,"档案""干部人事档案""归档""文书档案管理"是单核心单词群组,"作用"与"城建档案"是双核心双词群组。

单核心多词群组"管理"是整个网络中的核心群组,涉及 14 个关键词,其中"电子档案""档案管

理""电子文件""人事档案""人事档案管理"5 个辅关键词的使用与核心关键词"管理"的使用频次相当,甚至超过了"管理"。在这个大群组中,与中心关键词"管理"间联系密切,共现次数多(连线粗)并且距离近的是"电子档案",而共现次数多(连线粗)并且距离远的是"文书档案",共现次数和距离都居中的是"人事档案"。这三个组合是整个网络中联系最为紧密的相关内容。而由"管理""电子档案""电子文件""档案管理"4 个单独使用频率最高的高频关键词构成的矩阵,是这个群组中反映出来的另一个高相关聚类。而除这四个高频关键词之外的其他 9 个关键词之间的距离要小于这四个关键词组成的矩阵,构成了事实上的另一个聚类群。这个群组以"管理"为核心,基本上将各主要类型的档案都包括在其中。

"档案"、"干部人事档案"、"归档"、"文书档案管理"、"作用"与"城建档案"5 个聚类中,"档案""干部人事档案"被"管理"主群组包围,与"管理"主群组多个关键词有关联,但彼此之间没有关联,并且与"归档"、"文书档案管理"、"作用"与"城建档案"3 个群组也没有任何联系。

"归档"、"文书档案管理"、"作用"与"城建档案"3 个群组,位于"管理"主群组的外围,除了与"管理"主群组的部分关键词有较弱的联系之外,相互之间没有联系。

三、小结

从共现矩阵看,2018 年各类型档案研究的重点集中在电子档案、文书档案、人事档案 3 个主要方向上。档案研究的整体规模不大,研究内容相对集中,集中趋势明显。

从共现网络显示的情况看,2018 年各类型档案研究是以"管理"为核心的人事档案、文书档案、电子档案等为主,涉及其他多种类型档案。而"归档"、"文书档案管理"、"作用"与"城建档案"等关键词处于网络的边缘,目前不是研究的中心与热点。

第五节　文献综述

一、电子档案

1. 理论探讨

河南省开封市档案局梁惠卿认为:"对于'原生电子档案'概念,虽然笔者并不赞同这一概念,但是它的存在自有存在的道理。它至少说明当今的档案信息化建设需要一个与档案信息化建设相适应的'档案'概念,还说明档案理论界可以'缺位',但是,档案实践工作不能'缺位',档案实践工作的发展是不会停步的。同时,说明缺乏正确档案理论指导的实践容易出现差错,也说明档案实践多么需要正确的档案理论指导。当前急需的是档案理论界要加强对'原生电子档案'概念和与档案信息化建设相适应的'档案'概念研究,为档案实践工作提供正确的理论指导。"[①]

河南省郑州市公路管理局高爱民,河南省交通运输厅公路管理局韩劲草、霍飞"从档案形成者角度提出的'原始信息档案化',从电子档案形成主体和原始信息两个源头保证电子档案的真实性,其本质是对信息的实时采集和标准化管理,关键是法规遵从性机制与透明化体系的契合,目标是形成真

---

① 梁惠卿. 原生电子档案概念辨析[J]. 档案管理,2018(2):27-29.

实、完整、全息的电子档案"。①

2. 区块链

郑州大学信息管理学院孙大东、杨晗认为:"区块链技术具有去中心化、集体维护和可信数据库等特征,将其应用于电子档案管理中,可有效解决用户对电子载体的不信任问题。"②

国防大学政治学院军事信息与网络舆论系刘庆悦认为:"区块链由数据区块组成,每一区块都存有上一区块的哈希值,因此各区块间'环环相扣',对任意区块做出任何一点改变都会导致此区块以后的所有区块发生变化,这使得区块链上的数据不能被任意修改或删除。这种可追溯、不可伪造或篡改的特性恰好与维护电子档案真实、完整、可用、安全的需求吻合,该技术可被用于真实记录电子档案在管理过程中的全部变化,追溯电子档案原件,有效处理信息易变性问题。"③

3. 保护

广西财经学院甘萍认为:"电子档案还是存在感染计算机病毒的风险,因此要积极预防,可以从制度上和技术上着手预防。在制度上,可以建立定期巡查制,规定档案管理员每周都对档案内容进行全方位的筛查,发现其中存在的各种病毒隐患;在技术上,可以利用先进的杀毒软件,定期对全部档案扫描,一旦发现存有病毒,就使用杀毒软件消除。"④

青海红十字医院(青海省监狱管理局中心医院)景鑫提出构建电子档案资源保存体系、建立电子档案保存标准、加强电子档案技术安全保障、完善档案保存监控体系、制定风险评估制度等建议,旨在实现电子档案资源的长期保存。⑤

山东省青岛市招生考试办公室王金玲从电子档案封装包的封装方法、封装包组织形式等方面对国内通用的两种电子档案封装方法进行比较,按照技术难度、质量检测、文件浏览、管理维护、长期保存 5 个维度分析,电子档案 EEP 和文件包 2 种封装方法各有优缺点。"EEP 封装包在质量检测和长期保存环节较为出色,文件浏览和管理维护方面表现不错,但是实现技术难度较大,因此 EEP 封装包适用于电子档案接收进馆、电子档案提供利用和长期保存等环节。文件包形式的封装包实现技术难度低,在质量检测和管理维护方面表现不错,文件浏览方面表现一般,长期保存方面表现较差,因此,文件包适用于机关、企事业单位涉及电子文件(档案)管理权转移的工作,如:电子文件归档和电子档案移交等。为保证电子文件(档案)的真实性、完整性和可靠性,在电子档案数据交换、长期保存和提供利用过程中,使用封装包应该是一种较为可行的方式。在实际工作中,各档案部门要结合本单位的工作实际,分析国内常用 EEP 封装和文件包封装的优缺点,灵活选择电子档案的封装方法,切不可拘泥于一种形式。"⑥

攀枝花学院档案馆袁双云、王仁秋、张莉认为,磁盘存储电子档案"使用过程中应注意以下几点:一是控制温度,磁盘的工作环境温度一般要控制在 55℃ 以内,温度过高磁盘寿命将缩短,可以在机箱内加装风扇来降低温度;二是避免振动,尤其是机械磁盘,在使用过程中出现剧烈振动,磁头可能撞击磁盘,直接导致磁头和盘面损坏;三是安全停止磁盘,磁盘使用时都在高速旋转,突然的关机或断电将使磁头与盘片猛烈摩擦,容易导致坏道甚至损坏;四是减少频繁操作,频繁的读写操作会产生大量磁盘碎片,甚至产生磁盘坏道;五是远离磁场"。⑦

---

① 高爱民,韩劲草,霍飞. 后保管时代建设项目原始信息档案化的研究应用:基于建设项目管理者的业务驱动型电子档案管理[J]. 档案与建设,2018(3):36-38.

② 孙大东,杨晗. 电子档案单套制管理区块链模式应用研究[J]. 浙江档案,2018(9):7-9.

③ 刘庆悦. 基于区块链技术的电子档案管理模型探析[J]. 浙江档案,2018(10):22-24.

④ 甘萍. 高校电子档案信息安全问题探析[J]. 办公室业务,2018(4):70.

⑤ 景鑫. 信息化背景下的电子档案资源保存研究[J]. 山西档案,2018(6):41-43.

⑥ 王金玲. 电子档案封装策略比较研究[J]. 中国档案,2018(8):65-67.

⑦ 袁双云,王仁秋,张莉. 磁盘存储电子档案安全存储与安全删除技术探析[J]. 浙江档案,2018(6):60-61.

4.其他

中国联通集团有限公司杨茜雅针对现阶段企业档案数据服务里亟待解决的问题,"提出了'两库两平台'的档案智能利用方法。在企业档案数据利用中引入语义本体概念实现档案数据语义分析的流程,在此基础上构建联通电子档案知识图谱系统,将档案数据之间的关联关系、分析结果直观展示,有效地展现企业电子档案价值,为电子档案的智能化管理以及辅助企业决策提供有力支撑"。[①]

广东省清远市技师学院张闽认为:"教师电子档案作为信息社会发展的一个部分,已成为档案管理必不可少的重要组成部分。因此,档案管理者应该顺应时代发展的潮流,正确积极地认识电子档案的特点,加强对教师电子档案管理的研究,推进教师电子档案管理的进程。"[②]

北京市档案馆黄文静提出了文书电子档案接收的对策:①完善文书电子档案接收和管理标准规范。②指导移交单位开展 OA 系统和档案管理系统改造。③明确移交内容、移交格式和移交要求。④形成以北京数字档案馆为依托的电子档案移交接收流程。⑤通过四性检测工具及人工抽检严把电子档案移交质量关。⑥通过管理和技术手段确保电子档案的凭证价值。[③]

哈尔滨理工大学陈政认为:"电子档案文件的命名是有规律的,命名后把名字复制粘贴到电子档案文件的名字上是一项重复工作,它重复的表现为从 excel 中的名字直接复制粘贴到对应的电子文件夹中的电子档案文件名字的位置不同的就是档号中的件号。通过按键精灵的重复操作是完全可以实现的。"利用按键精灵脚本对电子档案文件名字批量操作:①定位档号,确保档号增量不变。②准备好档案数字化后的电子档案文件。③用按键精灵 9 进行录制,建立脚本、生成算法。④修改录制的脚本属性。⑤细节修改、定义算法。[④]

二、文书档案

1.收集

中共江苏省盐城市委党校潘海燕认为:"在工作节奏快且信息资源的产生、交互以及存储形式日益多元化的新时期,企事业单位各部门办公室工作的模式、信息的传递媒介和重要文书的制作和交接以及信息资源的载体都发生了变化。而与此同时,档案信息资源的使用价值和使用频率也逐渐升高,成了确保企事业单位各部门工作效率和质量以及战略决策科学性的关键。因此,应针对目前档案收集与归档工作中面临的现实困境,从制度建设、管理理念、技术手段、人才管理以及完善档案管理的标准和规范等方面创新其管理工作。"[⑤]

秦皇岛市青龙满族自治县档案局(馆)王赛春提出基层文书档案"上年档案,下年接收"的方式,其优点是:①缩短室藏纸质档案保管时间,解决了机关档案室空间不足问题。②有效督促各单位及时归档,避免文件材料遗失。③加快了档案资源整合步伐,为逐步实现集中统一管理做好铺垫。④有利于档案数字化,提高档案服务利用效率。[⑥]

2.对策与措施

福建省厦门市第二医院科教科黄小册提出了新时期医院文书档案管理对策:①高度重视医院文书档案工作。②理顺文书工作与文书档案管理关系。③提升文书档案管理人员的能力。[⑦]

① 杨茜雅.中国联通电子档案数据挖掘与智能利用的研究[J].档案学研究,2018(6):105-109.
② 张闽.浅谈对教师电子档案的管理[J].办公室业务,2018(10):144.
③ 黄文静.北京市档案馆文书电子档案接收的问题与对策[J].北京档案,2018(11):31-33.
④ 陈政.电子档案文件批量重命名算法研究[J].黑龙江档案,2018(3):44.
⑤ 潘海燕.办公室文书档案收集与归档工作管理的优化措施研究[J].办公室业务,2018(23):155-156.
⑥ 王赛春.基层文书档案接收方式的创新与探讨[J].档案天地,2018(8):42-43,41.
⑦ 黄小册.医院文书档案管理原则、现状及对策分析[J].档案时空,2018(6):26-27.

武汉发展战略研究院赵芳探讨了文书档案信息化管理的推动力。宏观层面包括:①经济的发展。②社会信息化的推动。③国家信息化发展战略的推动。④国家档案局政策文件的出台。⑤学术理论的探索。微观层面包括:①机构资金的投入。②人员配备。③机构信息技术的应用。④档案外包行业的推动。⑤用户对档案信息的深度需求。①

陕西省渭南市中心血站常艳丽提出了提高办公室文书档案管理工作的措施:①加强工作人员的培训。②完善监督和抽查体制。③清理过期资料。②

辽宁省科学技术馆孙巍提出了文书档案数字化管理策略:①文书档案数字化扫描。②文书档案数字化著录。③文书档案数据库建设。③

3. 历史

宁夏大学人文学院姚玉婷、赵彦龙探讨了宋代保护动物文书档案的特点:①皇命文书居多。宋代保护动物文书以皇命文书居多。②措施完善并严厉。宋代保护动物文书大多都于文末提出了比较完善的处理措施,且措施都是根据律法进行处置,体现出其严苛程度。③语言特色。下行文篇幅都比较短小精悍,言简意赅,语气严厉,体现出君王权力的至高无上和不可侵犯。④

黑龙江大学信息管理学院陶媛认为:"南京国民政府的文书档案工作改革并不是整个社会变革的一部分,只是统治阶级对于统治阶级内部的矛盾做出微调的变革中的一部分,它并没有与整个社会融合起来,只是局限于阶级统治的内部,具有明显的不彻底性。同时,虽然南京国民政府在此次改革过程中也颁行了一系列的法规政令,但是这些法规政令比较分散,相互之间缺少联系,而且这些档案法规基本上都是部门规章,没有一部完全意义上的具有强制力的档案大法,导致有些部门的不重视和执行的不彻底。"⑤

4. 其他

国网浙江省电力有限公司温州供电公司何虹认为:"在网络发达的今天,相关企事业单位的文书档案保密工作也要跟上时代发展的潮流,配备相应的具有资料信息整理能力和计算机操作能力的人才对文书档案进行整理和进一步的管理,并且相关管理人员的保密意识一定要加强,提高对文书档案保密工作的重视程度。另外,相关的企事业单位要加强对相关管理人员的培训,增强他们的保密意识,增加对文书档案保密工作的认识,还要加强网络维护工作,设置防火墙并安装相应的软件以防止黑客的侵入、病毒的攻击。文书档案的保密工作还有很长的路要走,要从每个细小的细节做起,加强监管。"⑥

吉林省通化市东昌区档案局李秀玲认为:"作为记录和反映综合一个机构、一个系统、一个单位、一个部门,或者一个社会组织的运营情况和历史发展进程的文书档案管理部门,应当适应时代的潮流,以时代要求和人民需求为导向,不断采取科学性、合理性、可持续性的管理模式,提高人员的专业素质和管理水平,熟练掌握网络信息管理技术,利用好计算机多媒体技术,更好地为提升文书档案质量服务,不断提升文书档案的利用效率,才能切实发挥文书档案在社会组织发展中的作用,更好地为社会进步服务。"⑦

---

① 赵芳. 文书档案信息化管理的推动力初探[J]. 兰台内外,2018(5):17-18.
② 常艳丽. 信息社会背景下办公室文书档案管理工作的改革和创新[J]. 兰台内外,2018(11):3-4.
③ 孙巍. 文书档案数字化管理策略分析[J]. 档案时空,2018(10):46-47.
④ 姚玉婷,赵彦龙. 浅谈宋代保护动物文书档案[J]. 兰台世界,2018(3):55-59.
⑤ 陶媛. 南京民国时期文书档案工作改革的研究[J]. 兰台世界,2018(6):138-140.
⑥ 何虹. 浅谈新形势下的文书档案保密工作[J]. 办公室业务,2018(15):70,74.
⑦ 李秀玲. 文书档案管理质量提升研究[J]. 兰台内外,2018(3):42.

三、科技档案

1. 收集

河南省驻马店市水利工程局杨良提出拓展水利科技档案收集渠道，"具体分为两方面：一是追踪收集。对工期短的，档案人员到现场了解进程，及时掌握工程信息，并指导督促技术部门做好收集档案资料工作，及时介入收集档案，这样质量会比较高，效果会比较好。二是分阶段收集。对工期长的工程，跨度比较长，采取分阶段进行收集，始终坚持档案员到施工现场督促收集，及时与建设、施工、监理、档案部门取得联系，获取工程进度信息，尽力避免档案原始材料散失，这样才能保证工程档案的连续性、完整性、准确性"。①

云南省地震局林芳美对加强地震科技档案收集工作进行思考，认为："归档的地震科技档案要符合真实、完整、准确、系统，载体要质地优良、字迹图像要清晰的要求，就要在接收的时候严格把关。首先要剔除无效的文件材料，如打印件、复印件以及签字、盖章手续不全的文件材料。其次，注意检查项目课题执行过程中的重要数据、技术积累、论证评审等材料是否真实、准确。再检查纸质档案之外的电子文件是否完整，确保具有保存价值的过程材料、成果材料都收集归档，完整、准确的电子科技档案更方便科技人员的使用，因此我们要严把档案的接收关，做好地震科技档案的收集工作。"②

2. 管理制度

黑龙江省黑河市统计局许晓飞认为："随着社会发展水平的提高，科技档案管理的重要性逐渐提升。为实现其管理效率的提升，需要建立完善的管理制度，加强制度监管，提高相关人员素质与管理质量，从而为科技档案管理的可持续发展提供条件。"③

吉林省农业科学院档案馆翟季、栾天浩认为："在管理体制方面，农业科技档案需要进行有效创新，建立高效、层次分明、紧凑的管理模式。档案部门要发挥好自身的宏观领导和管理功能，对农业内的档案管理工作提供指导，进行监督及检查，保证科技档案管理工作水平，保证档案的完整性，这是创新管理模式要实现的基本目标。档案部门和科研部门不能割裂开来，必须建立分工合作，齐抓共管的机制，从源头保障档案工作顺利开展，实现多级梯度分层管理。要将农业科技档案的管理纳入农业科研的最初工作计划中，实现档案管理与布置科研任务同步；将农业科技档案的管理纳入农业科研的工作程序中，实现档案管理与检查科研活动进度同步。"④

广西民族大学管理学院陈永清，广西民族大学政治与公共管理学院丘少慷、陈思敏认为："在'一带一路'倡议的发展进程中，要增强科技档案建设意识，加强对科技档案建设的应用型专业人才培养，完善科技档案建设的保障机制，加快科技档案的信息化建设速度，才能有效发挥科技档案在服务'一带一路'建成创新之路中的重要作用。"⑤

3. 工程档案

河南省驻马店市城建档案馆张曼琴对建设工程档案研究文献可视化进行统计分析，"经过分析得出：研究在一个较长时间是一个由低到高，近年有所回落的趋势；涉及学科较多，核心学科集中；学科交叉性比较突出；研究主要集中在社会科学的范畴，偏理论研究方向；研究没有得到国家及各级、各地

---

① 杨良.对水利科技档案在民事法律关系中的证据作用的认识[J].档案管理,2018(3):92-93.
② 林芳美.对地震科技档案收集工作的几点思考[J].办公室业务,2018(9):87.
③ 许晓飞.我国科技档案管理体制机制浅析[J].黑河学刊,2018(3):14,23.
④ 翟季,栾天浩.农业科技档案工作研究[J].兰台世界,2018(S1):61-62.
⑤ 陈永清,丘少慷,陈思敏."一带一路"建成创新之路背景下科技档案建设研究[J].南宁职业技术学院学报,2018,23(4):18-21.

方相关机构的真正关注;成果类型丰富,但分布不均,差异巨大;方法上定性超强,实证与定量十分薄弱的结论"。① 并对建设工程档案研究文献词频进行分析,"得出建设工程档案研究主题集中,重点突出;内容相对稳定,持续性比较好,近年有新变化;内容丰富,涉及面广,容易导致研究浅、散、杂的结论"。②

国家档案局蔡盈芳、王红敏、肖妍认为:"改革开放以来的 40 年,是建设项目档案工作从恢复整顿到蓬勃发展的 40 年,是扎实推进与创新发展的 40 年。40 年来,随着社会档案意识的不断提高,建设项目档案工作逐步形成了制度标准体系逐步健全、业务监督指导工作有效推进、服务国家重大工程积极主动、建设项目档案验收日趋规范、档案信息化水平不断提升的良好局面。"③

4. 其他

福建省立医院科研处陈懋认为:"大数据时代的到来,给科技档案事业的发展带来了考验和机遇。在大数据时代,进行科技档案开发,一方面可以对科技档案的储存分类模式进行革新;另一方面可以抓住机遇,利用大数据有效解决科技档案开发过程的问题,进而更好地抓住基层科技档案的有效内容,挖掘更多的价值,提高档案的利用效率。"④

航天档案馆向阳认为:"提高科技档案工作质量,应加强档案过程管理和环节控制;应抓住档案形成规律和特点;应运用质保体系控制档案文件程序;提高科技档案工作质量,在培养高素质档案人才队伍上下功夫,在细节追求中凝结出科技档案工作质量效益。"⑤

中国人民大学信息资源管理学院熊瑶、中国运载火箭技术研究院原月认为:"固定资产投资项目档案的完整、准确、系统和安全是对项目档案质量的最基本要求,也是档案专项验收和项目竣工验收的前提。"并将前端控制思想引入项目档案管理,提出"从思想观念、管理制度、工作模式、关键点把控、人才培养等方面"进行把控。⑥

中国标准化研究院吴康认为:"我国现行的多项科技档案标准的'标龄'大部分都已超过 15 年,标准内容老化陈旧,对其进行重新修订迫在眉睫。国家标准方面,在对现阶段我国科研工作现状进行调研的基础上,着重关注共性方面的标准制修订;行业标准方面,不要照搬照抄,一方面应积极与最新的国家标准和相关法律法规进行对标,另一方面应深入调研本行业科研工作现状及需求,吸纳参考本行业科研人员与档案管理人员的建议,以促进科研档案管理为出发点修订更新科技档案标准。"⑦

吉林省四平市人事考试中心朱乔芙提出了解决科技档案信息化问题的对策:①加强信息化标准规范建设。②强化科技档案信息安全。③加强网络安全法规建设。⑧

四、声像档案

东北师范大学信息科学与技术学院伊玮洁、田丽君,东北师范大学档案馆付希金对 20 家高校档案馆声像档案系统管理现状展开了问卷调查,并对调查数据进行了梳理与分析,提出:"不同规模和财力的高校在数字档案馆建设中的系统选择与应用策略:一是规模较小或财力不足的普通高校或职业院校可以考虑应用开源软件建设数字声像档案管理与服务平台;二是规模中等或经费比较充足的重

① 张曼琴. 建设工程档案研究文献可视化统计分析[J]. 城建档案,2018(3):27-29.
② 张曼琴. 建设工程档案研究文献词频分析[J]. 档案管理,2018(1):59.
③ 蔡盈芳,王红敏,肖妍. 改革开放以来的经济科技档案工作[J]. 中国档案,2018(11):20-24.
④ 陈懋. 基于大数据的科技档案开发要素研究[J]. 管理观察,2018(23):53-54.
⑤ 向阳. 再论科技档案工作的过程管理与质量控制[J]. 东方企业文化,2018(S2):102-103.
⑥ 熊瑶,原月. 固定资产投资项目档案的前端控制[J]. 北京档案,2018(5):36-38.
⑦ 吴康. 我国科技档案标准文献计量分析[J]. 机电兵船档案,2018(1):66-70.
⑧ 朱乔芙. 解决科技档案信息化存在问题的对策研究[J]. 兰台内外,2018(7):78.

点高校或一流学科建设高校可以考虑采用基于综合性档案管理系统的数字声像档案管理子系统进行高校声像档案管理;三是一流大学或有意建设一流大学的高校可以考虑合作开发建设或直接购买专业级智能型数字声像档案管理系统。"①

河南省濮阳县文留镇政府丁庆华对本县20个乡(镇)和20个县直单位的声像档案管理情况进行了实地调查,认为:①声像档案形成和收集中普遍存在"档案意识不强""档案材料偏少"等问题,档案行政管理部门应在提高声像档案意识,明确声像档案收集范围上下功夫,确保声像档案材料齐全完整,逐步实现声像档案形成和收集规范化。②声像档案整理中普遍存在"整理不规范""方法不科学""没有划定保管期限"等问题,档案行政管理部门应科学制定声像档案整理方法,合理确定保管期限,确保整理规范、方法科学、保管期限合理。③声像档案保管、利用和移交进馆中普遍存在"保管分散不集中""保管条件偏差""利用随意不规范""没有移交进馆"等问题,档案行政管理部门应在科学制定声像档案查阅利用程序,规范声像档案移交进馆方面下功夫,确保保管集中、保管条件适宜、利用规范、进馆有序,逐步实现声像档案保管、利用和移交进馆规范化。②

广西科技大学柳州职业技术学院刘迎春、覃正纳认为:"高校档案中的声像档案部分将要制作成为声像电子档案,有个工作环节不能忽视,那就是在制作声像电子档案之前,首先把声像档案区分出保密类(不宜公开)与不保密类(可公开)。只有把可公开的不属于保密的声像档案制作成声像电子档案,才可在高校的档案馆、高校的校园网提供给师生查阅档案资料(照片、音像及其文字说明)、查阅有关可参考利用的档案资料,就不会有相关具体内容(如照片等)泄漏学校或者某人物肖像的机密,就不会造成不良的影响。"③

辽宁省东港市城乡建设档案馆于静认为:"应提升对城乡建设声像档案管理工作的认识,发挥声像档案工作的价值,加强城乡建设声像档案管理工作,完善城乡建设现代化管理服务功能,不断开创城乡建设声像档案事业的新局面。"④

中船重工技术档案馆李媛认为:"声像档案数字化工作形势严峻,如今采购放像设备难度较大。声像档案数字化工作只有企业领导重视了,才能完成挽救记录历史活动的音视频档案的任务,才能让更多的档案得以留存。我们档案工作者要以更加宽广的视野谋划未来,以更加先进的理念指导实践,为企业长远发展尽心尽力,做好声像档案的抢救工作是新时期档案工作的重中之重。"⑤

江苏省常州市武进区广播电视台潘燕萍认为:"从目前广电部门特别是基层广电部门声像档案媒资管理系统的应用情况来看,仍局限于声像档案的完整保存和安全备份,在检索功能方面尚待进一步开发。随着节目内容的增加、时间的推移和人员的变动,声像档案的检索利用问题将越来越突出,因此,我们必须重视加强数字化加工处理工作,及时进行数据对应挂接,以真正实现存储、管理、检索、利用一体化,有效提升声像档案存储保管和开发利用的现代化水平。"⑥

中物院机械制造工艺研究所孙成林认为:"在科研、企事业单位越来越重视和不断推动档案数字化建设的大背景下,首先,要加快健全科技声像档案数字化的制度建设,有制度就有开展工作的依据。其次,声像档案管理者应不断加强自身的学习,不断引进先进的管理经验,拓宽科技声像档案数字化的管理思路。在科研课题的工艺研究和制造技术提升中,充分融入和发挥声像图文信息资源的特殊

①　伊玮洁,田丽君,付希金.我国高校数字声像档案管理系统应用现状与策略研究[J].兰台内外,2018(1):18-20.

②　丁庆华.濮阳县声像档案管理的调查分析[J].档案管理,2018(6):74-75.

③　刘迎春,覃正纳.浅谈区分高校声像档案保密类与非保密类[J].档案学研究,2018(4):49-51.

④　于静.浅谈城乡建设声像档案工作[J].城建档案,2018(8):46-47.

⑤　李媛.声像档案数字化工作解析[J].机电兵船档案,2018(6):41-43.

⑥　潘燕萍.广电部门声像档案媒资管理系统应用问题探析[J].档案与建设,2018(7):89-90.

优势,更好地服务于科研,才是我们科技声像工作者最大的心愿。"①

航空工业计量所周楠认为:"传统的声像档案管理模式中不科学的分类方法、集中的归档方式、不具操作性的制度,导致了声像档案管理质量不高,使一些不利因素更加制约了声像档案管理。"他还提出了改进传统的声像档案管理模式:①各归其类。根据声像档案所记录的内容信息,将与其记录的内容信息相关的档案材料归为一类。②分散归档。声像档案的分类方式从独立成类变为各归其类,归档方式也就顺理成章应从集中归档变为分散归档。③增加细则。第一,确定拍摄数量,防止根据拍摄数量随意归档的情况发生。第二,提出拍摄要求,编制拍摄细节,即使非专业人士执行拍摄任务,也能够有章可循。第三,制订拍摄计划,声像材料有着无法后期弥补的特点,必须实时记录。②

五、人事档案

陕西建工第八建设集团有限公司王向利认为:"干部人事档案专项审核工作,有助于防止干部档案信息被随意篡改,满足国家从严治党的需求。针对干部人事档案专项审核发现的个人信息存在漏洞、三龄时间存在差异,以及档案管理部门存在的问题,应加强对人事档案资料的收集和鉴别,确保材料的真实性和准确性,促使干部人事档案管理工作更加规范,档案管理效率进一步提升。"③

长春中医药大学杨永刚认为:"当前领导干部人事档案建设尚无针对性法规、制度可依,且有些组织没有配置档案建设专职人员,相关配套设施仍不健全,阻碍了档案规范化建设。为此,应在建立健全领导干部人事档案建设规章制度的基础上,加强档案建设的组织领导,配备专职人员;加大资金投入,进一步优化相关配套设施,促进新时期领导干部人事档案规范化,以发挥人事档案的应有价值。"④

浙江省疾病预防控制中心于迪迪认为:"新时期干部人事档案管理工作面临着诸多困境,主要包括单位领导不够重视、管理理念亟须更新,档案管理队伍薄弱、专业技能水平较低,档案管理手段落后、主动服务意识缺乏等方面,影响到干部人事档案管理工作质量。针对上述困境,我们应从提高档案管理意识、建立规范管理制度,强化人才队伍培养、提高自身综合素质,推进档案信息化建设、实现档案科学管理等方面进行突破,不断改进干部人事档案管理各项工作,以适应新时代的发展要求,进一步发挥出干部人事档案应有的作用与价值。"⑤

福建省莆田市仙游县委组织部黄华阳认为:"在干部人事档案管理工作中有发现干部出生日期涂改、不一致等情况,干部出生日期是办理干部录用、任免、调动、离退等事项的重要依据,应坚持'凡进必审、凡提必审、凡转必审、凡退必审'原则。"⑥

山东省潍坊市中医院丁立臣认为:"随着医院的逐年扩大,科室逐步完善,医务人员逐年增多,医院干部的数量也随之增加,其人事档案越来越多,越来越复杂。""针对这一问题,提出重视档案管理制度、对所有提交的档案材料真实性严格考察、工龄计算严格根据《劳动合同法》、加强干部人事档案信息化进程等应对策略。"⑦

四川警察学院方德生认为:"全国干部人事档案专项审核工作基本结束后,干部人事档案工作主管部门应以问题为导向,强化宣传教育,从严队伍管理,完善管理、审核、监督、查处机制,健全严管制

① 孙成林.科技声像档案资料管理的体会和思考[J].四川档案,2018(6):28-29.
② 周楠.声像档案管理模式研究[J].城建档案,2018(3):23-24.
③ 王向利.干部人事档案专项审核工作对现实工作的指导[J].陕西档案,2018(6):44-45.
④ 杨永刚.新时期领导干部人事档案规范化建设研究[J].山西档案,2018(6):50-52.
⑤ 于迪迪.新时期干部人事档案管理工作困境及应对策略[J].传媒论坛,2018,1(18):146-147.
⑥ 黄华阳.如何公正合理认定干部人事档案的出生日期[J].办公室业务,2018(16):167-168.
⑦ 丁立臣.医院干部人事档案管理优化策略分析[J].办公室业务,2018(15):145.

度体系,堵住造假源头,构建制度'铁笼',推动干部人事档案防假保真长效机制的形成。"①

新疆水利水电勘测设计研究院杨亚娟提出了创新人事档案管理机制的措施:①完善档案管理制度,深化过程控制。②加强队伍建设,提高员工业务素质。③加强电子文件管理,建立起现代化的电子档案管理机制。②

哈尔滨理工大学档案馆刘玉红认为:"人事档案的信息化发展,有利于推动人事档案的现代化管理,满足人事档案信息资源的需求,提高人事档案管理工作的效率;有利于实现人事档案资源的共享,信息资源作为战略资源的一种,已成为人们生产生活以及社会经济发展过程中不可或缺的部分,人事档案的信息化有利于资源的共享,为人才储备提供真实有效的信息数据;便捷化人事档案的信息咨询和查询,人事档案管理信息化的目的,是为了实现人事档案信息资源的数字化、电子化以及科学化,利用计算机技术将传统的纸质档案和人事资料进行信息资源收集、整理和加工,实现便捷化的档案查询,更好地发挥人事档案的作用。"③

六、历史档案

上海大学图书情报档案系郑丹妮认为:"数字形式的历史档案要想保证完整性,一方面需要保证历史档案从物理形式向数字形式转变后,保有原先物理形式历史档案的全部编码结果;另一方面还需要在数字化过程中关注历史档案的物理形态信息,对转码过程中被隐藏的信息数据进行额外的编码。编码过程的完整是历史档案抽象和扩散的基础。"她还提出了信息空间视角下历史档案生存模式:①基于高编码抽象的历史档案;②基于低编码抽象的历史档案数据化。④

上海大学图书情报档案系叶方园探讨了追回流失海外藏文历史档案的举措,认为:"秉持文化建设理念建立友好的中外交流是前提,成立专门的追索组织,营造国际舆论压力助力追索工作,同时为流失海外的藏文档案文献打上中国烙印,保障追索工作推进。"⑤

河北美术学院思想政治理论课教学科研部张晔认为:"我国历史档案纸质藏品的整体保护情况不容乐观,特别是明清和民国历史档案的保护有待加强。历史档案纸质藏品的损毁问题主要是由人为因素、时间因素和环境因素引起的。为此,需要采取一定措施降低人为因素的影响,通过相关技术手段延缓纸张老化,并不断改善档案保护环境。"⑥

安徽农业大学裴斐认为:"新形势下,档案工作正在加强'与世界沟通',历史档案翻译的重要性日趋凸显。探索历史档案翻译技术实践,总结历史档案翻译相关理论显得尤为迫切。历史档案有着自身的特点,其翻译要遵循专业规范、有据必依和历史等效等三个准则。在实际操作中,应当根据具体情况,在这三个准则间进行平衡适应。"⑦

中国第二历史档案馆冯蓉针对民国档案文件级目录建设中所存在的问题,"提出了档案文件级目录面向问题导向与科学性的最少著录项原则和最短路径原则、面向遵从客观与精准性的著录项客观性原则和源头预清理原则,以及面向准确优先与合理性的题名准确原则、题名优先原则和题名至上原

①　方德生.强化制度机制建设 巩固专项审核成果:全国干部人事档案专项审核基本结束后的思考[J].档案,2018(6):54-58.

②　杨亚娟.创新人事档案管理机制的措施探讨[J].城建档案,2018(9):62-63,8.

③　刘玉红.信息化背景下人事档案管理创新思路探析[J].黑龙江档案,2018(3):74.

④　郑丹妮.基于信息空间理论的历史档案数据化及其生存模式研究[J].档案管理,2018(3):9-12.

⑤　叶方园.基于文化认同视角对追索流失海外藏文历史档案的辩证性思考[J].档案管理,2018(3):40-42.

⑥　张晔.历史档案纸质藏品的保护[J].山西档案,2018(4):70-72.

⑦　裴斐.历史档案翻译的格式、语境转换与特殊准则[J].档案学通讯,2018(5):89-93.

则"。①

陕西省安康学院外语学院李向武认为:"由于特定历史条件的制约,民国历史档案资料语言和民国档案翻译工作均呈现出不同的特点,掌握民国档案翻译基本原则,根据具体情况适时作出调整,提高民国档案翻译的准确性和科学性,对做好民国档案研究具有重要的作用。"②

七、实物档案

湖北大学历史文化学院任汉中认为:"我们不能将'实物'等同于档案,但我们可将其统称为'档案附属物'加强管理。"因此,"在档案管理中也不必投入过多精力。机关单位档案管理在有条件的情况下,可将'实物'纳入管理范畴,但不用移交相关档案馆,而档案馆中的'实物'也不必另外划分出'实物档案'类别,在统计中,以'档案附属物'予以登记"。③

河北省唐山市中心血站王艳春认为:"实物档案作为一个门类存在已不是一时、一地、少数单位的现象,全国各级档案馆和各社会组织保存实物档案已是一个普遍事实。实物档案理论的确立,事实应是清楚的,确立的实物档案定义概念应该是科学合理的。我们不能自困于狭义的文字记录和所谓的原始记录性。档案管理的观念应与时俱进,思想应更开放、更包容。档案管理的根本目的是有利于服务社会、有利于传承历史、有利于档案事业的发展。为了达成共识,国家档案行政主管部门应根据现实情况,因势利导,从理论研究或行政法规上对实物档案的管理予以明确。"④

苏州大学社会学院吴品才认为:"苏州丝绸样本具有十分全面、完整的档案元素。作为一种'丝绸记忆',它同样具有原始性、真实性、历史性、价值性和过程性等档案属性,与传统意义上的档案在本质上是一致的、相通的。'近现代苏州丝绸档案'的成功入遗是对'苏州丝绸样本'的档案身份的国际认可,同时,它也带来颇多启示:传统意义上档案所能承载与释放的信息量是有限的,我们应当为'实物档案'正名,同时,传统的档案概念仍有反思的必要,并且我们需要重视实物样本档案的收集。"⑤

南阳师范学院党委组织部档案馆刘璞认为:"推动汉画实物档案文化产业可持续发展可从三个方面入手:与玉雕企业联手,持续发展汉画玉产品产业;与旅游公司联手,持续发展汉画档案文化旅游业;与影视动画业联手,持续发展汉画影视产业。"⑥

广东省肇庆学院档案馆夏慧提出了印章档案管理中应注意几个问题:①坚持"逢章必收"的原则。②实行由印章制发者收缴归档的原则。③坚持印章档案成套性管理原则。④坚持严格启用的原则。⑦

齐齐哈尔大学档案馆范桂红在认为:"'互联网+'时代,实物档案的关注不应被忽视。实物档案研究看似炒冷饭,但应以新的面貌出现,重新定位。首先,是如何看待'实物档案'这一概念,是开放的,还是排异的。无论是基于传统思维方式,还是互联网式思维方式,跨界与融合的新价值取向改变着原有档案学领域否定这一概念的现象。在'互联网+'时代,各类通讯媒介成为现代人获取信息的主要来源,为多维尺度分析实物档案提供了可能性。实物档案中所蕴含的信息不再仅仅是文字。在四批国家公布的档案文献遗产中所包含的众多实物,就没有文字。在档案的成套归档中,实物的重要性

① 冯蓉.面向民国档案文件级目录基础建设问题新的思考[C]//中华人民共和国国家档案局.新时代档案工作者的使命:融合与创新:2018 年全国档案工作者年会论文集.北京:中国档案学会,2018:259-265.

② 李向武.民国档案翻译原则初探[J].山西档案,2018(6):183-185.

③ 任汉中.盘点档案界"高频词语"(五):实物档案[J].档案管理,2018(3):79.

④ 王艳春.论实物档案理论的确立与管理实践[J].档案天地,2018(7):49-52.

⑤ 吴品才."近现代苏州丝绸档案"入遗的理论与实践启示[J].档案与建设,2018(9):9-11,8.

⑥ 刘璞.馆藏汉画实物档案文化产业的可持续发展[J].山西档案,2018(4):37-39.

⑦ 夏慧.高校失效印章的档案管理实践[J].城建档案,2018(2):57-58.

是不可或缺的。"①

八、口述档案

辽宁大学艺术学院刘慧娇认为："民族舞口述档案是一笔宝贵的精神文化财富。""加快民族舞口述档案的构建,有利于丰富馆藏结构,发展档案事业;传承民族文化,提高民族凝聚力;挽救非物质文化遗产,构建社会记忆。"②

上海大学图书情报档案系廖倩文提出采用合作-互补型的社群口述记忆建构模式;集广来源和精细化准则于一体以及利用网站和社交媒体为用户服务三条社群口述档案记忆建构路径。③

哈尔滨工业大学赵弘磊、雷稚蔷针对高校人物类口述档案访谈提纲设计过程的相关问题,"提出了'无预设'式的提纲设计思路,'量体裁衣'式的问题设置"方法。④

黑龙江省鹤岗市档案局运飞宇提出口述档案收集的策略:①加强宣传教育,强化档案意识。②制定收集标准和工作规范,完善法律保障制度。③增加人、财、物力支持,加强与兄弟档案馆的横向合作。④突出地方特色,使馆藏档案更加优化。⑤

云南大学廖可佳、王辉对我国1984—2016年口述档案研究相关论文进行统计分析,认为:"我国口述档案发展历程呈典型的三阶段特征,即萌芽阶段、平稳发展阶段和快速发展阶段;我国近年的口述档案研究正处在高速发展阶段,其核心作者群已经形成,但是作者地区与研究主题分布仍不平衡;口述档案的研究存在跨学科交流程度欠缺的问题,不利于口述档案领域的应用和创新;口述档案的研究存在理论远超实际的问题,无法为实际提供有力的指导。"⑥

南京大学信息管理学院黄芮雯对我国1997—2016年口述档案研究发展进行分析,认为近二十年我国口述档案的研究文献呈现出如下特点:①研究内容较为丰富,研究视角多样。②研究方法多样。例如调查法,通过问卷调查、文献调查、访谈调查等方法描述口述档案现象或事件后深入探索其中的关联;定量分析法,通过对相关数据的收集和统计,利用统计分析软件或绘制表格直观展示数据之间的关联。此外还有案例分析法、移植法等。③由于口述档案工作本身的实践性,大部分口述档案文献都有实际工作的经验支撑,避免了大而空的泛泛之谈。⑦

九、家庭档案

吉林省通榆县芦苇管理总站刘永祥认为："家庭档案是指具有婚姻、血缘或收养关系的家庭及家庭成员在家庭和社会活动中形成的,具有现实利用价值和历史查考价值的可归家庭或个人所有的各种形式的历史记录。家庭档案是一种平民记忆的外化,具有维护家庭成员合法权益,传承社会文化、促进精神文明等作用"⑧

黑龙江大学信息管理学院夏嘉宝认为："当前,社会上对于家庭档案的管理意识较为薄弱,家庭档

① 范桂红."互联网+"时代实物档案研究的审视与反思[J].山西档案,2018(2):85-87.
② 刘慧娇.民族舞口述档案的价值和意义研究[J].兰台世界,2018(12):92-93.
③ 廖倩文.社群口述档案记忆建构的路径研究:基于Kids社群口述项目记忆建构经验的思考[J].北京档案,2018(8):37-40.
④ 赵弘磊,雷稚蔷.高校人物类口述档案访谈提纲的设计研究[J].机电兵船档案,2018(1):63-66.
⑤ 运飞宇.浅谈口述档案管理工作[J].黑龙江档案,2018(4):85.
⑥ 廖可佳,王辉.口述档案研究现状述评(1984—2016)[J].兰台世界,2018(5):26-29.
⑦ 黄芮雯.基于文献计量分析的我国口述档案研究发展概略:1997—2016[J].云南档案,2018(7):48-52.
⑧ 刘永祥.家庭档案功能浅析[J].兰台内外,2018(4):72.

案也大部分拘泥于对传统的纸质等载体的管理。APP 作为新兴热门平台,得到了社会各界的广泛开发和应用,档案工作者只有抓住时机、紧跟时代潮流,促进家庭档案管理方式在 APP 背景下的创新转变,才能使家庭档案的管理受到大众重视,促进家庭档案的发展。"①

　　华中师范大学档案馆白云认为:"家庭档案的广泛实行是社群记忆资源建设的基础,基层档案馆、局,居委会、村委会可以根据当地家庭档案的共同点和当地特色文化,筹备社群家庭档案展览,社群发展史展览,并针对特殊人群、特殊记忆进行专题征集和专题管理。由于家庭档案的管理受到家庭经济条件、家庭受教育程度等因素的制约,政府组织可以对给社群记忆构建做出重要贡献的居民给予适当的奖励,让更多民众从档案中梳理历史脉络,找寻文化认同。"②

　　福建省泉州市鲤城区档案局洪碧蓉提出推进家庭档案建立工作的对策:其一,四条原则。一是坚持自愿自主的原则;二是坚持保守秘密的原则;三是坚持实事求是的原则;四是坚持逐步推进原则。其二,五大工程。一是体系保障工程;二是宣传教育工程;三是建档示范工程;四是保护开发工程;五是志愿服务工程。③

　　河南省陆浑水库管理局王国强对我国 1985 年—2018 年家庭建档研究文献进行定量统计分析,认为研究中存在的问题是:①对档案行政管理部门如何施政研究不够。②对家庭建档的实践研究较少。③对如何建立相关法律研究不够。他建议:"要使家庭建档快速有效地发展起来,档案行政部门的引导和支持是必不可少的,应该有计划、有针对性地进行引导,或者可以设置专门机构或部门,配备专业人才,吸取有经验的社会人士参与,从家庭建档的宣传、收集、整理、鉴定、保管到利用都进行有针对性的指导",并"应该结合《档案法》等相关法律,制定出相关的法律,以支持和保护家庭建档的持续发展"。④

十、非物质文化遗产档案

　　云南民族大学民族文化学院黄琴认为:"切实做好非物质文化遗产建档工作,需要立足非物质文化遗产档案自身特性,遵循非遗工作规律,总结成熟经验做法,借鉴档案管理基本理论知识,提炼非物质文化遗产建档基本模式。建档基本模式的初步探索按'收集—整理—鉴定—保管—利用'五环节展开,每一个环节都涉及该环节的重点细节,模式整体具有一定的适用性与可操作性。"⑤

　　平顶山学院新闻与传播学院李晓敏对我国非物质文化遗产档案研究进行了可视化研究分析,"研究发现,该领域研究热点主要集中于非物质文化遗产档案管理和保护的主体、非物质文化遗产的档案式保护、资源数据库建设和口述档案四个方面"。⑥

　　哈尔滨工业大学杨雯、雷晓蓉、刘婉欣认为:"非物质文化遗产的保护方式有很多种,其中之一就是档案化保护。在理解非物质文化遗产的特点、价值和保护应把握的原则之后,利用数字化、大数据等现代技术加以辅助实施档案化保护,将更有利于非物质文化遗产的保护和传承。"⑦

　　山东大学李文鹤认为:"随着越来越多的非物质文化遗产进入大众的视线,人们对非物质文化遗产利用需求的提高,依靠单纯的纸质档案记录已不能满足非物质文化遗产保护工作的需要。非物质文化遗产口述档案采用口述访谈的方法,依赖非物质文化遗产的生存环境,能够更现实、更公平、更直

① 夏嘉宝. 关于 APP 环境下家庭档案管理方式创新发展的思考[J]. 黑龙江档案,2018(3):57.
② 白云. 论家庭档案参与社群记忆的构建[J]. 档案天地,2018(1):40-42.
③ 洪碧蓉. 家庭档案建立现状调查及对策研究[J]. 档案时空,2018(4):28-29.
④ 王国强. 1985 年—2018 年我国家庭建档研究文献统计分析[J]. 档案管理,2018(4):71-72.
⑤ 黄琴. 非物质文化遗产建档基本模式探析[J]. 兰台世界,2018(11):76-82.
⑥ 李晓敏. 我国非物质文化遗产档案研究的可视化分析[J]. 山西档案,2018(4):28-30.
⑦ 杨雯,雷晓蓉,刘婉欣. 非物质文化遗产中的档案化保护[J]. 机电兵船档案,2018(3):35-38.

接地参与到非物质文化遗产的传承与保护。"①

　　华中师范大学档案馆刘婧提出了推进非遗档案信息传播的建议：①增强主体参与意识,厘定"一元为主,多元并存"的主体格局。②规范非遗档案整理,为组织多样化传播内容奠定基础。③深化与媒介的合作,拓宽非遗档案信息的传播渠道。④以公众需求为导向,突出受众在传播过程中的地位。⑤转变理念重视规划,提升非遗档案信息传播整体效果。②

---

①　李文鹤.我国非物质文化遗产口述档案建构研究[D].济南:山东大学,2018.
②　刘婧.非物质文化遗产档案信息传播调查研究[J].浙江档案,2018(9):22-24.

第六章　建筑和设备

我们以中国知网为样本来源,检索范围:中国学术期刊网络出版总库,中国博士学位论文全文数据库,中国优秀硕士学位论文全文数据库,中国重要会议论文全文数据库,国际会议论文全文数据库,中国重要报纸全文数据库,中国学术辑刊全文数据库。

检索年限:2018 年。

检索时间:2018 年 12 月 30 日。

检索式:发表时间=2018-01-01 至 2018-12-31,并且专题子栏目=建筑和设备(模糊匹配)。

样本文献总数:70 篇。

第一节　文献统计分析

本节采用统计分析的方法,从资源类型分布、文献学科分布、文献研究层次分布、文献基金分布、文献类型分布 5 个方面对样本文献进行分析。

一、资源类型分布

从资源类型分布看,70 篇样本文献仅涉及期刊、硕士、报纸 3 类资源。各类资源发表文献数量及占比情况见表 6-1。

表 6-1　各类资源发表文献数量及占比情况

序号	资源类型	发表文献数量/篇	占全部样本/%
1	期刊	64	91.43
2	硕士	4	5.71
3	报纸	2	2.86
合计		70	100.00

由表 6-1 可见,期刊是 2018 年建筑和设备研究的主要来源,占比超过全部样本的九成,也是研究者进行交流与沟通的主要渠道和平台。硕士学位论文、报纸文献数量合计占比不足一成,只起辅助作用。

二、文献学科分布

从样本文献学科分布看,70 篇样本文献涉及图书情报档案、法学、教育、工商管理、美术、舞蹈、城市经济、建筑科学、其他 9 个学科。前 9 个学科发表文献数量及占比情况见表 6-2。

表 6-2　前 9 个学科发表文献数量及占比情况

序号	学科	发表文献数量/篇	占全部样本/%
1	图书情报档案	29	41.43
2	法学	1	1.43
3	教育	1	1.43
4	工商管理	1	1.43
5	美术	1	1.43
6	舞蹈	1	1.43
7	城市经济	1	1.43
8	建筑科学	1	1.43
9	其他	34	48.57
	总计	70	100.00
	实际	70	100.00

需要说明的是,图书情报档案学科发表 29 篇,占 41.43%;其他 8 个学科占比 58.57%。这表明 2018 年建筑和设备研究具有比较明显的学科交叉性。

除图书情报档案外,发表文献最多的 7 个学科是法学、教育、工商管理、美术、舞蹈、城市经济、建筑科学。

三、文献研究层次分布

从文献研究层次分布情况看,70 篇样本文献涉及基础研究(社科)、职业指导(社科)、行业指导(社科)、基础教育与中等职业教育、高等教育、政策研究(社科)、其他 7 个不同层次。各层次发表文献数量及占比情况见表 6-3。

表 6-3　各层次发表文献数量及占比情况

序号	层次	发表文献数量/篇	占全部样本/%
1	基础研究(社科)	40	57.14
2	职业指导(社科)	19	27.14
3	行业指导(社科)	6	8.57
4	基础教育与中等职业教育	2	2.86
5	高等教育	1	1.43

续表 6-3

序号	层次	发表文献数量/篇	占全部样本/%
6	政策研究(社科)	1	1.43
7	其他	1	1.43
	总计	70	100.00

如果按社会科学、经济文化教育和其他来分类,各类文献数量及占比分别是:社会科学 66 篇,占 94.29%;经济文化教育 2 篇,占 2.86%;其他 1 篇,占 1.43%。研究整体上属于社会科学的范畴。

如果按研究的基础性与应用性分,基础性研究 40 篇,占 57.14%;应用性研究 30 篇,占 42.86%。研究偏重理论性研究。

综上,从整体上看,2018 年建筑和设备研究是偏重基础理论的社会科学研究。

四、文献基金分布

从样本文献基金分布情况看,70 篇样本文献中有 6 篇得到国家、省级 2 种基金的资助,占全部样本的 8.57%。各类基金资助发表文献数量及占比情况见表 6-4。

表 6-4　各类基金资助发表文献数量及占比情况

序号	基金	发表文献数量/篇	占全部样本/%	占基金资助文献/%
1	国家社会科学基金	5	7.14	83.33
2	江苏省科委社会发展基金	1	1.43	16.67
	合计	6	8.57	100.00
	总计	70	100.00	

从基金资助的层次上看,国家级基金 1 种 5 项,占基金资助文献的 83.33%;地方基金 1 种 1 项,占基金资助文献的 16.67%

从地方基金资助的区域分布看,涉及 1 个省份。

综上,从层级上看,国家的资助力度高于地方的资助力度 4 倍;从区域分布看,全国极不均衡,只有 1 个省份对这一类项目给予了资助,资助力度十分有限。

五、文献类型分布

从文献的类型分布看,70 篇样本涉及综述类、政策研究类和一般性 3 类文献。各类型文献数量及占比情况见表 6-5。

表 6-5　各类型文献数量及占比情况

序号	文献	文献数量/篇	占全部样本/%
1	综述类	1	1.43
2	政策研究类	1	1.43
3	一般性	68	97.14
	合计	70	100.00

　　从文献类型分布看,70 篇样本文献中超过 97% 的为一般性论证文献,综述类和政策研究类文献合计占比不到 3% 。整个研究的宏观性与政策性非常薄弱。

六、小结

　　从样本文献的统计情况看,2018 年建筑和设备研究涉及资源类型较少,但期刊仍然是研究文献的主要来源,也是相关研究者进行交流的平台和沟通主渠道。硕士学位论文、报纸文献数量合计占比不足一成,只起辅助作用。

　　研究涉及的学科分布狭窄,以图书情报档案和其他为主,表明 2018 年建筑和设备研究具有比较明显的学科交叉性。

　　从整体上看,2018 年建筑和设备研究是偏重基础理论的社会科学研究。

　　研究仅得到国家、省级 2 种基金的资助,数量稀少。从层级上看,国家的资助力度高于地方的资助力度 4 倍;从区域分布看,全国极不均衡,只有 1 个省份对这一类项目给予了资助,资助力度十分有限。

　　在研究成果中,超过 97% 的为一般性论证文献,综述类和政策研究类文献合计占比不到 3% 。整个研究的宏观性与政策性非常薄弱。

第二节　文献计量分析

　　本节采用计量分析的方法,从文献作者分布、文献机构分布和文献来源分布 3 个方面对样本文献进行分析。

一、文献作者分布

　　从作者的分布情况看,70 篇文献涉及邓君、郭艳、王卉乔、朱黎琴、熊彩虹、邓超华、符昌慧、司丽华、邢小玉、赵爱国、袁素娟、张雯、张倩、蒋冠、冯湘君、孙威、刘少鹏、王珂珂、赵海军、汤涛、朱立香、李秋丽、曹琳、房梦莎、周建秋、王荣、轩红、周铭、陈君兰、王丽、孟健、宋雪雁、李烁、刘清、王巍、康蠡、王晓辉、杨文文、秦红、孟欣欣等 65 位作者。前 40 位作者共发表文献 45 篇,占全部样本的 64.29% ,占比低于上年(2017 年)的 71.19% 。

　　前 40 位作者发表文献数量及占比情况见表 6-6。

表 6-6　前 40 位作者发表文献数量及占比情况

序号	作者	发表文献数量/篇	占全部样本/%
1	邓君	3	4.29
2	郭艳	2	2.86
3	王卉乔	2	2.86
4	朱黎琴	2	2.86
5	熊彩虹	1	1.43
6	邓超华	1	1.43

续表 6-6

序号	作者	发表文献数量/篇	占全部样本/%
7	符昌慧	1	1.43
8	司丽华	1	1.43
9	邢小玉	1	1.43
10	赵爱国	1	1.43
11	袁素娟	1	1.43
12	张雯	1	1.43
13	张倩	1	1.43
14	蒋冠	1	1.43
15	冯湘君	1	1.43
16	孙威	1	1.43
17	刘少鹏	1	1.43
18	王琍琍	1	1.43
19	赵海军	1	1.43
20	汤涛	1	1.43
21	朱立香	1	1.43
22	李秋丽	1	1.43
23	曹琳	1	1.43
24	房梦莎	1	1.43
25	周建秋	1	1.43
26	王荣	1	1.43
27	轩红	1	1.43
28	周铭	1	1.43
29	陈君兰	1	1.43
30	王丽	1	1.43
31	孟健	1	1.43
32	宋雪雁	1	1.43
33	李烁	1	1.43
34	刘清	1	1.43
35	王巍	1	1.43
36	康蠡	1	1.43
37	王晓辉	1	1.43
38	杨文文	1	1.43
39	秦红	1	1.43
40	孟欣欣	1	1.43
合计		45	64.29
总计		70	100.00

如果按照普赖斯计算公式,核心作者候选人的最低发文数 $M=0.749\sqrt{N_{max}}$,其中 N_{max} 为最高产作者发表文章数量。2018 年建筑和设备研究作者中发表文献最多的为 3 篇,即 $N_{max}=3$,所以 $M=0.749\sqrt{3}\approx1.297$ 。因此,邓君、郭艳、王卉乔、朱黎琴 4 位作者,是 2018 年建筑和设备研究的高产作者及核心作者。2018 年建筑和设备研究只有少量的高产作者,没有形成规模的核心作者群。

从前 40 位作者的所属单位看,高校作者是 2018 年建筑和设备研究的主体。

二、文献机构分布

从机构分布情况看,70 篇文献中,涉及机构 61 个。吉林大学、东北石油大学、中央财经大学、河南省漯河市城建档案馆、黑龙江大学、国华徐州发电有限公司、上海市档案局、安徽财经大学、乐山师范学院、甘肃农业职业技术学院、武汉理工大学、沈阳医学院、北京城市建设档案馆、黑龙江省航道局、南京大学、青岛农业大学、大连外国语大学、浙江大学、广州市广播电视大学、苏州科技大学、华中科技大学、肇庆学院、山西大学、浙江省档案局、赤峰学院、暨南大学、山东大学、晋中师范高等专科学校、云南大学、河南牧业经济学院、南开大学、天津师范大学、贵州师范大学、三明学院、安徽省黄山市城建档案馆、合肥工业大学、华东政法大学、华东师范大学、海南大学、同济大学等 40 个机构共发表文献 49 篇,占全部样本的 70.00%,占比略低于上年(2017 年)的 76.27%。

其中发表文献 2 篇及以上的吉林大学、东北石油大学、中央财经大学、河南省漯河市城建档案馆、黑龙江大学,共发表文献 14 篇,占全部样本的 20.00%,高于上年(2017 年)的 10 篇及占比 16.95%。

前 40 个机构发表文献数量及占比情况见表 6-7。

表 6-7　前 40 个机构发表文献数量及占比情况

序号	机构	发表文献数量/篇	占全部样本/%
1	吉林大学	4	5.71
2	东北石油大学	3	4.29
3	中央财经大学	3	4.29
4	河南省漯河市城建档案馆	2	2.86
5	黑龙江大学	2	2.86
7	国华徐州发电有限公司	1	1.43
9	上海市档案局	1	1.43
10	安徽财经大学	1	1.43
12	乐山师范学院	1	1.43
13	甘肃农业职业技术学院	1	1.43
14	武汉理工大学	1	1.43
15	沈阳医学院	1	1.43
16	北京城市建设档案馆	1	1.43
17	黑龙江省航道局	1	1.43
18	南京大学	1	1.43
20	青岛农业大学	1	1.43
21	大连外国语大学	1	1.43
23	浙江大学	1	1.43

续表 6-7

序号	机构	发表文献数量/篇	占全部样本/%
24	广州市广播电视大学	1	1.43
25	苏州科技大学	1	1.43
28	华中科技大学	1	1.43
29	肇庆学院	1	1.43
30	山西大学	1	1.43
31	浙江省档案局	1	1.43
32	赤峰学院	1	1.43
33	暨南大学	1	1.43
34	山东大学	1	1.43
35	晋中师范高等专科学校	1	1.43
36	云南大学	1	1.43
37	河南牧业经济学院	1	1.43
38	南开大学	1	1.43
39	天津师范大学	1	1.43
6	贵州师范大学	1	1.43
8	三明学院	1	1.43
11	安徽省黄山市城建档案馆	1	1.43
19	合肥工业大学	1	1.43
22	华东政法大学	1	1.43
26	华东师范大学	1	1.43
27	海南大学	1	1.43
40	同济大学	1	1.43
合计		49	70.00
总计		70	100.00

如果使用普赖斯公式计算,核心机构的最低发文数 $M=0.749\sqrt{N_{max}}$,其中 N_{max} 为最高产机构发表文章数量。这里 $N_{max}=4$,所以 $M=0.749\sqrt{4}=1.498$,即发表文献 2 篇及以上的为核心研究机构。因此,发表文献 2 篇及以上的吉林大学、东北石油大学、中央财经大学、河南省漯河市城建档案馆、黑龙江大学是研究的高产机构。5 个高产机构中,4 个为高校,说明高校仍然是 2018 年建筑和设备研究核心机构群的主体,与 2017 年的上海大学、清华大学、吉林大学、黑龙江工程学院、黑龙江大学 5 个机构相比,相同的是吉林大学、黑龙江大学仍然在列,不同的是少了一所高校,多了一个专业的事业性档案馆。

从前 40 个机构发表文献的数量及占比情况看,高校 33 个,占前 40 个机构的 82.5%;发表文献 41篇,占全部样本的 58.57%。档案馆 3 个,占前 40 个机构的 7.5%;发表文献 4 篇,占全部样本的5.71%。档案行政管理机关 2 个,占前 40 个机构的 5%;发表文献 2 篇,占全部样本的 2.86%。企业 1个,占前 40 个机构的 2.5%;发表文献 1 篇,占全部样本的 1.43%。其他行政管理机构 1 个,占前 40个机构的 2.5%;发表文献 1 篇,占全部样本的 1.43%。

可见,高校发表文献的数量及占比均为最高,档案馆次之,档案行政管理机构再次之,其他行政管理机构和企业最少。这说明建筑和设备研究一方面趋近于理论研究,另一方面除高校之外,档案馆与档案局较为关注。

三、文献来源分布

从文献来源分布看,《办公室业务》《兰台世界》《城建档案》《中国档案》《黑龙江档案》《图书情报工作》《浙江档案》《档案天地》《档案管理》《黑龙江大学》《南京大学》《赤峰学院学报(自然科学版)》等前12种文献来源共发表文献51篇,占全部样本的72.86%。

前12种文献来源发表文献数量及占比情况见表6-8。

表6-8　前12种文献来源发表文献数量及占比情况

序号	文献来源	发表文献数量/篇	占全部样本/%
1	《办公室业务》	14	20.00
2	《兰台世界》	9	12.86
3	《城建档案》	6	8.57
4	《中国档案》	5	7.14
5	《黑龙江档案》	4	5.71
6	《图书情报工作》	3	4.29
7	《浙江档案》	2	2.86
8	《档案天地》	2	2.86
9	《档案管理》	2	2.86
10	《黑龙江大学》	2	2.86
11	《南京大学》	1	1.43
12	《赤峰学院学报(自然科学版)》	1	1.43
	合计	51	72.86
	总计	70	100.00

按照布拉德福定律,70篇文献可分为核心区、相关区和非相关区,各个区的论文数量相等(约23篇)。因此,居前2位的《办公室业务》《兰台世界》(23篇)处于核心区之内;《城建档案》《中国档案》《黑龙江档案》《图书情报工作》《浙江档案》《档案天地》《档案管理》(24篇)处于相关区;《黑龙江大学》《南京大学》《赤峰学院学报(自然科学版)》和19种其他文献来源则处于非相关区。

从表6-8看,大多数(7种)为档案学期刊。在档案学期刊中,普通期刊数量多(4种),发表文章也多(21篇)。普通档案学期刊对2018年建筑和设备研究的关注度更高,是这一研究领域的主要阵地;其他期刊的关注度则相对较低。

四、小结

从样本文献的计量分析情况看,邓君、郭艳、王卉乔、朱黎琴4位作者,是2018年建筑和设备研究的高产作者及核心作者。2018年建筑和设备研究只有少量的高产作者,没有形成规模的核心作者群。从前40位作者的所属单位看,高校作者是2018年建筑和设备研究的主体。

　　从前 40 个机构发表文献的数量及占比情况看,高校发表文献的数量及占比均为最高,档案馆次之,档案行政管理机构再次之,其他行政管理机构和企业最少。这说明建筑和设备研究一方面趋近于理论研究,另一方面除高校之外,档案馆与档案局较为关注。

　　从前 12 种文献来源看,大多数(7 种)为档案学期刊。在档案学期刊中,普通期刊数量多(4 种),发表文章也多(21 篇)。普通档案学期刊对 2018 年建筑和设备研究的关注度更高,是这一研究领域的主要阵地;其他期刊的关注度则相对较低。

第三节　文献词频分析

　　本节采用关键词词频的方法,从高频关键词词频、主题词词频和近五年高频词变化 3 个方面对样本文献进行分析。

一、关键词词频分析

　　表 6-9 是前 15 个高频关键词使用频率及占比情况。

表 6-9　前 15 个高频关键词使用频率及占比情况

序号	关键词	使用频率/次	占全部样本/%
1	高校档案馆	18	25.71
2	档案馆	11	15.71
3	公共档案馆	7	10.00
4	高校	7	10.00
5	微信	6	8.57
6	信息化	3	4.29
7	档案服务	3	4.29
8	高校图书馆	3	4.29
9	建设	3	4.29
10	建议	2	2.86
11	互联网+	2	2.86
12	网站	2	2.86
13	延伸服务	2	2.86
14	对策	2	2.86
15	档案	2	2.86
合计		73	104.29
总计		70(篇)	100.00

　　前 15 个高频关键词中,使用频率最高的是高校档案馆,使用 18 频次。前 15 个高频关键词合计使用 73 频次,占全部样本的 104.29%,即全部文献均使用上述 15 个关键词。

前 15 个高频关键词高校档案馆、档案馆、公共档案馆、高校、微信、信息化、档案服务、高校图书馆、建设、建议、互联网+、网站、延伸服务、对策、档案,可以归纳为机构、新媒体、档案服务、信息化、档案 5 个大类。

相对而言,2018 年建筑和设备研究主要集中在机构、新媒体、档案服务、信息化、档案 5 类 15 个关键词所涉及的方面。可以说,上述 15 个关键词是 2018 年建筑和设备研究的热点所在。而且又以高校档案馆、档案馆、公共档案馆、高校、微信 5 个方面为热点,与 2017 年高校档案馆、档案馆、档案管理、档案、文化建设相比,有一定的内容变化。

由于建筑和设备研究内容所反映出的广泛性,研究热点只是相对集中,每年都会有新的热点与重点出现,并非固定不变。

二、主题词词频分析

从主题词使用频率看,2018 年建筑和设备研究涉及内容广泛,集中在机构、新媒体、档案服务、档案、档案事务、档案人 6 个方面。使用频率最高的 40 个主题词分布及占比情况见表 6-10。

表 6-10　使用频率最高的 40 个主题词分布及占比情况

序号	主题词	使用频率/次	占全部样本/%
1	高校档案馆	29	41.43
2	档案馆	25	35.71
3	公共档案馆	8	11.43
4	微信公众平台	7	10.00
5	档案服务	6	8.57
6	综合档案馆	4	5.71
7	馆藏档案	4	5.71
8	档案馆网站	4	5.71
9	馆藏资源	4	5.71
10	城建档案馆	4	5.71
11	信息化建设	3	4.29
12	用户感知	3	4.29
13	高校档案	3	4.29
14	图书馆	3	4.29
15	数字档案馆	3	4.29
16	档案网站	3	4.29
17	高校图书馆	3	4.29
18	档案管理	3	4.29
19	校史馆	3	4.29
20	用户满意度	3	4.29
21	档案资源	3	4.29
22	档案工作者	3	4.29
23	高校数字档案馆	3	4.29

续表6-10

24	名人档案	2	2.86
25	档案信息资源	2	2.86
26	档案材料	2	2.86
27	云计算	2	2.86
28	感知服务质量	2	2.86
29	社会服务	2	2.86
30	大数据	2	2.86
31	私人档案馆	2	2.86
32	文书档案	2	2.86
33	评价体系	2	2.86
34	档案馆管理	2	2.86
35	档案编研	2	2.86
36	服务质量	2	2.86
37	建设路径	2	2.86
38	微信公众号	2	2.86
39	编研成果	2	2.86
40	评价指标体系	2	2.86
	合计	168	240.00
	总计	70（篇）	100.00

从涉及的主题词看,使用频率最高的40个主题词共使用168频次,占全部样本的240.00%。也就是说,上述40个主题词涵盖了全部样本文献2遍多。其中使用频率最高的是高校档案馆(29频次),使用频率最低的是名人档案、档案信息资源、档案材料、云计算、感知服务质量、社会服务、大数据、私人档案馆、文书档案、评价体系、档案馆管理、档案编研、服务质量、建设路径、微信公众号、编研成果、评价指标体系(各2频次),平均使用频率为4频次。

从主题词反映出的研究内容看,2018年建筑和设备研究关注的40个主要问题又可归并为机构、新媒体、档案服务、档案、档案事务、档案人6个大类。

机构(高校档案馆、档案馆、公共档案馆、综合档案馆、城建档案馆、图书馆、数字档案馆、高校图书馆、校史馆、高校数字档案馆、私人档案馆),共使用87频次,占全部样本的124.29%。它是与档案事业、档案人关系最为密切的问题。这里涉及的主要是档案馆,而且是各级各类档案馆。建筑和设备研究一直是档案馆的重要内容。

新媒体(微信公众平台、档案馆网站、档案网站、云计算、大数据、微信公众号),共使用20频次,占全部样本的28.57%。集中在各类社交媒体、大数据和云计算3个方面,重点在社交媒体上。

档案服务(档案服务、用户满意度、感知服务质量、社会服务、评价体系、服务质量、评价指标体系、高校档案、档案编研、编研成果、用户感知),共使用29频次,占全部样本的41.43%。它聚焦服务与评介两个重点环节。

档案(馆藏档案、档案资源、档案信息资源、档案材料、文书档案、馆藏资源、名人档案),共使用19频次,占全部样本的27.14%。档案是档案学研究的本体,但从涉及的7个主题看,主要涉及各类档案所承载的信息上。

档案事务(信息化建设、档案管理、档案馆管理、建设路径),共使用 10 频次,占全部样本的14.29%。它主要涉及档案事务的管理层面。

档案人(档案工作者),共使用 3 频次,占全部样本的 4.29%。作为档案工作的主体和服务对象,即便是建筑和设备研究,关注点从来没有离开过档案人自身。

可以说,2018 年建筑和设备研究所涉及内容虽然十分广泛,但全部文献均包含在机构、新媒体、档案服务、档案、档案事务、档案人 6 类问题上,或者说,建筑和设备研究主要是围绕机构、新媒体、档案服务、档案、档案事务、档案人 6 个方面展开的。

三、近五年高频词变化

年度关键词的变化,特别是高频关键词的变化,能够反映出相关研究内容与主题、重点与热点的变化。

2014—2018 年建筑和设备研究年度关键词及高频关键词的变化情况,请扫描右侧二维码。

从近五年研究文献主要关键词的分布看,共使用 12 个关键词,即高校档案馆、档案馆、高校、公共档案馆、档案管理、档案、微信、文化建设、建设、高校档案、校史馆、服务。

5 年中,全部相邻年份中重复出现过的关键词有高校档案馆、档案馆 2 个(各5 年),重复率为 100%。

2 个相邻年份中重复出现过的关键词有高校、档案 2 个(各 2 年),重复率为 40%。

不相邻年份中重复出现过的关键词有高校(3 年),重复率为 60%;公共档案馆、档案管理(各 2年),重复率为 40%。

微信、文化建设、建设、高校档案、校史馆、服务 6 个关键词没有年度重复。

可见,近五年间高校档案馆、档案馆相关研究的持续度最高,是研究的核心内容与方向;其次是高校、档案问题,在年度间连续性好;再次是公共档案馆、档案管理问题,在 5 年中有重复,但年度间没有连续性。

从总体上看,五分之三的研究内容与主题是上一年的重点。但每年研究内容变化比较大,有 40%左右新研究内容成为热点。微信是 2018 年新的热点。在 2014—2018 年中出现的关键词最少为 2 次,最多时达到 18 次。

综上,近五年来相关研究的主要内容相对集中,重点突出,同时新内容、新热点频出。

四、小结

从 70 篇文献涉及的关键词看,2018 年建筑和设备研究主要集中在机构、新媒体、档案服务、信息化、档案 5 类 15 个关键词所涉及的方面。可以说,15 个关键词是 2018 年建筑和设备研究的热点所在,而且又以高校档案馆、档案馆、公共档案馆、高校、微信 5 个方面为热点,与 2017 年高校档案馆、档案馆、档案管理、档案、文化建设相比,有一定的内容变化。

2018 年建筑和设备研究所涉及内容虽然十分广泛,但全部文献均包含在机构、新媒体、档案服务、档案、档案事务、档案人 6 类问题上,或者说,建筑和设备研究主要是围绕机构、新媒体、档案服务、档案、档案事务、档案人 6 个方面展开的。

从总体上看,五分之三的研究内容与主题是上一年的重点。但每年研究内容变化比较大,有 40%左右的新研究内容成为热点。近五年来相关研究的主要内容相对集中,重点突出,同时新内容、新热点频出。

第四节　文献关键词共词分析

本节采用关键词共现分析的方法,从共现矩阵和共现网络两个方面对样本文献进行分析。

一、共现矩阵

矩阵提取使用频率最高的 20 个关键词,将这 20 个关键词形成 20×20 的共词矩阵。如果某两个关键词同时出现在一篇文章中时,就表明这两者之间存在相关关系,关键词右侧或下方对应位置的数值表示篇数。

图 6-1 是 2018 年档案建筑和设备研究文献高频关键词共现矩阵。

	高校档案馆	档案馆	高校	微信公众平台	公共档案馆	档案服务	信息化	建设	高校图书馆	互联网+	延伸服务	档案	数字档案馆	网站	档案管理	服务	大数据	建议	对策	文化
高校档案馆																				
档案馆																				
高校		3																		
微信公众平台	6																			
公共档案馆		1		1																
档案服务	1				1	1														
信息化	1		1			1														
建设	2	1	1	1																
高校图书馆		2																		
互联网+																				
延伸服务		2							2											
档案		1																		
数字档案馆		1																		
网站	1	1										1								
档案管理					1	1														
服务	2														1					
大数据	1		1											1						
建议	1			1																
对策	1																			
文化		1			1															

图 6-1　2018 年档案建筑和设备研究高频关键词共现矩阵

图 6-1 显示,2018 年建筑和设备研究关键词共现有 34 组,共现率为 17%。只有 7 个共现次数 2 次以上的关键词组合,其他 27 个共现关键词组共现频率均为 1 次。

以横轴为准计：

20 组共现关键词中有 9 组与高校档案馆直接相关,占共现关键词的 4.5%。

20 组共现关键词中各有 6 组与档案馆、高校直接相关,分别占共现关键词的 3%。

20 组共现关键词中有 4 组与微信公众平台直接相关,占共现关键词的 2%。

20 组共现关键词中各有 2 组与公共档案馆、档案服务直接相关,分别占共现关键词的 1%。

20 组共现关键词中各有 1 组与信息化、高校图书馆、档案、数字档案馆、网站直接相关,分别占共现关键词的 0.5%。

此外,还有建设、互联网+、延伸服务、档案管理、服务、大数据、建议、对策、文化 9 个无共现关键词。

共现次数 2 次及以上的关键词组有 7 个,分别是：

高校档案馆与微信公众平台:6 频次。

高校档案馆与建设:2 频次。

高校档案馆与服务:2 频次。

档案馆与高校:3 频次。

档案馆与高校图书馆:2 频次。

档案馆与延伸服务:2 频次。

高校图书馆与延伸服务:2 频次。

从共现组数看,由于少有高共现频率词组出现,7 个共现次数 2 次及以上的关键词组,占全部共现词组的 20.59%。2018 年建筑和设备研究仅有相关性很强的重点与方向,集中在高校档案馆与档案馆两个方面。或者说,2018 年建筑和设备研究是在多个方向上与档案馆相关的内容上平行展开的。

2018 年建筑和设备研究的整体规模小,研究内容相对分散。2018 年建筑和设备研究领域只有少量高频(2 次及以上)共现关键词,没有形成比较明显的高相关共现关键词群,但研究的集中趋势十分明显。

二、共现网络

在关键词共现网络中,关键词之间的关系可以用连线来表示,连线多少和粗细代表关键词间的亲疏程度,连线越多,代表该关键词与其他关键词共现次数越多,越是研究领域的核心和热点内容。

使用工具获得 2018 年档案建筑和设备研究高频词共词网络图谱(扫描右侧二维码)。

从共词网络图谱可以直观地看出:2018 年档案建筑和设备研究可分为"高校档案馆""档案馆"和"互联网"3 个不同聚类。其中"高校档案馆""档案馆"两个群组是单核心多词群组,"互联网"为单核心单词群组。

"高校档案馆""档案馆"两个单核心多词群组中,以"高校档案馆"为核心的群组涉及 12 个关键词,规模大于"档案馆"群组。在这个群组中又分为两个集群。一个集群是由"微信公众平台""档案服务""建议""档案管理""对策""建设""信息化"构成的集群。其中包括与"高校档案馆"共现次数最多的"微信公众平台"和使用频率次高的"档案服务",重心在"档案服务"与"档案管理"之上。另一个集群是由"大数据""网站""服务""档案""数字档案馆"组成的,重心在"大数据""网站""数字档案馆"之上。整个群组的聚合度不是非常高,内部关联性不强。外部仅与"档案馆"群组有关系,但关联性同样稀松。

在"档案馆"群组中,涉及的关键词少于"高校档案馆"群组。其中以"公共档案馆"和"高校"使用频次最高。与"高校"的关联性最强。整个群组的聚合度也不高,群组内部关联性不强。外部与"档案馆"群组和"互联网"群组都有关系,但同样联系稀松。

"互联网"单个独词聚类处在整个网络的外围,不是 2018 年建筑和设备研究的重点。

可见,2018 年建筑和设备研究是在"高校档案馆""档案馆"两个群组的多个不同方向平行展开的。而处在网络外围的"互联网"独词聚类,目前不是研究的主题与核心,但有可能成为日后的主题与核心。

三、小结

从共现矩阵看,2018 年建筑和设备研究的整体规模小,研究内容相对分散。2018 年建筑和设备研究领域只有少量高频(2 次及以上)共现关键词,没有形成比较明显的高相关共现关键词群,但研究的集中趋势十分明显。

2018 年建筑和设备研究是在"高校档案馆""档案馆"两个群组的多个不同方向平行展开的。而处在网络外围的"互联网"独词聚类,目前不是研究的主题与核心,但有可能成为日后的主题与核心。

第五节　文献综述

一、档案馆介绍

1.《中国档案》

《中国档案》介绍了福建省福州市马尾区、浙江省淳安县、浙江省衢州市、广东省佛山市、新疆哈密市、宁夏灵武市、广东省潮州市、广西南宁市国家档案馆。

(1)福建省福州市马尾区档案馆。福州市马尾区档案馆成立于 1985 年 5 月,1992 年福州经济技术开发区与马尾区合并,两区档案馆随之合并。1999 年福州开发区档案局、马尾区档案局与福州开发区档案馆、马尾区档案馆局馆合一。2008 年 9 月马尾区档案馆通过国家二级综合档案馆测评,2017 年 12 月通过福建省省级中小学生档案教育社会实践基地评审。马尾区档案馆新馆项目于 2013 年 1 月动工,2015 年 12 月通过验收。新馆与马尾区青少年活动中心构成建筑群,新馆建筑面积为 8700 平方米,共 7 层,包括档案库房、消毒用房、设备用房、开放式大厅、报告厅、档案文件资料查阅利用服务中心及展厅、裱糊室、数字化加工等各类功能用房。档案馆保存有马尾区的文书、科技、人事(职工)、会计、公证、诉讼、审计、字画题词各门类档案共 11.5 万余卷(件),声像档案 2 万余张。[①]

(2)浙江省淳安县档案馆。淳安县档案馆新馆于 2013 年 4 月动工,2015 年主体竣工,2017 年 10 月 30 日正式开馆启用。新馆建筑面积共 7603.5 平方米,其中库房面积 2321.4 平方米。新馆建筑共 7 层,其中三层为 400 平方米的查阅大厅,能同时容纳 100 多人查阅,并专门设置了电子查阅室、现行文件中心,大厅周围还布置了淳安历史文化展览,市民在这里不仅可以享受到便捷高效的档案查阅服务,还可以深入了解、研究淳安的历史文化。四至五层为库房,保存有档案全宗 204 个,档案 9 万余卷、17 万余件,图书 1.2 万余册,报刊 4000 余卷,包括民国档案、移民档案、山林延包档案、婚姻档案等,涵盖纸质、电子、实物等载体。六层为办公区域。七层为爱国主义教育基地及各科室技术用房。[②]

(3)浙江省衢州市档案馆。衢州市档案馆新馆于 2014 年 1 月动工,2017 年 9 月正式投入使用,总

---

① 福建省福州市马尾区档案馆简介[J]. 中国档案,2018(2):88.
② 浙江省淳安县档案馆简介[J]. 中国档案,2018(3):75.

建筑面积 17 887 平方米,其中库房面积 4365 平方米,可容纳档案 150 万卷。新馆按市级一类综合公共档案馆建设,由库房、业务和技术用房及对外服务用房等构成,是一个集公益性、开放性和文化性于一体的现代化综合档案馆。截至 2017 年 12 月底,馆藏档案有 335 个全宗,约 31 万卷、10 万件。包括土地房产档案、学籍档案、招工档案、婚姻档案、知青档案、出生医学证明、公证档案、社保档案等。①

(4)广东省佛山市档案馆。佛山市档案馆新馆于 2016 年 3 月正式投入使用,是一座特色鲜明、布局合理、功能齐备、管理先进的国家一级综合档案馆。新馆坐落在佛山新城文化中心,作为佛山市公共文化综合体项目之一与周边的市图书馆、市博物馆、市文化馆、市科技馆等文化场所形成了"九馆一中心"的格局。新馆由英国 ARUP 工程顾问公司、丹麦 HLA 建筑师事务所和广州市设计院共同设计,由广州市建筑集团有限公司施工,项目总投资约 4.7 亿元,总体建筑面积近 5 万平方米,库房面积 2.1 万平方米。新馆借鉴传统广府民居"三间两廊"的合院建筑形式,利用天井庭院改善微气候。新馆主体建筑为体量庞大的巨型方体档案库,外观形似"档案盒脊背",寓意为用档案拼砌起城市一点一滴的文明宝藏。库房的复合墙体集"防水+防潮+隔热"等功能于一体,能有效地起到控温隔热、防水防潮的作用,满足档案库房对恒温恒湿的要求。新馆大门从岭南传统建筑的"趟栊门""月形门"中提取的设计思路,以"趟栊门"为新馆主入口,以加入佛山剪纸元素的"月形门"为西侧大门,这两座大门共同构建了档案馆深具人文特色的门户空间,展现了佛山传统建筑与非遗文化的传承。②

(5)新疆哈密市档案馆。哈密市档案局(馆)成立于 1958 年 10 月,现有馆藏档案 158 全宗,共 30 104 卷,其中国家重点档案 6890 卷。2006 年,哈密市档案馆晋升为自治区一级档案馆。哈密市档案馆新馆按照市级三类档案馆功能要求建设,占地面积约 13 126.67 平方米,建筑面积 10 295 平方米,项目总投资 4667 万元,于 2018 年 4 月 1 日正式投入使用。馆内分为办公区、馆库区、查阅服务区、档案和地方志陈列展区,配置有中央空调系统、消防自动报警灭火系统、防盗报警系统、门禁监控系统、触摸查询系统、计算机网络系统、服务器及储存系统,并设置了中心机房,以及档案数字化加工、档案修裱、档案消毒、档案整理、音像档案处理等业务用房。③

(6)宁夏灵武市档案馆。灵武市档案馆新馆于 2017 年 12 月建成,总建筑面积 3160.7 平方米,为主体三层结构,库房面积为 903 平方米。新馆集档案方志资料的收集保管、数字化加工、开发利用及相关的管理、宣传、教育、行政办公等功能于一体,是一座综合爱国主义教育基地、档案方志资料安全保管基地、政府信息公开中心、电子文件管理中心和档案方志党史利用编研服务中心"五位一体"的文化事业标志性建筑。④

(7)广东省潮州市档案馆。潮州市档案馆于 1983 年在原潮安县档案馆(1958 年成立)和原潮州市档案馆(1959 年成立)的基础上合并成立。潮州市档案馆新馆于 2018 年 6 月建成并投入使用,总建筑面积 8800 平方米,主体建筑面积 6300 平方米,是集保管、利用、服务为一体的国家综合档案馆。新馆设置有档案库房、消毒用房、设备用房、裱糊修复室、数字化加工室、学术报告厅、档案查阅利用服务大厅及展览厅等各类功能用房。馆内配置了智能密集柜、恒温恒湿监控系统、火灾报警和气体灭火联动系统、数字档案馆管理系统、容灾存储服务器等设施设备。⑤

(8)广西南宁市国家档案馆。南宁市国家档案馆新馆位于五象新区玉洞大道,占地 50 亩。一期工程总建筑面积 3.3 万平方米(含南宁市方志馆),概算总投资 3.4 亿元,于 2018 年 11 月投入使用;预留的二期工程已列入南宁市"十三五"规划重点项目,将重点建设多功能展厅和现代化智能档案库

① 浙江省衢州市档案馆简介[J]. 中国档案,2018(4):79.
② 广东省佛山市档案馆简介[J]. 中国档案,2018(7):79.
③ 新疆哈密市档案馆简介[J]. 中国档案,2018(8):67.
④ 宁夏灵武市档案馆简介[J]. 中国档案,2018(9):71.
⑤ 广东省潮州市档案馆简介[J]. 中国档案,2018(10):86.

房。新馆按照《档案馆建设标准》的省级三类馆标准建设,可收藏纸质档案 70 万卷。设计目标是:建成全国先进、广西一流,具有文化品位、地方特色、现代气息、功能标准的国家档案馆,成为南宁文化标志性建筑之一。新馆功能完善,一期工程在设置了集智能档案库房、对外服务用房、档案业务和技术用房的同时,还配备了可同声传译多国语言的国际学术交流厅等特色功能用房。新馆智能化程度高,设置了安全技术防范系统、广播系统、扩声会议系统等 8 大系统。①

　　2.《云南档案》

　　《云南档案》介绍了云南香格里拉市、晋宁区、弥渡县、昌宁县、南华县、南涧县、易门县、双江县、澜沧县、禄丰县、西畴县、昆明市盘龙区国家综合档案馆。

　　(1)香格里拉市国家综合档案馆。香格里拉市国家综合档案馆新馆于 2015 年 10 月开工建设,2017 年 1 月竣工。新馆以现代建筑风格为主,同时还提取了传统建筑、民居建筑元素,占地面积 2338 平方米,总建筑面积 4079.38 平方米,库房面积 1558 平方米,对外服务用房面积 924 平方米,配置有标准库房 13 间,安装密集架 270 立方米。消防系统为消火栓、自动消防灭火系统和火灾自动报警系统,视频监控系统共计 110 个点位。②

　　(2)昆明市晋宁区国家综合档案馆。晋宁区国家综合档案馆新馆于 2012 年 11 月开工建设,2016 年 12 月竣工。新馆建筑以晋宁的“晋”字为设计构思,占地面积 3937 平方米,总建筑面积 5493.9 平方米。库房面积 2631 平方米,对外服务用房面积 2536 平方米,配置有标准库房 18 间,安装密集架 575 立方米。消防系统为七氟丙烷气体灭火系统和火灾自动报警系统;视频监控系统共计 56 个点位。③

　　(3)弥渡县国家综合档案馆。弥渡县国家综合档案馆新馆于 2012 年 3 月开工建设,2014 年 6 月竣工。新馆建设风格为弥渡花灯文化扇形外观设计,占地面积 2333.35 平方米,总建筑面积 4614 平方米。库房面积 2313 平方米,配置有标准库房 14 间,对外服务用房面积 281 平方米,安装密集架 1112 立方米。消防系统为高压细水雾消防灭火系统和火灾自动报警系统,视频监控系统共计 32 个点位。④

　　(4)昌宁县国家综合档案馆。昌宁县国家综合档案馆于 2013 年 12 月开工建设,新馆建筑为现代风格设计,2015 年 12 月竣工,占地面积 666.67 平方米,建筑面积 5017.81 平方米,配置有标准库房 8 间 1407.61 平方米,安装密集架 473 平方米,对外服务用房 953.78 平方米。建有昌宁县综合文化展馆和规划展馆,规划展馆采用三维互动展示系统(数字沙盘),具有三维数据调取、多比例尺显示、全信息展示、高清影片演绎、全互动演示等先进功能。消防系统为气体灭火系统及消防报警联动控制系统,视频监控系统共计 37 个点位。⑤

　　(5)南华县国家综合档案馆。南华县国家综合档案馆于 2014 年 12 月 20 日开工建设,2016 年 1 月 26 日竣工,新馆占地面积 3182.7 平方米,总建筑面积 4268.75 平方米,库房面积 2101.2 平方米,对外服务用房面积 1252.51 平方米,配置有标准库房 11 间,共计 2101.2 平方米。消防系统为超细干粉消防灭火系统和火灾自动报警系统;视频监控系统共计 61 个点位,能够实现关键点的 24 小时监控,周界防护系统采取监控系统。新馆建筑外立面颜色采用砖红色,屋顶采用坡屋顶瓦屋面形式,使现代和民族风格和谐统一,采用简洁、明快、朴实、大方兼本地文化和现代气息于一体的建筑风格,彰显了南华“神秀彝园、璀璨菌国”的主题文化特色。⑥

---

　①　广西南宁市国家档案馆简介[J].中国档案,2018(12):61.
　②　云南省县级国家综合档案馆建设项目新馆介绍:香格里拉市国家综合档案馆[J].云南档案,2018(1):19.
　③　云南省县级国家综合档案馆建设项目新馆介绍:晋宁区国家综合档案馆[J].云南档案,2018(2):15.
　④　云南省县级国家综合档案馆建设项目新馆介绍:弥渡县国家综合档案馆[J].云南档案,2018(3):32.
　⑤　云南省县级国家综合档案馆建设项目新馆介绍:昌宁县国家综合档案馆简介[J].云南档案,2018(4):36.
　⑥　云南省县级国家综合档案馆建设项目新馆介绍:南华县国家综合档案馆简介[J].云南档案,2018(5):46.

(6)南涧县国家综合档案馆。南涧彝族自治县国家综合档案馆新馆于 2013 年 12 月开工建设，2015 年 11 月 27 日建成并正式对外开馆;新馆占地 4799.27 平方米,总建筑面积 4042.32 平方米;库房面积 1939.85 平方米,对外服务用房面积 1165.51 平方米,配置有标准库房 12 间。消防系统为高压细水喷雾系统和火灾自动报警系统;视频监控系统共计 8 个点位。档案馆立面效果图在设计理念上充分融入了南涧的民族文化元素与档案历史元素,整体造型似档案第一个汉语拼音字母"D"横置,屋顶像南涧跳菜托盘,敞开的屋顶和门厅寓意档案从封闭(保密)走向开放(公开),从深宫密室变为政府信息公开查阅场所。①

(7)易门县国家综合档案馆。易门县国家综合档案馆新馆于 2013 年 11 月开工建设,2016 年 11 月竣工。新馆建筑风格为中国传统中式建筑,占地面积 3650.8 平方米,总建筑面积 4994 平方米。库房面积 2263.8 平方米,对外服务用房面积 1733.1 平方米,配置有标准库房 12 间。消防系统为高压细水雾灭火系统和火灾自动报警系统;视频监控系统共计 84 个点位。②

(8)双江县国家综合档案馆。双江自治县国家综合档案馆新馆整体采用 L 型布局,以浅灰色石材为基调,于 2013 年 9 月开工建设,2016 年 10 月竣工;新馆占地面积 3334.50 平方米,总建筑面积 3839.31 平方米;配置有标准库房 12 间。消防系统为高压细水雾消防灭火系统和火灾自动报警系统;视频监控系统共计 32 个点位,能够实现无盲区全覆盖的 24 小时监控。③

(9)澜沧县国家综合档案馆。澜沧拉祜族自治县国家综合档案馆新馆建于 2014 年 11 月,2016 年 12 月竣工。新馆占地面积 3333 平方米,总建筑面积 4842.94 平方米,库房面积 2389.64 平方米。配置有标准库房 12 间,消防系统为七氟丙烷、感烟火灾探测器消防灭火系统和火灾自动报警系统;视频监控系统有 35 个点位。④

(10)禄丰县国家综合档案馆。禄丰县国家综合档案馆新馆于 2014 年 12 月 26 日开工建设,2016 年 5 月竣工,占地面积 3332 平方米,总建筑面积 5788.25 平方米;对外服务用房 1762.31 平方米,库房面积 2956.47 平方米,配置标准库房 15 间。消防系统为超细干粉灭火系统和火灾自动报警系统;视频监控系统共计 36 个点位。⑤

(11)西畴县国家综合档案馆。西畴县国家综合档案馆新馆建筑风格为现代仿古建筑,于 2011 年 12 月开工建设,2013 年 12 月竣工。新馆占地面积 2942 平方米,总建筑面积 4059.8 平方米;库房面积 1984.25 平方米,对外服务用房面积 1170 平方米,配置有标准库房 2 间。消防系统为自动喷水、气体消防灭火系统和火灾自动报警系统。视频监控系统共计 10 个点位。⑥

(12)昆明市盘龙区国家综合档案馆。盘龙区国家综合档案馆,坐落于昆明市盘龙区北部山水新区昆明湖北侧山麓。新馆于 2017 年 11 月动工,2018 年 12 月竣工。占地 10 346.67 平方米,建筑面积 13 285 平方米,建筑采用现代风格,地下一层,地上五层。一、二楼为展厅、查阅区、办公区、档案技术用房,三至五楼为档案库房,库房面积达到 6000 多平方米,设有职能密集架、手动密集架、离线介质库、电子档案库等专业库房。附属用房设有可供 200 人使用的报告厅。适应盘龙区未来 30 年档案事业发展的需求。⑦

3.《山东档案》

《山东档案》介绍了山东省邹城市、莱芜市、莱西市、鄄城县档案馆。

① 云南省县级国家综合档案馆建设项目新馆介绍:南涧县国家综合档案馆简介[J].云南档案,2018(6):58.
② 云南省县级国家综合档案馆建设项目新馆介绍:易门县国家综合档案馆简介[J].云南档案,2018(7):26.
③ 云南省县级国家综合档案馆建设项目新馆介绍:双江县国家综合档案馆简介[J].云南档案,2018(8):28.
④ 云南省县级国家综合档案馆建设项目新馆介绍:澜沧县国家综合档案馆简介[J].云南档案,2018(9):24.
⑤ 云南省县级国家综合档案馆建设项目新馆介绍:禄丰县国家综合档案馆简介[J].云南档案,2018(10):45.
⑥ 云南省县级国家综合档案馆建设项目新馆介绍:西畴县国家综合档案馆[J].云南档案,2018(11):31.
⑦ 云南省县级国家综合档案馆建设项目新馆介绍:盘龙区国家综合档案馆[J].云南档案,2018(12):52.

（1）邹城市档案馆。邹城市档案新馆 2013 年 8 月交付使用。新馆设计高度 24 米、5 层,总建筑面积 12 935 平方米,总投资 5000 万元,具有档案保管、陈列展览、服务咨询、学术研究、教育培训等服务功能,是集档案安全保管基地、爱国主义教育基地、档案利用中心、政府信息查阅中心、电子文件中心"五位一体"的公共档案馆。①

（2）莱芜市档案馆。莱芜市档案馆的前身是莱芜县档案馆,于 1960 年 2 月成立。市档案馆为市委办公室领导的正处级事业单位,挂市档案局的牌子,受权行使有关行政管理职能。市档案馆设办公室、法规教育科、业务监督指导科、编研科、档案管理科,编制 20 人,工作人员参照公务员法管理。2008 年,市档案馆晋升为国家二级档案馆。2017 年 9 月,市档案馆完成新馆改造工程,并实施整体搬迁,档案馆建筑面积达到 14 150 平方米。目前,馆藏档案资料达 21 万卷(件册)。②

（3）莱西市档案馆。莱西市档案馆成立于 1963 年 3 月,为国家综合档案馆,2016 年 9 月,莱西市档案馆搬迁至新馆,位于莱西市文化中心。总建筑面积 6800 平方米,其中库房面积 3200 平方米。现有馆藏档案全宗 146 个,共计 99 103 卷(件、盘),资料 13 853 册。其中按卷管理的档案 56 431 卷,包含革命历史档案,146 个市直机关、事业单位、公社、乡镇等单位的文书档案,1951 年土地房产、人口普查、公证、婚姻登记等专业档案;按件管理的档案 41 694 件,包含文书档案和婚姻登记档案。另有录音、录像、照片、实物档案等。馆藏资料 13 853 册,涉及政治、军事、经济、历史、文化、科技、工农业等各方面内容。目前,馆藏永久、长期保管的纸质档案 500 余万页已全部数字化。③

（4）鄄城县档案馆。鄄城县档案馆新馆位于鄄城县陈王路与长江大街交汇处西南角,2018 年 5 月底启用。新馆共有三层,设有展厅、开放档案阅览室、电子档案阅览室、现行文件阅览室等场所。新馆设施先进,运行有高级的安全管理系统和资源管理系统,具备消毒管理、自动防火报警监测、动态视频监控、温湿度空气净化自动测控等功能。新馆在基于档案工作信息化的基础上,通过应用云计算、物联网、大数据等新技术,按照档案管理"五位一体"的要求,构建集档案智慧收集、智慧管理、智慧服务、智慧保护、智慧监督为一体的数字档案馆。新馆投入使用后能基本满足鄄城县档案事业 30 年至50 年发展需求,成为鄄城县设施完善、功能齐全、安全保密、服务便捷、节能环保的档案保管基地、爱国主义教育基地、档案利用中心、政府公开信息查阅中心和电子文件备份中心。④

二、档案馆建筑

中国人民大学信息资源管理学院梁艳萍、河南省城开集团张威对改革开放 40 年来我国档案馆建筑研究的进展进行分析,认为:"我国档案馆建筑研究呈现出如下特点:(1)档案馆建筑研究领域正在逐步形成,档案学科和建筑学科将发挥重要作用。在信息化和档案工作社会化背景下,档案馆建筑研究引起了建筑学和档案学学科的关注,使得档案馆建筑研究逐渐成为档案保护技术学的一个重要研究领域。同时,档案馆建筑研究也成为建筑设计、建筑文化领域的重要关注点。不同学科的学者采取不同的切入点,共同探讨档案馆建筑继承和发展的问题。尽管档案学科和建筑学科所关注的档案馆建筑各有侧重,但最终目标都是使档案馆建筑在新时期能够更好地完成档案馆的使命和社会功能。为了避免'千馆一面'的现代化建筑的出现,还需要档案界、建筑界人士从'建筑文化''档案文化'入手,根据馆藏特色,结合地域文化,把档案馆建成当地有文化品位、有地方特色、有现代气息的标志性建筑。(2)档案馆建筑研究主题相对分散。随着我国国力的增强,传统文化开始回归,档案馆新一轮

---

①　邹城市档案馆简介[J].山东档案,2018(2):83,86.
②　莱芜市档案馆简介[J].山东档案,2018(3):78,86.
③　莱西市档案馆简介[J].山东档案,2018(5):61,86.
④　鄄城县档案馆简介[J].山东档案,2018(6):47,86.

建设高潮兴起,国内逐渐展开了档案馆建筑传统建筑文化继承的研究。档案馆的建设是一项系统工程,包括建设立项、建筑设计、建筑施工、建筑装饰装修等流程,并且强调建筑设计理念、建筑技术、装饰装修文化等。在实际工作当中,建筑设计、建筑施工、装饰装修都要依托特定的部门或机构去完成,这就导致档案馆建设分散在档案部门、设计单位、施工企业和装饰装修等部门。正因如此,我国档案馆建筑研究主题相对分散,既有来自档案学科从文化角度对档案馆建筑'务虚'的规划,也有来自设计部门对档案馆建筑理念独到的阐释和应用,更有来自建筑企业对建筑新技术运用的探讨。但总体上看,这些成果只是涉及了档案馆实体建筑建设全过程中的某一个流程,没有从整体上进行统一考虑,因此研究成果也相对分散。如何从档案馆建筑的全过程出发,形成每个环节都有各学科、各部门的参与,将是我们亟待解决的现实问题。(3)档案馆建筑研究的内容不断拓展和深入,理论与知识体系亟待构建。我国档案馆建筑研究是随着改革开放兴起的,从最初介绍古代档案库对现代档案馆建筑的借鉴意义,到档案馆建设热潮的兴起及《档案馆建筑设计规范》的出台和两次修订,以及当前对档案馆建筑理念和建筑文化的探讨,档案馆建筑研究的内容在不断深入。然而,尽管我国档案馆建筑研究已取得一定进展,但研究成果还处于一种分散和半经验化的状态,尚未形成系统化的归纳总结和理论化的研究成果。因此,如何在已有的研究成果基础上,总结出档案学科和建筑学科在档案馆建筑研究中的理论视角和方法论贡献,构建档案馆建筑研究的理论与知识体系,并探索其与历史学、哲学、美学、文献保护学、环境保护学等领域的相互关系是今后研究需要关注的问题。"[1]

华南理工大学建筑学院陈文东、华南理工大学建筑设计研究院吴巍、广东省现代建筑创作工程技术研究中心郭卫宏以南京溧水档案馆设计为例,分析了现代档案馆建筑设计中的地域特征,认为:①建筑布局,尊重场地,和谐共生。项目基地位于城南新区天生桥大道以南,珍珠南路以东。总用地面积为4979.8平方米。场地西侧的文广局大楼为12层的高层建筑,东侧为9层高的烟草局大楼,南侧为大量低层的民居住宅,仅有北侧紧邻城市主干道。布局上主要考虑减小对周边民居的影响,维护城市界面的整体统一。②空间造型,碑桥写意书卷层叠。造型设计结合档案馆藏书、阅览、技术管理等具体功能块,着重体现溧水的地域文脉特色,实现外部造型与功能的完美统一,如档案馆的主库房区体量较大,考虑将其放置于功能体块次之的城建档案区以及地籍所档案区之上,中部嵌入用于交通以及休息共享的玻璃虚体,结合溧水特有的天生桥、蒲塘桥元素,立面造型突出"桥"的意向。③绿色生态,复合技术人文生态。溧水区属于亚热带季风气候,夏季高温多雨,冬季温和少雨。为此设计采用复合化的技术手段,综合解决结构、维护、遮阳采光、节能通风等技术问题,实现技术与人文有机统一。建筑布局上,建筑呈现南北面长,东西面短的态势。夏季可以避免西晒对建筑的影响,冬季又能获得足够的采光。将采光要求较高的办公区域布置于基地的南侧,而将采光要求不高的档案库房区靠北向布置,并采用房中房的布局方式,有利于藏室的温度控制,节省能源。[2]

国家档案局科研所沈显明探讨了BIM技术在档案馆建筑建设与运营中的应用,认为:"BIM(Building Information Modeling)技术是对一个建筑在物理(几何信息、非几何信息、状态信息)和功能特性上的数字表达,通过分享这个建筑的信息,为该建筑从概念设计到拆除报废的全生命周期中的所有决策提供可靠依据的过程。""档案馆建设工程属于'三多'工程,即设备数量多、系统种类多、管路交错多。在普通的居住建筑中,BIM技术可能无法充分发挥全生命周期的优势,但对于档案馆这种大型的公共建筑,BIM技术可使档案馆建筑在整个生命周期内的'绿色'有据可依。目前,已有部分省级档案馆将BIM技术应用于新馆的建设中。例如,北京市档案馆将BIM技术引入新馆建设,很好地解决了工程的管线综合排布碰撞问题。BIM技术的引入,有效解决了档案馆建筑建设过程中由于各方

① 梁艳萍,张威. 我国档案馆建筑研究现状及趋势分析[J]. 档案管理,2018(5):40-43,49.
② 陈文东,吴巍,郭卫宏. 现代档案馆建筑设计中的地域特征应答:以南京溧水档案馆设计为例[J]. 华中建筑,2018,36(7):25-29.

之间协同性差导致的信息断层、信息不对称的问题,大大地减少了各专业之间的重复工作,从而提高设计、施工、运营的效率。此外,BIM 技术能够更加科学地指导建馆人员在设计、施工以及运营过程中进行决策,从而将绿色档案馆的理论落实于实践。"①

辽宁省朝阳市公共资源交易中心凌源分中心张宏斌认为:"一个合理的档案馆空间,应该是经过反复调整研究,然后达到能够让公众感到最舒适的空间状态。但是,档案馆空间,不仅仅是建筑、一些家具、设计布局等因素,还有一些通讯信息技术,例如计算机、网络、电信等,这些技术会逐步改变档案馆的社会化功能,让档案馆的空间布局产生一些相应的变化。""现代档案馆建筑应该在侧重实用的基础上,借鉴中外档案馆建筑外观的风格特点,使档案馆的建筑外观和结构具有艺术性,并结合一些不同的外墙材料和各种各样的装饰,例如玻璃幕墙、具有艺术特性的瓷砖、不同的漆色、塑料制品或金属装饰、琉璃瓦等。同时,整个建筑的周围环境,也可以利用草皮、花丛、山石小品、雕塑等进行点缀,再加上合理的布局设计、简洁大方的标识牌,让公众对档案馆建筑的美感和周围优美的环境产生愉悦和享受的心理共鸣。"②

国家档案局档案科学技术研究所沈显明探讨了光伏发电技术在档案馆建筑中的应用,认为:"光伏发电技术作为一种新型的绿色技术,其应用形式多样。例如,光伏建筑一体化技术(BIPV)就是将光伏系统集成到建筑上(幕墙、玻璃、屋顶、遮阳设施、女儿墙等)。就目前档案馆建筑而言,光伏发电技术的应用形式仍较为单一,多数是建于建筑的屋顶之上。这是因为光伏太阳能发电技术作为一种新颖的供电方式,档案馆管理人员对该技术的应用方式、方法仍缺乏足够的认识。那么如何在档案馆建设之初就对光伏发电系统作出科学地设计、规划,既体现档案馆建筑的美学特点,又能满足能耗的要求,成为建设绿色档案馆下一步工作需要着重解决的问题之一。此外,应加强档案馆管理人员对光伏发电系统建设和能源管理模式的认识。档案馆建筑作为国家财政支持的项目,在光伏发电系统建设方面可采用第三方(能源投资管理公司)投资的方式。第三方的介入,不仅能够有效控制档案馆建设的前期预算,而且有助于降低用电成本和后期运营维护成本。同时,对于投资方来说,档案馆建筑相比于其他建筑具有更理想的用电需求和较小的投资风险。因此,这种能源管理模式应在未来的档案馆建设中予以推广,也为我们下一步工作提供了新思路、新方法。"③

哈尔滨工业大学宋竹、张雅茹、于梅提出高校档案馆建筑设计新思维:其一,功能拓展。①增加展示功能。高校是爱国主义教育的重要场所,而档案馆可以通过定期开展珍贵档案、历史图片、名人档案等展览,以档案的独特历史魅力吸引教师、学生和外来参观者。这就要求档案馆建筑在设计时要充分考虑展示功能,合理安排展览流线,为展览功能的发挥提供保障。②增加休闲功能。高校档案馆在新时期应创建一个开放的、具有现代气息和文化氛围的,且宽松、自然、静谧的阅档环境。高校档案馆建筑设计中,应结合大学生的兴趣爱好增加休闲功能,消除学生、教师对档案馆的神秘感和隔膜感,让学生们在休闲中体验档案的魅力。其二,形态创新。①空间形态的开放性。档案馆不仅仅是一个存放文件的库房,更应该作为一个可以很好利用的信息中心,充分满足每个师生享有档案公共信息资源的权利,这就要求档案馆具有一定程度的开放性。要实现真正意义上的开放,除了要改变以往档案馆"库房"般的封闭形象外,更为重要的是为各种开放活动提供实质性的建筑空间,要打破传统的档案保存、档案借阅、技术管理三大块模式,将各种服务空间如展厅、多媒体视听室、现行文件查阅中心、会议、培训等作为重要的空间组成部分。这是以往档案馆设计中较少或根本勿需考虑的内容。展厅不再是依附于走廊侧墙上的橱窗,而是一个能容纳多种展览形式,可自由灵活划分的多用途空间,对外展厅则用于举办灵活多样的展览,甚至可让师生举办个人资料展,艺术作品展等。多媒体视听室主要

①　沈显明. BIM 技术在档案馆建筑建设与运营中的应用[J]. 中国档案,2018(3):66-67.
②　张宏斌. 公共档案馆建筑与内部空间配置及应用[J]. 黑龙江档案,2018(3):59.
③　沈显明. 光伏发电技术在档案馆建筑中的应用[J]. 陕西档案,2018(6):32-33,45.

是针对档案资料载体形式的变化而新增设的空间,与图书馆一样成为必需的功能空间。②实体形态的文化性。建筑本身就是一种文化,这种文化可以体现一段历史,也可以体现一个区域的文化,在档案馆建筑的设计中也应考虑到其所处的地理位置,体现档案馆的地方特色。这种地方特色指的是高校所在地区唯我独有的具有代表性的特殊性质,包括区域特色、历史特色、文化特色、经济特色、民族特色等。建设具有地方特色的档案馆建筑,应充分考虑地方的实际情况,充分展现地方的文化特色,展现大学的独特魅力,建筑风格应体现现代建筑设计理念。其三,技术进步。档案馆建筑还应该很好地应用建筑物自动化系统技术。建筑物自动化系统技术(Building Automation System),即 BAS,又称楼宇自动化控制系统或建筑设备管理自动化系统。它采用现代传感技术、计算机技术和通信技术,对建筑物内所有机电设施进行自动控制。这些机电设施包括交配电、给水、排风、空气调节、采暖、通风、运输、火警、保安等系统设备。①

三、档案设施设备

北京融安特智能科技股份有限公司韩建华、张汉雄、刘芳雪认为:"随着档案信息化和社会信息化进程的不断加快,信息技术已成为支撑当今经济活动和社会生活的基石。日新月异的信息技术也使得档案存储设备从档案柜、手动密集架、电动密集架发展到现在的智能密集架,一方面,档案存储需求日益增长;另一方面,各类档案存储设备种类繁多,接口不一,智能密集架作为多种技术的结合体,具有使用便捷、管理安全的优点。而档案信息化是一项长期的系统工程,必须有统一的标准作为指导和依据。""为了更好地适应和促进档案建设事业的快速发展,新的《档案密集架智能管理系统技术要求》(以下简称《技术要求》)便应运而生了。""档案密集架智能管理系统技术要求尤为重要。《技术要求》的编制规范了档案智能密集架的功能以及档案智能密集架接口标准,充分发挥档案智能密集架的最大功效,提高智能密集架的可靠性,保证档案存放的安全性,为档案部门在今后智能密集架的开发使用工作提供支撑。"②

淮阴工学院档案室温静认为:"无人档案库房是当前档案库房发展的总体趋势,加强无人档案库房建设有一定的必要性。""结合当前各类信息技术和人工智能技术的发展及应用,在企事业单位档案库房中运用以下智能监控技术可实现档案库房的'无人化'管理。"①无线射频识别+机器人技术。在档案库房管理中,也可以对档案文件及其卷(盒)进行编码,从而实现对库房档案信息的识别。随着人工智能技术的发展,各类机器人也广泛运用于人们的生产、生活中。在档案库房中运用机器人监控系统,结合 RFID 技术可实现对各类档案的智能化识别。同时,机器人还可对识别后的档案进行盘点、查验、上下架及出入库等操作,从而提高库房档案管理的效率。②智能化门禁控制技术。智能化门禁控制技术作为门禁智能监控系统的核心,通过非接触式 IC 卡和指纹识别来对整个门禁系统进行控制。在这个系统中,位于档案库房的中心计算机,可以与企事业单位内部的其他系统进行数据连接和交换,从而实现对门禁系统的控制。③温湿度自动监控技术。随着自动化控制技术的发展,在传统温湿度控制设备中引入温湿度自动监控技术,可实现对温湿度实时监控和自动调节。④智能消防灭火技术。随着各类信息技术应用于传统灭火系统,各种消防灭火装置可以对烟信号、温度信号做出实时反应,并根据库房内情况进行智能化的灭火处理。③

牡丹江师范学院档案室张兴提出了一种基于 ZigBee 无线传感器网络技术和 Android 技术来实现

①　宋竹,张雅茹,于梅. 高校档案馆建筑设计新思维[J]. 黑龙江档案,2018(2):43.

②　韩建华,张汉雄,刘芳雪.《档案密集架智能管理系统技术要求》(DA/T 65—2017)解读[J]. 机电兵船档案,2018(4):69–70.

③　温静. 基于智能监控技术的无人档案库房管理优化[J]. 山西档案,2018(5):44–46.

档案库房智能管理的设计构想,实现对档案库房环境参数和设备工作状态的实时监测,并以图形化界面的形式显示于管理员主机,并且能在手机端与管理员进行远程交互操作,当某项环境参数超过规定值时,相关电气设备便会启动,实现设备的智能控制,从而最大程度地节约人力、物力、财力,提高档案管理的工作效率。①

中国船舶重工集团公司第七〇九研究所陈菲提出了基于 RFID 技术和 ZigBee 技术相融合的档案库房智能管理系统的设计方案:①档案入库、出库智能子系统。档案管理人员使用 RFID 标签对库房密集架进行写入,每个 RFID 写入该密集架存放的档案案卷号等相关内容;再对档案盒进行写入,每个 RFID 标签注明档案盒内存放的文件的文件名、数量、来源以及标签特征信息等。②档案库房安全监控智能子系统。该系统可以实现对档案库房安防、消防等安全要素的全天候实时监控,遇到紧急情况即将预警信息传送到终端,有效提高了对档案库房环境的监控水平。③档案库房门禁智能子系统。档案工作人员及档案利用人员佩戴 RFID 工作证才能进入档案库房。证内存有人员姓名、部门、员工号、涉密级别等重要身份信息,对不同权限级别的人员设定相应的权限,通过 ZigBee 网络,将工作证与档案中的 RFID 标签匹配,如不匹配则密集架无法开启,以达到相应权限人员借阅、复制相应密级档案的目的,从而有效杜绝了档案失泄密情况的发生。②

---

① 张兴.基于 ZigBee 无线传感器网络和 Android 技术的档案库房智能管理平台设计[J].山西档案,2018(1):59-61.

② 陈菲.RFID 和 ZigBee 技术在档案库房智能化管理中的应用研究[J].机电兵船档案,2018(1):57-59.

第七章 世界各国档案事业

我们以中国知网为样本来源,检索范围:中国学术期刊网络出版总库,中国博士学位论文全文数据库,中国优秀硕士学位论文全文数据库,中国重要会议论文全文数据库,国际会议论文全文数据库,中国重要报纸全文数据库,中国学术辑刊全文数据库。

检索年限:2018 年。

检索时间:2018 年 12 月 31 日。

检索式:发表时间=2018-01-01 至 2018-12-31,并且专题子栏目=世界各国档案事业(模糊匹配)。

样本文献总数:94 篇。

第一节 文献统计分析

本节采用统计分析的方法,从资源类型分布、文献学科分布、文献研究层次分布、文献基金分布、文献类型分布 5 个方面对样本文献进行分析。

一、资源类型分布

从资源类型分布看,94 篇样本文献涉及期刊、硕士、报纸 3 类资源。各类资源发表文献数量及占比情况见表 7-1。

表 7-1 各类资源发表文献数量及占比情况

序号	资源类型	发表文献数量/篇	占全部样本/%
1	期刊	84	89.36
2	硕士	7	7.45
3	报纸	3	3.19
合计		94	100.00

由表 7-1 可见,期刊占比接近 90% ,仍然是 2018 年世界各国档案事业研究的主要文献来源,也是相关研究者进行交流的主要平台与沟通渠道。硕士学位论文、报纸文章占比虽然只有 10% 略多,只起辅助作用,但在整个 2018 年档案学研究主题大类中已经是属于高的。

二、文献学科分布

从样本文献学科分布看,94 篇样本文献涉及 7 个学科。前 7 个学科发表文献数量及占比情况见表 7-2。

表 7-2　前 7 个学科发表文献数量及占比情况

序号	学科	发表文献数量/篇	占全部样本/%
1	图书情报档案	86	91.49
2	政治	4	4.26
3	历史	3	3.19
4	公共管理	1	1.06
5	社会	1	1.06
6	法学	1	1.06
7	通信经济	1	1.06
	总计	97	103.19
	实际	94	100.00
	超出	3	3.19

需要说明的是,各学科合计数为 97 篇,占 103.19%;超出实际文献数 3 篇,占 3.19%。加之 2018 年图书情报档案学科发表文献 86 篇,占全部样本的 91.49%,可见 2018 年世界各国档案事业研究具有一定的学科交叉属性。

除图书情报档案外,发表文献较多的 2 个学科是政治、历史。与 2017 年的世界历史、图书情报与数字图书馆、中国近现代史不同,有所变化。

三、文献研究层次分布

从文献研究层次分布情况看,94 篇样本文献涉及基础研究(社科)、行业指导(社科)、职业指导(社科)、政策研究(社科)、其他 5 个不同层次。各层次发表文献数量及占比情况见表 7-3。

表 7-3　各层次发表文献数量及占比情况

序号	层次	发表文献数量/篇	占全部样本/%
1	基础研究(社科)	64	68.09
2	行业指导(社科)	23	24.47
3	职业指导(社科)	2	2.13
4	政策研究(社科)	1	1.06
5	其他	4	4.26
	合计	94	100.00

如果按社会科学和其他来分类,各类文献数量及占比分别是:社会科学 90 篇,占 95.74%;其他 4 篇,占4.26%。研究明显属于社会科学的范畴。

如果按研究的基础性与应用性分类,基础性研究 64 篇,占 68.09%;应用性研究 30 篇,占 31.91%。研究偏重理论性。

综上,从整体上看,2018 年世界各国档案事业研究属于偏重理论性的社会科学范畴。

四、文献基金分布

从样本文献的基金分布情况看,94 篇样本文献中有 10 篇得到国家社会科学基金、江苏省教育厅人文社会科学研究基金 2 种国家、省级基金的资助,占全部样本的 10.64%。各类基金资助发表文献数量及占比情况见表7-4。

表7-4　各类基金资助发表文献数量及占比例情况

序号	基金	发表文献数量/篇	占全部样本/%	占基金资助文献/%
1	国家社会科学基金	9	9.57	90.00
2	江苏省教育厅人文社会科学研究基金	1	1.06	10.00
	合计	10	10.64	100.00
	总计	94	100.00	

从基金资助的层次上看,国家级基金 1 种 9 项,占基金资助文献的 90.00%;地方基金 1 种 1 项,占基金资助文献的 10.00%。

从地方基金资助的区域分布看,仅涉及 1 个省份。

综上,从层级上看,国家资助是地方资助的 9 倍,资助力度远高于地方的资助力度;从区域分布看,全国仅有 1 个省份对这类研究给予了资助,资助力度非常有限。

五、文献类型分布

从文献类型分布看,94 篇样本涉及综述类、政策研究类、一般性 3 类文献。各类型文献数量及占比情况见表7-5。

表7-5　各类型文献数量及占比情况

序号	文献类型	文献数量/篇	占全部样本/%
1	综述类	3	3.19
2	政策研究类	1	1.06
3	一般性	90	95.74
	合计	94	100.00

综上,从表7-5 中可以明显地看到,一般性论证文献在研究成果中占据了 95.74%,是绝对的主体;而宏观性及政策性的研究则十分薄弱,占比不到5%。

六、小结

从样本文献的统计情况看,2018 年世界各国档案事业研究涉及资源类型比较少,只有 3 种。其中期刊占比接近 90%,仍然是 2018 年世界各国档案事业研究的主要文献来源,也是相关研究者进行交流的主要平台与沟通渠道。硕士学位论文、报纸文章占比虽然只有 10% 略多,只起辅助作用,但在整个 2018 年档案学研究主题大类中已经是属于高的。

研究学科分布相对比较狭窄,除图书情报档案外,发表文献较多的 2 个学科是政治、历史。与 2017 年的世界历史、图书情报与数字图书馆、中国近现代史不同,有所变化。2018 年世界各国档案事业研究具有一定的学科交叉属性。

从整体上看,2018 年世界各国档案事业研究属于偏重理论性的社会科学范畴。

从研究得到资助层级上看,国家资助是地方资助的 9 倍,资助力度远高于地方的资助力度;从区域分布上,全国仅有 1 个省份对这类研究给予了资助,资助力度非常有限。

在研究成果中,一般性论证文献占据了 95.74% 的绝对主体,而宏观性及政策性的研究则十分薄弱,占比不到 5%。

第二节　文献计量分析

本节采用计量分析的方法,从文献作者分布、文献机构分布和文献来源分布 3 个方面对样本文献进行分析。

一、文献作者分布

从作者的分布情况看,94 篇文献涉及 78 位作者,其中前 39 位作者有黄霄羽、张云、赵冬梅、郭辉、祁天娇、杨青青、周文泓、李思艺、黄静、谭必勇、陈燕萍、张志云、刘贞伶、彭永福、吴建华、陈美斯、张璐、罗紫菡、蒋冠、管清潆、代林序、王璠、周勇娟、楚艳娜、徐琴、董芳菲、陈阳、王宁、甄橙、侯彤、张江珊、桂若棣、贾文婷、孙军、齐建军、王小梅、洪泽文、李艳兰、郝晓雅。前 39 位作者共发表文献 55 篇,占全部样本的 58.51%。前 39 位作者发表文献数量及占比情况见表 7-6。

表 7-6　前 39 位作者发表文献数量及占比情况

序号	作者	发表文献数量/篇	占全部样本/%
1	黄霄羽	5	5.32
2	张云	3	3.19
3	赵冬梅	3	3.19
4	郭辉	2	2.13
5	祁天娇	2	2.13
6	杨青青	2	2.13
7	周文泓	2	2.13

续表 7-6

序号	作者	发表文献数量/篇	占全部样本/%
8	李思艺	2	2.13
9	黄静	2	2.13
10	谭必勇	2	2.13
11	陈燕萍	2	2.13
12	张志云	1	1.06
13	刘贞伶	1	1.06
14	彭永福	1	1.06
15	吴建华	1	1.06
16	陈美斯	1	1.06
17	张璐	1	1.06
18	罗紫菡	1	1.06
19	蒋冠	1	1.06
20	管清潆	1	1.06
21	代林序	1	1.06
22	王璠	1	1.06
23	周勇娟	1	1.06
24	楚艳娜	1	1.06
25	徐琴	1	1.06
26	董芳菲	1	1.06
27	陈阳	1	1.06
28	王宁	1	1.06
29	甄橙	1	1.06
30	侯彤	1	1.06
31	张江珊	1	1.06
32	桂若棣	1	1.06
33	贾文婷	1	1.06
34	孙军	1	1.06
35	齐建军	1	1.06
36	王小梅	1	1.06
37	洪泽文	1	1.06
38	李艳兰	1	1.06
39	郝晓雅	1	1.06
合计		55	58.51
总计		94	100.00

如果按照普赖斯提出的计算公式,核心作者候选人的最低发文数 $M=0.749\sqrt{N_{max}}$,其中 N_{max} 为最高产作者发表文章数量。2018 年世界各国档案事业研究作者中发表文献最多的为 5 篇,即 $N_{max}=5$,所以 $M=0.749\sqrt{5}\approx1.675$ 。因此,发表文献 2 篇及以上的作者为高产作者。可见黄霄羽、张云、赵冬梅、郭辉、祁天娇、杨青青、周文泓、李思艺、黄静、谭必勇、陈燕萍 11 位作者,为 2018 年世界各国档案事业研究的高产作者及核心作者。

2018 年世界各国档案事业研究已有少量高产作者,但并没有形成核心作者群。

从前 39 位作者的所属单位看,高校作者仍然是 2018 年世界各国档案事业研究的主体。

二、文献机构分布

从机构分布情况看,94 篇文献中,涉及中国人民大学、上海大学、扬州大学、山东大学、南京大学、黑龙江大学、黑龙江省档案局、四川大学、苏州大学、天津师范大学、上海市档案局、北京大学、南昌大学、长沙师范学院、中国科学院、安徽大学、福建师范大学、广西财经学院、安徽师范大学、武汉大学、北京第二外国语学院、南开大学、上海交通大学、郑州大学、辽宁大学、华东师范大学、北京联合大学、纽约州立大学石溪分校、江苏省档案局、解放军国防大学、江苏省苏州市档案局等 60 个机构。前 31 个机构发表文献数量及占比情况见表 7-7。

表 7-7   前 31 个机构发表文献数量及占比情况

序号	机构	发表文献数量/篇	占全部样本/%
1	中国人民大学	14	14.89
2	上海大学	7	7.45
3	扬州大学	4	4.26
4	山东大学	4	4.26
5	南京大学	3	3.19
6	黑龙江大学	3	3.19
7	黑龙江省档案局	3	3.19
8	四川大学	2	2.13
9	苏州大学	2	2.13
10	天津师范大学	2	2.13
11	上海市档案局	1	1.06
12	北京大学	1	1.06
13	南昌大学	1	1.06
14	长沙师范学院	1	1.06
15	中国科学院	1	1.06
16	安徽大学	1	1.06
17	福建师范大学	1	1.06
18	广西财经学院	1	1.06
19	安徽师范大学	1	1.06
20	武汉大学	1	1.06

续表7-7

序号	机构	发表文献数量/篇	占全部样本/%
21	北京第二外国语学院	1	1.06
22	南开大学	1	1.06
23	上海交通大学	1	1.06
24	郑州大学	1	1.06
25	辽宁大学	1	1.06
26	华东师范大学	1	1.06
27	北京联合大学	1	1.06
28	纽约州立大学石溪分校	1	1.06
29	江苏省档案局	1	1.06
30	解放军国防大学	1	1.06
31	江苏省苏州市档案局	1	1.06
	合计	65	69.15
	总计	94	100.00

前31个机构发表文献65篇,占全部样本的69.15%。其中发表文献2篇及以上的10个机构,发表文献44篇,占全部样本的46.81%,接近全部样本的一半。

如果使用普赖斯公式计算,核心机构的最低发文数 $M = 0.749\sqrt{N_{max}}$,其中 N_{max} 为最高产机构发表文献数量。这里 $N_{max} = 14$,所以 $M = 0.749\sqrt{14} \approx 2.803$,即发表文献3篇及以上的为核心研究机构。据此,发表文献3篇及以上的中国人民大学、上海大学、扬州大学、山东大学、南京大学、黑龙江大学、黑龙江省档案局是研究的高产机构。7个高产机构中,6个为高校,发表文献35篇,占全部样本的37.23%。这表明高校是2018年世界各国档案事业核心研究机构群的主体。

从前31个机构发表文献的数量及占比情况看,高校27个,发表文献59篇,占比62.77%,无论是数量还是占比均为最高;档案行政管理机关次之,有4个,发表文献6篇,占比6.38%。这表明世界各国档案事业研究趋近于理论研究。

三、文献来源分布

从文献来源分布看,《中国档案》《陕西档案》《档案与建设》《档案管理》《兰台世界》《浙江档案》《北京档案》《中国档案报》《档案学研究》《黑龙江档案》《档案学通讯》《山东大学》《辽宁大学》等前13种文献来源共发表文献81篇,占全部样本的86.17%。前13种文献来源发表文献数量及占比情况见表7-8。

表7-8　前13种文献来源发表文献数量及占比情况

序号	文献来源	发表文献数量/篇	占全部样本/%
1	《中国档案》	16	17.02
2	《陕西档案》	15	15.96
3	《档案与建设》	11	11.70

续表 7-8

序号	文献来源	发表文献数量/篇	占全部样本/%
4	《档案管理》	11	11.70
5	《兰台世界》	5	5.32
6	《浙江档案》	4	4.26
7	《北京档案》	3	3.19
8	《中国档案报》	3	3.19
9	《档案学研究》	3	3.19
10	《黑龙江档案》	3	3.19
11	《档案学通讯》	3	3.19
12	《山东大学》	2	2.13
13	《辽宁大学》	2	2.13
	合计	81	86.17
	总计	94	100.00

按照布拉德福定律,94 篇文献可分为核心区、相关区和非相关区,各个区的论文数量相等(约 31 篇)。因此,发表论文居前 2 位的《中国档案》《陕西档案》(31 篇)处于核心区之内;《档案与建设》《档案管理》《兰台世界》《浙江档案》4 种文献来源(31 篇)处于相关区;《北京档案》《中国档案报》《档案学研究》《黑龙江档案》《档案学通讯》《山东大学》《辽宁大学》和发表文献 2 篇及以下的其他来源则处于非相关区。

从发表文献 2 篇及以上的前 13 种文献来源看,档案学期刊 11 种,其中普通期刊 4 种,核心期刊有 7 种。可以说,档案学核心期刊对 2018 年世界各国档案事业研究的关注度更高,是这一研究领域的主要阵地;非核心期刊和其他媒体的关注度则相对较低。

四、小结

从样本文献的计量分析情况看,2018 年世界各国档案事业研究已有少量高产作者,但并没有形成核心作者群。从前 39 位作者的所属单位看,高校作者仍然是 2018 年世界各国档案事业研究的主体。

从前 31 个机构发表文献的数量及占比情况看,高校有 27 个,发表文献 59 篇,占比 62.77%,无论数量还是占比均为最高;档案行政管理机关次之,有 4 个,发表文献 6 篇,占比 6.38%。这表明世界各国档案事业研究更多的趋近于理论研究。

从发表文献 2 篇及以上的前 13 种文献来源看,档案学期刊 11 种,其中普通期刊 4 种,核心期刊有 7 种。可以说,档案学核心期刊对 2018 年世界各国档案事业研究的关注度更高,是这一研究领域的主要阵地;非核心期刊和其他媒体的关注度则相对较低。

第三节 文献词频分析

本节采用关键词词频的方法,从关键词词频、主题词词频和近五年高频词变化 3 个方面对样本文献进行分析。

一、关键词词频分析

前 15 个高频关键词使用频率及占比情况见表 7-9。

表 7-9　前 15 个高频关键词使用频率及占比情况

序号	关键词	使用频率/次	占全部样本/%
1	社交媒体	7	7.45
2	美国国家档案馆	5	5.32
3	英国	5	5.32
4	启示	5	5.32
5	档案	5	5.32
6	国家档案馆	4	4.26
7	美国	4	4.26
8	档案工作	4	4.26
9	中国	3	3.19
10	澳大利亚	3	3.19
11	英国国家档案馆	3	3.19
12	公共档案馆	3	3.19
13	解锁档案	2	2.13
14	案例	2	2.13
15	档案文化产品	2	2.13
合计		57	60.64
总计		94（篇）	100.00

前 15 个高频关键词中,使用频率最高的是社交媒体(7 频次),使用频次最低的是解锁档案、案例、档案文化产品(各 2 频次)。前 15 个高频关键词合计使用 57 频次,占全部样本的 60.64%,即超过六成文献使用这 15 个关键词。

位列前 15 位的关键词分别是:社交媒体、美国国家档案馆、英国、启示、档案、国家档案馆、美国、档案工作、中国、澳大利亚、英国国家档案馆、公共档案馆、解锁档案、案例、档案文化产品。它们可归并为机构、国家与区域、档案、档案事务 4 个大类。

可见,世界各国档案事业研究主要集中在社交媒体、美国国家档案馆、英国、启示、档案、国家档案馆、美国、档案工作 8 个关键词所涉及的方面,没有明显的热点,研究主题相对分散。与 2017 年的档案馆、档案服务、澳大利亚国家档案馆、法国档案管理、开放数据、英国国家档案馆、日本、美国国家档案馆 8 个关键词所涉及的方面相比,除美国国家档案馆没有改变,其他 7 个均发生了变化,表现出研究主题相对分散且易变。

二、主题词词频分析

从主题词使用频率看,2018 年世界各国档案事业研究涉及内容广泛,集中在机构、国家与地区、档案事务、档案业务、档案、人物与事件、文件 7 个方面。使用频率最高的 41 个主题词分布及占比情况见表 7-10。

表 7-10　使用频率最高的 41 个主题词分布及占比情况

序号	主题词	使用频率/次	占全部样本/%
1	档案馆	13	13.83
2	国家档案馆	12	12.77
3	英国国家档案馆	10	10.64
4	澳大利亚	9	9.57
5	美国国家档案馆	9	9.57
6	档案教育	3	3.19
7	档案开放	3	3.19
8	数字档案	3	3.19
9	数字档案馆	3	3.19
10	档案工作者	3	3.19
11	社交媒体战略	3	3.19
12	社交媒体	3	3.19
13	爱尔兰	3	3.19
14	国际档案理事会	3	3.19
15	肯尼迪	3	3.19
16	档案管理	3	3.19
17	研究所	2	2.13
18	圣卢西亚	2	2.13
19	档案解密	2	2.13
20	档案文件	2	2.13
21	文件中心	2	2.13
22	档案文化产品	2	2.13
23	档案信息	2	2.13
24	美国档案事业	2	2.13
25	犹太大屠杀	2	2.13
26	档案工作	2	2.13
27	遇刺事件	2	2.13
28	《档案法》	2	2.13
29	数字化进程	2	2.13

续表 7-10

序号	主题词	使用频率/次	占全部样本/%
30	伍斯特	2	2.13
31	解锁档案	2	2.13
32	法兰克福	2	2.13
33	档案开放鉴定	2	2.13
34	档案服务	2	2.13
35	图书馆	2	2.13
36	哥斯达黎加	2	2.13
37	战略规划	2	2.13
38	加拿大	2	2.13
39	电子文件	2	2.13
40	以色列	2	2.13
41	国际档案理事会	1	1.06
	合计	135	143.62
	总计	94(篇)	100.00
	重叠	41	43.62

从涉及的主题词看,使用频率最高的 41 个主题词共使用 135 频次,占全部样本的 143.62%。也就是说,上述 41 个主题词涵盖了全部样本文献近 1 遍半。其中使用频率最高的是档案馆(13 频次),使用频率最低的是国际档案理事会(1 频次),平均使用频率为 3 频次。

从主题词反映出的研究内容看,2018 年世界各国档案事业研究关注的 41 个主要问题又可归并为机构、国家与地区、档案事务、档案业务、档案、人物与事件、文件 7 个大类。

机构(档案馆、国家档案馆、英国国家档案馆、美国国家档案馆、数字档案馆、国际档案理事会、文件中心、图书馆、国际档案理事会、研究所),共使用 57 频次,占全部样本的 60.64%。研究主要集中在档案馆,而且是各国国家档案馆。它是世界各国档案事业研究的重头,与国内研究重心在档案行政管理上大为不同,是 2018 世界各国档案事业研究关注度第一高的主题。

国家与地区(澳大利亚、爱尔兰、圣卢西亚、美国档案事业、法兰克福、哥斯达黎加、加拿大、以色列),共使用 24 频次,占全部样本的 25.53%。它涉及澳大利亚、爱尔兰、圣卢西亚、美国、德国、哥斯达黎加、加拿大、以色列 8 个国家,是 2018 年世界各国档案事业研究关注度第二高的主题。

档案事务(档案教育、社交媒体战略、社交媒体、档案管理、档案文化产品、档案工作、《档案法》、数字化进程、档案服务、战略规划),共使用 24 频次,占全部样本的 25.53%。研究重点集中在社交媒体与档案教育两个方向上,是 2018 年世界各国档案事业研究关注度第二高的主题。

档案业务(档案开放、档案解密、解锁档案、档案开放鉴定),共使用 9 频次,占全部样本的 9.57%。它表明 2018 年世界各国档案事业研究主要聚焦在档案开放的各环节上。

档案(数字档案、档案文件、档案信息),共使用 7 频次,占全部样本的 7.45%。档案是档案学研究的本体,从涉及的 3 个主题看,主要涉及新型载体档案及档案所承载的信息。

人物与事件(档案工作者、肯尼迪、犹太大屠杀、遇刺事件、伍斯特),共使用 12 频次,占全部样本的 12.77%。除了涉及档案工作的主体档案工作者之外,还涉及重要历史人物和重大历史事件。

文件(电子文件),共使用 2 频次,占全部样本的 2.13%。与"档案"相差近 3 倍,在显示出其虽然与档案相关的同时,表明其不再是世界各国档案事业研究关注的重点。

可以说,2018 年世界各国档案事业研究所涉及内容虽然十分广泛,但全部文献均包含在上述机构、国家与地区、档案事务、档案业务、档案、人物与事件、文件 7 类问题上,或者说,世界各国档案事业研究主要是围绕上述机构、国家与地区、档案事务、档案业务、档案、人物与事件、文件 7 个方面展开的。

三、近五年高频词变化

年度关键词的变化,特别是高频关键词的变化,能够反映出相关研究内容与主题、重点与热点的变化。

2014—2018 年世界各国档案事业研究年度关键词及高频关键词的变化情况,请扫描右侧二维码。

从近五年研究文献主要关键词的分布看,共涉及档案、档案馆、启示、美国、美国国家档案馆、社交媒体、英国、澳大利亚国家档案馆、开放数据、法国档案管理、档案工作、档案事业、档案网站、社交媒体档案 14 个关键词。与 2017 年相比,大部分没有变化,只有位次发生改变。

5 年中,相邻年份中重复出现过的关键词有档案馆(4 年),重复率为 80%;美国(3 年),重复率为 60%;美国国家档案馆(2 年),重复率为 40%。

不相邻中重复出现过的关键词有档案(4 年),重复率为 80%;启示(3 年),重复率为 60%。

社交媒体、英国、澳大利亚国家档案馆、开放数据、法国档案管理、档案工作、档案事业、档案网站、社交媒体档案 9 个关键词没有年度重复。

在 2014—2018 年中出现的关键词最少为 2 次,最多时达到 11 次。

上述情况说明,在近五年的时间里,对档案馆、美国、美国国家档案馆的相关研究持续度最高,一直是研究的核心内容与方向;其次是档案和启示。

多数年份,研究内容与主题的连续性较好,有 40% 以上的研究内容是上一年的重点。

综上,近五年来相关研究的主要内容仍呈现集中趋势,但重点不突出;近两年研究的新变化、新内容、新方向比较突出。

四、小结

从 94 篇文献涉及的关键词看,主要集中在社交媒体、美国国家档案馆、英国、启示、档案、国家档案馆、美国、档案工作 8 个关键词所涉及的方面,没有明显的热点,研究主题相对分散。与 2017 年档案馆、档案服务、澳大利亚国家档案馆、法国档案管理、开放数据、英国国家档案馆、日本、美国国家档案馆 8 个关键词所涉及的方面相比,除美国国家档案馆没有改变,其他 7 个均发生了变化,表现出研究主题相对分散且易变。

从主题词使用频率看,2018 年世界各国档案事业研究涉及内容广泛,但全部文献均包含在机构、国家与地区、档案事务、档案业务、档案、人物与事件、文件 7 类问题上,或者说,档案管理研究主要是围绕机构、国家与地区、档案事务、档案业务、档案、人物与事件、文件 7 个方面展开的。

在近五年的时间里,对档案馆、美国、美国国家档案馆的相关研究持续度最高,一直是研究的核心内容与方向;其次是档案和启示。从总体上看,近五年来相关研究的主要内容仍呈现集中趋势,但重点不突出;近两年研究的新变化、新内容、新方向比较突出。

第四节　文献关键词共词分析

本节采用关键词共现分析的方法,从共现矩阵和共现网络两个方面对样本文献进行分析。

一、共现矩阵

矩阵提取使用频率最高的 20 个关键词,将这 20 个关键词形成 20×20 的共词矩阵。如果某两个关键词同时出现在一篇文章中时,就表明这两者之间存在相关关系,关键词右侧或下方对应位置的数值表示篇数。

图 7-1 是 2018 年世界各国档案事业研究文献高频关键词共现矩阵。

	社交媒体	美国	美国国家档案馆	档案	档案工作	启示	英国	国家档案馆	中国	英国国家档案馆	公共档案馆	澳大利亚	档案馆	解锁档案	案例	战略规划	NARA	档案服务	档案教育	数字化
社交媒体																				
美国																				
档案		2																		
美国国家档案馆	4																			
档案工作		1	1																	
启示		1	2	1	1															
英国																				
国家档案馆																				
中国		3	2		1	1														
英国国家档案馆			1																	
公共档案馆						2	1													
澳大利亚							2													
档案馆		2						1												
解锁档案						2														
案例						2						2								
战略规划					1				1											
NARA					1											1				
档案服务	1										1									
档案教育					1															
数字化								2							2	2				

图 7-1　2018 年世界各国档案事业研究文献的高频关键词共现矩阵

图 7-1 显示,2018 年世界各国档案事业研究文献关键词共现有 31 组,共现率仅为 15.5%。共现次数 2 次以上的关键词组合有 14 组,共现率仅为 7%。这表明 2018 年世界各国档案事业研究的主题相对单一,但研究内容交叉性较高。

以横轴为准计:

20 组共现关键词中有 6 组与档案直接相关,占共现关键词的 8%。

20 组共现关键词中有 5 组与美国直接相关,占共现关键词的 7%。

20 组共现关键词中有 4 组与英国直接相关,占共现关键词的 5.5%。

20 组共现关键词中有 3 组与档案工作直接相关,占共现关键词的 4.5%。

20 组共现关键词中各有 2 组与社交媒体、国家档案馆、解锁档案直接相关,分别占共现关键词的 1%。

20 组共现关键词中各有 1 组与美国国家档案馆、启示、中国、英国国家档案馆、档案馆、案例、战略规划直接相关,分别占共现关键词的 0.5%。

此外,还有公共档案馆、澳大利亚、NARA、档案服务、档案教育、数字化 6 个无共现关键词。

以共现频次为准计:

共现次数 2 次及以上的关键词有 14 组,分别是:

社交媒体与美国国家档案馆:4 频次。

美国与档案:2 频次。

美国与中国:3 频次。

美国与档案馆:2 频次。

档案与启示:2 频次。

档案与中国:2 频次。

英国与公共档案馆:2 频次。

英国与案例:2 频次。

英国与解锁档案:2 频次。

英国与数字化:2 频次。

国家档案馆与澳大利亚:2 频次。

解锁档案与案例:2 频次。

解锁档案与数字化:2 频次。

案例与数字化:2 频次。

综上可知,国别集中在美国、英国、中国、澳大利亚;实体集中在档案馆;业务集中在解锁档案和数字化。

从共现组数看,由于没有高共现频率词组出现,2018 年世界各国档案事业研究的主题间相关性不强,但各自的重点与方向明确。或者说,2018 年世界各国档案事业研究是在围绕国别、实体、业务多个主题,在美国、英国、中国、澳大利亚、档案馆、解锁档案、数字化多个方向上平行展开的。

2018 年世界各国档案事业的整体研究规模小,研究内容相对分散。2018 年世界各国档案事业研究领域没有特别突出的高频(4 次以上)共现关键词,更没有形成比较明显的高相关共现关键词群,但研究的集中趋势不弱。

二、共现网络

在关键词共现网络中,关键词之间的关系可以用连线来表示,连线多少和粗细代表关键词间的亲疏程度,连线越多,代表该关键词与其他关键词共现次数越多,越是研究领域的核心和热点内容。

使用工具获得 2018 年世界各国档案事业研究高频词共词网络图谱（扫描右侧二维码）。

从共词网络图谱可以直观地看出：2018 年世界各国档案事业研究的突出特点是内容众多且分散。整个研究可分为"档案"、"英国"、"美国国家档案馆"与"社交媒体"3 个不同聚类。其中"档案"、"英国"为单核心多词群组，"美国国家档案馆"与"社交媒体"为双核心双词群组。

关键词使用频率最高的聚类是以"美国国家档案馆"与"社交媒体"为核心的群组。这个群组涉及的关键词不多，只有两个。但两个关键词的使用频率最高，相距距离近，共现频率高，是 2018 年世界各国档案事业研究的热点。但这个群组与整个网络中的其他两个群组只通过"档案"群组中"启示""档案服务"两个小频率关键词与"档案"群组有微弱联系。

"档案"群组整体呈线形分布，核心关键词"档案"位于线形的中部，与使用频率相当的"启示""中国""档案工作"3 个次核心关键词共同组成一个相对紧密的三角形。而与群组内其他 5 个关键词及这五个关键词之间多数关系不够紧密。

"英国"群组整体同样呈线形分布，核心关键词"英国"位于线形的一端，与"数字化""案例""解锁档案"3 个低频关键词组成密集小聚类。而与群组中其他 3 个使用频率较高的关键词只保持单线联系。

"档案""英国"两个群组在空间上呈十字交叉分布。只有交叉，没有共用关键词。事实上是两个不相关的群组。

综上，2018 年世界各国档案事业研究是以"档案"、"英国"、"美国国家档案馆"与"社交媒体"3 个不同聚类群组为单位，在较大的空间范围内，在相关性不强的几个不同方向，围绕不同主题与内容同时展开的。

三、小结

从共现组数看，2018 年世界各国档案事业的整体研究规模小，研究内容相对分散。2018 年世界各国档案事业研究领域没有特别突出的高频（4 次以上）共现关键词，更没有形成比较明显的高相关共现关键词群，研究是在围绕国别、实体、业务多个主题，在美国、英国、中国、澳大利亚、档案馆、解锁档案、数字化多个方向上平行展开的。但研究的集中趋势不弱。

从 2018 年世界各国档案事业研究高频关键词的网络图谱可以直观地看出：研究的突出特点是内容众多且分散。整个研究可分为 3 个不同聚类。各聚类中，多数关键词在同类中没有关联或只维持低强度的单线联系，各聚类相互之间没有或少有关联。这表明 2018 年世界各国档案事业研究是以"档案"、"英国"、"美国国家档案馆"与"社交媒体"3 个不同聚类群组为单位，在较大的空间范围内，在相关性不强的几个不同方向，围绕不同主题与内容同时展开的。

第五节　文献综述

一、美国

中国人民大学信息资源管理学院李思艺通过法律法规和文献梳理中国本土文件概念的发展脉络，发现现存文献鲜少有研究提到 records 身份确认理念，同时依托美国联邦政府的法律框架对

records 身份确认的相关条款进行分析以介绍 records 身份确认这一理念,分析发现美国联邦政府的 records 管控基于 records 身份确认,同时 records 身份确认强烈依赖 records 的概念及其细化规定,是 records 管控的必要前提,这体现了 records 概念在 records 管控中具有重要作用。①

中国人民大学数据工程与知识工程教育部重点实验室祁天娇、中国人民大学信息资源管理学院刘越男介绍:"美国国家档案与文件署的电子文件档案馆(ERA)项目是全球数字档案馆最佳实践项目之一,但近年来在系统功能实现与实施运维等方面逐渐暴露出其局限性。ERA 2.0 是 NARA 针对 ERA 1.0 系统进行全面升级的新项目。该项目采用敏捷方法论、微服务技术架构以及云服务等新的理念和技术,搭建起一个能够自动化处理和长期保存海量、多样化数字资源的综合数字档案馆系统。"他们并"对 ERA 2.0 项目管理文件、工作报告以及相关学术研究成果等进行文本分析,阐述了 ERA 2.0 项目的建设背景、目标、过程和主要成果,解读了 ERA 2.0 系统新的研发理念和技术方法,总结了 ERA 2.0 相比 ERA 1.0 的新发展,为我国数字档案馆以及相关数字保存系统的建设提供借鉴"。②

四川大学公共管理学院洪页子、黄榆涵、周文泓介绍了美国档案与文件署的《社交媒体战略 2017—2020》,"该战略分四个目标予以布局,分别为'分享优秀的故事''深化参与''扩大受众群体''培养实践社群'"。他们还阐述了该战略对我国的启示:基于 NARA 社交媒体战略的策略构建。①基于人文的系统思维设计顶层战略;②充分应用定量分析方法优化运营;③发挥社交媒体的社区优势以深化公众参与;④建立社交媒体专业运营团队提升人力支持。③

浙江省档案局胡文苑认为:"美国档案法规系统是一个比较平衡的系统,较好地诠释了'大智立法''法因时移''一准乎法''奉法者强'之间的逻辑关系。完善制度供给、严格行政监管、平衡激励约束、注重社会管理、提供有效公共服务、不断增强群众获得感,是档案治理现代化现实路径。"④

郑州大学信息管理学院王晓通通过网络调查、线上咨询等方式,结合美国国家档案馆社交媒体战略和官方统计数据,总结出其社交媒体的构建规律。其平台构建是通过不同平台间的转发合作和末位淘汰,并在相似平台上通过不同定位和发布时间相协调,采用文字、图片、视频和直播等多种形式进行构建的。其内容构建是社交媒体策略与制作小组、所有馆员、观众、有影响力的第三方共同产生内容。馆员通过实践磨炼写作水平,并以评估指导实践,使社交媒体的内容具有叙事、传播和娱乐三大功能,并通过线上吸引观众到线下访问和鼓励线下访问者在线上发布感想,扩大影响,最后对产生大量碎片信息进行收集、整理、保管、重新发布提供利用。⑤

北京联合大学应用文理学院张敏、北京联合大学应用科技学院王小梅、上海市档案馆孙慧认为:"在收集手稿并提供利用基础上发展起来的美国档案捐赠工作,具有成熟的管理和工作模式。虽然我国没有成熟的手稿经济价值鉴定市场和捐赠档案免税制度,但可以借鉴美国档案界系统化的管理方法和以利用为导向的工作模式,主导对捐赠者所享有著作权的处理方式,采用后保管模式整理捐赠材料,创新宣传和提供利用捐赠材料的工作模式。"⑥

山东大学历史文化学院张博以美国国家档案馆军事档案在线公共服务板块为例进行分析,认为这些服务板块具有社会服务多样化、利用形式个性化以及资源开发社会化等特色,并提出可从整合军事档案资源、满足社会各群体的现实需求和借助新技术探索军事档案在线利用新形式等方面推进我

① 李思艺.美国 Records 身份确认研究[J].档案学通讯,2018(2):86-91.
② 祁天娇,刘越男.ERA 2.0:美国联邦政府数字档案馆系统的新发展[J].档案学通讯,2018(4):14-20.
③ 洪页子,黄榆涵,周文泓.档案机构的社交媒体应用策略研究:透视 NARA《社交媒体战略 2017—2020》[J].档案管理,2018(1):25-27.
④ 胡文苑.美国档案管理的法规遵从:理念、技术、工具与实践[J].浙江档案,2018(1):14-17.
⑤ 王晓通.美国国家档案馆社交媒体平台与内容构建研究[J].北京档案,2018(7):41-44.
⑥ 张敏,王小梅,孙慧.美国档案捐赠工作特色及启示[J].档案学通讯,2018(6):108-112.

国军事档案利用服务的进程。①

四川大学公共管理学院周文泓以案例研究法对美国国会图书馆 Twitter 档案馆项目展开分析,从目标、主要任务、收集对象、参与主体、成效与不足等方面剖解项目;并阐述了对我国的启示——社交媒体信息档案化管理的挑战与对策:①明晰档案化管理对象提出的挑战。②探析主体协作深化的方向。③面向管理需求构建技术能力。④同步社会环境规划与调整实践方案。②

中国人民大学信息资源管理学院洪泽文、武汉大学信息资源管理学院王玉珏认为:"美国档案文化创意服务在较为成熟的文化创意产业基础上得以蓬勃发展,形成了'结合特色馆藏资源,打造文化创意产品','推动跨界合作,创建资金保障机制''借助社交媒体,推广档案文化创意服务''立足公众需求,贴近大众日常生活'等开发模式,产生了创意衍生品、特色主题展览、线上文化教育活动和年度发展报告等主要成果。这启示我国档案文化创意相关工作应该争取纳入公共文化服务体系,积极开展系内合作;寻求多元社会力量的支持,搭建合作平台;完善文化产业保障机制,发挥市场驱动作用。"③

四川大学公共管理学院周文泓、夏俊英分析梳理与总结了美国联邦政府电子邮件管理的进展。通过分析,将其要点总结为:电子邮件管理政策所遵循的顶层战略、以顶层为核心的管理方法创新、围绕电子邮件管理形成的有机政策群、政策中对文件管理的可操作性说明、政策循序渐进的推行进程。并基于政策分析提出"我国的政府文件管理可获得如下启示:建立倒逼机制的顶层战略与计划、指向智能化的管理创新、公务与私人账户的有序管理、建立协同和连续的有机政策群"。④

四川大学公共管理学院夏俊英、吴霜、周文泓基于从美国国家档案与文件署网站上获取的政策,通过文本分析法梳理出其在三个方面有突出成效,包括提出电子邮件管理的新方法、明确机构及雇员的职责、构建电子邮件管理的监管机制。通过对美国联邦机构电子邮件管理政策进行分析,立足我国电子公文管理的实况,提出我国的电子公文管理应构建有生命力的政策体系、转变管理理念、从档案视角完善全程管理。⑤

中国人民大学信息资源管理学院祁天娇"对'1992 法案'和'ARRB 报告'等的文本分析,研究'肯尼迪遇刺档案群'的来源及其建立、管理与开放的基本过程","发现美国突发事件档案体系建设的一般策略,包括开放的档案来源识别、严谨的档案管理与开放、灵活的多元主体协调等,希望对我国突发事件档案体系的建设起到启示作用"。⑥

中山大学资讯管理学院李海涛、吴雪华基于美国排名前 10 的 iSchools 院校档案学课程设置的调研,从课程内容、教学方式、课程体系与课程制度等维度,分析其档案学课程主题设置、教学方式、体系编排、选课制度的特点,并针对我国档案学课程设置创新性差、跨学科专业课程资源开发不足、专业课程资源共享共建理念缺失、实践课程比例小、选修课少、课程设置与培养目标关联性差等共性问题,结合美国 iSchools 档案学课程设置的经验,从档案学课程内容建设、教学方式改革、课程体系编排与课程制度建设等维度,探讨了其对我国档案学课程建设的启示。⑦

中国人民大学信息资源管理学院李思艺、宸兆琳对美国档案工作者协会(SAA,Society of American

① 张博.军事档案在线公共服务特色分析:以美国国家档案馆为例[J].档案与建设,2018(11):21-25.
② 周文泓.社交媒体信息档案化管理的挑战与对策探析:基于美国国会图书馆 Twitter 档案馆项目的调查与启示[J].档案管理,2018(6):51-53.
③ 洪泽文,王玉珏.美国档案文化创意服务的发展及其启示[J].档案学研究,2018(3):121-126.
④ 周文泓,夏俊英.美国联邦政府电子邮件管理的进展研究:基于政策的调查与启示[J].档案管理,2018(3):27-31.
⑤ 夏俊英,吴霜,周文泓.美国联邦机构电子邮件管理政策的分析及启示[J].兰台世界,2018(4):16-20,12.
⑥ 祁天娇.美国突发事件档案体系建设策略研究:以"肯尼迪遇刺档案群"为例[J].档案管理,2018(3):32-36.
⑦ 李海涛,吴雪华.美国 iSchools 院校档案学课程设置调查分析及启示[J].档案学研究,2018(6):124-132.

Archivists)近三年年会的主要议题进行梳理和分析,初步总结出美国档案工作具有注重档案基础理论与实践相结合、关注数字环境下的档案工作、重视不同社会群体档案的特点。①

天津师范大学李福君、徐琴介绍道:"玛格丽特·克罗斯·诺顿(1891—1984)是美国早期的女性档案工作者,美国档案事业的先驱者之一。她主持建设并管理的伊利诺伊州立档案馆,开创了美国公共档案馆建设的先河,并主导了档案馆管理的模式。诺顿对美国档案工作的专业领域确立以及档案事业的发展方向具有重大影响。""美国档案界对诺顿有极高的评价,认为在 1930 年代到 1940 年代,她建立了一个公共档案馆的模式,因此影响了美国档案专业的发展。"②

二、英国

上海大学图书情报档案系寇京对 2017 年 3 月英国国家档案馆制定的英国档案数字化战略文件梳理、分析,"指出了英国档案数字化战略的五大重要特点:规划清晰,目标明确;以用户为中心,高度重视用户需求;建立广泛的商业合作关系,争取资金支持;重视数字文化的培育;多项措施协调配合,形成体系"。③

天津师范大学管理学院郝晓雅、蒋冠认为:"英国国家档案馆'探索你的档案'主题活动富有特色,具有广泛的社会影响力,是引导公众参与档案活动、提升档案意识的成功实践。"他们"通过文献阅读、网站考察、新闻浏览等方式,对'探索你的档案'主题活动进行调查,总结出该主题活动'服务、宣传、交流和评估总结'四个方面的特色"。④

四川大学公共管理学院周文泓、陈怡、张玉洁、代林序、王璠深度研究英国国家档案馆的网络归档行动与成果,从中汲取网络归档的可行策略。他们并基于我国现状提出了网络归档策略:①加强网络归档的制度建设;②建立多元主体协作框架;③立足开放利用开展网络档案资源整合工作;④以智力支持为导向构建业务与技术能力。⑤

中国人民大学信息资源管理学院李思艺从国家层面和国际层面对 Archives Inspire 战略规划进行分析,认为英国国家档案馆服务型定位凸显,主要体现在具有多元化服务对象、启发式服务理念、创新型服务方式等方面。⑥

山东大学历史文化学院谭必勇、郭辉对英国地方公共档案馆发展模式的历史演变进行研究,认为:"英国地方公共档案馆主要经历了三个较为明显的发展阶段:官方档案保管机构建立前的分散保管模式、地方议会负责的官方档案馆统一保管模式、协同合作理念下的地方研究中心融合模式。2003年英国国家档案馆成立后,地方公共档案馆建设逐步受到中央政府层面的重视而在一定程度上出现'集中化'的发展趋向。当前,中央政府与地方政府的权力博弈,基金会、志愿组织等第三方组织积极介入公共档案管理领域,使得英国地方公共档案馆建设维持着多元而分散的发展格局。"⑦

国防大学政治学院军事信息与网络舆论系史晓康认为:"英国国家档案馆的网络档案信息检索系统名为'探索',提供检索和浏览两种方式对全英国 2500 余家档案机构的档案信息进行检索。英国国家档案馆的网络档案信息检索在贯彻'以用户为中心'的用户思维、建设'专、全、多'的网络档案信息

① 李思艺,宸兆琳.从美国档案工作者协会年会议题浅析美国档案工作特点[J].北京档案,2018(9):44-47.
② 李福君,徐琴.美国档案事业的先驱:玛格丽特·克罗斯·诺顿[J].档案管理,2018(1):36-38.
③ 寇京.英国档案数字化战略的形成及其特点分析[J].北京档案,2018(6):44-47.
④ 郝晓雅,蒋冠.英国国家档案馆"探索你的档案"主题活动介绍及启示[J].北京档案,2018(1):37-40.
⑤ 周文泓,陈怡,张玉洁,等.英国国家档案馆网络归档的案例分析及其启示[J].档案管理,2018(4):4-7,74.
⑥ 李思艺.英国国家档案馆战略定位研究:基于对 Archives Inspire 战略的分析[J].浙江档案,2018(8):30-32.
⑦ 谭必勇,郭辉.多元分散:英国地方公共档案馆发展模式的历史演变[J].档案与建设,2018(7):21-25,30.

检索系统和持续推进网络档案信息检索系统建设三个方面对我国网络档案信息检索发展具有启示借鉴意义。"①

上海大学图书情报档案系何玉颜认为："英国政府网页档案馆负责保存1996年以来英国政府产生的英国政府网页档案，其对于政府网页的归档和开发利用一直走在世界前端。近两年，英国政府网页档案馆在建设模式、技术手段、服务利用方式等方面都有了新的实践，这些新的实践对于我国政府网页归档和开发利用有着重要的借鉴意义，我国应积极构建政府网页归档政策框架，对政府网页资源进行细颗粒化开发与利用，开展面向全社会的深度合作，走出一条符合我国实践情况的政府网页归档与开发之路。"②

中国人民大学信息资源管理学院黄霄羽、杨青青认为：英国国家档案馆"文化休闲服务的创新动因来自国际档案界的新导向、本国创意经济文化、社会人才供给与文化需求以及档案馆发展的未来目标。创新特点包括观念富有创意和创新、资源善于巧妙开发、规划体现专业与个性、实践注重社会合作、资金兼顾资助与自筹。创新成效表现为引导公众调整固有印象，享受文化休闲氛围；推动档案馆发挥资源价值，树立品牌效应；实现社会化目标，提升文化素养"。③

中国人民大学信息资源管理学院张云对英国档案馆最新战略规划《解锁档案》介绍道："《解锁档案》规划的三个目标是信任、丰富、开放，建设数字能力、建设适应力、展示影响则是规划的三个主题。其中，建设数字能力（Building Digital Capacity）这一主题与数字化直接相关，规划中对这一主题的解释是：①为档案行业提供数字能力建设计划，以解决数字化、数字保护和可发现性问题；②通过一套地方和地区数字保存项目的学习，培养专家和共享解决方案；③通过在线目录、数据整理、分析和重用的创新增加对档案的访问；④与数字IT领导者建立合作关系，建立良好实践的共享标准和模型；⑤在档案服务认证计划中开发数字标准，支持改进对数字馆藏和混合馆藏的管理。"④

三、澳大利亚

河北大学管理学院支凤稳、李彤对中国和澳大利亚国家级档案网站信息服务进行对比，主要从服务功能、服务水平两方面比较了两国国家级档案网站的信息服务的差异，并分析了两国间的差异及其产生的原因。研究表明，中国国家级档案网站信息服务方面与澳大利亚有很大差距，中国应该结合本国实际采取相应的对策：①加强档案数字化进程；②提高检索技术水平；③加快信息更新速度；④加强服务意识与网上事务处理能力；⑤加强与教育部门的合作；⑥加强档案网站的设计布局。⑤

南京大学信息管理学院张弛、山东大学历史文化学院谭必勇运用相关史料梳理澳大利亚国家档案馆由萌芽状态到最终成立的发展历史，分析其在不同发展时期的历史背景及特征，探究澳大利亚国家档案馆成立的推动因素。研究发现，在澳大利亚国家档案馆发展的不同历史时期，对档案证据价值和文化价值的侧重也有所不同。时代发展对档案馆社会功能提出的不同要求，是其在两种价值取向间摇摆的关键所在。对两种价值认识的不断成熟，是国家档案馆发展的内在动因。⑥

上海大学图书情报档案系齐建军梳理澳大利亚归还日本二战企业档案的实际过程，分析他国档

① 史晓康.英国国家档案馆的网络档案信息检索[J].兰台世界,2018(9):44-47.
② 何玉颜.英国政府网页归档与开发的新实践及其启示[J].档案与建设,2018(9):22-25.
③ 黄霄羽,杨青青.英国国家档案馆公共服务创新:文化休闲导向[J].档案学通讯,2018(5):66-72.
④ 张云.英国档案数字化进程解析:基于《解锁档案》与《2017年档案案例研究》的调研[J].档案管理,2018(4):78-81.
⑤ 支凤稳,李彤.中澳国家级档案网站信息服务比较研究[J].档案管理,2018(6):58-61.
⑥ 张弛,谭必勇.社会发展、理念转变与机构变革:澳大利亚国家档案馆建立的过程及推动因素探析[J].档案管理,2018(5):85-89.

案回收的成功经验:"通过合作开发,日澳双方已获得日企档案内容所负载的信息价值,这批档案的实体所有权对于澳大利亚的意义已经大大降低,这为后续归还这批档案打下了坚实的基础。"直接原因是:价值主体性差异下的档案交换;间接原因是:档案工具价值的推动。澳大利亚归还日企档案对我国流失档案追索的启示是:①合作开发、共建共享是前提;②协商沟通、双边协议是催化剂;③档案购买或交换是备选方式。①

上海大学图书情报档案系赵宇介绍了澳大利亚数字连续性 2020 政策核心内容的三大原则:信息是有价值的;信息以数字方式进行管理;信息、系统和流程是可互操作的。基于这些原则,提出国家档案馆主导并形成信息治理单元、效益观下驱动数字信息单套制管理、参与推进政府业务活动的数字化运行、合作推出可互操作的最小元数据集、清晰的任务规划和时间节点倒逼执行等观点。②

苏州大学社会学院刘贞伶依据社交媒体文件的特性对澳大利亚的具体实施情况进行了分类探讨,并结合澳方经验与我国实践现状,进一步从政策法律、协作方式、人才培养、技术应用方面对我国政务社交媒体文件归档提出建议。③

四川大学公共管理学院耿越、罗紫菡、谢玉雪、周文泓"通过对英澳两国国家档案机构的社交媒体文件政策的内容进行文本分析","提出应从明确政务社交媒体管理的必要性、在文件管理视角下明晰管理职责、基于协同框架进行第三方沟通、针对社交媒体调整优化管理环节四个方面来进行社交媒体文件的管理"。④

中国人民大学信息资源管理学院王宁针对澳大利亚国家档案馆设计开发的业务系统文件管理评估框架,发现其分阶段性的评估框架具有成本效益权衡、标准灵活应用及基于最佳实践等优势。⑤

南京大学信息管理学院叶萌萌认为:澳大利亚数字转型政策具有代表性。"从政策主体、政策支撑、政策控制等角度进行了解读,并结合我国现状,从转型目标、实施主体、支撑工具、控制手段四个方面为我国数字转型的顶层设计和试点推行提供建议。"⑥

四川大学公共管理学院周文泓、耿越"以案例研究法对澳大利亚国家档案馆引领的家庭档案建设实践进行梳理,解析其主要成果、特点与不足"。基于对澳大利亚实践,提出:"我国的家庭档案可在现有建设成果的实践上进一步构建多层次制度、建设协同主体机制、深入精细化的资源开发、与国家历史有效衔接。"⑦

四、加拿大

中国人民大学信息资源管理学院范冠艳认为:"温哥华档案馆从自身需求出发,利用 OAIS 基础框架+UML 活动图迭代的开发方法,依靠完备的元数据与描述体系,采用云服务和开源软件共配的方式以较低的成本高效完成了数字档案馆系统的落地实施,在中小规模的档案馆建设中具有借鉴意义。当然,我们也应看到其系统建设中需要对系统安全和风险控制问题进行更多的考量,而基于 VanDOCS 办公的全市统一电子文件管理的模式也具有一定的不可复制性。但是,数字档案馆的建设是一个循序渐进的过程,既需要制定一个长远的战略规划,又需要落实一个眼前的可操作方案,无论采用哪种

① 齐建军.澳大利亚归还日企档案对我国流失档案追索的启示[J].档案管理,2018(4):17-19.
② 赵宇.澳大利亚数字连续性 2020 政策研究[J].档案与建设,2018(6):17-20,33.
③ 刘贞伶.澳大利亚政务社交媒体文件归档研究[J].档案与建设,2018(4):21-23.
④ 耿越,罗紫菡,谢玉雪,等.政务社交媒体文件管理要点研究:基于美国与澳大利亚政策的发现[J].兰台世界,2018(4):21-24,12.
⑤ 王宁.澳大利亚国家档案馆业务系统文件管理评估框架研究[J].档案学通讯,2018(2):91-96.
⑥ 叶萌萌.数字时代文档管理模式转型:澳大利亚数字转型政策的启示[J].浙江档案,2018(2):30-32.
⑦ 周文泓,耿越.家庭档案建设策略研究:基于澳大利亚家庭档案的案例分析[J].档案与建设,2018(1):22-25.

方式,温哥华档案馆工作者在数字档案馆系统开发中所体现的细致务实的工作态度值得我们学习。"①

山东大学历史文化学院楚艳娜对加拿大公共档案馆(1912—1987)转型发展进行研究,以加拿大公共档案馆文化功能和政府文件管理职能的不断平衡为主线,分析加拿大公共档案馆的转型历史,将加拿大公共档案馆体系的建立分为三个阶段:萌芽阶段(20世纪初—20世纪40年代),重文化功能轻政府文件管理职能;形成阶段(20世纪50—60年代),文化功能与政府文件管理职能的统一;转变阶段(20世纪70—90年代),政府文件管理职能持续增强,文化功能下放趋势明显。随后,在分析三个发展阶段的基础上,总结了加拿大公共档案馆一个世纪以来的转型要素:档案思想转型、档案资源转型、服务对象与方式转型、收集政策转型背后的集权到分散制转变、档案职业转型;分析加拿大公共档案馆各要素转型背后的动因:内部因素(民族认同感的构建、国家重要人物的推动等)、外部因素(战争、外国档案工作);最后提出了对我国档案馆向公共性方向转变的借鉴意义,在档案馆发展过程中,维护各方面的平衡至关重要,天平倾向任何一方都可能引发一系列的问题,这也是通过分析加拿大公共档案馆转型发展得出的关键结论所在。②

五、日本

广西财经学院邓欢通过对《日本档案学会注册档案员规程》中的相关规定分析,认为:"虽然《日本档案学会注册档案员规程》存在一定的局限性:其注册档案员必须是日本档案学会的正式会员,并且它也不是所有日本档案机构团体共同研制出台的一项准则,更不是日本国家层面制定颁布的档案员资格认证制度。但不可否认的是,在日本档案事业的发展进程中,它对日本档案员职业化起到了一定的指导作用,给日本档案人才队伍建设工作提供了较为有力的资源储备,亦在专业知识技能上向档案员指明了更新发展的方向,为日本档案人才评价工作描绘出了一套较为科学、客观、完整的框架体系。"③

辽宁大学崔月总结了日本国立公文书馆数字档案长期保存发展经验:其一,科学布局数字档案资源长期保存体系。①建立灾难恢复系统;②综合运用云存储模式;③优化选择现有长期保存技术。其二,建立数字档案资源长期保存安全保障机制。①保存载体的技术性保护;②加强自主研发与创新;③促进人才建设。她还认为:这些经验"对于现阶段我国数字档案资源长期保存的发展有着非常重要的参考和借鉴作用。在分析我国数字档案资源长期保存现状的基础上,吸取借鉴这些宝贵的经验,建设具有我国特色社会主义数字档案资源长期保存发展之路"。④

海南省三亚学院赵婷、陶信伟以日本"文化遗产数据库"为例,对其档案数据库建设情况进行详细介绍。"2010年,由日本文化厅和国立情报学研究所共同策划及运营的'文化遗产数据库'在'文化遗产在线'的基础上建立并正式对外开放,免费向公众提供数据检索等业务。目前,日本'文化遗产数据库'的主要运营方为日本文化厅,国立情报学研究所提供技术支持。该数据库除了包含日本政府指定、选定、收录的文化遗产相关资料外,还包含日本各图书馆收藏的文化遗产档案资料。'文化遗产数据库'为研究者和日本民众了解日本文化遗产保护提供了翔实的资料。"相比日本其他文化遗产档案数据库,该数据库还具有以下特点:①信息检索功能完善;②数据资源丰富。⑤

---

①　范冠艳.基于实体档案馆信息化的数字档案馆建设实践探究:对温哥华市档案馆数字保存项目的实地调研[J].档案学研究,2018(5):129-134.

②　楚艳娜.加拿大公共档案馆转型发展研究(1912—1987)[D].济南:山东大学,2018.

③　邓欢.日本档案职业资格认证研究:浅析《日本档案学会注册档案员规程》[J].档案与建设,2018(5):20-23,12.

④　崔月.日本国立公文书馆数字档案资源长期保存实践研究[D].沈阳:辽宁大学,2018.

⑤　赵婷,陶信伟.日本文化遗产档案数据库建设的经验及启示[J].中国档案,2018(5):78-79.

海南省海南医学院档案馆、中国人民大学信息资源管理学院钟万梅介绍了日本京都大学全球大型文化遗产数字化项目的经验。京都大学全球大型文化遗产数字化项目,是指日本京都大学工程研究生院高级图像技术实验室(以下简称该实验室)。"该实验室提出了未来的教育规划,即建立一个国际艺术和文化遗产数字化中心,该中心由四大模块组成:数字博物馆和数字展览、高级成像技术教育研究院、知识产权管理、产品及商业推广系列公司四大模块各有专攻,相互独立又彼此关联。其中高级成像技术教育研究院提供艺术科学和技术领域的硕士和博士课程,分为文化艺术、工程技术两个方向。"①

六、德国

德国海德堡市档案馆彼特·布鲁姆对德国科隆城市档案馆坍塌事件进行思考,认为:"科隆事件警示我们,作为守护这些文化遗产的档案管理者,应该采取多种方式,比以往更加积极地为突发事件做好准备。世界上并没有能预防紧急情况发生的'万能药',每个档案馆都有其自身的独特性,这些不同体现在其馆藏的藏品、档案馆库、技术装备及为其提供财政支持的资源。"从科隆事件中我们可以归纳出三个基本的内容:①档案馆建筑规范。②特定场所及特定建筑的风险分析。一是分析并监测档案馆外部及内部可能引发的危险;二是建立相互审查机制;三是有意识地利用"协同效应"。③馆藏品的电子化策略。②

北京外国语大学医院王卓介绍了德国医疗档案馆信息大数据建设的特点:①制定统一的档案信息化标准。②立法保障患者信息安全。③行业协会提供业务指导。④建设统一的档案信息服务平台。⑤实行分类利用的方式开放档案。⑥推行医疗档案信息远程存储中心模式。③

七、其他国家

黑龙江大学信息管理学院于元元对近十年国内俄罗斯档案事业研究态势进行研究,认为:"对俄罗斯档案事业问题的研究者的数量是比较有限的,而且只有少数作者的研究体现出系统性、连续性的特点,跨学科的合作比较松散。""目前有关俄罗斯档案事业方面的研究成果数量不多,但从两国合作的态势来看,扩展该方面的研究,挖掘档案资源,有助于为两国的政治、人文领域、经贸领域的合作提供信息保障,有助于双方档案事业发展的互鉴,鉴于此,对该方面研究的支持力度必然会不断增大。""对于俄罗斯档案事业的研究,既要有对其管理机制、发展态势的宏观考察,也要有对具体业务、环节状况的微观介绍与剖析;既要注重对俄罗斯档案资源可资利用状况的介绍,又要加强对开放档案内容的研究;既要突显档案学领域的研究特色,也要注意多学科协作的综合研究。随着各界对该领域研究的重视,其研究内容必定得到不断扩展与深化。"④

南京大学信息管理学院董芳菲以新西兰开放数据运动为研究对象,探讨新西兰档案馆在开放数据运动中的角色定位,其作为开放数据政策的制定者、开放数据提供机构的监管者、开放数据集的提供者,在开放数据运动中发挥了巨大作用。我国档案机构还未大规模地参与到政府开放数据运动中,今后应积极开放和开发数据资源,主动参与开放数据平台的建设,推动制定开放数据政策,培养档案

① 钟万梅.日本京都大学全球大型文化遗产数字化项目的经验及启示[J].北京档案,2018(2):39-41.
② 彼特·布鲁姆.档案管理机构如何应对灾害和其他危险状况:德国科隆城市档案馆坍塌事件的启示[J].北京档案,2018(11):39-42.
③ 王卓.德国医疗档案馆的信息大数据建设与外溢效应[J].中国档案,2018(6):72-73.
④ 于元元.近十年国内俄罗斯档案事业研究态势探微[J].黑龙江档案,2018(6):31-33.

人员的信息化能力。①

苏黎世联邦理工学院当代历史档案馆聂丹寅介绍了瑞士苏黎世联邦理工学院当代历史档案馆在文化遗产保护与数字化运用方面的成功经验,认为:"当代历史档案馆结合欧盟对于欧洲文化遗产年的指导思想以及苏黎世联邦理工学院的战略,在文化遗产保护方面做了一些工作,并将成果向公众展示。一是在苏黎世联邦理工学院开展了一项活动,当代历史档案馆以欧盟对文化遗产的更广义的定义为依据,把数字化档案材料纳入文化遗产,并将经过数字化的馆藏档案和收藏品,通过导览、展览和研讨会,使其以文化遗产的形式面向公众。二是当代历史档案馆向公众展示了与匈牙利犹太人大屠杀事件相关的口述历史音像档案,这些音像档案是对书面文件的有效补充。"②

大连工业大学综合档案室黄睿认为:"从法国近几十年的法律体制变化可以看出,数字技术对文件的保存和管理产生巨大的影响,如何应对数字技术的挑战,降低数字环境下数字文件丢失的风险,确保文件可检验的价值,一直是法国立法部门努力做的工作方向,在提高电子文件管理政策重要性认识的基础上,加深对科学理论的理解,对电子文件的法律法规及时做出调整修改和补充,更好地保护文件的真实性、可靠性、可用性和可读性,促进文件的创建、管理和保存的实践活动。"③

八、国际档案大会

辽宁大学历史学院刘俊恒、南昌大学人文学院历史系龙家庆"以国际档案大会为研究对象,通过理顺档案治理和全球治理两者的内涵,剖析全球档案治理在全球治理以及构建人类命运共同体中起到的作用,梳理中国参与国际档案大会的历程,分析目前存在的起步晚、缺乏有力传承,话语权薄弱;'引进来'的理论多,'走出去'的理论少;语言与专业融合的复合型人才稀少等问题,提出从追随者到引领者的角色转变、'引进来'与'走出去'并重、培养'档案学+外语'的复合型人才的建议,以期中国能更好地参与全球档案治理"。④

武汉大学信息管理学院王玉珏、中国人民大学信息资源管理学院李子林认为:"1948年,国际档案理事会于巴黎成立,经过70年的发展,搭建了国际档案交流与合作的有效平台,确立了全球档案工作的系列标准与原则,逐步形成了全球档案治理格局。为了更有效地参与全球档案治理,提升中国'构建人类命运共同体'治理理念的影响力,中国档案工作者应通过积极响应国际档案组织倡导的项目,参与制定国际档案规则标准,推进中国'一带一路'档案项目的国际影响力,广泛传递中国档案信息与声音,拓宽国际化档案人才输送渠道等方式参与全球档案治理。"⑤

九、对比与比较

1.理论研究

中国人民大学信息资源管理学院李子林认为:"21世纪以来,档案多元论逐渐走入档案界的视野。西方后现代主义思潮为档案多元现象及档案多元论研究提供了哲学和方法论指导。""当前,国外档案多元论研究的主题包括:档案多元论视域下档案馆业务拓展、电子文件管理和长期保存、社会记忆及非主流社会群体文化构建、全球档案研究与教育活动的发展。档案多元论对我国档案馆业务工

---

① 董芳菲.开放数据环境下新西兰档案馆的角色定位及其启示[J].档案与建设,2018(10):24-28,23.

② 聂丹寅.当代历史档案馆的文化遗产保护合作与数字化运用[J].北京档案,2018(12):39-41.

③ 黄睿.关于法国电子文件立法发展的研究[J].档案管理,2018(5):26-27.

④ 刘俊恒,龙家庆.中国参与全球档案治理的历史与问题:以国际档案大会为例[J].兰台世界,2018(10):18-22,12.

⑤ 王玉珏,李子林.中国参与全球档案治理:时代、机遇与路径选择[J].兰台世界,2018(10):13-17,12.

作革新、少数民族档案资源的保存与开发、档案学研究活动的多元化与社会化发展、档案教育及人才培养模式创新具有重要的启示意义。"①

西藏民族大学管理学院赵生辉认为："Living archives 是近年来在欧美国家文化档案管理领域文献中出现频率较高的一个术语。""living archives 有两种定义方案：'活态档案馆（living archives I）'是指通过激活内部和外部资源，使其可以像生命体一样与用户进行动态交互的数字档案馆；'生活档案馆（living archives Ⅱ）'是以采集、保存和展示个人或者社群日常生活记录为核心功能的数字档案馆。'活态档案馆'的内涵特征主要体现在面向用户、随时可用、实时更新、动态交互、快速响应、多态再现和开放融合等方面，'生活档案馆'的核心理念主要体现在平民化档案观、平行模拟思想和大数据思维等方面。"②

山东大学历史文化学院詹逸珂认为："20 世纪 60 年代后，以反理性、反模式化和怀疑主义为代表的后现代主义（Post-modernism）思潮在西方各个领域兴起，并进一步影响到档案学基本理论和实践方法的转变。后现代主义具有其特定的产生背景，它可为审视西方档案利用服务工作的特征和意义提供新视角、新方法。面对这一思潮，档案工作者有必要转变档案提供利用的方式和理念：从封闭守旧向主动开放转变，从为政治服务向为公民社会服务转变，从档案的'被动守护者'向积极参与档案的形成与利用过程转变，从主要为上层社会服务向适当关注弱势群体转变。"③

南京大学信息管理学院吕文婷通过文献调研发现，国外档案学界已经在个人档案的内涵与特征、价值与意义、管理理论与实践等方面取得了一系列研究进展，其理论与实践研究肯定了个人档案对其形成者的重要意义，突出和深入挖掘个人档案中蕴含的主体性色彩，并引入其他学科理论与方法进行跨学科研究，对促进我国个人档案的理论研究与管理活动的发展具有一定借鉴意义。④

2. 档案事业

福建省龙岩学院潘秀明认为："纵观当今世界的档案事业管理体制，主要存在着两种模式，一种是集中式，还有一种是分散式，实行集中式档案事业管理体制的国家有法国、中国、俄罗斯等；实行分散式档案事业管理体制的国家主要有美国、英国、瑞士等。""两种档案管理体制互相渗透，互相弥补。法国是资本主义私有制国家，其档案集中化程度因此受到一定的限制，法国国家档案系统只负责集中管理历史档案和一部分政府行政机关的档案。法国国家档案机构系统外，还存在大量的非国家档案机构系统，法国国家档案局无权对其实行业务上的指导和监督。美国档案管理体制的总体特点是全局分散、中央集中。在美国联邦政府系统内部，档案工作实行高度集中式的统一管理。"⑤

潍坊护理职业学院李晓飞认为："在当今信息爆炸的时代背景中，高校档案事业也迎来大变革时期，围绕档案服务核心，注重档案资源的'用'，面向社会服务进行变革，积极开拓工作思路，积极学习国外高校档案工作，借鉴社会化服务经验，从公共教育服务意识强、馆藏丰富服务于社会、引进企业化技术手段、与公民进行良好互动中汲取启示，通过构建高校档案多元主体互动机制，引入高校档案社会服务竞争活力，畅通高校社会服务档案沟通渠道，借鉴社会化服务方式寻找助推力，促进高校档案社会化服务发展，实现高校档案社会价值。"⑥

南京大学信息管理学院马双双、吕文婷探讨了国外企业档案和企业档案管理研究的历史演变特征：①理论研究与实践研究并重。在实践层面，20 世纪中叶以后，大部分的其他欧洲国家、加拿大、澳大利亚等也纷纷开展企业档案管理工作。在理论研究层面，可以了解到，国外企业档案的研究始于 20

① 李子林. 国外档案多元论的发展及其启示[J]. 档案学研究,2018(6):138-144.
② 赵生辉. Living Archives:概念、内涵与启示[J]. 档案学通讯,2018(5):36-41.
③ 詹逸珂. 以后现代视角分析国外档案利用服务若干典型案例[J]. 山东档案,2018(1):17-20.
④ 吕文婷. 国外个人档案研究进展与思考[J]. 档案学通讯,2018(4):49-54.
⑤ 潘秀明. 浅析国外档案事业管理体制及启示[J]. 办公室业务,2018(10):173-174.
⑥ 李晓飞. 国外高校档案社会化服务经验对我国高校的启示[J]. 办公室业务,2018(4):180,184.

世纪30年代,研究内容点多面广,擅长用案例和数据总结经验,注重从实践视角深化对企业档案和企业档案管理理论的探讨。②多元化社会力量参与。国外企业档案的管理除了各级档案行政管理部门之外,还注重高校、各类企业档案协会(委员会)以及以营利为目的的服务组织等多元化社会力量的参与。③企业档案价值认知拓展。国外企业档案和企业档案管理研究始终关注企业档案价值的探讨,从企业档案的双重价值扩展到经济价值和文化价值。①

湖北省十堰市城建档案和地下管线管理处石萍认为:"国外先进的档案管理经验表明,实现档案管理工作有序进行的前提是建立一套统一的法律标准与制度规范。国外先进的机构自行分散管理模式以及档案管理模式都对我国的电子档案管理工作具有重要的现实意义。我国的机构和部门可以在具体的工作中根据现实情况采用不同的管理方法,在此过程中需要加强对档案管理人员的培训,提高电子档案的社会服务功能,进行市场化运作,向国外先进的电子档案管理方式靠拢。"②

3. 媒体网站

中国人民大学劳动人事学院魏扣,中国人民大学信息资源管理学院李子林、张嘉禾"总结并分析澳大利亚、美国、英国、法国档案馆应用社交媒体开展特色公共服务的经验,提出对我国档案馆应用社交媒体开展公共服务的启示:从相关政策制定、多元主体参与、'双向型'用户、虚拟'社群化'四大方面实现档案馆公共服务的创新发展"。③

上海师范大学人文与传播学院杜慧平、吕元智认为国外数字档案资源跨媒体集成服务研究的特点:首先,国外相关研究具有明显的应用色彩,研究成果往往会应用到具体的实施项目中。欧盟国家成员数量多、资源分散,在人类文化遗产资源的共建共享的思想推动下,对异地异构的多种媒体资源的集成服务需求更为迫切。其次,国外相关研究的路径较为清晰和集中。最后,研究视角主要为档案信息资源的集成优化。④

河北大学管理学院张艳欣、高慧筠认为国外档案网站保护技术内容透视出的档案保护工作特色是:①档案保护组织机构健全。一是设有专门的档案保护机构;二是积极同其他机构合作。②档案保护知识宣传普及到位。美、英、加、澳四国以档案网站为载体,详尽地介绍了档案保护知识与相关工作,不管是档案保护工作者还是普通公众都能轻而易举地获取档案保护知识和信息。③相关制度建设完善。国外对档案保护工作的重视程度可从其颁布的一系列的法律法规、标准规范、行为准则中反映出来,这些条文律令既涵盖了对未破损档案的预防性保护,又包括了对受灾档案的应急性指导。⑤

河北大学管理学院高思宇对国外档案馆网上展览进行探讨,美国国家档案馆的特色可以概括为以下三点:一是美国国家档案馆网上展览的整体环境较为开放,公众参与度高;二是展览的形式多样化;三是美国为了促进网上档案展览的开展,设立了诸多奖项和评选活动。英国国家档案馆网上展览的特点有:一是展览多以历史档案为主;二是为研究者们提供丰富的研究材料和历史依据;三是展览的形式不拘一格,受众群体广泛;四是以人为本的设计理念和人性化的浏览模式。新加坡国家档案馆网上展览的特点包括:一是网上展览的页面设置清新活泼、独具匠心;二是展览形式多样化。⑥

福州大学校办魏振毅分析了国外在线口述档案研究现状:①在线口述档案题材。首先,要求选题必须符合现代社会公民的喜好与需求。其次,选题应满足时代特点,富有民族特点。②在线口述档案技术平台。③存储介质及数字化格式。④数字化平台。⑤经费来源。他还探讨了国外发展在线口述

① 马双双,吕文婷.国外企业档案和企业档案管理研究综述[J].北京档案,2018(2):16-20.

② 石萍.国外先进电子档案管理经验于我国的借鉴价值[J].城建档案,2018(9):45-46.

③ 魏扣,李子林,张嘉禾.国外档案馆应用社交媒体开展公共服务实践及其启示[J].档案学通讯,2018(2):81-86.

④ 杜慧平,吕元智.国外数字档案资源跨媒体集成知识服务研究热点分析[J].浙江档案,2018(6):16-19.

⑤ 张艳欣,高慧筠.国外档案网站档案保护内容的分析与启示[J].档案管理,2018(2):19-22.

⑥ 高思宇.国外档案网上展览的特点及启示[J].档案天地,2018(11):41-43,49.

档案对我国的启示:①搭建信息化平台。需要全国范围内的统一规划,将口述档案研究和在线口述档案纳入国家档案发展规划之中。②发展特色口述档案。选题要抓住利用的最终目的,将社会经济发展急需、社会大众乐于接受的口述档案展现在互联网中,不仅能促进口述档案的发展,同时扩大在线口述档案的发展空间。③拓展经费来源渠道。④重视口述档案受访者权益。⑤重视在线口述档案的隐患。①

4. 其他

国防大学政治学院军事信息管理系程妍妍、上海大学图书情报档案系张茜"对国际合作性研究项目'云中文件管理'云实践调研的目标、方法、内容等进行了分析,指出云应用迅速增长,大量文件和档案机构正在向云转移,采用以软件即服务(SaaS)为主等应用现状,提出我国档案机构在应用云时应健全文件和档案云政策和标准体系,通力合作,达成安全共识,积极推动文件档案云平台市场发展等启示,以为我国档案机构积极采用云进行文件和档案管理提供有益借鉴和参考"。②

中国人民大学信息资源管理学院黄霄羽、管清潆评析了近期国外档案工作技术应用的特点:①热门技术及时应用。一是应用人工智能技术深度挖掘档案资源;二是利用虚拟现实技术呈现档案资源。②技术应用覆盖各环节。③借助技术开发特色文化产品。④合作成为技术应用的主要方式。一是众包调动公众参与积极性。二是外包体现档案商业化和社会化服务优势。⑤技术应用水平国家间不平衡。⑥技术应用呈现跨界融合态势。③

中国人民大学信息资源管理学院黄霄羽、管清潆认为:"互联网+的时代特征对档案利用服务产生了深刻影响。"她们"提出国外档案利用服务的四点前沿特征:跨界融合的新态势,以人为本的新理念,文化休闲的新导向,开放生态的新环境"。④

中国人民大学信息资源管理学院李子林、中国人民大学数据工程与知识工程重点实验室杨文娜、中国人民大学档案馆张斌通过梳理国际档案理事会(ICA)和美国自然科学基金委(NSF)科研记录与数据管理的理论与实践,总结出基于科研项目生命周期、以科研项目成果开放利用为导向的两种科研项目记录与数据管理模式。在此基础上提出,我国应该立足科研项目全生命周期,厘清文件归档范围与管理责任,实行科研项目档案全流程管理;强化科研项目前端控制思想,提前制订科研项目档案管理计划;构建多方主体合作机制,制订推动科学发展的档案管理方案;顺应信息时代变革,强化数字环境下科研项目档案的收、管、用。⑤

黑龙江省档案局教育宣传法制处赵冬梅对中美档案馆利用服务进行比较,认为:"美国各种类型的档案馆对档案的开放都持十分积极的态度,利用限制少,解密时间短,往往有 90% 以上的档案对公众全方位开放,被称为'世界上最开放的档案馆'。"而"我们国家的档案解密鉴定工作还不完善,阻碍了档案开放利用工作的有效开展"。"因此,建议借鉴美国档案解密工作的先进做法,积极做好档案开放鉴定工作"。⑥

中国人民大学信息资源管理学院黄霄羽、江苏省盐城师范学院公共管理学院杨静对中外档案利用服务法制建设的特点进行比较,认为:"在利用服务方式规定方面,我国档案法律法规的规定比较传统和单一,缺乏考虑利用主体的多样性和服务主体的主动性。""国外对档案利用服务方式的规定包括:以邮寄方式发送给申请人(比利时);通过通信网络提供档案文件、提供有偿信息服务(俄罗斯);

① 魏振毅.国外在线口述档案研究现状及启示[J].档案管理,2018(4):44-46.

② 程妍妍,张茜.国外文件和档案机构云实践调研及启示[J].档案学通讯,2018(3):104-107.

③ 黄霄羽,管清潆.新闻视角评析近期国外档案工作技术应用的特点[J].中国档案,2018(7):71-73.

④ 黄霄羽,管清潆."互联网+"时代国外档案利用服务的前沿特征[J].档案与建设,2018(10):4-9.

⑤ 杨文娜,张斌,李子林.国外科研记录与数据管理实践对我国科研项目档案管理的启示[J].档案学研究,2019(2):122-128.

⑥ 赵冬梅.中美档案馆公共服务能力建设比较研究[J].黑龙江档案,2018(1):54.

接待查询、组织参观(英国);提供信息咨询、组织各种活动,包括展览、出版、表演(加拿大、新加坡)等多种方式。这些规定既体现出档案利用服务的丰富形式,也提高了服务者的主动性,使利用服务更加人性化,更符合'数据多跑路,足不出户办业务'的现代化便捷思维。"①

　　黑龙江省档案局教育宣传法制处赵冬梅对中美档案法规进行比较研究,认为有如下启示:第一,可借鉴美国持续适时修订法律的做法,加快我国《档案法》的修订工作。第二,可借鉴美国档案法规中有关权利保护的内容,保持权利和义务的平衡。第三,可借鉴美国档案解密工作的做法,积极做好档案开放鉴定工作。②

----

　　①　黄霄羽,杨静.中外档案利用服务法制建设的内容特点比较[J].北京档案,2018(12):4-9.
　　②　赵冬梅.中美档案法规比较研究:美国档案法律法规体系专题培训收获与思考[J].中国档案,2018(1):74-75.

第八章　中国档案事业

我们以中国知网为样本来源,检索范围:中国学术期刊网络出版总库,中国博士学位论文全文数据库,中国优秀硕士学位论文全文数据库,中国重要会议论文全文数据库,国际会议论文全文数据库,中国重要报纸全文数据库,中国学术辑刊全文数据库。

检索年限:2018 年。

检索时间:2018 年 12 月 30 日。

检索式:发表时间=2018-01-01 至 2018-12-31,并且专题子栏目=中国档案事业(模糊匹配)。

样本文献总数:1560 篇。

第一节　文献统计分析

本节采用统计分析的方法,从资源类型分布、文献学科分布、文献研究层次分布、文献基金分布、文献类型分布 5 个方面对样本文献进行分析。

一、资源类型分布

从资源类型分布看,1560 篇样本文献涉及期刊、报纸、硕士、国内会议、学术辑刊 5 类资源。各类资源发表文献数量及占比情况见表 8-1。

表 8-1　各类资源发表文献数量及占比情况

序号	资源类型	发表文献数量/篇	占全部样本/%
1	期刊	1425	91.35
2	报纸	101	6.47
3	硕士	27	1.73
4	国内会议	5	0.32
5	学术辑刊	2	0.13
合计		1560	100.00

从表 8-1 可见,期刊和报纸是 2018 年中国档案事业研究文献的两大主要来源,其中期刊占比接近 92%,是研究者进行交流与沟通的首选渠道和平台;报纸成为研究者进行交流与沟通的辅助渠道和平台。硕士学位论文、国内会议论文由于体量上远低于期刊,在研究中只起点缀作用。

二、文献学科分布

从样本文献学科分布看,1560 篇样本文献涉及图书情报档案、法学、政治、历史、文化、工业经济、农业经济、新闻传播、教育、马克思主义、公共管理、社会、城市经济、语言、公安等学科。前 15 个学科发表文献数量及占比情况见表 8-2。

表 8-2　前 15 个学科发表文献数量及占比情况

序号	学科	发表文献数量/篇	占全部样本/%
1	图书情报档案	1467	94.04
2	法学	14	0.90
3	政治	12	0.77
4	历史	6	0.38
5	文化	6	0.38
6	工业经济	5	0.32
7	农业经济	4	0.26
8	新闻传播	4	0.26
9	教育	3	0.19
10	马克思主义	2	0.13
11	公共管理	2	0.13
12	社会	2	0.13
13	城市经济	2	0.13
14	语言	2	0.13
15	公安	1	0.06
	总计	1532	98.21
	实际	1560	100.00
	余数	28	1.79

需要说明的是,按前 15 个学科统计数为 1532 篇,占全部样本的 98.21%。图书情报档案专业发表文献 1467 篇,占全部样本的 94.04%。研究具有 6% 左右的学科交叉性。

除图书情报档案外,发表文献最多的 5 个学科是法学、政治、历史、文化、工业经济,与 2017 年的农业经济、行政法及地方法制、文化、图书情报与数字图书馆、新闻与传媒没有重合。这表明研究的热点与重点有所变化。

三、文献研究层次分布

从文献研究层次分布情况看,1560 篇样本文献涉及基础研究(社科)、行业指导(社科)、职业指导

（社科）、政策研究（社科）、工程技术（自科）、其他 6 个不同层次。各层次发表文献数量及占比情况见表 8-3。

表 8-3　各层次发表文献数量及占比情况

序号	层次	发表文献数量/篇	占全部样本/%
1	基础研究（社科）	778	49.87
2	行业指导（社科）	636	40.77
3	职业指导（社科）	116	7.44
4	政策研究（社科）	11	0.71
5	工程技术（自科）	1	0.06
6	其他	18	1.15
	合计	1560	100.00

如果按社会科学、自然科学和其他来分类，各类文献数量及占比分别是：社会科学 1541 篇，占 98.78%；自然科学 1 篇，占 0.06%；其他 18 篇，占 1.15%。研究基本上属于社会科学的范畴。

如果按研究的基础性与应用性划分，基础性研究 778 篇，占 49.87%；应用性研究 782 篇，占 50.13%。研究略微偏重于应用性。

综上，从整体上看，2018 年中国档案事业研究是略微偏重于应用性的社会科学。

四、文献基金分布

从样本文献基金分布情况看，1560 篇样本文献中有 17 篇得到国家社会科学基金和天津市教委基金、陕西省软科学研究计划等 3 种国家或省市级基金的资助，仅占全部样本的 1.09%。各类基金资助发表文献数量及占比情况见表 8-4。

表 8-4　各类基金资助发表文献数量及占比情况

序号	基金	发表文献数量/篇	占全部样本/%	占基金资助文献/%
1	国家社会科学基金	15	0.96	88.24
2	天津市教委基金	1	0.06	5.88
3	陕西省软科学研究计划	1	0.06	5.88
	合计	17	1.09	100.00
	总计	1560	100.00	

从基金资助的层次上看，国家级基金 1 种 15 项，占全部基金资助文献的 88.24%；地方基金 2 种 2 项，占基金资助文献的 11.76%

从地方基金资助的区域分布看，只涉及 2 个省市。

综上，从层级上看，国家的资助力度远高于地方的资助力度，是地方资助数量的 7 倍以上。从区域分布看，全国仅有两个省市对此类研究有所资助，资助力度有限。

五、文献类型分布

从文献类型分布看,1560 篇样本中涉及综述类、政策研究类和一般性 3 类文献。各类型文献数量及占比情况见表 8-5。

表 8-5　各类型文献数量及占比情况

序号	文献类型	文献数量/篇	占全部样本/%
1	综述类	25	1.60
2	政策研究类	11	0.71
3	一般性	1524	97.69
	合计	1560	100.00

综上,从表 8-5 中可以明显地看到,一般性论证文献在研究成果中占据了近 98% 的份额,是绝对的主体;而涉及宏观性及政策性的综述类、政策研究类文献非常薄弱。

六、小结

从样本文献的统计情况看,期刊和报纸是 2018 年中国档案事业研究文献的两大主要来源,其中期刊占比接近 92%,是研究者进行交流与沟通的首选渠道和平台。报纸成为研究者进行交流与沟通的辅助渠道和平台;硕士学位论文、国内会议论文由于体量上远低于期刊,在研究中只起点缀作用。

学科分布较为广泛,研究具有一定的学科交叉性。除图书情报档案外,发表文献最多的 5 个学科是法学、政治、历史、文化、工业经济,与 2017 年的农业经济、行政法及地方法制、文化、图书情报与数字图书馆、新闻与传媒没有重合。这表明研究的热点与重点有所变化。

从整体上看,2018 年中国档案事业研究属于社会科学范畴,理论研究与应用研究大体相当。

从基金分布情况看,1560 篇样本文献中有 17 篇得到 3 种国家或省市级基金的资助,仅占全部样本的 1.09%。从层级上看,国家的资助力度远高于地方的资助力度,是地方资助数量的 7 倍以上。从区域分布看,全国仅有两个省市对此类研究有所资助,资助力度有限。

从成果文献的类型上看,一般性论证文献占据了近 98% 的份额,是绝对的主体,而宏观性及政策性的研究成果非常薄弱。

第二节　文献计量分析

本节采用计量分析的方法,从文献作者分布、文献机构分布和文献来源分布 3 个方面对样本文献进行分析。

一、文献作者分布

从作者的分布情况看,1560 篇文献涉及王天浩、杨洋、许桂清、杨位楠、颜野、张博、徐春艳、李晓蓉、丁海斌、苏晓霞、邓琳、顾宇、张永强、胡振荣、程勇、胡正刚、刘东斌、张超、明平英、张全庆、寸忠梅、夏秀丽、陶冶、王玥、高山、陈建东、吴雁平、张春风、黄惠珍、姚娟、邵海燕、贺晓光、黄凤平、王芳、孙国俊、徐早祥、吕新民、李颖、赵国强、周瑾等作者。前 40 位作者共发表文献 153 篇,占全部样本的 9.81%。

前 40 位作者发表文献数量及占比情况见表 8-6。

表 8-6　前 40 位作者发表文献数量及占比情况

序号	作者	发表文献数量/篇	占全部样本/%
1	王天浩	10	0.64
2	杨洋	8	0.51
3	许桂清	7	0.45
4	杨位楠	6	0.38
5	颜野	6	0.38
6	张博	5	0.32
7	徐春艳	5	0.32
8	李晓蓉	5	0.32
9	丁海斌	5	0.32
10	苏晓霞	5	0.32
11	邓琳	5	0.32
12	顾宇	4	0.26
13	张永强	4	0.26
14	胡振荣	4	0.26
15	程勇	4	0.26
16	胡正刚	4	0.26
17	刘东斌	4	0.26
18	张超	3	0.19
19	明平英	3	0.19
20	张全庆	3	0.19
21	寸忠梅	3	0.19
22	夏秀丽	3	0.19
23	陶冶	3	0.19
24	王玥	3	0.19
25	高山	3	0.19
26	陈建东	3	0.19
27	吴雁平	3	0.19
28	张春风	3	0.19
29	黄惠珍	3	0.19
30	姚娟	3	0.19
31	邵海燕	3	0.19
32	贺晓光	3	0.19
33	黄凤平	3	0.19

续表8-6

序号	作者	发表文献数量/篇	占全部样本/%
34	王芳	2	0.13
35	孙国俊	2	0.13
36	徐早祥	2	0.13
37	吕新民	2	0.13
38	李颖	2	0.13
39	赵国强	2	0.13
40	周瑾	2	0.13
	合计	153	9.81
	总计	1560	100.00

如果按照普赖斯提出的计算公式,核心作者候选人的最低发表文章数量 $M = 0.749\sqrt{N_{max}}$,其中 N_{max} 为最高产作者发表文章数量。2018年中国档案事业研究作者中发表文献最多的为10篇,即 $N_{max} = 10$,所以 $M = 0.749\sqrt{10} \approx 2.369$ 。发表文献3篇及以上的作者就是高产核心作者。因此,表8-6中的前33位作者,均是2018年中国档案事业研究的高产作者及核心作者。由此可以认为:2018年中国档案事业研究已经拥有了一定数量的高产作者,并且已经形成相当规模的核心作者群。

从前40位作者的所属单位看,多数来自档案行政管理机关,是2018年中国档案事业研究的主体。

二、文献机构分布

从机构分布情况看,1560篇文献中,涉及云南省档案局、浙江省档案局、四川省档案局、黑龙江省档案局、辽宁省档案局、北京市档案局、陕西省档案局、黑龙江省哈尔滨市档案局、河北省档案局、国家档案局、沈阳市档案局、辽宁大学、吉林省档案管理局、上海市档案局、黑龙江省齐齐哈尔市档案局、上海大学、陕西省宝鸡市档案局、广东省档案局、河南省濮阳市档案局、江苏省苏州市档案局、天津市档案局、江西省档案局、云南省西双版纳州档案局、湖南省档案局、甘肃省档案局、《四川档案》杂志社、浙江省杭州市档案局、安徽大学、黑龙江省黑河市档案局、中国人民大学、辽宁省鞍山市档案局、云南省玉溪市红塔区档案局、广西民族大学、四川省南充市档案局、云南省砚山县档案馆、四川省泸州市档案局、云南省曲靖市档案局、河北省唐山市档案局、山东大学、成都市档案馆等机构。

前40个机构发表文献数量及占比情况见表8-7。

表8-7 前40个机构发表文献数量及占比情况

序号	机构	发表文献数量/篇	占全部样本/%
1	云南省档案局	88	5.64
2	浙江省档案局	52	3.33
3	四川省档案局	52	3.33
4	黑龙江省档案局	38	2.44
5	辽宁省档案局	27	1.73
6	北京市档案局	16	1.03

续表 8-7

序号	机构	发表文献数量/篇	占全部样本/%
7	陕西省档案局	14	0.90
8	黑龙江省哈尔滨市档案局	14	0.90
9	河北省档案局	13	0.83
10	国家档案局	10	0.64
11	沈阳市档案局	10	0.64
12	辽宁大学	8	0.51
13	吉林省档案管理局	8	0.51
14	上海市档案局	7	0.45
15	黑龙江省齐齐哈尔市档案局	7	0.45
16	上海大学	7	0.45
17	陕西省宝鸡市档案局	6	0.38
18	广东省档案局	6	0.38
19	河南省濮阳市档案局	6	0.38
20	江苏省苏州市档案局	6	0.38
21	天津市档案局	6	0.38
22	江西省档案局	5	0.32
23	云南省西双版纳州档案局	5	0.32
24	湖南省档案局	5	0.32
25	甘肃省档案局	5	0.32
26	《四川档案》杂志社	5	0.32
27	浙江省杭州市档案局	5	0.32
28	安徽大学	5	0.32
29	黑龙江省黑河市档案局	5	0.32
30	中国人民大学	5	0.32
31	辽宁省鞍山市档案局	4	0.26
32	云南省玉溪市红塔区档案局	4	0.26
33	广西民族大学	4	0.26
34	四川省南充市档案局	4	0.26
35	云南省砚山县档案馆	4	0.26
36	四川省泸州市档案局	4	0.26
37	云南省曲靖市档案局	4	0.26
38	河北省唐山市档案局	4	0.26
39	山东大学	4	0.26
40	成都市档案馆	4	0.26
	合计	486	31.15
	总计	1560	100.00

前40个机构共发表文献486篇,占全部样本的31.15%。如果使用普赖斯公式计算,核心机构的最低发表文献数量 $M=0.749\sqrt{N_{max}}$,其中 N_{max} 为最高产机构发表文章数量。这里 $N_{max}=88$,所以 $M=0.749\sqrt{88}\approx7.026$,即发表文献8篇及以上的为核心研究机构。因此,云南省档案局、浙江省档案局、四川省档案局、黑龙江省档案局、辽宁省档案局、北京市档案局、陕西省档案局、黑龙江省哈尔滨市档案局、河北省档案局、国家档案局、沈阳市档案局、辽宁大学、吉林省档案管理局13个发表文献8篇及以上的机构,是研究的高产机构。其中14个属于档案行政管理机构,高校只有2个。这表明档案行政管理机关是2018年中国档案事业研究核心机构群的主体。

从前40个机构发表文献的数量及占比情况看,档案行政管理机关33个,占前40个机构的82.50%,发表文献449篇,占全部样本的28.78%,无论是发表文献的数量还是占比均最高。高校6个,占前40个机构的15%;发表文献33篇,占比2.1%,排名次之。档案馆1个,占前40个机构的2.5%;发表文献4篇,居第三位。这从整体上说明档案行政机关参与并进行中国档案事业研究的热情最高,高校次之,档案馆最低。

三、文献来源分布

从文献来源分布看,1560篇样本文献中,发表文章43篇及以上的文献来源共有13种,发表文献1177篇,占全部样本的75.45%。

前13种文献来源发表文献数量及占比情况见表8-8。

表8-8 前13种文献来源发表文献数量及占比情况

序号	文献来源	发表文献数量/篇	占全部样本/%
1	《云南档案》	183	11.73
2	《黑龙江档案》	160	10.26
3	《中国档案》	147	9.42
4	《兰台世界》	86	5.51
5	《浙江档案》	85	5.45
6	《中国档案报》	84	5.38
7	《档案与建设》	83	5.32
8	《四川档案》	77	4.94
9	《陕西档案》	75	4.81
10	《北京档案》	57	3.65
11	《档案天地》	53	3.40
12	《档案时空》	44	2.82
13	《山东档案》	43	2.76
合计		1177	75.45
总计		1560	100.00

按照布拉德福定律,1560篇文献可分为核心区、相关区和非相关区,各个区的论文数量相等(520篇)。因此,发表论文居前3位的《云南档案》《黑龙江档案》《中国档案》(490篇)处于核心区之内;发表论文居第4~10位的《兰台世界》《浙江档案》《中国档案报》《档案与建设》《四川档案》《陕西档案》

《北京档案》(547 篇)处于相关区;《档案天地》《档案时空》《山东档案》(140 篇)等发表文献 43 篇及以下的处于非相关区。

从发表文献 43 篇及以上的前 13 种期刊来源看,均为档案学期刊。在档案学期刊中又以普通期刊为多(9 种),核心期刊只有 4 种,发表文章 372 篇。可以说,档案类期刊,特别是普通档案学期刊对 2018 年中国档案事业研究的关注度最高,是这一研究领域的主要阵地,其他期刊的关注度则相对较低。

四、小结

从样本文献的计量分析情况看,2018 年中国档案事业研究者众多,核心研究者相对较少。尽管少,但 2018 年中国档案事业研究已经拥有了一定数量的高产作者,并且已经形成相当规模的核心作者群。从前 40 位作者的所属单位看,多数来自档案行政管理机关,是 2018 年中国档案事业研究的主体。

从前 40 个机构发表文献的数量及占比情况看,档案行政机关参与并进行中国档案事业研究的热情最高,高校次之,档案馆最低。

从发表文献 37 篇及以上的前 13 种文献来源看,均为档案学期刊。在档案学期刊中又以普通期刊为多(9 种),核心期刊只有 4 种,发表文章 372 篇。可以说,档案类期刊,特别是普通档案学期刊对 2018 年中国档案事业研究的关注度最高,是这一研究领域的主要阵地,其他期刊的关注度则相对较低。

第三节　文献词频分析

本节采用关键词词频的方法,从关键词词频、主题词词频和近五年高频词变化 3 个方面对样本文献进行分析。

一、关键词词频分析

前 15 个高频关键词使用频率及占比情况见表 8-9。

表 8-9　前 15 个高频关键词使用频率及占比情况

序号	关键词	使用频率/次	占全部样本/%
1	档案	22	1.41
2	档案工作	16	1.03
3	档案文化	14	0.90
4	档案馆	10	0.64
5	征订	7	0.45
6	新时代	6	0.38

续表8-9

序号	关键词	使用频率/次	占全部样本/%
7	依法治档	6	0.38
8	发展	6	0.38
9	文化	6	0.38
10	档案资源	5	0.32
11	政治	5	0.32
12	经济	5	0.32
13	档案事业	5	0.32
14	文档名词	5	0.32
15	文化自信	5	0.32
合计		123	7.88
总计		1560（篇）	100.00

前15个高频关键词中,使用频率最高的是档案(22频次),最低的是档案资源、政治、经济、档案事业、文档名词、文化自信(各5频次)。前15个高频关键词合计使用123频次,只占全部样本的7.88%,即不足一成文献使用这15个关键词。这表明2018年中国档案事业研究内容分散,重点不突出。

前15个高频关键词可以归结为档案、档案事务、机构、其他4类。

相对而言,2018年中国档案事业的研究主要集中在上述15个关键词所涉及的档案、档案事务、机构、其他4个方面。可以说,上述15个关键词是2018年中国档案事业研究的热点所在,而其中又以档案、档案工作、档案文化、档案馆4个方面为最,与2017年的档案、档案文化、档案工作、档案馆相同,只有档案工作、档案文化的次序发生了变化。

需要指出的是,由于中国档案事业研究内容所反映出的广泛性,研究热点只是相对集中,每年都会有新的热点与重点出现。2018年新出现的热点有依法治档、文化自信等。

二、主题词词频分析

从主题词使用频率看,2018年中国档案事业研究涉及内容广泛,集中在档案机构、档案事务、档案、人、区域、文件、其他7个方面。使用频率最高的40个主题词分布及占比情况见表8-10。

表8-10　使用频率最高的40个主题词分布及占比情况

序号	主题词	使用频率/次	占全部样本/%
1	档案局	639	40.96
2	档案工作	175	11.22
3	档案事业	145	9.29
4	国家档案局	122	7.82
5	综合档案馆	95	6.09
6	档案馆	87	5.58

续表 8-10

序号	主题词	使用频率/次	占全部样本/%
7	档案部门	64	4.10
8	数字档案馆	61	3.91
9	市档案馆	60	3.85
10	档案安全	57	3.65
11	国家综合档案馆	54	3.46
12	民生档案	54	3.46
13	省档案馆	50	3.21
14	中国特色社会主义	48	3.08
15	档案资源	44	2.82
16	习近平总书记	42	2.69
17	档案室	42	2.69
18	档案文化建设	40	2.56
19	档案服务	36	2.31
20	档案行政执法	34	2.18
21	档案安全工作	34	2.18
22	精准扶贫	34	2.18
23	档案工作者	30	1.92
24	档案执法	29	1.86
25	馆藏档案	29	1.86
26	机关档案	28	1.79
27	黑龙江省	26	1.67
28	国家重点档案	26	1.67
29	档案展览	25	1.60
30	习近平	25	1.60
31	云南省	24	1.54
32	档案局长	24	1.54
33	档案文化	24	1.54
34	村级档案	24	1.54
35	档案业务	23	1.47
36	档案信息化建设	23	1.47
37	文件材料	21	1.35
38	辽宁省	20	1.28
39	《档案法》	20	1.28
40	建设项目档案	20	1.28
合计		2458	157.56
总计		1560(篇)	100.00

从涉及的主题词看,使用频率最高的40个主题词共使用2458频次,占全部样本的157.56%。也就是说,上述40个主题词涵盖了全部样本文献一遍半。其中使用频率最高的是档案局(639频次),使用频率最低的是辽宁省、《档案法》、建设项目档案(各20频次),平均使用频率为62频次。

从主题词反映出的研究内容看,2018年中国档案事业研究关注的40个主要问题又可归并为档案机构、档案事务、档案、人、区域、文件、其他7个大类。

档案机构(档案局、国家档案局、综合档案馆、档案馆、档案部门、市档案馆、省档案馆、档案室、数字档案馆、国家综合档案馆),共使用1274频次,占全部样本的81.67%。它是与档案事业、档案人关系最为密切的问题,包括档案局、档案馆、档案室三大研究主题。2018年,正值新一轮机构改革之时,档案机构再次成为档案界关注之重点,而事业单位性质成为理所应当的关注度最高的热门主题。

档案事务(档案工作、档案事业、档案安全、档案服务、档案行政执法、档案安全工作、档案执法、档案展览、档案业务、档案信息化建设、《档案法》、档案文化建设),共使用641频次,占全部样本的41.09%。它涉及档案事务的宏观和具体业务两个不同层面。业务性特征突出。它是2018年中国档案事业研究关注度第二高的主题。

档案(民生档案、档案资源、馆藏档案、机关档案、国家重点档案、村级档案、建设项目档案、档案文化),共使用249频次,占全部样本的15.96%。档案是档案学研究的本体,但从涉及的主题看,涉及各类各种新型档案。它是中国档案事业研究关注度第三高的主题。

人(档案工作者、档案局长),共使用121频次,占全部样本的7.76%。

区域(黑龙江省、云南省、辽宁省),共使用70频次,占全部样本的4.49%。聚焦三个省级行政区。

文件(文件材料),共使用21频次,占全部样本的1.35%。与"档案"相差近15倍,显示出其虽然与档案相关,但不是中国档案事业研究关注的重点。

其他(中国特色社会主义、精准扶贫),共使用82频次,占全部样本的5.26%。

可以说,2018年中国档案事业研究所涉及内容虽然十分广泛,但全部文献均包含在档案机构、档案事务、档案、人、区域、文件、其他7类问题上。或者说,中国档案事业研究主要是围绕上述档案机构、档案事务、档案、人、区域、文件、其他7个方面展开的。

三、近五年高频词变化

年度关键词的变化,特别是高频关键词的变化,能够反映出相关研究内容与主题、重点与热点的变化。

2014—2018年中国档案事业研究年度关键词及高频关键词的变化情况,请扫描右侧二维码。

从近五年研究文献主要关键词的分布看,共使用9个关键词,即档案、档案工作、档案馆、档案文化、征订、档案事业、档案管理、公共档案馆、对策。较2017年少了新时代、综合档案馆两个。

5年中,相邻年份中重复出现过的关键词有档案、档案工作、档案馆(各5年),重复率为100%;档案文化、征订、档案管理(各2年),重复率为40%。

不相邻年份中重复出现过的关键词有档案事业(2年),重复率为40%。

公共档案馆、对策2个关键词没有年度重复。

以上情况说明,近五年间档案、档案工作、档案馆研究的持续度最高,一直是研究的核心内容与方向;其次是档案文化、征订、档案管理和档案事业问题。研究内容与主题在相邻近的年度间连续性好。相当年份80%以上的研究内容是上一年的重点。在2014—2018年中出现的关键词最少时为7次,最多时达到67次。

虽然重点内容的持续性良好,但重点内容的关注度均有明显的持续下降趋势。

总之,近五年来相关研究的主要内容集中,重点突出。

四、小结

从关键词词频上看,2018 年中国档案事业研究主要集中在 15 个关键词所涉及的档案、档案事务、机构、其他 4 个方面。可以说,上述 15 个关键词是 2018 年中国档案事业研究的热点所在,而其中又以档案、档案工作、档案文化、档案馆 4 个方面为最,与 2017 年的档案、档案文化、档案工作、档案馆相同,只有档案工作、档案文化的次序发生了变化。需要指出的是,由于中国档案事业研究内容所反映出的广泛性,研究热点只是相对集中,每年都会有新的热点与重点出现。2018 年新出现的热点有依法治档、文化自信等。

从研究主题上看,2018 年中国档案事业研究所涉及内容虽然十分广泛,但全部文献均包含在档案机构、档案事务、档案、人、区域、文件、其他 7 类问题上。或者说,中国档案事业研究主要是围绕档案机构、档案事务、档案、人、区域、文件、其他 7 个方面展开的。

从近五年高频关键词变化看,近五年间档案、档案工作、档案馆研究的持续度最高,一直是研究的核心内容与方向;其次是档案文化、征订、档案管理和档案事业问题。研究内容与主题在相邻近的年度间连续性好。虽然重点内容的持续性良好,但重点内容的关注度均有明显的持续下降趋势。总之,近五年来相关研究的主要内容集中,重点突出。

第四节　文献关键词共词分析

本节采用关键词共现分析的方法,从共现矩阵和共现网络两个方面对样本文献进行分析。

一、共现矩阵

矩阵提取使用频率最高的 20 个关键词,将这 20 个关键词形成 20×20 的共词矩阵。如果某两个关键词同时出现在一篇文章中时,就表明这两者之间存在相关关系,关键词右侧或下方对应位置的数值表示篇数。

图 8-1 是 2018 年中国档案事业研究文献高频关键词共现矩阵。

	档案	档案工作	档案文化	档案馆	文化	征订	新时代	发展	档案事业	文化自信	依法治档	档案资源	改革开放	政治	文档名词	经济	建设	档案治理	档案文化建设	综合档案馆
档案																				
档案工作																				
档案文化																				
档案馆																				
文化	1		1																	
征订	6																			
新时代	1	5	1																	
发展				1																
档案事业	1																			
文化自信	1		5		1															
依法治档		1																		
档案资源		1																		
改革开放				1					3	2										
政治					5															
文档名词					5									5						
经济					4								1	4	4					
建设			4						1		2									
档案治理																				
档案文化建设	1		3							1										
综合档案馆													1							

图 8-1　2018 年中国档案事业研究文献高频关键词共现矩阵

图 8-1 显示,2018 年中国档案事业研究文献关键词共现有 30 组,共现率为 15%。而共现次数 2 次以上的关键词组合有 14 组,共现率为 7%。

以横轴为准计:

20 组共现关键词中有 6 组与档案直接相关,占共现关键词的 3%。

20 组共现关键词中有 5 组与档案文化直接相关,占共现关键词的 2.5%。

20 组共现关键词中有 4 组与文化直接相关,占共现关键词的 2%。

20 组共现关键词中有 3 组与档案工作直接相关,占共现关键词的 1.5%。

20 组共现关键词中各有 2 组与档案馆、发展、文化自信、政治直接相关,分别占共现关键词的 1%。

20 组共现关键词中各有 1 组与档案事业、档案资源、改革开放、文档名词直接相关,分别占共现关键词的 0.5%。

此外,还有征订、新时代、依法治档、经济、建设、档案治理、档案文化建设、综合档案馆 9 个无共现关键词。

以共现频次为准计:

共现次数 2 次及以上的关键词组合有 14 组,分别是:

档案与征订:6 频次。

档案工作与新时代:5 频次。

档案文化与文化自信:5 频次。

档案文化与建设:4 频次。

档案文化与档案文化建设:3 频次。

文化与政治:5 频次。

文化与文档名词:5 频次。

文化与经济:4 频次。

发展与改革开放:3 频次。

档案事业与改革开放:2 频次。

文化自信与建设:2 频次。

政治与文档名词:5 频次。

政治与经济:4 频次。

文档名词与经济:4 频次。

从共现组数看,2018 年中国档案事业研究的重点集中在档案文化、改革开放、档案 3 个方向,与 2017 年中国档案事业研究的重点集中在档案、档案文化与档案工作 3 个方向不完全相同,相同方向的频次规模也不相同。

可见,2018 年中国档案事业研究的整体规模小,研究内容相对分散;2018 年中国档案事业研究领域没有特别突出的高频(7 次及以上)共现关键词,更没有形成非常明显的高相关共现关键词群,研究的集中趋势不高。

二、共现网络

在关键词共现网络中,关键词之间的关系可以用连线来表示,连线多少和粗细代表关键词间的亲疏程度,连线越多,代表该关键词与其他关键词共现次数越多,越是研究领域的核心和热点内容。

使用工具获得 2018 年中国档案事业研究高频词共词网络图谱(扫描右侧二维码)。

从共词网络图谱可以直观地看出:2018 年中国档案事业研究相关研究可以分为"文化""改革开放""档案治理"3 个不同聚类群组。

规模最大的是以"文化"为核心的主群聚类群组,共涉及"文化""档案文化""档案""档案工作""档案资源""征订""建设""档案文化价值""文档名词""文化自信""经济""新时代""依法治档"13 个关键词。其中"文化""档案文化""档案""文化自信""文档名词""经济""征订""建设"最为密切。"档案工作""依法治档""档案资源"关联性不强。使用频率高的不一定是核心,核心关键词"文化"的使用频率不是太高,但与群组中其他关键词关系密切。

其次是以"改革开放"为核心的次主要聚类群组,与"档案馆""综合档案馆""档案事业""发展"等关键词。这个聚类间关系相对紧密,虽然群组内共现频率不高。与"文化"主群组有弱关联。群组体量小。

再次是由"档案治理"单独关键词组成的聚类。此聚类与"文化""改革开放"两个群组之间没有关联,并处于整个网络的边缘,但可能成为日后的热点。

综上,2018 年中国档案事业研究是在"文化""改革开放""档案治理"3 个相关性不强的方向,围绕不同主题与内容平行展开的。

三、小结

从共现矩阵看,2018 年中国档案事业研究的整体规模小,研究内容相对分散。2018 年中国档案事业研究领域没有特别突出的高频(7 次及以上)共现关键词,更没有形成非常明显的高相关共现关键词群,研究的集中趋势不高。研究重点集中在档案、档案文化与文化工作 3 个方向。或者说,2018 年中国档案事业研究是在档案、档案文化与文化工作 3 个方向上展开的。

从网络图谱可以直观地看出,2018 年中国档案事业研究相关研究可以分为"文化""改革开放""档案治理"3 个不同聚类群组。2018 年中国档案事业研究是在"文化""改革开放""档案治理"3 个相关性不强的方向,围绕不同主题与内容平行展开的。同时,中国档案事业研究的主题变化较快。

第五节　文献综述

一、档案事业

1.总论

中国人民大学信息资源管理学院张斌、杨文认为:"自 1978 年改革开放以来,中国档案事业在经历了短暂的恢复期后,伴随着国家的进步与发展取得了举世瞩目的成就,成为推动国际档案事业发展的重要力量。回顾 40 年来中国档案事业的发展轨迹,其成绩的取得主要得益于档案事业在摸索前进中形成了具有中国特色的发展道路,主要表现为坚持走中国特色社会主义道路的根本方向不动摇、坚持面向现代化发展的基本目标不动摇、坚持开放共享与服务发展的明确定位不动摇、坚持创新驱动与包容发展的建设路径不动摇,这共同构成了中国档案事业发展的基本道路遵循。总结归纳中国档案事业发展道路,对培养和建立中国档案事业自信,助力中国档案事业迈向更高国际舞台具有现实意义。"①

南京大学信息管理学院吴建华、高胜楠认为:"新时代档案工作的主要矛盾是'社会迅猛发展与档案事业发展相对滞后之间的矛盾'。从全社会的档案意识、档案部门的服务意识、信息技术的应用、档案事业管理体制活力、档案事业与社会各项事业的融合度五个方面分析了新时代背景下档案事业发展的相对滞后性,提出了密切档案事业与社会发展的关系,构建档案现代管理模式,加强档案文化建设,全维度、全过程破解新时代档案事业发展中的难题等应对策略。"②

江苏省淮安市档案局金德海、韩仁先、李洁认为:"解放思想是推动事业改革走向深入的'驱动器'。档案工作者要树立起破题思维,摒弃'我自岿然不动''自有后来人'的惰性思维,以时不我待的紧迫感,勇尝螃蟹的担当勇气,探索档案事业的发展途径。"他们认为档案事业的发展途径是:①以法治化为基础,推进体制机制改革,实现档案管理社会化。②以信息化为基础,推进服务方式的转型升级,实现档案管理现代化。③以专业化为基础,建设高素质档案队伍,实现档案人才职业化。③

黑龙江大学信息管理学院李洪洋认为:"档案事业整体发展的标准化建设与现阶段'智慧社会'背

①　张斌,杨文.改革开放以来中国档案事业发展道路研究[J].档案学通讯,2018(6):14-21.
②　吴建华,高胜楠.论新时代档案工作的主要矛盾[J].档案学通讯,2018(5):4-8.
③　金德海,韩仁先,李洁.新时代呼唤档案事业发展观念创新[J].档案与建设,2018(9):71-73.

景是不相适应的。这极大阻碍了档案事业管理效率的提升,妨碍了档案事业的进步与发展。在新的技术背景下,档案信息资源以数据信息为主体,而这些复杂的数字化档案数据信息,能够通过统一标准,一致规范得以管理效率上的提高,进而促进科学化的档案信息管理的实现。首先,国家有关部门应制定档案事业发展标准,该标准应结合定性与定量两方面的因素,根据以往制度资源与实施经验,促进标准化体系的建设。此外,还要考虑新的技术背景下,技术环境标准的适用性,将技术环境纳入考虑范围之中。最后,在制定标准时要兼顾现实性与发展性,以满足档案事业的可持续发展。"①

北京市人民政府参事室陶水龙、北京市档案馆黄文静认为:"面对新时代新形势新问题新机遇,档案事业要做好做强,就要求我们从战略和全局的高度对档案事业发展作出新的规划和引领,充分借助信息技术创新的动力,认真研究谋划档案工作变革、转型与发展问题,以档案信息化驱动档案管理现代化,推动档案事业转型发展,更好地服务党和国家各项事业发展。""档案工作的战略转型,要准确把握政治方向、服务方向、转型方向和治理方向,切实发挥档案的存史留凭、资政育人的作用,变革工作理念,变革管理模式,变革技术手段,实现从粗放型管理向集约型管理的转变,从封闭式保管向开放共享的转变,从接收保管纸质档案向接收保管电子档案的转变,从管档案实体向管档案数据的转变,从手工操作向信息化智能化操作的转变,从档案资源分散利用向整合共享利用的转变。"②

2.问题与对策

哈尔滨工程大学档案馆车艳红认为档案事业发展过程中存在的问题有:①档案信息安全问题。②档案编研成果具有局限性。③档案科研的实用性。④馆舍规划不合理。⑤档案人员素质需提升。她还提出了对策:①加大监督力度,保护档案信息安全。②开发高质量的文化产品,实施跨文化交流。③档案科研项目落地。④馆舍科学规划。⑤提高人员素质,注重人才培养。③

江西经济管理干部学院、北京理工大学衷欣认为"互联网+"背景下的档案事业发展困境包括:①档案事业管理理念落后。②档案事业管理安全漏洞。③档案资源共享标准化规范缺失。她还提出了"互联网+"背景下的档案事业发展新思路:①转变"互联网+"档案管理理念。②构建"互联网+"档案信息资源多重防护屏障。③加强"互联网+"档案信息资源共享标准化建设。④

3.统计分析

河南省濮阳市档案局刘东斌、河南省开封市档案局吴雁平对改革开放40年中国档案事业发展研究进行统计分析,认为:"改革开放40年来,中国档案事业研究成绩斐然,体量增长约754倍,翻近13番。研究主要限于社会科学范畴,维持了基础性与应用性平衡。形成了以档案局(馆)作者为主的核心高产作者群。核心研究机构是档案局(馆)、高校、专门档案馆三足鼎立。形成了以期刊为主,会议为辅,学位论文点缀的资源体系,尤以各级档案局(馆)主办的期刊为主。研究内容主要集中在档案、档案工作、档案馆、档案管理、档案事业、档案文化、创新和服务8方面。"⑤

广西民族大学管理学院陈永清、邵艳红应用熵权法和AR(1)模型分析了我国1991—2015年的综合档案事业发展水平及其演化趋势。结果发现:档案资源建设水平、档案开放利用水平和组织建设水平发展的步调不尽相同并表现出明显的阶段性特征;国家综合档案事业发展水平总体上呈稳步上升势态,但阶段性发展特征同样明显;国家综合档案事业发展水平滞后于同期经济发展水平;综合档案事业发展水平的绝对发展速度受制于上年度的绝对发展速度。⑥

①　李洪洋.智慧时代背景下档案事业发展新出路[J].档案天地,2018(12):42-45.
②　陶水龙,黄文静.以信息化推动档案事业战略转型发展[J].中国档案,2018(11):68-69.
③　车艳红.改革开放以来档案事业发展过程中存在的问题与对策分析[J].黑龙江档案,2018(6):78-79.
④　衷欣."互联网+"背景下的档案事业发展新业态研究[J].山西档案,2018(4):46-48.
⑤　刘东斌,吴雁平.改革开放40年中国档案事业发展研究可视化分析报告[J].档案管理,2018(4):67-70.
⑥　陈永清,邵艳红.我国综合档案事业发展水平及其趋势的定量评价研究[J].档案与建设,2018(7):8-12,37.

二、档案工作

1. 机关档案工作

中共陕西省委党校郭萍认为：做好机关档案工作，必须树牢大局意识、服务意识和创新意识，全方位为本机关和社会提供档案信息服务，切实提升服务能力和水平。一是围绕服务中心开展工作，把档案工作与机关工作大局和工作重心结合起来，变被动服务为主动融入，加强档案资政服务。二是围绕服务民生开展工作，重点收集整理扶贫救助、就业社保、公共服务等与人民群众切身利益密切相关的档案资料，确保人民群众依法使用档案资料和政务信息，推动建立完善的档案公共服务体系。三是围绕服务文化建设和历史研究开展工作。四是围绕全面从严治党开展工作。①

云南省剑川县档案馆赵丽彩认为：“县级机关档案工作存在的问题是对档案工作重视不够；档案人员兼职过多，调动频繁；档案业务基础差。提高县级机关档案工作水平的方法：提高认识，加强领导；改善档案保管条件；加强职业道德修养；加强对档案工作的宏观指导；注重实体管理到档案信息管理的转变；注重文书档案的管理到注重其他门类档案的转变；档案行政部门要针对不同的对象采取不同业务指导方法。”②

山东省胶州市交通运输局王丽娟提出了新形势下机关档案工作的建议：①及时转变档案管理观念。②档案管理方式的创新。③档案管理制度的完善创新。④提高档案管理服务水平。③

黑龙江省齐齐哈尔市档案局（馆）丁蕾认为：“档案基础业务建设是档案工作的基石，一定要重视档案基础业务建设，只有打牢这个基础，夯实档案工作发展的根基，档案工作才能更好地为社会进步和经济发展服务，档案事业发展才有后劲。”④

2. 企业档案工作

华润（集团）有限公司王辉凯认为：“企业档案机构的管理者应较公共档案机构的管理者更具有危机意识，要努力摒弃‘重管轻用’的错误认识，紧抓‘为企业各项业务服务’这一生命线，从为企业重大问题的决策提供优质档案服务、积极承担企业知识管理任务等方面努力，发挥企业档案作用，努力将企业档案工作做出亮点，为企业的发展做出贡献。”他提出新时期档案工作的管理方向是：①为重大问题决策提供优质档案服务。②建设企业文化宣传培训基地。③积极承担企业知识管理任务。④利用档案工作促进企业科学管理。⑤做好企业档案宣传工作。⑥紧密结合信息技术。⑤

中国兵器工业档案馆刘左认为：“新时代企业档案工作应遵循现代企业规律，以档案为企业增加价值、创造价值。企业档案工作的实践告诉我们 档案的价值体现在档案可以给企业的经营决策提供智慧和启迪；可以给企业的文化建设提供内容丰富的支撑；可以给企业经营预警和风险管理提供借鉴和依据。档案的这些价值构成了企业重要的‘表外’资产，现代企业中，‘表外’资产已经是企业资产的重要组成部分，是企业技术底蕴、文化底蕴、管理底蕴等积累的载体以及企业能力积累的载体。同企业‘表内’资产对比，‘表外’资产是买不来的，是由企业内生的，代表着企业灵魂，是企业的核心竞争力。”⑥

3. 民生档案工作

天津市社会科学研究院姜霁纯提出了做好新时代民生档案工作的措施：①转变管理理念，做好档

① 郭萍. 新时代加强机关档案工作的思考[J]. 陕西档案,2018(2):32-33.
② 赵丽彩. 县级机关档案工作方法探究[J]. 办公室业务,2018(2):108,112.
③ 王丽娟. 新形势下做好机关档案工作的几点建议[J]. 办公室业务,2018(11):77.
④ 丁蕾. 要重视档案基础业务建设[J]. 黑龙江档案,2018(2):33.
⑤ 王辉凯. 新时期企业档案工作亮点管理方向探析[J]. 机电兵船档案,2018(1):16-18.
⑥ 刘左. 准确把握新时代企业档案工作规律[J]. 机电兵船档案,2018(6):4-5.

案服务。②健全法规标准,加强依法监管。③引导涉民部门开展档案业务交流与协作。④加强民生档案信息化、网络化建设。①

苏州市吴江区档案局陆玉琴认为科学开展民生档案工作:①以提升社会管理水平、推动社会和谐发展为目标,建立完整的民生档案资源体系。②以加强民生档案资源整合、提升馆藏资源利用效率为目标,建立覆盖人民群众的档案资源体系。③以拓展服务范围、为民解忧为目标,建立方便人民群众的档案利用体系。②

4. 其他

上海大学图书情报档案系齐建军认为:"我国倡导和推动共建'一带一路',成效显著。档案部门要找准自己的定位,自觉为'一带一路'的文化建设服务。""档案工作参与'一带一路'文化建设的具体表现,即推广文化旅游、参与影视产业发展、在对外交往中提供大量的文献支撑","并提出了三种实现路径,即编研专题档案、强化档案开发、建设智库平台"。③

国家档案局杨冬权认为:"要从'双谋'的高度,去重新认识档案工作。""档案工作以'民生档案服务民生'作号召,为维护最广大人民群众权益提供凭证;以'经济和社会发展到哪里,档案工作就服务到哪里'为口号,为党和国家各项建设和各项工作提供依据,无论是在人民幸福方面,还是在民族复兴方面,都做出巨大贡献,成为我们党为人民谋幸福、为民族谋复兴的内容之一、手段之一,成为党和人民事业的组成部分之一,成为新时代中国特色社会主义的一个重要方面。""所以,档案工作,是同人民幸福和民族复兴密切相关的工作,是在为人民谋幸福、为民族谋复兴伟业中建立了奇功的重要工作。"④

中国船舶重工集团公司第七一九研究所余华认为:"党的十八届五中全会提出的'创新、协调、绿色、开放、共享'五个发展理念,既是引领经济社会发展的灵魂和主线,也是档案工作永恒的主题。我们应把五大发展理念融入到档案工作的方方面面,抓住新机遇、展现新作为、开拓新境界,以新的理念促进档案工作实现新的发展。"⑤

三、档案馆建设

1. 各类档案馆

河南省开封市档案局吴雁平、河南省濮阳市档案局刘东斌对我国改革开放 40 年各类档案馆发展进行统计分析,认为:"改革开放以来,自 1991 年起,截至 2016 年,我国现有综合档案馆 3336 个,增加 379 个,增长 12.82%,体量增量第一;文化事业档案馆 272 个,增加 253 个,增加 13.31 倍,体量增量增速均居第二;专门档案馆 236 个,增加 35 个,增长 16.59%,体量第三,发展平稳;部门档案馆 213 个,增加 85 个,增长 66.41%,体量增量增速居中;企业档案馆 180 个,减少 49 个,缩减 21.39%,唯一规模缩小的类别,活跃程度最高;科技事业档案馆 124 个,增加 96 个,增长 3.43 倍,体量最小,增长最快。"⑥

武汉大学信息管理学院肖秋会、段斌斌、詹欣然、李一弘、李珍对武汉市各类档案馆的安全保障工作进行了调研与评估,从安全战略、基础设施、组织管理、档案安全技术、档案安全制度五个维度分析了档案馆安全保障工作的现状,提出了如下建议:完善应用系统与数据库安全功能、加强安全技术手

①　姜霁纯. 加强新时代民生档案工作的思考[J]. 档案,2018(3):52-56.
②　陆玉琴. 科学开展民生档案管理工作初探[J]. 兰台内外,2018(11):69-70.
③　齐建军. 档案工作参与"一带一路"文化建设研究[J]. 浙江档案,2018(3):13-15.
④　杨冬权. "双谋":新时代档案工作的新指针[J]. 档案与建设,2018(1):4-7.
⑤　余华. 以五大发展理念为引领提升新时期档案工作的发展[J]. 机电兵船档案,2018(1):41-44.
⑥　吴雁平,刘东斌. 我国改革开放 40 年各类档案馆发展统计研究报告[J]. 档案管理,2018(6):69-73.

段应用、加强档案信息风险评估与制度建设。①

2. 综合档案馆

河南省开封市档案局吴雁平、河南省濮阳市档案局刘东斌对我国改革开放 40 年综合档案馆 1980—2016 年发展情况进行统计分析,认为:"从统计数据看,改革开放 40 年来,我国综合档案馆在馆藏档案、照片档案、开放档案、利用档案、档案馆建筑面积等方面,均成倍增长,各项档案事业得到长足发展。同时,还有许多值得关注的内容,如档案开放和档案利用工作还有很大的拓展空间,如何拓展?再如馆藏和馆库面积大量增长而人员并没有相应增加,何故?信息化、现代化技术的运用,机构改革的影响等,都值得进一步探讨研究。"②

辽宁省档案局袁晓智、薛光认为:"国家综合档案馆是我国档案事业的主体,而档案基础业务工作是衡量一个地区综合档案馆管理水平的重要指标。"当前综合档案馆基础业务建设存在的问题包括:①前端指导与后端接收的矛盾。②馆藏档案的反复整理。③档案保管与日常管理跟不上。④档案鉴定开放工作进展缓慢。他们还提出了自己的思考:首先是认识的提高和观念的转变。其次要遵从管理规律,关注基础工作。一是要认识到源头工作的重要性,加强对机关档案工作的监督指导和前端控制。二是要完善相关标准规范。三是要以优质的公共服务提高档案基础业务各个环节的工作质量。最后,要加强档案部门自身建设。③

辽宁省交通高等专科学校李媛媛认为:"'互联网+'时代改变了综合档案馆的服务模式,智慧型综合档案馆成为新时代用户的服务需求并呈现出新的服务特性,一是实现了'互联网+档案馆'的跨界高度融合服务理念;二是以'互联网+档案馆'大数据处理技术应用为支撑核心;三是具备广泛的馆际资源的开放共享功能;四是拥有超群的知识发现能力。智慧型综合档案馆有利于深入挖掘档案资源信息知识服务价值,大大提升了我国档案馆的智慧服务能力,满足了社会大众的根本需求。"④

3. 城建档案馆

广东省中山市城市建设档案馆王长伟认为:"近几年大数据、云计算、人工智能等新科技在档案行业的不断推广,使数字化档案管理进入了新阶段。档案的数字化建设是档案从传统的重收集到收集与利用并举的转变过程,使档案的利用更高效、更便利。""城建档案在城市建设和发展中扮演着重要的角色,它记载着一个城市的过去、现在和未来。数字化档案馆的建设正是当下赋予城建档案人的重要责任,我们不仅要把档案收进来保存,更多的是要推出去展现,实现其最大的利用价值,让每一个市民都能很好地了解这个城市的变迁,读懂这个城市的魅力。"⑤

河南省漯河市城市建设档案馆朱黎琴对 1981—2017 年城建档案馆研究文献进行分析,得出"城建档案馆研究的高产作者和核心研究机构集中在城建档案馆系统内,《城建档案》杂志是城建档案馆研究的主要阵地和交流渠道的结论。同时指出,城建档案馆研究有必要加强与专业及行业行政管理机构、高校及其他档案馆同行的交流与沟通;加强与其他专业媒体的合作,运用新媒体扩大影响,实现城建档案馆研究成果的有效传播;通过加大城建档案馆公共档案馆属性的宣传,吸引更多的人加入了解与宣传城建档案馆的队伍"。⑥

---

① 肖秋会,段斌斌,詹欣然,等.档案馆安全保障现状调查与评估:以武汉市 35 个不同类型档案馆为例[J].档案与建设,2018(4):9-13.

② 吴雁平,刘东斌.我国改革开放 40 年综合档案馆 1980—2016 年发展统计分析报告[J].档案管理,2018(5):62-67.

③ 袁晓智,薛光.综合档案馆基础业务建设问题的思考[J].兰台世界,2018(S2):112-113.

④ 李媛媛.互联网背景下的综合档案馆服务模式研究[J].兰台世界,2018(4):52-54.

⑤ 王长伟.城建档案馆数字化建设浅析[J].城建档案,2018(2):15-16.

⑥ 朱黎琴.1981 年—2017 年城建档案馆研究文献计量可视化分析[J].城建档案,2018(4):68-70.

4.高校档案馆

贵州师范大学档案馆杨棉月对 2009—2015 年高校档案馆功能研究文献进行分析,认为:虽然我国高校档案馆功能研究呈现出良好局面,但仍然存在不少问题。其一,研究内容不够深入,有待扩展。其二,研究方法较为单一。其三,研究主体与成果区域分布不平衡。针对上述情况,她提出建议:"一是要抢抓机遇,大力宣传高校档案工作。二是运用好文献材料,注重研究成果区域的平衡。三是努力提高自身的学术水平,进一步拓宽研究领域、丰富研究内容和方法。从总体上来说,研究高校档案馆功能的大多是一线档案工作者,自身的理论水平和学术水平较为薄弱,尤其是缺乏档案人才的地区。四是在社会转型这一重要时期,要结合师生及社会人士对高校档案的需求,在理论研究和价值研究上创新发展。"①

江苏省盐城工学院符昌慧提出高校档案馆应用社会化媒体问题的解决对策:①明确社会化媒体功能。②重视社会化媒体建设质量。③构建档案馆评估机制。④提高用户隐私保护力度。②

5.其他

湘潭大学公共管理学院肖文建、彭科东认为:"新时代'跨界'合作开始受到各行各业的青睐。档案馆的服务内容和模式不断拓展和更新。对内,档案馆应革新档案开发利用方式,使公众获取更丰富的档案资源;对外,档案馆应打破与其他领域的边界,加强同其他机构的合作。"③

河南省新乡市档案局梁艳丽、张微,河南省新乡市牧野区疾病预防控制中心韩斐对新乡市档案馆 2015—2017 年接待利用情况进行统计分析,得出利用人次逐年增多且企业职工占比过半、利用者年龄偏高学历偏低、利用者主要为新乡本地居民或居住地在新乡、本人现场查阅占绝对优势、数据库查阅数量逐年增高但仍以手工查阅为主、因私查阅远高于因公查阅人次等结论。她们还提出手工查阅可能带来档案实体、信息安全等问题,应加强学术研究查阅服务、建立科室协调机制等建议。④

四、档案资源

1.民生档案资源

河南省濮阳市档案局管先海、亓晓华,郑州大学信息管理学院孙大东,河南省濮阳县档案局王富忠认为:"共建共享理念是新形势下推动各项事业发展的重要指南。共建共享理念的精髓可概括为三个方面,即参与主体的多元化、注重发挥协同效应、以公众需求为导向。基于共建共享理念,综合档案馆一方面应通过广泛收集、征集和资源有效整合,建立起覆盖广大人民群众的民生档案资源体系,同时发挥大众智慧,上下'三级'联动,努力实现民生档案资源优化配置;另一方面应以用户需求为目标导向,建立起方便广大人民群众的民生档案利用体系,同时通过社交媒体或软件、民生档案远程利用平台等方式,努力实现民生档案资源信息共享。"⑤

上海大学图书情报档案系陈琴以十年来国家档案局馆长会议报告为分析对象,对我国民生档案资源整合服务的思考,认为:"其一,加大民生档案收集力度。以《国家基本专业档案目录》为要求,既收集当前重要的涉及民生的文件资料,又收集具有行业和专业特点的有关民生的资料。其二,优先数字化利用率较高的民生档案。各级综合档案馆应优先对利用频繁的民生档案进行整理、编目、数字化和开放鉴定,完成利用率高的房产、婚姻、劳模、知青、招工、学籍、户籍等民生档案的数字化。要在民

① 杨棉月.高校档案馆功能研究综述[J].城建档案,2018(2):81-84.
② 符昌慧.高校档案馆社会化媒体建设研究[J].城建档案,2018(11):84-86.
③ 肖文建,彭科东.档案馆跨界合作开发文化创意产品的问题与对策[J].北京档案,2018(10):13-17.
④ 梁艳丽,张微,韩斐.新乡市档案馆 2015—2017 年利用情况调查报告[J].档案管理,2018(5):71-73,80.
⑤ 管先海,孙大东,亓晓华,等.基于共建共享理念的综合档案馆民生档案资源建设探究[J].档案管理,2018(1):43-46.

生档案形成伊始,就将民生档案数字化工作纳入到工作安排中,注重从源头上收集民生档案资源。其三,积极借助其他部门的行业优势,助推民生档案收集工作,比如,与公安、劳动、民政、教育等部门,联合街道、社区、档案服务部门以及相关涉民单位,共同收集户籍、就业、社保、婚姻、优抚、学籍等方面的文件材料,力求使民生档案资源建设全方位覆盖。"①

2.企业档案资源

山西省霍州煤电集团店坪煤矿巩立丽提出推进企业档案资源建设的具体策略:①加强企业档案资源制度建设。②优化企业档案资源。一是定位企业档案馆(室)的文化宣传教育职能。二是挖掘档案资源文化潜力;三是积极开展档案资源数字化。③专业人才储备。②

江苏省常州市档案博览中心邵雅认为:"做好新形势下国有企业档案资源建设工作,要求档案部门采取多种方式并举,增强主动性、提高执行力。一是采取接收的方式,常州工贸国资公司的档案托管中心仍在不间断地从社会上找到一些破产关闭的国有企业档案向博览中心移交。二是采用征集的方式,征集是档案资源建设的重要环节,积极向全社会征集与常州工商企业发展相关的档案,征集原件,复制(仿真),用录音、录像、照相的方法采集和记录档案信息。三是国有企业档案可以接收进馆,也可以采用寄存的方式,对于拥有知识产权的档案设置密级程度,保护企业权益。建立常州地方特色的企业档案,逐步科学有序开展档案资源整合,提升档案信息化管理和利用水平,保障国有企业档案安全。"③

3.高校档案资源

内蒙古自治区赤峰学院报刊社张岩探讨了高校档案资源整合,认为:"各个高校档案资源的整合与共享必须以翔实的数据资源为基础,因此这就要求高校内部各个部门必须详细的登记高校内存在的各种档案资源,并对其资源的来源进行认真的检查,才能确保档案资源的整合与共享顺利实施。另外,在普查登记档案资源的过程中,必须对高校招生、教学、科研以及日常管理等学术性较强的资源档案有一个清晰的认识和了解,才能确保高校档案资源与共享工作的顺利开展。"④

广西财经学院黄莉雯提出高校档案资源共享模式构建对策:①提高管理意识,健全管理制度。②加大培训力度,提高人员素质。③档案材料鉴别,提高服务质量。④应用技术手段,创新服务内容。⑤

4.其他

云南省档案局梁雪花探讨了新时代档案资源建设:①建设覆盖全面、结构优化的档案资源体系。②构建全民共建、社会共享的档案资源格局。③建立互联互通、统一管理的数字档案资源。⑥

继卫认为:"档案资源建设,就是要加大档案收集整理力度,特别是对重点工作、重大活动、重大建设项目、重大科研项目、重大生态保护项目以及新领域、新专业、新机构、新社会组织等档案的收集工作;要建立健全文件材料归档制度,做到应归尽归、应收尽收;要重视做好民生档案工作,要把与人民群众切身利益密切相关的各类文件材料收集归档,把民生档案纳入国家档案资源体系;要科学整合档案信息资源,建立以档案行政管理部门为主导、各行业主管部门密切配合、档案馆(室)集中统一管理的档案资源管理架构,统筹规划,整合同一单位内不同部门、同一地区各档案馆(室)及不同地区档案

①　陈琴.我国民生档案资源整合服务的思考:以十年来国家档案局馆长会议报告为分析对象[J].档案管理,2018(5):90-92.

②　巩立丽.对企业档案资源建设的探索[J].城建档案,2018(10):85-86.

③　邵雅.国有企业档案资源建设方向和策略研究[J].兰台世界,2018(S1):133-135.

④　张岩.简论高校档案资源整合工作[J].赤峰学院学报(自然科学版),2018,34(12):146-147.

⑤　黄莉雯.高校档案资源共享与发展创新[J].城建档案,2018(11):82-83.

⑥　梁雪花.试论新时代档案资源建设[J].云南档案,2018(12):51-52.

馆(室)的档案资源,推动档案资源科学配置和高效利用。"①

北京临近空间飞行器系统工程研究所潘景璐利用搜集的 26 年国家综合档案馆档案资源时间序列数据,分析我国档案资源的发展趋势,"通过对变量馆藏档案数量、照片档案数量、开放档案数量、利用档案数量进行描述统计和推断统计,得出结论:①变量馆藏档案数量、照片档案数量、开放档案数量和利用档案数量对数标准化的值均有明显、稳定的增长趋势。②变量馆藏档案数量、照片档案数量、开放档案数量和利用档案数量对数值之间的相关系数均比较高,而且十分显著。③变量利用档案数量是照片档案数量的格兰杰因,照片档案数量与开放档案数量互为格兰杰因。④变量利用档案数量对馆藏档案数量的变化具有显著的正向作用,变量馆藏档案数量对利用档案数量的变化也具有显著的正向作用"②。

武汉大学信息资源研究中心周耀林、武汉大学信息管理学院常大伟从推动国家重点档案信息资源的整合与共享、规范国家重点档案信息资源开发的基础工作、优化国家重点档案信息资源融合的方法体系、创新国家重点档案信息资源融合应用的模式等方面,提出了国家重点档案信息资源融合实现的策略。③

五、档案职业

1.职业新定位

上海大学图书情报档案系张晶、陆阳探讨了数字时代档案职业的重新定位,认为:"社会伦理对档案工作提出许多新要求,同时也指明了档案焦虑的消解方向,重新认识自己的职业定位,是档案人员数字时代亟需反思的重要问题。"她们还认为应从以下三个维度重新建构档案工作者的职业定位:①记忆建构者而非单纯档案保管者。②信息守护者而非"泄密者"。③弱势群体支持者而非旁观者。④

清华大学档案馆薛四新、上海交大档案馆袁继军、重庆大学档案馆杨艳认为:新技术环境下现代档案管理人员角色有新的变化,现代档案工作者应具备的职业技能应从制度建设、系统实现、业务管控、利用服务和电子档案保护五个方面加强。⑤

贵州省六盘水市档案局廖昭红提出新时代档案工作者的使命与担当:①全力存储记忆,当好真实历史的"记录者"。②助力民生幸福,当好化解民生问题的"服务员"。③着力创新创造,当好先进文化"铺路人"。④创新思维,搞活档案工作,让档案活起来、亮起来、火起来。一是创新思维,转变观念,先行介入,当先行者,让档案活起来。二是创新思维,转变观念,先行服务,发挥参谋助手作用,让档案亮起来。三是创新思维,运用网络,为档案工作插上网络的翅膀、移动的翅膀,让档案火起来。⑥

2.队伍建设

华中师范大学档案馆程亚萍认为:"我国档案行政管理部门和综合档案馆应当从以下几方面入手:一是重视对原有人才队伍的培养,建立合理的激励机制,鼓励原有队伍人员继续进修、深造,提高文化程度和专业程度。二是注重引进人才,为原有队伍补充新鲜血液;要注意建立健全人才引进、培养、激励和评价机制,创造有利于人才发展的环境和机制,提升人才引进的力度和速度,特别注意引进青年人才、高层次人才、复合型人才、创新型人才和应用型人才。三是注重培养和使用青年干部,为我

① 继卫.档案资源建设[J].档案天地,2018(7):1.
② 潘景璐.我国档案资源的发展趋势分析[J].科技资讯,2018,16(16):99—100.
③ 周耀林,常大伟.国家重点档案信息资源融合及其实现策略研究[J].档案学研究,2018(2):14—20.
④ 张晶,陆阳.档案焦虑与新使命:数字时代档案职业定位再思考[J].山东档案,2018(6):7—10.
⑤ 薛四新,袁继军,杨艳.新技术环境下档案从业人员技能探析[J].档案学通讯,2018(6):53—56.
⑥ 廖昭红.浅议新时代档案工作者的职责与使命[J].档案天地,2018(9):35—38.

国档案事业的可持续发展提供人才保障。"①

黑龙江省鹤岗市档案局宋丹提出了加强档案干部队伍建设的途径:①重视对档案管理人才的引进。②保持档案工作者的相对稳定。③给档案工作者提供学习培训。④提高档案工作者的综合素质。②

山东省聊城市东昌府区档案馆王忠霞提出了强化乡镇档案队伍建设的几点建议:①完善编制,明确档案管理人员责任。②稳定队伍,建立合理的职称评定机制。③强化沟通,建立横向联系。④加强培训,提升监管水平。③

中国石油工程建设有限公司北京设计分公司高华提出了加强企业档案队伍建设的几点建议:①完善档案人才政策环境。②通过加强思想作风和工作作风建设,对档案从业人员更新观念、勤于学习和思考、理论联系实际,自觉培养强烈的事业心和责任感,有高度的敬业精神,热爱档案事业。③加强业务培训,提升专业能力。④通过建立或完善绩效考核机制和人才评价机制,充分调动和发挥企业档案队伍的积极性和创造性,促进档案队伍素质的不断提高。⑤关注档案人才职业规划和发展空间,完善人才考核和激励机制。⑥提高创新和发展意识。⑦以人为本,通过构建良好的工作氛围,赋予档案管理部门相应的待遇和地位,提高档案队伍的工作积极性、主动性。⑧加强档案工作宣传及经验总结交流。④

3.其他

中国人民大学信息资源管理学院马伏秋、燕山大学档案馆李丽环认为:"档案职业人员数量减少、档案职业客体资源'稀缺'和档案职业中女性占比大并不一定意味着档案职业的'边缘化'。"她们还"分析了档案职业中女性所占比例较大的原因和意义,同时提出欲扩展档案职业的发展空间,'人'的因素至关重要。文章认为,档案馆领导的个人能力、专业背景和档案馆馆员的人员结构等是拓宽档案职业发展空间的关键,从档案馆领导和档案馆馆员方面改善档案职业主体的构成和内在素质,是十分必要的"。⑤

中国人民大学信息资源管理学院杨光、安徽大学管理学院奚朝辉认为:"我国档案管理和档案行政工作界限的模糊让人们误以为档案职业具有行政职能,要改观这种认识须对其角色定位进行'去行政化'处理。首先,坚决贯彻履行我国的编制制度。各局(馆)内行使档案管理职能的人员,即档案职业主体只能纳入事业编制。其次,明确档案管理人员和档案行政人员的职能分工。在实际工作中,档案局(馆)应该按照《大典》(《中华人民共和国职业分类大典》)等官方文件安排各自的工作,如档案管理人员只负责管理档案和提供利用而不涉及其他工作,档案行政人员亦然。最后,改善档案专业技术人员的待遇,维护档案职业群体的稳定性。"⑥

台州广播电视大学综合档案室许文霞对1998—2017年我国档案职业资格认证制度研究进行综述,认为:"与其他职业资格制度的实施情况及国外档案职业资格制度的完善程度相比,目前国内研究尚存在一些值得改进的空间。"第一,多为理论研究,缺乏实践调研。第二,多为宏观指导意见,缺少具体可行方案。她还提出:在宏观层面,应由国家级单位牵头实施,建立工作小组,制定实施方案;要结合档案工作具体实际,通过广泛深入的调查研究,考虑各地区各级各类档案馆的差异性、同一类型档案馆的层次性,实事求是、科学严谨地论证开展档案专业职业资格考试的可行性。在微观层面上,档

① 程亚萍.我国档案行政管理部门和综合档案馆档案专业人才队伍建设情况统计分析[J].档案学研究,2018(5):96-101.

② 宋丹.关于如何加强档案队伍建设的思考[J].黑龙江档案,2018(5):92.

③ 王忠霞.强化乡镇档案队伍建设的几点建议[J].山东档案,2018(6):48-49.

④ 高华.加强企业档案队伍建设的思考[J].兰台世界,2018(S2):183-184.

⑤ 马伏秋,李丽环.档案职业空间拓展路径探析[J].档案学研究,2018(5):91-95.

⑥ 杨光,奚朝辉.档案职业概念界定的困境及其消解[J].北京档案,2018(9):11-14.

案职业资格认证制度的建立与实施应设定资格准入门槛,如一定的能力指标体系、专业知识水平、职业道德素养等;应基于档案馆业务流程与组织结构对档案职员角色分类和分层,建立不同级别的认定方式,实行终生认证与非终生认证相结合、专职档案员与非专职档案员双轨制;应处理好现有档案从业人员的历史遗留问题,处理好档案职业资格认证制度与档案教育、档案从业人员在职继续教育的关系问题。"①

六、档案宣传

1.新媒体宣传

甘肃省武威市档案局连贵琦、中共甘肃省武威市委党校蔡生菊提出了新媒体下加强档案宣传的对策:①更新理念,拓展新媒体下档案宣传新领域。②完善功能,实现新媒体下档案宣传再升级。③立足本土,打造新媒体下档案宣传新品牌。④建章立制,做好新媒体下档案宣传推广运用。⑤加强协作,实现新媒体下档案宣传资源共享。②

西华大学档案馆王静梅、陈玉兰认为:"新媒体是指以数字技术为基础,非线性传播的、能够实现信息传播互动性的新型媒体形态。新媒体突破了档案宣传工作在时间和空间上的限制,通过及时准确的互联网信息传输,极大地提升了档案宣传工作的时效性。同时,新媒体主导下的档案宣传具有开放式、交互性的特点有效地提升了档案宣传的公众参与度。"她们还提出了加强新媒体时代档案宣传工作的对策建议:①新媒体与传统媒体有效融合。②建立行业领域合作发展机制。③立足实际理性选择宣传载体。④加强档案宣传工作队伍自身建设。③

2.建议与对策

吉林省白城市林业工作站周丽萍提出了新时期做好档案宣传工作的几点建议:①提高素质,建立专业化档案宣传团队。②善用媒体,创新档案工作宣传模式。③加强培训,提高社会公众的档案意识。④把握重点,充分利用"互联网+"宣传功能。④

黑龙江省中医药学校孟蕾提出了档案宣传工作的对策:①要加强档案宣传工作者的理论武装。②要引领新时代的要求。③要着力抓好宣传人才培养。⑤

3.其他

黑龙江省哈尔滨市体育彩票管理中心师文提出了做好新时期档案宣传工作需注意的几个问题:①要了解档案宣传工作的宗旨和目的。②要明确档案宣传工作的对象和内容。③要落实档案宣传工作的机制和体制。④要掌握档案宣传工作的方式和方法。⑥

巢湖学院档案馆罗蓉提出档案工作自我宣传的构建思路:①自我宣传应当引入"互联网+"概念。②自我宣传应当依托集体记忆。③自我宣传应当定位受众心理。⑦

黑龙江省黑河市就业创业服务指导中心宣乃惠提出了利用 JTBC 进行档案信息网站开发方案,认为:"通过对栏目的结构和呈现方式的考察,可以将档案宣传网站的栏目化为三类。第一类包括档案新闻中心、档案学术学习、档案媒体报道、档案工作精神等应用 JTBC 中的文章管理模块;第二类包括部门介绍栏目,应用 JTBC 中的关于我们模块;第三类包括档案展览栏目,可以应用 JTBC 中的产品管

① 许文霞.1998—2017 年我国档案职业资格认证制度研究综述[J].山西档案,2018(1):31-33.
② 连贵琦,蔡生菊.新媒体下档案宣传的社会价值、存在问题与对策[J].档案,2018(3):59-62.
③ 王静梅,陈玉兰.新媒体环境下档案宣传工作的路径探析[J].兰台内外,2018(12):69-70.
④ 周丽萍.档案宣传工作的问题与创新[J].兰台内外,2018(7):43.
⑤ 孟蕾.关于做好档案宣传工作的几点思考[J].黑龙江档案,2018(4):61.
⑥ 师文.做好新时期档案宣传工作需注意的几个问题[J].黑龙江档案,2018(2):75.
⑦ 罗蓉."新时代"背景下档案工作自我宣传的思考[J].兰台内外,2018(6):3-4.

理模块。同类栏目模块的开发,可以通过对已有栏目模块文件夹及对应数据库表的模块复制开始,并且修改对应的 JTBC 语言和配置文件包,并在后台管理的界面出现的新栏目模块进行管理。通过 JTBC 的管理模块,可以轻松地实现对各栏目模块的列表页、内容页模块进行有效编辑。"①

七、档案中介服务

郑州大学信息管理学院李文以、杨卉莹对河南省档案局备案的 22 家商业型档案服务机构进行调查,认为目前河南省商业型档案服务机构存在增长趋势较缓、区域分布不均衡、整体规模较小、人员构成复杂、档案素养不高及服务方式传统等问题,提出了开拓市场、吸引外资、整合小微企业、引进高素质人才和转变营销方式的对策。②

北京空间科技信息研究所、航天东方红卫星有限公司来肖华、史林静、刘畅、陈琛认为:"在'互联网+'形势下,传统档案管理模式受到冲击,档案管理部门需要主动适应和创新,不断实现档案工作电子化和数字化,利用大数据分析、联网共享等技术手段推进档案管理工作和互联网有机融合,从而促使档案服务的内容、方式、手段向着更多元的方向发展,使之更加动态、开放、高效。"③

中山大学资讯管理学院李海涛、王月琴认为:"我国档案服务外包存在外包业务缺乏甄选、承包方服务单一、发包承包方供需信息不畅、专业人员匮乏、服务质量偏低、追求外包低成本忽略服务质量等问题。"他们还"提出了建立档案行业协会、加强外包过程监管、拓展服务内容与方式及重视专业人才教育等对策"。④

湖南广播电视大学何艳平对档案中介服务发展路径进行思考,认为:①加强档案中介服务法律制度建设,使档案中介服务走向规范化、法制化。②拓宽服务项目,延伸服务链,加强信息技术与档案管理利用的深度融合。③坚持优质服务理念,正确处理好档案中介服务机构与客户"互利互赢"的关系。④加强队伍建设,为档案中介服务机构培养复合型人才。⑤

浙江省台州力典档案管理有限公司高永琪认为我国档案中介机构存在的问题:①档案中介机构发展缓慢。②市场体制不规范造成档案中介机构革新停滞不前。③运行机制死板,规模小。他还提出了完善档案中介机构的举措:①工作人员职业素养的提高。②服务意识与服务水平的提升。③档案管理建设水平的提高。⑥

八、档案教育

1. 培训与继续教育

辽宁省档案局顾宇认为档案教育培训工作主要特点有:①档案教育培训组织体系完备。②教育培训工作逐步走上规范化。③教育培训规模水平不断提高。他还提出了对策与建议:①切实提高认识,加强组织领导。②创新培训方式,丰富培训内容。③加强师资力量,共享教师资源。④建立培训基地,提供硬件支撑。⑤健全培训机制,强化培训管理。⑦

---

① 宣乃惠. 基于 JTBC 的档案宣传网站设计与开发[J]. 黑龙江档案,2018(6):87.
② 李文以,杨卉莹. 河南省商业型档案服务机构发展状况调查与分析[J]. 档案管理,2018(3):55-58.
③ 来肖华,史林静,刘畅,等. 浅谈"互联网+档案"新业态下档案服务的探索与创新[J]. 兰台内外,2018(9):21-22.
④ 李海涛,王月琴. 我国珠三角地区档案服务外包发展问题与对策研究[J]. 档案学通讯,2018(4):89-94.
⑤ 何艳平. 浅谈信息时代档案中介服务的现状与发展路径[J]. 办公室业务,2018(12):115-116.
⑥ 高永琪. 我国档案中介机构存在的问题及对策浅析[J]. 办公室业务,2018(22):118.
⑦ 顾宇. 新时代辽宁档案教育培训工作的思考[J]. 兰台世界,2018(S2):144-145.

山东省济宁市鱼台县煤炭局李磊提出了档案专业继续教育对策：①加强制度建设。一是大力推行档案职业资格认证制度；二是稳步推进人事制度改革；三是建立和实行档案专业人员继续教育考核制度。②完善管理机制。一是制定适宜的协调政策，及时调整人才结构和人员素质结构；二是完善的运行机制是继续教育健康发展的保证。③采取多样形式。一是办学形式创新求变；二是教学方法灵活多样。①

郑州航空工业管理学院朱兰兰、孙翠丽探讨了网络环境下档案继续教育发展攻略：①优势—机会（SO）策略。一是创新档案网络继续教育政策制度；二是建设开放的档案继续教育信息资源库。②优势—威胁（ST）策略。一是构建档案网络继续教育保障体系；二是加强国际国内合作交流。③劣势—机会（WO）策略。一是加强档案继续教育软硬件标准化建设；二是建立档案网络继续教育学习平台；三是改善档案人才队伍结构、职称体系。④劣势—威胁（WT）策略。一是创新档案工作技术；二是创新档案工作制度。②

2. 档案专业高等教育

上海大学图书情报档案系金波、周枫对我国档案学专业高等教育的创建、发展与成就进行梳理和总结，指出我国档案学专业高等教育存在学科基础薄弱、学科建设艰难、学科影响有限等问题。档案事业的发展、信息技术的应用、高水平大学建设的推进、全球化进程的加速，都要求档案学专业高等教育适应时代要求，主动承担历史责任，强化学科内涵建设，提升专业品质、学术品牌与学科地位。③

中国人民大学信息资源管理学院冯惠玲认为，"1978 年开始的中国档案教育二次创业在改革开放中实现了历史性跨越"：①从 1 到 38 规模攀升与平稳发展。②从本科到本硕博全覆盖学科建设拾级而上。③从稳定体系到追踪变化：教学内容的丰富与方式变革。④从单兵突进到多元视角：学术园地花繁叶茂。⑤从关注吸收到参与贡献：融入国际档案学术进程。④

3. 其他

广西民族大学管理学院归吉官认为："数据素养是信息素养在大数据时代的拓展和延伸，当前我国对数据素养教育的研究和实践仍处于探索阶段。尤其是结合专业领域的数据素养教育，既没有系统而深入的理论成果，也缺乏相关的实践经验。针对这一现状，从人们认识事物的一般过程以及数据生命周期出发，结合档案学专业实际解决数据素养教育'教什么'的问题进行内容体系建设。基于档案学专业教育的数据素养教育内容体系建设包含认知层、行动层和升华层且融入了数据态度、数据意识、数据知识、数据技能、数据伦理、数据文化等知识。"⑤

南京邮电大学档案馆熊豆豆、张启波认为："民国时期的档案教育具有复杂的历史背景和时代特征，它起源于国民政府的行政改革运动，发展于抗日战争时期，具有以实际应用为教学目的、教育人员背景复杂和教育时间短促等特点。虽然民国档案教育具有时代的烙印，但它开辟了中国档案教育之先河，也为我国现代档案学教育带来启示。"民国档案教育的启示是：①教、研、用相结合。②博、专兼顾。③多渠道教育模式。⑥

九、档案文化建设

湖南人文科技学院档案馆谭伟贞、湖南人文科技学院学报编辑部彭芬辉认为："档案文化是人类

① 李磊. 浅谈档案专业人员继续教育[J]. 山东档案，2018(2)：61-64.
② 朱兰兰，孙翠丽. 档案网络继续教育的 SWOT 分析[J]. 办公室业务，2018(23)：65,68.
③ 金波，周枫. 我国档案学专业高等教育的发展、艰辛与责任[J]. 档案学通讯，2018(2)：4-9.
④ 冯惠玲. 改革开放 40 年中国档案高等教育的历史性跨越[J]. 档案学通讯，2018(6)：4-9.
⑤ 归吉官. 基于档案学专业教育的数据素养教育内容体系建设[J]. 档案学通讯，2018(2)：77-81.
⑥ 熊豆豆，张启波. 民国时期的中国档案教育[J]. 中国档案，2018(6)：86-87.

在社会历史发展过程中形成的、蕴含档案元素、延续人类文明的文化。文化自信肩负着提高我国文化软实力、传承和重建民族传统文化的时代使命。它们之间有着相互联系、相互促进的关系:档案文化为文化自信奠定了基础;文化自信为档案文化的传承与弘扬提供了保障。加强档案文化建设必须把握政治方向,紧跟时代步伐;深刻领会档案文化建设内涵;提升档案文化形象;挖掘、开发档案资源。传播档案文化可从编撰文献丛书、开发文化产品、举办各种档案文化活动、多渠道推动档案文化宣传等方面着力。"①

中国人民大学信息资源管理学院熊文景、徐拥军认为:"档案文化的客观真实性、历史连续性、载体多样性、内容再生性、政治导向性等特点决定了档案文化具有思想凝聚、记忆建构、形象塑造、政权维护等方面的意识形态整合功能。档案文化能增强全民族的文化认同和主流意识形态的认同。因此,档案工作可以从以下几个方面开展:加强收集,拓宽档案文化的广度;深化开发,延展档案文化的深度;创新宣传,保持档案文化的热度;优化服务,彰显档案文化的温度,努力开辟提升档案文化意识形态整合功能的新途径。"②

山西省吕梁市工业技术研究所张艳芳认为:"档案对社会公众的'封闭期过长'这种传统机制无疑是档案发挥文化传播功能的极大障碍,在档案文化建设过程中,应积极借鉴国外'公共档案馆'的发展经验,提高档案资源开放程度,让人民群众也享受到档案资料带来的精神财富。主动转变档案部门形象,将机关部门形象逐渐转化为公共服务形象,面向公众开放民生相关的档案资源,发挥档案文化教育功能,满足群众精神文化需求。档案文化建设应创新服务机制,探索以公众为核心的服务模式,选择与百姓生活密切相关的对人们生活现状有指导意义或是形式新颖的时代热点内容做好档案产品的市场开发,结合档案公益服务,将档案历史文化作为宣传与推广的重点,大力推进档案事业积极转型。"③

重庆第二师范学院蒋娟对档案馆参与文化创意产品开发存在的问题进行分析,借鉴国内档案馆参与文化创意产品经验,提出加强政策引导,建立配套的法律法规;积极开发试点产品,吸收专业人才,拓展馆藏文化创意产品的路径,加大开发力度等对策。④

郑州大学文学院陈璟认为:"我国部分地区档案馆已经尝试开发档案文化产品并取得一定的成效,但多数档案馆尚未开展此项活动。主要问题在于,国家和地方政策法规缺失,社会对档案馆存在认知偏差,档案馆开发文化产品动力不足。建议档案馆增加与其他文化部门交流,借鉴有益经验;加强档企合作,挖掘档案深层价值;注重档案文化产品品质,打造档案文化精品。"⑤

浙江省金华市档案局陈艳艳提出红色档案文化的概念,即以档案为主体、从档案中挖掘出能够服从服务于政权建设、弘扬社会主旋律、传播红色正能量的文化;并基于市级档案部门的视角,分析红色档案文化建设存在的问题及原因,指出红色档案文化建设的路径,包括把牢档案工作的政治属性、深入挖掘档案故事、创新档案文化的表现形式、忠实记录历史变迁、加强档案文化人才队伍建设。⑥

十、其他

上海市奉贤区档案馆严永官认为:"在'档案产业园'建设中,可以通过建立园区内企业的'联席会议'制度,为企业提供交流协作的方便。一个成功的'档案产业园'应当具有五大功能,即:档案行政

① 谭伟贞,彭芬辉.论文化自信视域下的档案文化建设[J].湖南人文科技学院学报,2018,35(4):77-81.
② 熊文景,徐拥军.论档案文化的意识形态整合功能[J].北京档案,2018(12):10-15.
③ 张艳芳.新时代档案文化建设创新实践探析[J].档案天地,2018(10):40-41,47.
④ 蒋娟.档案馆参与文化创意产品开发存在的问题及对策研究[J].北京档案,2018(9):28-29.
⑤ 陈璟.档案文化产品开发现状、存在问题及改进建议[J].档案管理,2018(1):93-94.
⑥ 陈艳艳.聚焦档案红色属性 加强红色档案文化建设:以金华市档案局为例[J].浙江档案,2018(5):31-34.

管理部门联系园内企业的桥梁;档案服务业务信息的集聚交流平台;档案服务人才队伍的聚集平台;档案服务品牌的宣传和推广平台;商业性档案服务企业的监督管理平台。"①

陕西省宝鸡市档案局权周宁认为:"创新档案工作就要不断扩大和延伸档案服务范围、内容和方式。一是创新档案服务范围。打破固有档案服务范围和视野局限,要真正树立市场经济意识,特别是知识经济的意识,要采取积极有效的措施,扩大宣传,扩大档案工作的知名度,让更多的人了解档案,进而让更多人参与和利用档案。二是创新档案服务内容。围绕党和政府的中心工作,充分挖掘档案信息资源,不断丰富馆藏,特别是加强科技档案、专业档案和特色档案的收藏。依托现代化设备和手段,主动地开展深层次的加工,深化服务内容,提高服务质量。三是创新档案服务方式。重视和加强对利用者的研究,消除利用者利用档案的障碍,以利用者的需求和潜在需求来加强档案服务的创新。除利用面对面培训、上门服务、纸质查阅等传统服务方式外,要充分借助档案信息化电子设备、网络信息平台,开展全方位、深层次服务,实现高效、便捷服务的目的。"②

①　严永官."档案产业园"的功能及其实现途径[J].档案,2018(12):47-51.
②　权周宁.档案管理创新模式探析[J].中国档案,2018(12):40.

第九章　档案法制

档案法制是 2018 年档案界关注与重点研究的热点。我们以中国知网为样本来源,检索范围:中国学术期刊网络出版总库,中国博士学位论文全文数据库,中国优秀硕士学位论文全文数据库,中国重要会议论文全文数据库,国际会议论文全文数据库,中国重要报纸全文数据库,中国学术辑刊全文数据库。

检索年限:2018 年。

检索时间:2020 年 2 月 24 日。

检索式:发表时间=2018-01-01 至 2018-12-31,并且(主题=档案法制 或者 题名=档案法制)或者（主题=档案法 或者 题名=档案法)(模糊匹配)。

样本文献总数:537 篇。

第一节　文献统计分析

本节采用统计分析的方法,从资源类型分布、文献学科分布、文献研究层次分布、文献基金分布、文献类型分布 5 个方面对样本文献进行分析。

一、资源类型分布

从资源类型分布看,537 篇样本文献涉及期刊、硕士、国内会议、报纸、学术辑刊、博士 6 类资源。各类资源发表文献数量及占比情况见表 9-1。

表 9-1　各类资源发表文献数量及占比情况

序号	资源类型	发表文献数量/篇	占全部样本/%
1	期刊	430	80.07
2	硕士	81	15.08
3	国内会议	11	2.05
4	报纸	9	1.68
5	学术辑刊	4	0.74
6	博士	2	0.37
合计		537	100.00

由表 9-1 可见,期刊是 2018 年档案法制研究文献的主要来源,硕士学位论文占比也明显增加,形成了以期刊为主,硕士学位论文和国内会议论文为辅,报纸、学术辑刊、博士学位论文为点缀的交流与沟通渠道和平台。

二、文献学科分布

从样本文献学科分布看,537 篇样本文献涉及图书情报档案、法学、教育、公共卫生与预防医学、公共管理、工商管理、工业经济、城市经济、国民经济、社会、旅游经济、建筑科学、农业经济、公安、财政等学科。前 15 个学科发表文献数量及占比情况见表 9-2。

表 9-2   前 15 个学科发表文献数量及占比情况

序号	学科	发表文献数量/篇	占全部样本/%
1	图书情报档案	408	75.98
2	法学	65	12.10
3	教育	36	6.70
4	公共卫生与预防医学	28	5.21
5	公共管理	15	2.79
6	工商管理	10	1.86
7	工业经济	7	1.30
8	城市经济	7	1.30
9	国民经济	3	0.56
10	社会	3	0.56
11	旅游经济	2	0.37
12	建筑科学	2	0.37
13	农业经济	2	0.37
14	公安	2	0.37
15	财政	1	0.19
	总计	591	110.06
	实际	537	100.00
	超出	54	10.06

需要说明的是,按前 15 个学科统计数为 591 篇,占 111.06%;超出实际样本数 54 篇,占 11.06%。研究具有明显的学科交叉性。

除图书情报档案外,发表文献最多的 5 个学科分别是法学、教育、公共卫生与预防医学、公共管理、工商管理,与 2017 年发表文献最多的 5 个学科行政法及地方法制、诉讼法与司法制度、医药卫生方针政策与法律法规研究、高等教育、法理法史全部不相同。这说明研究的热点与重点有所变化。

三、文献研究层次分布

从文献研究层次分布情况看,537 篇样本文献涉及基础研究(社科)、行业指导(社科)、职业指导

（社科）、政策研究（社科）、工程技术（自科）、基础教育与中等职业教育、行业技术指导（自科）、基础与应用基础研究（自科）、经济信息、其他 10 个不同层次。各层次发表文献数量及占比情况见表 9-3。

表 9-3　各层次发表文献数量及占比情况

序号	层次	发表文献数量/篇	占全部样本/%
1	基础研究（社科）	240	44.69
2	行业指导（社科）	139	25.88
3	职业指导（社科）	76	14.15
4	政策研究（社科）	27	5.03
5	工程技术（自科）	6	1.12
6	基础教育与中等职业教育	1	0.19
7	行业技术指导（自科）	1	0.19
8	基础与应用基础研究（自科）	1	0.19
9	经济信息	1	0.19
10	其他	45	8.38
	合计	537	100.00

如果按社会科学、自然科学、经济文化教育和其他来分类，各类文献数量及占比分别是：社会科学 482 篇，占 89.76%；自然科学 8 篇，占 1.49%；经济文化教育 2 篇，占 0.37%；其他 45 篇，占 8.38%。研究主体上属于社会科学的范畴。

如果按研究的基础性与应用性划分，基础性研究 241 篇，占 44.88%；应用性研究 296 篇，占 55.12%。研究偏重应用性。

综上，从整体上看，2018 年档案法制属于偏重应用性的社会科学的范畴。

四、文献基金分布

从样本文献的基金分布情况看，537 篇样本文献中有 17 篇得到国家社会科学基金和天津市教委科研计划项目 2 种国家、省市级基金的资助，占全部样本的 3.17%。各类基金资助发表文献数量及占比情况见表 9-4。

表 9-4　各类基金资助发表文献数量及占比情况

序号	基金	发表文献数量/篇	占全部样本/%	占基金资助文献/%
1	国家社会科学基金	16	2.98	94.12
2	天津市教委科研计划项目	1	0.19	5.88
	合计	17	3.17	100.00
	总计	537	100.00	

从基金资助的层次上看，国家级基金 1 种 16 篇，占基金资助文献的 94.12%；地方基金 1 种 1 篇，占基金资助文献的 5.88%。

从地方基金资助的区域分布看，仅仅涉及 1 个市。

综上,从层级上看,国家的资助力度远高于地方的资助力度,是地方资助的 16 倍;从区域分布看,全国只有个别省市给予此类研究资助,资助力度非常有限。

五、文献类型分布

从文献的类型分布看,537 篇样本涉及政策研究类、综述类、一般性 3 类文献。各类型文献数量及占比情况见表 9-5。

表 9-5　各类型文献数量及占比情况

序号	文献类型	发表文献数量/篇	占全部样本/%
1	综述类	3	0.56
2	政策研究类	30	5.59
3	一般性	504	93.85
	合计	537	100.00

综上,从表 9-5 中可以明显地看到,一般性论证文献在研究成果中占据了 90% 以上的份额,是绝对的主体;而政策性及宏观性的研究相对薄弱,相比之下政策研究类文献要高出综述类文献 9 倍。

六、小结

从样本文献的统计情况看,期刊和报纸是 2018 年档案法制研究文献的主要来源,硕士学位论文占比也明显增加,形成了以期刊为主,硕士学位论文和国内会议论文为辅,报纸、学术辑刊、博士学位论文为点缀的交流与沟通渠道、平台。

研究具有明显的学科交叉性。除图书情报档案外,发表文献最多的 5 个学科分别是法学、教育、公共卫生与预防医学、公共管理、工商管理,与 2017 年发表文献最多的 5 个学科行政法及地方法制、诉讼法与司法制度、医药卫生方针政策与法律法规研究、高等教育、法理法史全部不相同。这说明档案法制研究的内容变化较大。

从整体上看,2018 年档案法制研究主体上属于社会科学的范畴,偏重应用性。

从基金资助的层次上看,国家的资助力度远高于地方的资助力度,是地方资助的 16 倍。从区域分布看,全国只有个别省市给予此类研究资助,资助力度非常有限。

从文献的类型分布看,一般性论证文献在研究成果中占据了 90% 以上的份额,是绝对主体;而政策性及宏观性的研究相对薄弱,相比之下政策研究类文献要高出综述类文献 9 倍。

第二节　文献计量分析

本节采用计量分析的方法,从文献作者分布、文献机构分布和文献来源分布 3 个方面对样本文献进行分析。

一、文献作者分布

从作者的分布情况看,537 篇文献涉及陈忠海、赵冬梅、赵海军、宋晶晶、刘东斌、王晓通、赵海军、肖秋会、陈红、马梁、张莉、杜金梅、张秀清、张斌、朱亚鹏、丁德胜、卢东慧、林曲虹、王美丽、徐丽丽、焦多来、王巍、卜鉴民、陈璟、汪春芬、安少华、王艳春、刘迁、周巍、冯建立、杨桂凤、文玉靖、都寒誉、唐巍祎、甘勇、吴亮、罗茜、唐莉、王毓灵、樊娟等作者。其中,发表文献 2 篇及以上的作者有 30 位,共发表文献 72 篇,占全部样本的 13.41%。

前 40 位作者发表文献数量及占比情况见表 9-6。

表 9-6　前 40 位作者发表文献数量及占比情况

序号	作者	发表文献数量/篇	占全部样本/%
1	陈忠海	6	1.12
2	赵冬梅	4	0.74
3	赵海军	3	0.56
4	宋晶晶	3	0.56
5	刘东斌	3	0.56
6	王晓通	3	0.56
7	赵海军	3	0.56
8	肖秋会	3	0.56
9	陈红	2	0.37
10	马梁	2	0.37
11	张莉	2	0.37
12	杜金梅	2	0.37
13	张秀清	2	0.37
14	张斌	2	0.37
15	朱亚鹏	2	0.37
16	丁德胜	2	0.37
17	卢东慧	2	0.37
18	林曲虹	2	0.37
19	王美丽	2	0.37
20	徐丽丽	2	0.37
21	焦多来	2	0.37
22	王巍	2	0.37
23	卜鉴民	2	0.37
24	陈璟	2	0.37
25	汪春芬	2	0.37
26	安少华	2	0.37

续表 9-6

序号	作者	发表文献数量/篇	占全部样本/%
27	王艳春	2	0.37
28	刘迁	2	0.37
29	周巍	2	0.37
30	冯建立	2	0.37
31	杨桂凤	1	0.19
32	文玉靖	1	0.19
33	都寒誉	1	0.19
34	唐巍祎	1	0.19
35	甘勇	1	0.19
36	吴亮	1	0.19
37	罗茜	1	0.19
38	唐莉	1	0.19
39	王毓灵	1	0.19
40	樊娟	1	0.19
	合计	82	15.27
	总计	537	100.00

如果按照普赖斯提出的计算公式,核心作者候选人的最低发表文献数量 $M = 0.749\sqrt{N_{max}}$,其中 N_{max} 为最高产作者发表文献数量。2018 年档案法制研究作者中发表文献最多的为 6 篇,即 $N_{max} = 6$,所以 $M = 0.749\sqrt{6} \approx 1.835$。那么,发表文献 2 篇及以上的作者为档案法制核心作者。因此,陈忠海、赵冬梅、赵海军、宋晶晶、刘东斌、王晓通、赵海军、肖秋会、陈红、马梁、张莉、杜金梅、张秀清、张斌、朱亚鹏、丁德胜、卢东慧、林曲虹、王美丽、徐丽丽、焦多来、王巍、卜鉴民、陈璟、汪春芬、安少华、王艳春、刘迁、周巍、冯建立等 30 位作者,是 2018 年档案法制研究的高产作者及核心作者。可见 2018 年档案法制研究已有一定数量的高产作者,形成相当数量的核心作者群。

从前 40 位作者的所属单位看,高校与档案行政管理机关作者是 2018 年档案法制研究的主力军。

二、文献机构分布

从机构分布情况看,537 篇文献涉及郑州大学、黑龙江大学、云南大学、山东大学、福建师范大学、苏州大学、安徽大学、中国人民大学、河南大学、黑龙江省档案局、南京大学、大连理工大学、南昌大学、河南省濮阳市档案局、上海大学、北京市档案局、国家档案局、辽宁大学、攀枝花学院、四川省档案局、广西民族大学、上海市档案局、武汉大学、华东政法大学、河北大学、黑龙江省大庆市档案局、中国船舶重工集团公司、南京交通职业技术学院、云南省玉溪市档案局、甘肃省民勤县档案局、黑龙江省妇女干部学院、甘肃省定西市国土资源局、陕西省宝鸡市档案局、苏州科技大学、青岛农业大学、湖北大学、国华徐州发电有限公司、天津师范大学、云南省档案局、河南省图书馆等机构。

前 40 个机构发表文献数量及占比情况见表 9-7。

表9-7 前40个机构发表文献数量及占比情况

序号	机构	发表文献数量/篇	占全部样本/%
1	郑州大学	17	3.17
2	黑龙江大学	16	2.98
3	云南大学	13	2.42
4	山东大学	10	1.86
5	福建师范大学	7	1.30
6	苏州大学	7	1.30
7	安徽大学	7	1.30
8	中国人民大学	6	1.12
9	河南大学	5	0.93
10	黑龙江省档案局	5	0.93
11	南京大学	5	0.93
12	大连理工大学	4	0.74
13	南昌大学	4	0.74
14	河南省濮阳市档案局	4	0.74
15	上海大学	4	0.74
16	北京市档案局	4	0.74
17	国家档案局	3	0.56
18	辽宁大学	3	0.56
19	攀枝花学院	3	0.56
20	四川省档案局	3	0.56
21	广西民族大学	3	0.56
22	上海市档案局	3	0.56
23	武汉大学	3	0.56
24	华东政法大学	3	0.56
25	河北大学	3	0.56
26	黑龙江省大庆市档案局	2	0.37
27	中国船舶重工集团公司	2	0.37
28	南京交通职业技术学院	2	0.37
29	云南省玉溪市档案局	2	0.37
30	甘肃省民勤县档案局	2	0.37
31	黑龙江省妇女干部学院	2	0.37
32	甘肃省定西市国土资源局	2	0.37
33	陕西省宝鸡市档案局	2	0.37
34	苏州科技大学	2	0.37
35	青岛农业大学	2	0.37

续表 9-7

序号	机构	发表文献数量/篇	占全部样本/%
36	湖北大学	2	0.37
37	国华徐州发电有限公司	2	0.37
38	天津师范大学	2	0.37
39	云南省档案局	2	0.37
40	河南省图书馆	2	0.37
	合计	175	32.59
	总计	537	100.00

前 40 个机构发表文献 175 篇,占全部样本的 32.59%。其中发表 3 篇及以上文献的机构有 25 个,发表文献 145 篇,占全部样本的 27.00%。

如果使用普赖斯公式计算,核心机构的最低发文数量 $M=0.749\sqrt{N_{max}}$,其中 N_{max} 为最高产机构发表文章数量。这里 $N_{max}=17$,所以 $M=0.749\sqrt{17}\approx3.088$,即发表文献 3 篇以上的为核心研究机构。据此,发表文献 3 篇及以上的郑州大学、黑龙江大学、云南大学、山东大学、福建师范大学、苏州大学、安徽大学、中国人民大学、河南大学、黑龙江省档案局、南京大学、大连理工大学、南昌大学、河南省濮阳市档案局、上海大学、北京市档案局等 16 个机构是研究的高产机构。16 个高产机构中有 13 个是高校,说明 2018 年档案法制核心研究机构群在高校。

从前 40 个机构中各类机构发表文献的数量及占比情况看,高校 25 个,占前 40 个机构的 62.5%;发表文献 135 篇,占比 25.14%,发表文献的数量及占比均为最高。档案局 11 个,占前 40 个机构的 27.5%;发表文献 32 篇,占比 5.96%,发表文献的数量及占比次之。企业 2 个,占前 40 个机构的 5%;发表文献 4 篇,占比 0.74%,发表文献的数量及占比再次之。事业机构和其他行政管理机构各 1 个,各占前 40 个机构的 1.5%;各发表文献 2 篇,各占比 0.37%,发表文献的数量及占比最少。这在一定程度上说明研究整体上趋向于理论性研究,与实际工作有一定距离。

三、文献来源分布

从文献来源分布看,537 篇样本文献中,前 15 种文献来源发表文献 275 篇,占全部样本的 51.21%。前 15 种文献来源发表文献数量及占比情况见表 9-8。

表 9-8　前 15 种文献来源发表文献数量及占比情况

序号	文献来源	发表文献数量/篇	占全部样本/%
1	《办公室业务》	61	11.36
2	《黑龙江档案》	34	6.33
3	《兰台世界》	24	4.47
4	《兰台内外》	24	4.47
5	《黑龙江大学》	15	2.79
6	《档案管理》	15	2.79
7	《档案与建设》	14	2.61

续表9-8

序号	文献来源	发表文献数量/篇	占全部样本/%
8	《北京档案》	13	2.42
9	《山东档案》	12	2.23
10	《陕西档案》	11	2.05
11	《档案天地》	11	2.05
12	《城建档案》	11	2.05
13	《档案学研究》	11	2.05
14	《中国档案》	10	1.86
15	《档案学通讯》	9	1.68
	合计	275	51.21
	总计	537	100.00

按照布拉德福定律,537篇文献可分为核心区、相关区和非相关区,各个区的论文数量相等(179篇)。因此,发表论文居前6位的《办公室业务》《黑龙江档案》《兰台世界》《兰台内外》《黑龙江大学》《档案管理》(173篇)处于核心区之内;发表论文居第7～15位的《档案与建设》《北京档案》《山东档案》《陕西档案》《档案天地》《城建档案》《档案学研究》《中国档案》《档案学通讯》等(102篇)处于相关区;其他发表文献9篇以下的文献来源部分处于相关区,多数期刊则处于非相关区。

从发表文献9篇及以上的前15种文献来源看,档案学期刊最多。相对而言,档案类期刊,无论是核心期刊,还是非核心期刊,对档案法制研究的关注度都高于其他期刊的关注度,是这一研究领域的主要阵地。

四、小结

从样本文献的计量分析情况看,发表2篇及以上文献的作者为2018年档案法制研究的核心作者。可见2018年档案法制研究已有一定数量的高产作者,形成相当数量的核心作者群。从前40位作者的所属单位看,高校与档案行政管理机关作者是2018年档案法制研究的主力军。

2018年档案法制核心研究机构群在高校。高校发表文献的数量及占比均为最高,档案局次之,企业再次之,事业机构和其他行政机构最少。这表明研究整体上趋向于理论性研究,与实际工作有一定距离。

从文献来源看,档案学期刊最多。无论是档案学核心期刊,还是非核心期刊,对档案法制研究的关注度都高于其他期刊的关注度,是这一研究领域的主要阵地。

第三节　文献词频分析

本节采用关键词词频的方法,从关键词词频和主题词词频两个方面对样本文献进行分析。

一、关键词词频分析

前 15 个高频关键词使用频率及占比情况见表 9-9。

表 9-9　前 15 个高频关键词使用频率及占比情况

序号	关键词	使用频率/次	占全部样本/%
1	档案管理	69	12.85
2	档案	24	4.47
3	对策	20	3.72
4	问题	16	2.98
5	档案工作	14	2.61
6	管理	12	2.23
7	档案法	10	1.86
8	依法治档	10	1.86
9	现状	9	1.68
10	档案利用	8	1.49
11	档案治理	7	1.30
12	规范化	7	1.30
13	措施	7	1.30
14	医院	7	1.30
15	数字档案	6	1.12
	合计	226	42.09
	总计	537（篇）	100.00

前 15 个高频关键词中,使用频率最高的是档案管理(69 频次),最低的是数字档案(6 频次)。前 15 个高频关键词合计使用 226 频次,占全部样本的 42.09%,即超四成文献使用这 15 个关键词。

前 15 个关键词分别是:档案管理、档案、对策、问题、档案工作、管理、档案法、依法治档、现状、档案利用、档案治理、规范化、措施、医院、数字档案,可以归结为档案事务、档案、档案法制、档案业务、机构 5 类。

相对而言,2018 年档案法制研究主要集中在上述档案事务、档案、档案法制、档案业务、机构 5 类 15 个关键词所涉及的方面。可以说,上述档案事务、档案、档案法制、档案业务、机构 5 类 15 个关键词是 2018 年档案法制研究的热点所在,而其中又以档案管理、档案、对策、问题、档案工作、管理 6 个方面为最。与 2017 年的档案管理、档案、管理、问题、对策、档案工作只有次序上的不同,没有内容上的差别。

需要指出的是,由于档案法制研究内容所反映出的广泛性,研究热点只是相对集中,每年都会有新的热点与重点出现。2018 年档案法、依法治档的关注度则有所上升。

二、主题词词频分析

从主题词使用频率看,2018 年档案法制研究涉及内容广泛,集中在档案事务、档案法制、机构、档案、档案业务、文件、档案人 7 个方面。

使用频率最高的 40 个主题词分布及占比情况见表 9-10。

表 9-10　使用频率最高的 40 个主题词分布及占比情况

序号	主题词	使用频率/次	占全部样本/%
1	档案管理工作	81	15.08
2	档案管理	58	10.80
3	《档案法》	52	9.68
4	档案局	43	8.01
5	档案工作	36	6.70
6	档案馆	29	5.40
7	国家档案局	26	4.84
8	档案法	23	4.28
9	档案部门	22	4.10
10	档案事业	22	4.10
11	档案法律	20	3.72
12	档案管理人员	18	3.35
13	档案安全	17	3.17
14	档案室	17	3.17
15	档案行政管理	16	2.98
16	依法治档	14	2.61
17	档案信息资源	14	2.61
18	综合档案馆	13	2.42
19	档案行政执法	13	2.42
20	档案法制	12	2.23
21	文件材料	12	2.23
22	企业档案管理	12	2.23
23	档案信息	11	2.05
24	档案信息化建设	11	2.05
25	新形势下	11	2.05
26	档案库房	10	1.86
27	事业单位	10	1.86
28	档案利用	10	1.86
29	档案中介服务机构	10	1.86

续表 9-10

序号	主题词	使用频率/次	占全部样本/%
30	档案服务	9	1.68
31	电子文件	9	1.68
32	归档范围	8	1.49
33	电子档案	8	1.49
34	档案资源	8	1.49
35	档案意识	8	1.49
36	政府信息公开	8	1.49
37	法律法规	8	1.49
38	机关档案	8	1.49
39	基层档案	7	1.30
40	文书档案	7	1.30
合计		731	136.13
总计		537	100.00

从涉及的主题词看,使用频率最高的 40 个主题词共使用 731 频次,占全部样本的 136.13%。也就是说,上述 40 个主题词涵盖了全部样本文献近 1.5 次。其中使用频率最高的是档案管理工作(81 频次),使用频率最低的是基层档案、文书档案(各 7 频次),平均使用频率为 18 频次。

从主题词反映出的研究内容看,2018 年档案学关注的 40 个主要问题又可归并为档案事务、档案法制、机构、档案、档案业务、文件、档案人 7 个大类。

档案事务(档案管理工作、档案管理、档案工作、档案事业、档案安全、档案行政管理、企业档案管理、新形势下),共使用 253 频次,占全部样本的 47.11%。它涉及档案事务的宏观层面,管理性特征突出,是 2018 年档案法制研究的第一大主题。

档案法制(《档案法》、档案法律、依法治档、档案行政执法、档案法制、法律法规、档案法),共使用 142 频次,占全部样本的 26.44%。集中在法律法规方面,与《档案法》修改高相关,是 2018 年档案法制研究的主题之一。

机构(档案局、档案馆、国家档案局、档案部门、档案室、综合档案馆、档案库房、事业单位、档案中介服务机构),共使用 180 频次,占全部样本的 33.52%。机构问题始终是与档案事业、档案人关系最为密切的问题,包括档案局、档案馆、档案室三大研究主题。2018 年,正值新一轮机构改革,在依法治国大背景下,档案机构再次成为档案界关注之重点、理所应当的关注点,排名第二不足为奇。

档案(机关档案、档案信息资源、档案信息、档案信息化建设、电子档案、档案资源、基层档案、文书档案),共使用 74 频次,占全部样本的 13.78%。档案是档案学研究的本体,但从涉及的 8 个主题看,主要涉及各类各种档案所承载的信息和新载体档案。

档案业务(档案利用、档案服务、归档范围、档案意识、政府信息公开),共使用 43 频次,占全部样本的 8.01%。这表明 2018 年档案法制研究主要在档案业务工作中聚焦在开放利用环节上,希望从法律上保障档案的开放利用。

文件(文件材料、电子文件),共使用 31 频次,占全部样本的 5.77%。与"档案"相差 2 倍多,显示出其虽然与档案相关,但不是档案法制研究关注的重点。

档案人(档案管理人员),共使用 18 频次,占全部样本的 3.35%。作为档案工作的主体,档案界研究的关注点从来没有离开过档案人自身,在档案法制研究中也不例外。

可以说,2018 年档案法制研究涉及内容虽然十分广泛,但全部文献均包含在档案事务、档案法制、机构、档案、档案业务、文件、档案人 7 类问题上,或者说,档案法制研究主要是围绕档案事务、档案法制、机构、档案、档案业务、文件、档案人 7 个方面展开的。

三、小结

从高频关键词词频上看,2018 年档案法制研究主要集中在档案事务、档案、档案法制、档案业务、机构 5 类 15 个关键词所涉及的方面。其中又以档案管理、档案、对策、问题、档案工作、管理 6 个方面为热点。与 2017 年的档案管理、档案、管理、问题、对策、档案工作只有次序上的不同,没有内容上的差别。

从研究的主题看,2018 年档案法制研究所涉及内容虽然十分广泛,但全部文献均包含在档案事务、档案法制、机构、档案、档案业务、文件、档案人 7 类问题上,或者说,档案法制研究主要是围绕档案事务、档案法制、机构、档案、档案业务、文件、档案人 7 个方面展开的。

第四节　文献关键词共词分析

本节采用关键词共现分析的方法,从共现矩阵和共现网络两个方面对样本文献进行分析。

一、共现矩阵

矩阵提取使用频率最高的 20 个关键词,将这 20 个关键词形成 20×20 的共词矩阵。如果某两个关键词同时出现在一篇文章中时,就表明这两者之间存在相关关系,关键词右侧或下方对应位置的数值表示篇数。

图 9-1 是 2018 年档案法制研究文献高频关键词共现矩阵。

图 9-1 显示,2018 年档案法制研究的关键词共现有 26 组,共现率为 13%。而共现次数 2 次以上的关键词组合有 18 组,共现率为 9%。

以横轴为准计:

20 组共现关键词中有 9 组与档案管理直接相关,占共现关键词的 4.5%。

20 组共现关键词中有 5 组与档案直接相关,占共现关键词的 2%。

20 组共现关键词中各有 3 组与问题、对策直接相关,分别占共现关键词的 1.5%。

20 组共现关键词中各有 2 组与档案法、依法治档直接相关,分别占共现关键词的 1%。

20 组共现关键词中各有 1 组与管理、档案工作直接相关,分别占共现关键词的 0.5%。

此外,还有现状、档案利用、措施、档案治理、医院、规范化、城建档案、数字档案、事业单位、新时代、人事档案、法律法规 12 个无共现关键词。

	档案管理	档案	对策	问题	档案工作	管理	依法治档	档案法	现状	档案利用	措施	档案治理	医院	规范化	城建档案	数字档案	事业单位	新时代	人事档案	法律法规
档案管理																				
档案	1																			
对策	7	2																		
问题	6	2	10																	
档案工作	3		2	1																
管理		3																		
依法治档																				
档案法							1													
现状	5	1	4																	
档案利用								1	2											
措施				2																
档案治理																				
医院	1			2																
规范化	3				2															
城建档案																				
数字档案																				
事业单位	4			2																
新时代	1	3																		
人事档案																				
法律法规							1													

图 9-1　2018 年档案法制研究高频关键词共现矩阵

以共现频次为准计:

共现次数 2 次及以上的关键词组合有 18 组,分别是:

档案管理与对策:7 频次。

档案管理与问题:6 频次。

档案管理与档案工作:3 频次。

档案管理与现状:5 频次。

档案管理与规范化:3 频次。

档案管理与事业单位:4 频次。

档案与对策:2 频次。

档案与问题:2 频次。

档案与管理:3 频次。

档案与新时代:3 频次

时策与问题:10 频次。

对策与档案工作:2 频次。

对策与现状:4 频次。

问题与措施:2 频次。

问题与事业单位:2 频次。

档案工作与规范化:2 频次。

管理与医院:2 频次。

档案法与档案利用:2 频次。

从共现组数看,2018 年档案法制研究的重点集中在档案、管理、问题、对策、依法治档、档案法 6 个主要方向上。与 2017 年集中在档案管理、档案、管理和问题 4 个主要方向相比,突出的变化是增加了依法治档、档案法两个重要内容,这与 2018 年《档案法》修订加速直接相关。

2018 年档案法制研究整体规模不大,研究内容相对集中。而且 2018 年档案法制领域有相当规模的高频(2 次及以上 18 组)共现关键词,但还没有形成比较突出的高相关共现关键词群,研究的集中趋势较为明显。

二、共现网络

在关键词共现网络中,关键词之间的关系可以用连线来表示,连线多少和粗细代表关键词间的亲疏程度,连线越多,代表该关键词与其他关键词共现次数越多,越是研究领域的核心和热点内容。

使用工具获得档案法制研究高频词共词网络图谱(扫描右侧二维码)。

从共词网络图谱可以直观地看出:2018 年档案法制研究可分为“档案管理”、“人事档案”与“数字档案”、“档案治理”与“城建档案”3 个聚类群组。其中“档案管理”群组是单核心多词群组,“人事档案”与“数字档案”、“档案治理”与“城建档案”是无核心双词群组。

“档案管理”作为单核心多词群组,涉及关键词 15 个,与“对策”“问题”“现状”“档案工作”共现率高,且距离相对近,而与“档案法规”“档案法”“依法治档”“档案利用”仅维持单线弱联系。整个群组中,在核心“档案管理”旁边自然形成了由“对策”“问题”“现状”“档案工作”等关键词组成和由“档案法规”“档案法”“依法治档”“档案利用”等关键词组成的两个群组,一个偏重问题与对策,一个偏重法律与法规。群组内关系相对紧密。和“人事档案”与“数字档案”、“档案治理”与“城建档案”无关联。

“人事档案”与“数字档案”、“档案治理”与“城建档案”两个双词无核心群组有五个共性:一是由双词构成;二是无核心;三是群组内无联系;四是与其他两个群组亦无联系;五是均位于“档案管理”主群组的外围,不是 2018 年档案法制研究的重点与热点。

因此,从关键词的网络共现聚类看,2018 年档案法制研究的重心集中在问题与研究、法律与法规两个方面。“人事档案”与“数字档案”、“档案治理”与“城建档案”相互之间,与“档案管理”主群聚类间均无联系,并且位处整个网络的外围,不是 2018 年档案法制研究的重心,但有可能成为日后的研究热点。

三、小结

从共现组数看,2018 年档案法制研究整体规模不大,有 2 次及以上共现关键词 18 组,虽然没有形成比较突出的高相关共现关键词群,但研究的集中趋势较为明显。2018 年档案法制研究重点集中在档案、档案管理、问题、对策、依法治档、档案法 6 个主要方向上。与 2017 年集中在档案管理、档案、管理和问题 4 个主要方向相比,突出的变化是增加了依法治档、档案法两个重要内容,这与 2018 年《档案法》修订加速直接相关。

从关键词的网络共现聚类看,2018 年档案法制研究的重心集中在问题与研究、法律与法规两个方面。“人事档案”与“数字档案”、“档案治理”与“城建档案”相互之间,与“档案管理”主群聚类间均无联系,并且位处整个网络的外围,不是 2018 年档案法制研究的重心,但有可能成为日后的研究热点。

第五节　文献综述

一、《档案法》研究

1.《档案法》修改

苏州大学社会学院蒋卫荣认为:《中华人民共和国档案法》修订草案(送审稿)"文本中有关社会档案意识、电子文件管理、档案社会化服务、档案信息化建设、以'公开'替代'开放'、权利与义务的均衡化表述、法定档案定义其属概念由'历史记录'调整为'文件、记录与数据'、'体制'与'原则'的规范表述、第七章与第八章的设计和安排等内容,体现了国家档案局立法组织者长期、反复、成熟的思考过程,文本内容丰富,规范准确而具体,规范设计的操作性强,亮点纷呈"。①

北京市档案局马秋影认为:"《档案法》对于法律责任的制度设计比较科学;同时,也存在档案违法行为的设置应该进一步完善的问题。针对该问题,提出完善《档案法》中法律责任制度的 5 个建议:科学设置档案违法行为、完善档案行政责任制度、加强档案行政责任与档案刑事责任之间制度衔接、科学表述档案民事责任、协调《档案法》与其他法律中同一违法行为的法律责任。"②

郑州大学信息管理学院陈忠海、河南省濮阳市档案局刘东斌梳理法律法规中档案及文件、记录、数据等属概念界定的方法,认为:"现行《档案法》《档案法实施办法》中的档案与档案属概念及其具体所指事物之间的范围并不契合,而《〈中华人民共和国档案法〉修订草案(送审稿)》界定档案的方法较好地解决了这一问题。事实证明,法律法规中运用举例型档案概念界定方法比运用定义式档案概念界定方法更为符合立法技术规范和社会现实需要。同时,不应要求其他法律法规中的档案概念与《档案法》中的档案概念完全相同,而应采取归纳、提炼和概括的方法,使其更加符合规范对象的实际,从而不断丰富档案法律体系中档案概念的内涵。"③

中国人民大学信息资源管理学院徐拥军、洪泽文、李晶伟认为:"《档案法》修订草案中的档案定义存在诸多值得商榷之处,建议尊重学理定义,体现档案本质属性,避免循环定义,防止《档案法》调整范围的过度扩张。《档案法》修订草案的语言表述过于随意,建议同一概念前后表述保持一致,避免使用非专业术语、不常用概念,克服口语化倾向,注重立法语言的逻辑性。"④

河南省开封市档案局吴雁平、河南省濮阳市档案局刘东斌、河南省档案局毕英对《档案法》修订草案(送审稿)的有关档案馆的一些条款提出了修改意见,认为涉馆条款修改应与国家改革与治理的顶层设计相一致、涉馆条款修改应与信息技术应用水平与发展方向相一致等建议。⑤

郑州大学信息管理学院魏斌、王晓通认为:"立法语言是构建法律的基础,《中华人民共和国档案法》修订草案(送审稿)在立法语言方面还有进一步规范化和完善的空间。'送审稿'立法语言的规范

---

① 蒋卫荣.《中华人民共和国档案法》修订草案文本(送审稿)立法亮点小议[J].中国档案研究,2018(2):283-292.

② 马秋影.论《档案法》中法律责任制度的完善:以 112 件档案违法违纪案例为样本[J].档案学研究,2018(6):31-34.

③ 陈忠海,刘东斌.法律法规中档案及其属概念界定方法探讨[J].档案学研究,2018(6):35-39.

④ 徐拥军,洪泽文,李晶伟.关于《档案法》修订草案中档案定义与语言表述的修改建议[J].档案学通讯,2018(1):8-12.

⑤ 吴雁平,刘东斌,毕英.对《档案法》送审稿中涉及档案馆条文的若干修改意见[J].档案管理,2018(1):91-92.

化对立法、执法和法的实施具有重要意义。了解法律语言的失范是研究语言规范化的前提,'送审稿'在词汇、语法、修辞上存在立法语言失范现象。'送审稿'立法语言的规范化,可以通过在立法团队中增加立法语言专家,把对立法语言的控制纳入立法程序,遵守有关立法语言、通用语言和现代汉语的规范或使用规则的途径来实现。"①

郑州大学信息管理学院陈忠海、张灿认为:"《中华人民共和国档案法》修订草案(送审稿)的进步意义不言而喻。但从立法技术上看,它仍然存在一定的问题,如内容表述不完整、不规范,权责主体不明确或设置不当,名词术语不统一,条目的清晰性与逻辑性不强等,需要在进一步修改时予以完善。"②

2.《档案法》与《刑法》衔接

河南大学犯罪控制与刑事政策研究所谷永超认为:"《档案法》与《刑法》组成了我国档案安全的法律保护体系,但'二法'在实体性衔接上存在衔接断层的问题。目前,'二法'在客体、主体、客观方面及法律后果等方面仍然存在衔接断层的地方,需要通过修改档案犯罪所在小节的罪名、扩展档案犯罪规制的行为类型、扩大档案犯罪保护对象的范围和拓展档案犯罪的主体范围对'二法'的实体性衔接进行建构。"③

江门开放大学李雅旺认为:"我国《刑法》对档案犯罪的保护对象主要是国有档案,没有将其他类型的档案犯罪纳入保护范围。目前《刑法》对档案犯罪对象的界定范围较窄,《刑法》与《档案法》的定罪内容不协调,档案内容信息的保护力度有限。这就需要调整《刑法》中档案犯罪分则的位置及范围,加大档案犯罪的行为主体范围,拓展档案犯罪刑罚的处罚范围。"④

3.其他

华东政法大学赵海军认为:"《政府信息公开条例》公布后,学术界对《档案法》等相关法律的保守性和滞后性提出了批评。但是,这些批评很多是基于学术界普遍存在的对《档案法》立法理念、立法目的、封闭期规定等方面的误读,对政府信息与档案等概念的混淆,对档案馆与档案局职能的混淆,对《政府信息公开条例》和《档案法》关系的误解。基于这些误读,在政府信息公开工作以及司法实践中也造成了一些困惑。而2016年公布的《〈档案法〉修订草案(送审稿)》相关条款也是为了与《政府信息公开条例》相协调,这些条款的修订在某种程序上也是对学术界呼吁的响应,但是这些修订是值得商榷的。为了完善政府信息公开制度,在修订相关配套法律时,应当树立正确的立法理念。"⑤

二、档案法制建设

1.总论

中华人民共和国海南海事局林曲虹认为:"加强档案法制建设,是一项实践性活动,而所有实践性活动的开展都需要理论研究的支持和指引。因此,需要强化对档案法治理论的研究,比如档案立法规范、档案执法环境建设等。在档案转化过程中,会遇到很多的新问题,而这些问题的解决原则需要在归纳出理论知识规律的基础上得出,进而利用理论原则和具备理论化支撑的具体措施来解决矛盾。此外,强化档案法制理论研究,还需要在新的发展时期,考虑档案立法所遇到的新技术环境,并在深入

---

①　魏斌,王晓通.《中华人民共和国档案法》修订草案(送审稿)语言规范化分析[J].档案学通讯,2018(3):12-16.

②　陈忠海,张灿.对《中华人民共和国档案法》修订草案(送审稿)的修改建议[J].档案学通讯,2018(1):4-8.

③　谷永超.困境与出路:我国档案犯罪实体性行刑衔接制度之思考[J].档案学研究,2018(5):23-26.

④　李雅旺.关于《刑法》档案犯罪范围界定的反思[J].山西档案,2018(4):121-123.

⑤　赵海军.《政府信息公开条例》实施后学术界对《档案法》的误读以及《〈档案法〉修订草案》协调努力之浅析[J].档案学研究,2018(4):33-42.

研究理论的同时改善档案法制建设的内外环境,以进一步加快档案法制建设进程。"①

哈尔滨市档案局赵爽认为:"推进档案工作科学立法、坚持档案工作严格执法,加强档案工作全民普法,是档案法治建设工作的任务目标,从而推动档案法治意识和法治素养普遍增强,档案执法质效明显提高,营造公平、透明的档案法治环境,为档案工作全面振兴发展提供法治保障。"②

辽宁省朝阳市档案局李辉认为:"在档案管理法制建设的过程中,如果忽略了来自基层公众的利益诉求的话,那么不仅无法发挥出档案管理部门在法律体系中的社会监督职能,同时也无法保证社会公众的切身利益。所以,在实施档案管理法制建设的过程中,必须配备与其相对应的监督力度,才能使其在充分借助公众监督力量的基础上对违法行为的定性和定量进行深入的研究和分析,为档案管理法制建设监督机制的进一步完善奠定良好的基础,才能将档案管理工作社会效益和经济效益充分地发挥出来。"③

贵州师范学院潘秋童认为:"做好档案资源法制建设及其现代化管理工作,有利于管理人员利用现代化技术、信息技术等进行管理。同时,也要遵守法律制度,确保档案资源的安全性,以保障工作质量和效率,从而推动档案事业安全、稳定的发展。"④

2. 对策措施

吉林省梨树县档案局任会利认为档案法制建设的现状是:①全社会档案法制意识淡薄。②档案法规体系尚待健全。③档案行政执法力度不够。④档案行政执法人员素质有待提高。她还提出了档案法制化建设的对策:①加强领导,积极推进档案工作法制化建设进程。②强化宣传,形成良好的档案工作法制化建设氛围。③深入开展档案执法检查工作,加大对档案违法行为的查处力度。④积极实施"人才兴档"工程,努力培育一支过硬的档案行政执法队伍。⑤

浙江省湖州市档案局陈爱提出了有效推进法治档案建设的措施:①加强领导、健全制度,稳步推进依法行政工作。一是健全领导机构,全面规划部署;二是制定各项制度,落实工作责任。②规范程序、聘请顾问,依法规范行政权力运行。一是认真执行和完善重大行政决策机制;二是扎实推进规范性文件清理;三是健全法律顾问制度;四是进政务公开。③建设队伍、加强普法,营造良好的档案法制氛围。一是建设执法队伍;二是开展法治培训;三是加大档案法制宣传。④聚集重点,有效监管,提升辖区内档案工作。一是全面覆盖;二是科学抽查;三是规范流程;四是执法全过程记录。⑥

3. 其他

广东省惠州市城建档案馆封晓霞认为:"社会发展的大环境对各个行业都提出了明确要求,必须依法行政,城建档案工作同样如此,必须对其进行法制化管理,实施依法治档。在日常工作中,我们有一种极为深刻的感受,那就是城建档案很难接收,业务指导工作开展难度大,存在诸多困难以及较大的阻力,经常出现不依法行事、不严格执法、不追究违法行为等现象,为了改变这种被动局面,必须加大城建档案法制建设力度,使城建档案工作的开展更为顺利。"⑦

黑龙江省宾县宾西镇中心卫生院张春红认为:要"加强法制建设,建立健全的医院档案管理制度。将档案安全管理工作列入医院工作规划,认真学习贯彻落实《档案法》《保密法》《干部档案工作条例》。通过学习相关的法律知识,强化医院档案管理人员的法制观念,进而提高依法行政以及依法治档的观念。档案管理人员积极主动地学习有关法律知识,然后把医院档案管理法规向医院职工宣传,

① 林曲虹. 如何加强档案法制建设[J]. 城建档案,2018(10):72-74.
② 赵爽. 浅谈新时代档案部门如何加强档案法治建设[J]. 黑龙江档案,2018(3):25.
③ 李辉. 新形势下档案工作法制化建设的研究[J]. 兰台世界,2018(S2):169.
④ 潘秋童. 浅谈档案资源和法制建设及其现代化管理[J]. 才智,2018(18):196.
⑤ 任会利. 新时期档案法制建设的现状及对策[J]. 兰台内外,2018(10):21-22.
⑥ 陈爱. 如何有效推进法治档案建设[J]. 城建档案,2018(8):78-79.
⑦ 封晓霞. 加强城建档案法制建设的思考[J]. 办公室业务,2018(10):129.

号召大家都重视档案管理工作。对在档案管理过程中出现的违反《档案法》的行为及时处理,绝不姑息"。①

辽宁省建平县博物馆刘亚军认为:"抓好民营企业档案法制建设。首先,要在民营企业中宣传、贯彻、落实好《档案法》,使民营企业经营者增强法制意识,养成依法管档、用档、清档的自觉性。其次,把执行《档案法》列入企业是否守法的检查范围,档案行政管理部门要依据档案法律法规,加强对民营企业法制化、规范化管理。要强化规章、制度的建设,采取政策的激励、典型引路等方法引导民营企业贯彻执行好《档案法》。再次,实行有效监督管理。充分发挥依法监管的职能作用,对列入监管范围内的档案,认真负起监管的法律责任。尊重民营企业档案管理的自主权,并不等于对民营企业档案工作完全撒手,而是要按档案法律法规的规定,实行有效监督。如民营企业的档案工作必须符合《档案法》的规定,对违反档案法规的现象和行为,档案行政管理部门要依法进行处理;民营企业形成的对国家和社会有保存价值的档案,要通过实行登记制度等形式进行监管;对关系国计民生、公共安全的特殊的民营企业档案工作要实行强有力的监管。"②

安徽大学李长青探讨了加强我国民生档案法制建设,并分别从立法、执法、普法、守法层面提出针对性的对策。具体来说,在我国民生档案立法中有立法层面低,内容存在不完善性和滞后性,且与其他相关法律法规之间存在衔接矛盾及法律法规体系不完善的问题。他认为需要从提高立法层面,及时修订并制定新规,加强与其他相关部门的交流与协作,并完善法规体系等方面进行改善。至于民生档案执法中存在的执法力度不够,执法监督检查力度不强的问题。他还认为有必要加强执法力度,并通过建立健全民生档案执法检查监督机制,以提高民生档案执法水平,完善执法程序和避免职责交叉问题。我国民生档案政策法规普法宣传力度不够,普法宣传流于形式。他认为各级档案部门要在充分发挥传统普法宣传方式的基础上创新宣传方式,积极使用新媒体传播途径,并拓宽亲民路线,扩大普法宣传的受众面。同时,通过完善民生档案普法宣传教育机制,认真落实普法宣传责任制,不断完善普法工作考核方式和机制,以改变普法宣传流于形式、走走过场的现状。针对我国民生档案守法层面存在的法制意识薄弱和档案守法主体片面的问题,他认为要通过普法宣传教育,提高社会档案法制意识,还要转变档案行政管理主体的守法观念,严格执法,切实提高依法治档水平。③

三、依法治档

1.总论

天津美术学院思政课部李墨、天津师范大学历史与文化学院郭号林探讨了基于全面依法治国总体框架下的依法治档,认为:要根据党的十九大报告精髓,强化依法治理在档案管理工作中发挥主导性作用。一是以标准化业务建设为抓手。通过标准化的档案馆、档案室建设,进一步丰富对有关各种文献和馆藏档案资源的数量种类,特别是做好对有关党的文件、政策性文本的梳理建档,加大现行文件和政府公开信息的接收力度,加快馆藏文件的数字化、信息化建设,深刻把握"人民的幸福线"这条为民服务的新要求,高度重视关系到民生和群众切身利益的文件收集整理工作,提升调取、检索和查阅的效率等便民举措。二是以规范化基础建设为依托。三是以制度化管理举措为重点。"抓紧制定出台大数据条件下有关档案管理质量评价评估的制度性规范,细化在公共服务领域、资源平台建设、移动终端建设、个性化智能检索等新领域档案服务的新标准和新举措,实现档案制度化管理的全程化与广覆盖。"④

---

① 张春红.坚持依法治档 推进医院档案管理规范化科学化信息化[J].黑龙江档案,2018(2):17.
② 刘亚军.民营企业档案工作存在的问题与对策[J].兰台世界,2018(S1):110–111.
③ 李长青.我国民生档案法制建设研究[D].合肥:安徽大学,2018.
④ 李墨,郭号林.以十九大精神为指引做好依法治档工作的思考[J].兰台世界,2018(7):77–79.

河南省商务学校牛国栋认为:"知法对依法治档相当重要,只有知法,才能知道依法治档的范围,才能了解依法治档的职责所在。从数量上看应知的'法',在条文中涉及'档案'的法律法规规章有9013 部,数量巨大。从内容上知'法',其内容繁多。从职责上看知'法',其职责众多。知法的任务是任重艰巨。"①

黑龙江省齐齐哈尔市福利彩票发行中心夏文彬认为:"依法治国基本方略落实到档案部门,就是要扎实推进依法治档战略。依法治档是依法治国的重要组成部分,全面推进依法行政,严格执法,才能切实做到档案工作依法治理,充分发挥档案工作在社会主义法制建设中的重大作用。"②

黑龙江省大庆市档案局李莹提出了新时期依法治档工作新征程:①完善法律、健全规章,为实现依法治档创造前提条件。一是依法治档需要档案法制建设先行;二是全面清理档案规范性文件和行政审批事项,进一步明确档案部门的权力责任清单;三是加强档案法治理论的研究。②提高素质、强化队伍,为实现依法治档提供根本保障。一是积极开展档案法制人员培训;二是建立健全科学的考核评价体制机制;三是加强档案业务指导,全面提高依法治档能力。③全面宣传、大力普法,为实现依法治档营造良好氛围。一是找准宣传切入点;二是点面结合,建立长效宣传机制;三是联动、协作,扩大宣传范围。④有法必依、严格执法,抓住实现依法治档的关键环节。一是强化意识、落实责任,加强档案行政执法检查力度;二是狠抓落实、严格执法,加强档案行政执法惩处力度;三是严格监督、强化问责,加强档案行政执法监督力度。③

2. 建议对策

黑龙江省冰上训练基地丛舒认为当前依法治档中存在的主要问题包括:①依法治档意识相对薄弱。②档案法规体系不够健全。③档案行政执法力度明显不够。④档案执法人员素质普遍偏低。她还提出了做好依法治档的具体对策:①强化依法治档意识。②完善档案法规体系。③严格档案行政执法。④提高档案执法人员素质。④

黑龙江省齐齐哈尔市档案局(馆)张超提出强化依法治档的建议:首先,强化依法治档就要牢牢抓住"关键少数"。其次,强化依法治档就要营造一个高效公开透明的法治氛围。一是要规范行政权力运行;二是档案部门领导干部要带头实行行政权力公开运行,执法的各个环节都要公开透明。再次,强化依法治档就要不断提高档案服务水平。一是在档案法规体系建设实现新突破,在服务中心工作的同时对涉及民生的专业档案加强管理和利用;二是开展全方位、多层级档案行政执法检查;三是档案执法部门要深入剖析档案法治工作存在的实际问题,规范工作内容、工作方式和工作程序,执法人员要提高依法行政管理档案事业水平,树立全局观念,不断总结和探索档案执法工作的经验与规律,改进工作方法。最后,强化依法治档,要以提高执法人员素质为关键,全面强化档案行政执法队伍建设。⑤

3. 高校依法治档

云南大学档案馆刘大巧、徐娟认为:"从依法治档的角度来分析高校档案利用服务存在的问题,有利于从整体上改善高校档案利用服务现状。当前,高校档案利用存在利用效果不佳、馆藏档案资源建设不力、档案开放鉴定滞后、人员岗位技能有待提高等问题。"因而,她们"提出了完善档案利用法律法规政策、加强档案资源建设、创新高校档案服务方式和引进人才激励机制的对策"。⑥

北京农学院梁全英认为,"当前档案事业面临前所未有的挑战与机遇",并"发现目前高校依法治

①　牛国栋. 论依法治档与知法[J]. 档案管理,2018(5):60-61.
②　夏文彬. 如何把依法治档真正落实到位[J]. 黑龙江档案,2018(3):28.
③　李莹. 依托大环境 改善小环境:新时期依法治档形势与任务战略性思考[J]. 黑龙江档案,2018(3):29-30.
④　丛舒. 新形势下依法治档存在的问题及对策[J]. 黑龙江档案,2018(2):54.
⑤　张超. 强化依法治档推进档案法治建设刍议[J]. 黑龙江档案,2018(3):26.
⑥　刘大巧,徐娟. 依法治档视角下的高校档案利用服务研究[J]. 兰台世界,2018(11):120-123.

档工作方面存在的问题和不足之处,提出高校依法治档工作的对策,以满足人们日益增长的对档案的需要,提升依法治档工作的质量,增强档案的利用效益"。①

4.其他

郑州科技学院魏纪珍提出了依法治档的优化路径:①完善档案法规体系,夯实档案法治基础。②增强档案法治意识,推进档案法治建设。③加强法治队伍建设,提升档案执法水平。首先,培养合格档案执法人才;其次,提升档案执法人员素质;再次,增强档案执法人员能力。②

福建省南平铝业股份有限公司档案室王静认为,坚持依法治档,推动企业档案工作科学发展:①依法对档案进行行政管理,让档案管理有法可依。②在档案利用服务工作方面要按章办事。③企业档案工作要适应时代发展的要求,依法治档,服务企业生产。③

四、档案立法

1.总论

国家档案局杜梅认为:"回望改革开放40年档案事业发展历程,档案立法的脚步始终铿锵有力,并发挥着制度引领、行业规范和法律保障的作用,为促进档案事业健康发展、深化依法治档提供了坚实基础。40年来,档案法规体系建设从无到有,逐步加强,日益完善,形成了一个以《中华人民共和国档案法》(以下简称《档案法》)为核心,由上百部档案工作行政法规、地方性法规以及规章构成的较为完备的档案法规体系。据不完全统计,截至目前,我国已有档案法律1部、档案行政法规3部、档案部门规章34项(其中,国家档案局单独或牵头发布23项)、地方性档案法规65部、地方政府档案规章136项。此外,国家档案局还制定和发布了规范性文件130多份、归口管理国家标准6项、行业标准70项、指导性技术文件1项,基本涵盖档案工作的主要环节和重点领域,为'三个体系'建设和以信息化为核心的档案管理现代化提供了根本遵循。"④

华东政法大学、上海市档案局赵海军提出了发展新时代档案行政法学的总体设想:①以行政法学总论为指导。②建立完备的档案行政法学体系。③通过行政法解释学进行发展。④以解决档案工作中的具体问题为导向。⑤反哺行政法学总论。⑤

2.专门立法

南京市档案局徐广虎认为我国档案馆专门立法要明确的主要问题是:①构建我国档案馆事业发展的基本制度。这些基本制度包括我国档案馆的性质、任务、分类以及档案收集、保护、流转、开放和利用等。②明确信息时代档案馆的地位与作用。档案馆在大数据管理中的地位和作用,是需要在法律法规中予以明确的。③促进档案的开放与利用。⑥

扬州大学社会发展学院孙军认为:"现行档案法律法规对企业经营发生重大变动时的档案保管问题考虑甚少,比较有针对性的《国有企业资产与产权变动档案处置暂行办法》将各地国家档案馆确定为企业破产档案的法定接收单位,但实践中档案馆的接收能力有限,难以保证落实,档案企业应运而生。《档案法》草案(修订稿)中虽然增加了破产企业的档案保管内容,但仍然是'参照适用'性的规定,缺乏对企业破产档案保管的针对性指导。在当前破产企业档案保管正快速市场化的形势下,加强

———————————

① 梁全英.网络化时代高校依法治档工作推进研究[J].办公室业务,2018(18):146-148.
② 魏纪珍.法治视域下的档案管理优化[J].山西档案,2018(6):35-37.
③ 王静.依法治档 推进企业档案工作科学发展[J].办公室业务,2018(10):113-114.
④ 杜梅.改革开放以来的档案法规体系建设[J].中国档案,2018(11):25-27.
⑤ 赵海军.试论档案行政法学研究的重新定位及发展[J].档案管理,2018(6):39-42.
⑥ 徐广虎.我国档案馆专门立法思考[J].档案与建设,2018(8):38-42.

对企业档案的法律规范和行政引导管控已成为当务之急。"①

郑州大学文学院陈璟认为:"目前在国家层面,缺少档案社会服务机构的专门法律规定。在地方层面,有 21 个省级地方性法规有对档案社会服务机构的管理规定,其中有 4 个省市专门出台了关于详细规范档案社会服务机构的地方规范性文件;10 个省级地方性法规没有涉及对档案社会服务机构的管理规定,因此,该领域的立法工作亟待加强。此外,部分地方性法规对档案社会服务机构监管的规定比较笼统,具体行政指导方式欠缺,应当予以充实和完善。"②

江苏省泗阳县城建档案馆陈实认为:"随着经济的快速增长,社会必然会向着法治化进程大步迈进,档案立法是适应社会发展需求的必由之路。我们的社会发展离不开各行业的蓬勃发展,各行业的发展离不开完善的机制,完善的机制必须要靠完备的法律法规、条例办法来支撑。此时的《城乡建设档案管理办法》的修订是行业健康发展的必须,更是社会良性前进的必须,是规范建设档案从业人员行为的必要,是建设档案行业规范化管理的必要,是整个建筑业市场健康成长的必要,更是社会功能日趋完善的必要。"③

3. 其他

国核自仪系统工程有限公司石凌认为:"我国目前已经形成以《档案法》与《实施办法》为主体,其他多部法律为辅助,以各地方档案规章制度为支撑的档案法律体系。但在'互联网+'环境下,档案法律存在立法上和适用范围上的不适应性,因此需要不断完善以保障档案法律在档案工作中的适用性。"④

广东开放大学汪跃平认为:"我国数字档案的立法工作可以借鉴西方经验,将具有'独创性'的数字档案纳入狭义层面的著作权保护,将没有'独创性'的数字档案纳入广义层面的著作权保护,形成主次分明的保护格局,从而弥补现行法律中的一些不足,使数字档案著作权得到更加合理而全面的保护,进一步提升档案工作者的积极性,不断推动我国数字档案事业的发展。相关立法工作除了要完善《著作权法》《档案法》等主要法律之外,还可以制定一些司法解释,如'数字档案著作权内容保护的司法解释'等,对法律不能具体规定的地方进行相应的说明,不断扩大数字档案著作权法律保护的适用范围。"⑤

郑州大学信息管理学院陈忠海、王晓通认为:"在档案专门法律法规之外的其他法律法规中,涉及的档案法律关系最重要的主体和内容就是管理者的档案义务与利用者的档案权利之间的统一,档案法律关系的客体是档案行为。不涉及档案法律关系的规定又包括'其他行为规定'和'非行为性规定'两种。档案行为的规定在数量上所占比例较少,在形式上有多种规定方式,在结构上档案行为的授权性规定过少。"⑥

广东工业大学档案馆余利娜认为:"档案开放鉴定相关的法律法规存在立法不完善,缺乏档案鉴定法规,法律依据受到挑战等问题。《档案法》草案(送审稿)的全文公布,对档案开放鉴定有一定的推动作用。"她还提出"从立法的角度提出制定具体的规范条例、以件为单位进行档案开放鉴定、加强个人隐私档案开放的管理等对策,以促进我国档案法律体系的完善"。⑦

① 孙军.法律视野中的破产企业档案保管及其市场化规制[J].档案学研究,2018(5):19-22.
② 陈璟.档案社会服务机构监管法规调查分析[J].北京档案,2018(4):38-40.
③ 陈实.《城乡建设档案管理办法》地方修订中关于法律责任的浅思[J].城建档案,2018(4):71-74.
④ 石凌."互联网+"环境下档案法的适用性探讨[J].办公室业务,2018(12):110.
⑤ 汪跃平.关于数字档案著作权法律保护的思考[J].山西档案,2018(3):141-143.
⑥ 陈忠海,王晓通.其他法律法规涉及的档案法律关系分析[J].档案管理,2018(5):36-39.
⑦ 余利娜.新形势下档案开放鉴定法律法规研究[J].档案与建设,2018(2):29-31,24.

五、档案执法

1. 执法监督

浙江省衢州市城市建设档案馆汪春芬认为城建档案执法监督检查依据主要分以下四类：一是对建设项目档案监管。城建档案日常执法的最主要的一项工作就是对建设项目档案是否及时移交进行检查，通过检查发现城建档案违法行为，从而对违法对象依法作出行政处理，确保城建档案及时移交。二是对城市地下管线工程档案的监管。三是开展工程档案预验收。开展城建档案工程预验收是城建档案管理中很重要的一项行政执法工作，这项工作如何决定着档案资料整理的规范性和完整性，所以在具体实践中必须严格执行落实。有关预验收的法律法规条文总共四条。四是建设工程申报资料备案。①

江苏省中共镇江市丹徒区委党校池年霞认为："档案行政执法监督是我国法律监督的重要组成部分。档案行政执法单位要敢于接受监督。我们还要完善关于档案行政执法监督的法律法规，让监督过程有法可依。人民群众和舆论单位也要增强监督意识，敢于监督。人大监督要明确监督的内容和形式，监督档案行政执法过程是否合法。只有共同努力，才能让档案行政执法监督更加公平、公正、透明。"②

2. 办法措施

辽宁省鞍山市千山区综合执法局郑建文提出了执法中解决具体问题的办法：第一，继续加大宣传力度，树立社会档案意识和档案工作者依法工作意识。第二，严格执法，加大执法力度。第三，丰富执法手段，变换执法检查方式。第四，执法监督检查制度化。③

湖南省宁远县档案局陈靖提出了加强基层档案行政执法的措施：①加强档案法制宣传教育。一是加强对档案工作者的档案法制宣传教育；二是将法制宣传教育与行政执法相结合；三是拓宽宣传渠道，建设档案法制宣传教育基地。②加强基层档案行政执法队伍建设。③完善基层档案行政执法机制。一是要设立法制机构，并配备一支业务素质高、执法能力强的执法队伍；二是要建立档案执法责任考核机制；三是健全档案行政执法监督机制。④

陕西省西安市高陵区档案局周英提出新形势下加强档案行政执法的措施：①做好档案法制宣传工作，营造良好的档案法治氛围。②充实档案干部队伍，加强对档案干部的培训。③加强业务指导工作，减少档案违法行为的发生。④增强档案行政执法的意识，加大档案行政执法力度。⑤

3. 其他

山东省枣庄市荣军康复医院李然认为："档案工作已进入了新时代，面临许多新情况、新问题，档案执法也要结合当前档案工作的新形势新任务，创新执法形式手段，提高执法质量效益。""在具体工作中，要适当学习借鉴其他部门好经验、好做法，灵活采取常规执法检查与重点检查、'点穴式'严查与'回访式'抽查、明察与暗访等相结合的多种形式，促使档案执法方式由事先'下通知'作准备向'微服出访'、突击暗访式转变，由常规阶段式向'短、平、快'快捷式转变，由'体验式'向'体检式'转变，做到档案执法只来真的不来假的、只来实的不来虚的、只来硬的不来软的，让执法反馈'红红脸''出出汗'成为新常态。"⑥

① 汪春芬.城建档案执法依据及具体运用探究[J].智库时代,2018(21):63-64,71.
② 池年霞.档案行政执法和监督研究[J].办公室业务,2018(4):108.
③ 郑建文.档案行政执法工作的现状与思考[J].兰台世界,2018(S1):10-11.
④ 陈靖.对加强基层档案行政执法的思考[J].档案时空,2018(2):41-42.
⑤ 周英.新形势下如何加强档案行政执法[J].黑龙江档案,2018(1):96.
⑥ 李然.提升档案执法质量水平应从"问题"抓起[J].山东档案,2018(6):50-51.

六、档案司法

河南省许昌市建安区档案局刘子芳认为："针对两起盗取国有档案相同刑事案例的不同定性、处罚进行法理评析,指出了案件定性的内在合理性和不当之处,同时提出了对法定'档案'所指、案件定性处罚、引用案例筛选等问题的反思。"她还认为:对涉档违法行为事实的认定,必须依据法律法规的规定来进行,这是档案行政执法的最基本要求,也是档案行政执法水平的核心体现。从上面对两起涉档刑事犯罪案件定性问题的分析中,至少有三个问题是值得引起反思的:①法定"档案"所指必须是清晰的。②档案普法宣传所引用"案例"应筛选。③案件的定性、处罚应严谨、适当。①

北京市档案局马秋影认为:要"科学表述档案民事责任。在司法实践中,赔偿损失是承担民事责任的主要方式,此外还有恢复原状、返还财产、停止侵害、赔礼道歉等。仅规定'赔偿损失'不够,应该表述为'公民、法人或者其他组织违反本法规定,给他人造成损失的,依法承担民事责任'"。②

七、依法管档

湖南科技学院档案馆吴青霞提出了改善地方高校依法管档的有效路径:①加强高校档案业务建设,夯实依法管档基础。②改进宣传策略,提升法治宣传成效。一是争取学校领导层的支持,主动向领导层汇报漠视法治建设将对学校产生的影响;二是创新宣传方法,要勇于"走出档案馆";三是要善于使用新媒体手段宣传档案法规。③贯彻实施档案工作奖励机制。一是国家档案行政部门要会同相关部门共同制定出台纲领性的可操作性的奖励法规;二是高校档案部门要根据国家档案行政部门制定的法规结合本校实际进行细化,具体化,以便于执行。③

河北省保定市档案局陈德华认为依法管档,"也就是开展档案的管理工作。有关的法律法规条文,《河北省档案工作条例》第六条:各单位应当加强对本单位和直属单位档案工作的领导,纳入工作计划,设置档案工作机构或者配备人员,建立健全档案工作制度,提供必要的条件,保证档案工作正常开展"。"'管档'这里面包括三个方面的内容,一是管理机制的健全;二是日常管理工作的开展;三是安全保管设施设备的完善。"④

贵州师范大学档案馆曹卓瑜认为高校要做到依法管档,就应"结合学校发展的实际情况,建立健全不同门类的档案归档管理制度,使档案文件材料的收集整理有据可依,有章可循。同时,将收集整理归档工作纳入学校各个管理部门年度计划和各项管理工作程序中监督执行,力求最大限度地确保归档材料齐全完整";"还要加大依法治档的宣传力度,增强全校师生员工的档案法律意识,引导规范学校各领域、各部门依法建立健全档案管理制度,明确立档单位依法归档、依法用档、依法管档的法定责任,切实维护学校、师生员工的合法权益"。⑤

八、其他

黑龙江省佳木斯市档案局胡燕霞认为:"档案管理法治化不但能够规范基层档案的管理与应用,

① 刘子芳.对两起涉档刑事犯罪案例的评析与反思[J].档案管理,2018(3):52-54.

② 马秋影.论《档案法》中法律责任制度的完善:以 112 件档案违法违纪案例为样本[J].档案学研究,2018(6):31-34.

③ 吴青霞.地方高校依法管档的实践与路径探索[J].科技创新导报,2018,15(1):179-180.

④ 陈德华.机关档案工作应该依法完成哪些主要任务[J].档案天地,2018(12):50-51.

⑤ 曹卓瑜.法治环境下高校档案信息化建设探究[J].城建档案,2018(8):24-27.

还可以提高全民档案管理意识。近些年来,随着我国各级档案管理部门工作的开展与实施,通过技术培训、案例分析等形式对档案的管理进行了宣传与实施,提高了档案管理法律法规的知识普及,同时也提高了档案管理部门工作人员的管理意识。随着信息化社会的发展,档案管理违法事件不断在网络与媒体上被爆出,相关部门以及档案管理工作人员已逐渐提高档案管理意识,并且将绩效考核与法律法规相结合,促使全民提高档案管理法治化意识。"①

　　吉林省公主岭市档案局李静波认为:"我们国家已经进入了新时代,进入了依法治国的新阶段。档案管理工作,同样需要深化法制建设。其中的重点,一是做到守法,管理档案人员要学好档案法和相关的法律法规,依法依规开展档案管理工作。二是做到在法律监督下开展档案管理工作,档案管理部门内部要经常依法依规不断完善各岗位操作规范,经常检查操作规范落实情况。"②

① 胡燕霞.推进基层档案管理法治化的路径思考[J].黑龙江档案,2018(6):97.
② 李静波.档案管理改革再深入一步[J].兰台内外,2018(7):40.

第十章　档案治理

　　档案治理是 2018 年档案界关注与重点研究的热点。我们以中国知网为样本来源,检索范围:中国学术期刊网络出版总库,中国博士学位论文全文数据库,中国优秀硕士学位论文全文数据库,中国重要会议论文全文数据库,国际会议论文全文数据库,中国重要报纸全文数据库,中国学术辑刊全文数据库。

　　检索年限:2018 年。

　　检索时间:2020 年 2 月 24 日。

　　检索式:发表时间＝2018-01-01 至 2018-12-31,并且（主题＝档案治理 或者 题名＝档案治理）（模糊匹配）。

　　样本文献总数:64 篇。

第一节　文献统计分析

　　本节采用统计分析的方法,从资源类型分布、文献学科分布、文献研究层次分布、文献基金分布、文献类型分布 5 个方面对样本文献进行分析。

一、资源类型分布

　　从资源类型分布看,64 篇样本文献涉及期刊、硕士 2 类资源。各类资源发表文献数量及占比情况见表 10-1。

表 10-1　各类资源发表文献数量及占比情况

序号	资源类型	发表文献数量/篇	占全部样本/%
1	期刊	55	85.94
2	硕士	9	14.06
	合计	64	100.00

　　由表 10-1 可见,期刊是 2018 年档案治理研究文献的主要来源,硕士学位论文次之,起辅助作用,这两类资源构成档案治理研究者进行交流与沟通的主要渠道和平台。

二、文献学科分布

从样本文献学科分布看,64 篇样本文献涉及图书情报档案、政治、历史、教育、法学、社会、农业经济、基础医学、环境等学科。前 9 个学科发表文献数量及占比情况见表 10-2。

表 10-2　前 9 个学科发表文献数量及占比情况

序号	学科	发表文献数量/篇	占全部样本/%
1	图书情报档案	51	79.69
2	政治	4	6.25
3	历史	4	6.25
4	教育	2	3.13
5	法学	2	3.13
6	社会	1	1.56
7	农业经济	1	1.56
8	基础医学	1	1.56
9	环境	1	1.56
	总计	67	104.69
	实际	64	100.00
	超出	3	4.69

需要说明的是,按学科统计数为 67 篇,占 104.69%;超出实际样本数 3 篇,占 4.69%。研究具有学科交叉性。

除图书情报档案外,发表文献最多的 4 个学科是政治、历史、教育、法学。

三、文献研究层次分布

从文献研究层次分布情况看,64 篇样本文献涉及基础研究(社科)、行业指导(社科)、基础与应用基础研究(自科)、专业实用技术(自科)、职业指导(社科)、政策研究(社科)、其他 7 个不同层次。各层次发表文献数量及占比情况见表 10-3。

表 10-3　各层次发表文献数量及占比情况

序号	层次	发表文献数量/篇	占全部样本/%
1	基础研究(社科)	36	56.25
2	行业指导(社科)	19	29.69
3	基础与应用基础研究(自科)	2	3.13
4	专业实用技术(自科)	1	1.56
5	职业指导(社科)	1	1.56
6	政策研究(社科)	1	1.56
7	其他	4	6.25
	合计	64	100.00

如果按社会科学、自然科学和其他来分类,各类文献数量及占比分别是:社会科学 57 篇,占 89.06%;自然科学 3 篇,占 4.69%;其他 4 篇,占 6.25%。研究明显偏重于社会科学的范畴。

如果按研究的基础性与应用性划分,基础性研究 38 篇,占 59.38%;应用性研究 26 篇,占 40.62%。研究偏重理论性。

综上,从整体上看,2018 年档案治理研究是偏重理论性的社会科学研究。

四、文献基金分布

从样本文献的基金分布情况看,64 篇样本文献中有 12 篇得到国家社会科学基金和陕西省教育厅科研计划项目的资助,占全部样本的 18.75%,是 2018 年档案学 11 个研究分类中占比最高的。各类基金资助发表文献数量及占比情况见表 10-4。

表 10-4   各类基金资助发表文献数量及占比情况

序号	基金	发表文献数量/篇	占全部样本/%	占基金资助文献/%
1	国家社会科学基金	11	17.19	91.67
2	陕西省教育厅科研计划项目	1	1.56	8.33
合计		12	18.75	100.00
总计		64	100.00	

从层级上看,国家级基金对此类项目占比是地方政府资助的 11 倍,地方政府资助仅涉及 1 个省份。

五、文献类型分布

从文献的类型分布看,64 篇样本文献涉及综述类、政策研究类和一般性 3 类。各类型文献数量及占比情况见表 10-5。

表 10-5   各类型文献数量及占比情况

序号	文献类型	文献数量/篇	占全部样本/%
1	综述类	2	3.13
2	政策研究类	1	1.56
3	一般性	61	95.31
合计		64	100.00

综上,从表 10-5 中可以明显地看到,一般性论证文献在研究成果中占据了绝大多数,达 95%以上,而宏观性及政策性的研究则相对薄弱,综述类、政策研究类文献合计占比不到 5%。

六、小结

从样本文献的统计情况看,期刊是 2018 年档案治理研究文献的主要来源,硕士学位论文次之,起辅助作用。这两类资源构成档案治理研究者进行交流与沟通的主要渠道和平台。

研究具有学科交叉性。除图书情报档案外,发表文献最多的 4 个学科是政治、历史、教育、法学。从整体上看,2018 年档案治理研究是偏重理论性的社会科学研究。

研究仅得到了国家社会科学基金的资助和 1 项省级资助。国家级基金对此类项目资助占比是地方政府资助的 11 倍,地方政府资助仅涉及 1 个省份。

研究成果以一般性论证文献为主体,宏观性及政策性的研究相对比较薄弱,综述类、政策研究类文献合计占比不到 5%。

第二节　文献计量分析

本节采用计量分析的方法,从文献作者分布、文献机构分布和文献来源分布 3 个方面对样本文献进行分析。

一、文献作者分布

从作者的分布情况看,前 40 位作者宋晶晶、陈忠海、刘东斌、陈红、刘俊恒、高山、龙家庆、陆阳、常大伟、杨娜、杨静、寇京、李露、高大伟、甘勇、张娟、张超、徐承中、朱东北、冉朝霞、王健、王爱莲、左攀、孙静、杨帆、吴雁平、赵局建、谢鑫、马敬东、何玉颜、张云、朱宇航、王玉珏、廖昭红、黄霄羽、刘会军、倪丽娟、李停、周坤顺、黄静,共发表文献 51 篇,占全部样本的 79.69%。

前 40 位作者发表文献数量及占比情况见表 10-6。

表 10-6　前 40 位作者发表文献数量及占比情况

序号	作者	发表文献数量/篇	占全部样本/%
1	宋晶晶	4	6.25
2	陈忠海	3	4.69
3	刘东斌	2	3.13
4	陈红	2	3.13
5	刘俊恒	2	3.13
6	高山	2	3.13
7	龙家庆	2	3.13
8	陆阳	2	3.13
9	常大伟	1	1.56
10	杨娜	1	1.56
11	杨静	1	1.56
12	寇京	1	1.56
13	李露	1	1.56
14	高大伟	1	1.56
15	甘勇	1	1.56
16	张娟	1	1.56

续表 10-6

序号	作者	发表文献数量/篇	占全部样本/%
17	张超	1	1.56
18	徐承中	1	1.56
19	朱东北	1	1.56
20	冉朝霞	1	1.56
21	王健	1	1.56
22	王爱莲	1	1.56
23	左攀	1	1.56
24	孙静	1	1.56
25	杨帆	1	1.56
26	吴雁平	1	1.56
27	赵局建	1	1.56
28	谢鑫	1	1.56
29	马敬东	1	1.56
30	何玉颜	1	1.56
31	张云	1	1.56
32	朱宇航	1	1.56
33	王玉珏	1	1.56
34	廖昭红	1	1.56
35	黄霄羽	1	1.56
36	刘会军	1	1.56
37	倪丽娟	1	1.56
38	李停	1	1.56
39	周坤顺	1	1.56
40	黄静	1	1.56
合计		51	79.69
总计		64	100.00

如果按照普赖斯提出的计算公式,核心作者候选人的最低发文数 $M=0.749\sqrt{N_{max}}$,其中 N_{max} 为最高产作者发表文章数量。2018 年档案治理研究作者中发表文献最多的为 4 篇,即 $N_{max}=4$,所以 $M=0.749\sqrt{4}=1.498$。因此,宋晶晶、陈忠海、刘东斌、陈红、刘俊恒、高山、龙家庆、陆阳 8 位发表文献 2 篇及以上的作者,是 2018 年档案治理研究的高产作者及核心作者。2018 年档案治理已有一定数量的高产作者,但没有形成核心作者群。

从前 40 位作者的所属单位看,高校作者显然是 2018 年档案治理研究的主力。

二、文献机构分布

从机构分布情况看,64 篇文献涉及郑州大学、上海大学、四川省档案局、南昌大学、中国人民大学、武汉大学、辽宁大学、云南大学、河南省图书馆、河南省濮阳市档案局、江苏省张家港市水利局、湖北省宜昌市疾病预防控制中心、兰州大学、中共甘肃省委、西北政法大学、哈尔滨学院、哈尔滨工程大学、湖南省档案局、百色学院、北京电子科技学院、河南省开封市档案局、阳泉市城区人民政府、郑州航空工业管理学院、广东省湛江市环境保护局、陕西师范大学、华东师范大学、江西省赣州市国土资源管理局、广西科技师范学院、湖南民族职业学院、郑州科技学院、四川师范大学、贵州省六盘水市档案局、江苏省张家港市档案局、重庆大学、山东电力集团公司、华中科技大学、黑龙江省齐齐哈尔市档案局、玉林师范学院、中国电子科技集团第三十六研究所、中共郑州市委党校等机构。

前 40 个机构发表文献数量及占比情况见表 10-7。

表 10-7 前 40 个机构发表文献数量及占比情况

序号	机构	发表文献数量/篇	占全部样本/%
1	郑州大学	5	7.81
2	上海大学	3	4.69
3	四川省档案局	3	4.69
4	南昌大学	3	4.69
5	中国人民大学	3	4.69
6	武汉大学	3	4.69
7	辽宁大学	3	4.69
8	云南大学	2	3.13
9	河南省图书馆	2	3.13
10	河南省濮阳市档案局	2	3.13
11	江苏省张家港市水利局	1	1.56
12	湖北省宜昌市疾病预防控制中心	1	1.56
13	兰州大学	1	1.56
14	中共甘肃省委	1	1.56
15	西北政法大学	1	1.56
16	哈尔滨学院	1	1.56
17	哈尔滨工程大学	1	1.56
18	湖南省档案局	1	1.56
19	百色学院	1	1.56
20	北京电子科技学院	1	1.56
21	河南省开封市档案局	1	1.56
22	阳泉市城区人民政府	1	1.56
23	郑州航空工业管理学院	1	1.56

续表 10-7

序号	机构	发表文献数量/篇	占全部样本/%
24	广东省湛江市环境保护局	1	1.56
25	陕西师范大学	1	1.56
26	华东师范大学	1	1.56
27	江西省赣州市国土资源管理局	1	1.56
28	广西科技师范学院	1	1.56
29	湖南民族职业学院	1	1.56
30	郑州科技学院	1	1.56
31	四川师范大学	1	1.56
32	贵州省六盘水市档案局	1	1.56
33	江苏省张家港市档案局	1	1.56
34	重庆大学	1	1.56
35	山东电力集团公司	1	1.56
36	华中科技大学	1	1.56
37	黑龙江省齐齐哈尔市档案局	1	1.56
38	玉林师范学院	1	1.56
39	中国电子科技集团第三十六研究所	1	1.56
40	中共郑州市委党校	1	1.56
	合计	59	92.19
	总计	64	100.00

其中发表文献 2 篇及以上的 10 个机构,共发表文献 29 篇,占全部样本的 45.31%。

按普赖斯公式计算,核心机构的最低发文数 $M=0.749\sqrt{N_{max}}$,其中 N_{max} 为最高产机构发表文章数量。这里 $N_{max}=5$,所以 $M=0.749\sqrt{5}\approx1.675$,即发表文献 2 篇及以上的为核心研究机构。据此,发表 2 篇及以上文献的郑州大学、上海大学、四川省档案局、南昌大学、中国人民大学、武汉大学、辽宁大学、云南大学、河南省图书馆、河南省濮阳市档案局是研究的高产机构。10 个高产机构中,2 个是档案行政管理机关,7 个是高校,1 个是事业机构。这说明档案治理核心研究机构是高校,档案行政管理机关为辅助。

从前 40 个机构发表文献的数量及占比情况看,高校数量及发表文献均为最高,有 24 个,占前 40 个机构的 60%;发表文献 39 篇,占全部样本的 60.94%。档案行政管理机关次之,有 7 个,占前 40 个机构的 17.5%;发表文献 10 篇,占全部样本的 15.63%。其他党政领导机构再次之,有 5 个,占前 40 个机构的 12.5%;发表文献 5 篇,占全部样本的 7.81%。事业单位位居第四,有 3 个,占前 40 个机构的 7.5%;发表文献 4 篇,占全部样本的 6.25%。企业最少,有 1 个,占前 40 个机构的 2.5%;发表文献 1 篇,占全部样本的 1.56%。

三、文献来源分布

从文献来源分布看,64 篇样本文献中,涉及《档案管理》《档案学研究》《兰台世界》《中国档案》

《山西档案》《浙江档案》《北京档案》《四川档案》《机电兵船档案》《黑龙江档案》《办公室业务》《档案》《档案学通讯》《郑州大学》《华东师范大学》等文献来源,其中发表文章2篇及以上的文献来源共有13种,共发表文献45篇,占全部样本的70.31%。

前15种文献来源发表文献数量及占比情况见表10-8。

表10-8　前15种文献来源发表文献数量及占比情况

序号	文献来源	发表文献数量/篇	占全部样本/%
1	《档案管理》	8	12.50
2	《档案学研究》	5	7.81
3	《兰台世界》	5	7.81
4	《中国档案》	4	6.25
5	《山西档案》	4	6.25
6	《浙江档案》	3	4.69
7	《北京档案》	3	4.69
8	《四川档案》	3	4.69
9	《机电兵船档案》	2	3.13
10	《黑龙江档案》	2	3.13
11	《办公室业务》	2	3.13
12	《档案》	2	3.13
13	《档案学通讯》	2	3.13
14	《郑州大学》	1	1.56
15	《华东师范大学》	1	1.56
	合计	47	73.44
	总计	64	100.00

按照布拉德福定律,64篇文献可分为核心区、相关区和非相关区,各个区的论文数量相等(约21篇)。因此,发表论文居前5位的《档案管理》《档案学研究》《兰台世界》《中国档案》《山西档案》(26篇)处于核心区之内;发表论文居第6~13位的《浙江档案》《北京档案》《四川档案》《机电兵船档案》《黑龙江档案》《办公室业务》《档案》《档案学通讯》(23篇)处于相关区之内;其他发表1篇文章的郑州大学、华东师范大学等16种文献来源处于非相关区。

从发表文献2篇及以上的13种文献来源看,12种为档案学期刊,普通期刊和核心期刊各6种,但档案学核心期刊发表文献数量多于档案学普通期刊。可见,档案学期刊整体上对2018年档案治理研究的关注度更高,非档案学期刊的关注度则相对较低。

四、小结

从样本文献的计量分析情况看,宋晶晶、陈忠海、刘东斌、陈红、刘俊恒、高山、龙家庆、陆阳8位发表2篇以上(含2篇)文献的作者,是2018年档案治理研究的高产作者及核心作者。2018年档案治理已有一定数量的高产作者,但没有形成核心作者群。从前40位作者的所属单位看,高校作者显然是2018年档案治理研究的主力。

从署名机构发表文献的数量及占比情况看,发表 2 篇以上(含 2 篇)文献的郑州大学、上海大学、四川省档案局、南昌大学、中国人民大学、武汉大学、辽宁大学、云南大学、河南省图书馆、河南省濮阳市档案局等 10 个机构是研究的高产机构。档案治理核心研究机构是高校,档案行政管理机关为辅助次之,其他党政领导机构再次之,事业单位位居第四,企业最少。

从发表文献来源看,发表论文 4 篇以上(含 4 篇)的《档案管理》《档案学研究》《兰台世界》《中国档案》《山西档案》(26 篇)为核心媒体。档案学核心期刊发表文献数量多于档案学普通期刊。可见,档案学期刊整体上对 2018 年档案治理研究的关注度更高,非档案学期刊的关注度则相对较低。

第三节　文献词频分析

本节采用关键词词频的方法,从关键词词频和主题词词频两个方面对样本文献进行分析。

一、关键词词频分析

表 10-9 是前 15 个高频关键词使用频率及占比情况。

表 10-9　前 15 个高频关键词使用频率及占比情况

序号	关键词	使用频率/次	占全部样本/%
1	档案治理	13	20.31
2	档案工作	4	6.25
3	全球治理	3	4.69
4	国家治理	3	4.69
5	依法治理	2	3.13
6	依法治档	2	3.13
7	协同治理	2	3.13
8	全球档案治理	2	3.13
9	社会治理	2	3.13
10	档案安全	2	3.13
11	数据治理	2	3.13
12	档案管理	2	3.13
13	企业档案	2	3.13
14	信息资源	2	3.13
15	档案中介服务机构	2	3.13
合计		45	70.31
总计		64(篇)	100.00

前 15 个高频关键词中,使用频率最高的是档案治理(13 频次)。前 15 个高频关键词合计使用 45 频次,占全部样本的 70.31%,即超七成文献使用这 15 个关键词。

前 15 个高频关键词分别是:档案治理、档案工作、全球治理、国家治理、依法治理、依法治档、协同治理、全球档案治理、社会治理、档案安全、数据治理、档案管理、企业档案、信息资源、档案中介服务机构。与 2017 年的治理、社会治理、档案治理体系、档案、地方治理、文书、国家治理现代化、问题、档案中介机构、对策、国家治理、台区、档案管理、永定河、当代相比,只有国家治理、社会治理、档案管理 3 个相同,其他 12 个均不完全相同。2017 年 15 个关键词中有 5 个涉及治理,2018 年增加至 8 个。

相对而言,2018 年档案治理研究主要集中在治理、档案事务、档案、机构 4 类 15 个关键词所涉及的方面。可以说,治理、档案事务、档案、机构 4 类 15 个关键词是 2018 年档案治理研究的热点所在,而其中又以档案治理、档案工作、全球治理、国家治理、依法治理、协同治理、全球档案治理、社会治理、数据治理为热点,与 2017 年治理、社会治理、档案治理体系、档案 4 类热点多有重合。

需要指出的是,由于档案治理研究内容所反映出的多样性,研究热点只是相对集中,每年都会有新的热点与重点出现。

二、主题词词频分析

从主题词使用频率看,2018 年档案治理研究涉及内容广泛,集中在机构、治理、档案事务、档案、档案人、区域 6 个方面。使用频率最高的 40 个主题词分布及占比情况见表 10-10。

表 10-10 使用频率最高的 40 个主题词及占比情况

序号	主题词	使用频率/次	占全部样本/%
1	档案中介服务机构	15	23.44
2	档案行政管理	7	10.94
3	档案工作	7	10.94
4	档案事业	6	9.38
5	档案安全	6	9.38
6	档案部门	6	9.38
7	中国特色社会主义	5	7.81
8	档案局	4	6.25
9	档案行政执法	4	6.25
10	协同治理	3	4.69
11	综合档案馆	3	4.69
12	国家档案局	3	4.69
13	四川省	3	4.69
14	档案数据	3	4.69
15	省档案馆	3	4.69
16	国家治理	3	4.69
17	民生档案	3	4.69
18	全球治理	3	4.69

续表 10-10

序号	主题词	使用频率/次	占全部样本/%
19	档案管理人员	3	4.69
20	新形势下	2	3.13
21	依法治理	2	3.13
22	档案实体	2	3.13
23	国际档案理事会	2	3.13
24	治理体系	2	3.13
25	档案馆	2	3.13
26	安全风险	2	3.13
27	依法治档	2	3.13
28	行政管理部门	2	3.13
29	中国档案界	2	3.13
30	档案法律	2	3.13
31	档案工作者	2	3.13
32	法治化	2	3.13
33	档案安全体系	2	3.13
34	社会治理	2	3.13
35	协同监管	2	3.13
36	企业档案	2	3.13
37	转型升级	2	3.13
38	档案管理工作	2	3.13
39	全球档案治理	2	3.13
40	风险防控	2	3.13
	合计	132	206.25
	总计	64（篇）	100.00

从涉及的主题词看,使用频率最高的 40 个主题词共使用 132 频次,占全部样本的 206.25%。也就是说,上述 40 个主题词涵盖了全部样本文献 2 遍以上。其中使用频率最高的是档案中介服务机构(15 频次),使用频率最低的是新形势下、依法治理、档案实体、国际档案理事会、治理体系、档案馆、安全风险、依法治档、行政管理部门、中国档案界、档案法律、档案工作者、法治化、档案安全体系、社会治理、协同监管、企业档案、转型升级、档案管理工作、全球档案治理、风险防控(各 2 频次),平均使用频率为 3 频次。

从主题词反映的研究内容看,2018 年档案学关注的 40 个主要问题又可归并为机构、治理、档案事务、档案、档案人、区域 6 个大类。

机构(档案中介服务机构、档案部门、档案局、综合档案馆、国家档案局、省档案馆、国际档案理事会、档案馆、行政管理部门、中国档案界),共使用 42 频次,占全部样本的 65.63%。它是与档案事业、档案人关系最为密切的问题,包括档案局、档案馆、其他档案机构三大研究主题。2018 年,正值新一轮机构改革之时,档案机构理所应当成为档案界关注之重点。它是档案治理研究关注度第二高的主题。

治理(档案行政管理、中国特色社会主义、档案行政执法、协同治理、国家治理、全球治理、新形势下、依法治理、治理体系、安全风险、依法治档、档案法律、法治化、档案安全体系、社会治理、协同监管、转型升级、全球档案治理、风险防控、档案安全),共使用 57 频次,占全部样本的 89.06% 。可见,2018年档案治理研究主要聚焦在治理与法治两个方面,是档案治理研究关注度第一高的主题。

档案事务(档案工作、档案事业、档案管理工作),共使用 15 频次,占全部样本的 23.44% 。主要涉及档案事务的宏观层面,管理特性明显。

档案(档案数据、民生档案、档案实体、企业档案),共使用 10 频次,占全部样本的 15.63% 。档案是档案学研究的本体,但从涉及的 4 个主题看,涉及 2 种专业专门档案及档案数据。

档案人(档案管理人员、档案工作者),共使用 5 频次,占全部样本的 7.81% 。作为档案工作的主体,档案界档案治理研究的关注点没有离开过档案人自身。

区域(四川省),共使用 3 频次,占全部样本的 4.69% 。

可以说,2018 年档案治理研究所涉及内容虽然十分广泛,但全部文献均包含在上述机构、治理、档案事务、档案、档案人、区域 6 类问题上,或者说,档案治理研究主要是围绕上述机构、治理、档案事务、档案、档案人、区域 6 个方面展开的。

三、小结

从 64 篇文献涉及的高频关键词看,2018 年档案治理研究主要集中在治理、档案事务、档案、机构 4 类 15 个关键词所涉及的方面。可以说,治理、档案事务、档案、机构 4 类 15 个关键词是 2018 年档案治理研究的热点所在,而其中又以档案治理、档案工作、全球治理、国家治理、依法治理、协同治理、全球档案治理、社会治理、数据治理为热点,与 2017 年治理、社会治理、档案治理体系、档案 4 类热点多有重合。

从主题词分布看,2018 年档案治理研究所涉及内容虽然十分广泛,但全部文献均包含在机构、治理、档案事务、档案、档案人、区域 6 类问题上,或者说,档案治理研究主要是围绕机构、治理、档案事务、档案、档案人、区域 6 个方面展开的。

第四节　文献关键词共词分析

本节采用关键词共现分析的方法,从共现矩阵和共现网络两个方面对样本文献进行分析。

一、共现矩阵

矩阵提取使用频率最高的 20 个关键词,将这 20 个关键词形成 20×20 的共词矩阵。如果某两个关键词同时出现在一篇文章中时,就表明这两者之间存在相关关系,关键词右侧或下方对应位置的数值表示篇数。

图 10-1 是档案治理研究文献高频关键词共现矩阵。

	档案治理	档案工作	全球治理	国家治理	协同治理	社会治理	数据治理	档案管理	档案中介服务机构	信息资源	依法治理	企业档案	全球档案治理	档案	依法治档	档案安全	中国档案国际化	共享的治理	开放数据	档案信息服务
档案治理																				
档案工作																				
全球治理	3																			
国家治理	2																			
协同治理																				
社会治理																				
数据治理																				
档案管理	1																			
档案中介服务机构																				
信息资源																				
依法治理									2											
企业档案							1													
全球档案治理	2		2																	
档案					1			1												
依法治档																				
档案安全					1				1		1									
中国档案国际化	1		1										1							
共享的治理																				
开放数据																				
档案信息服务																				

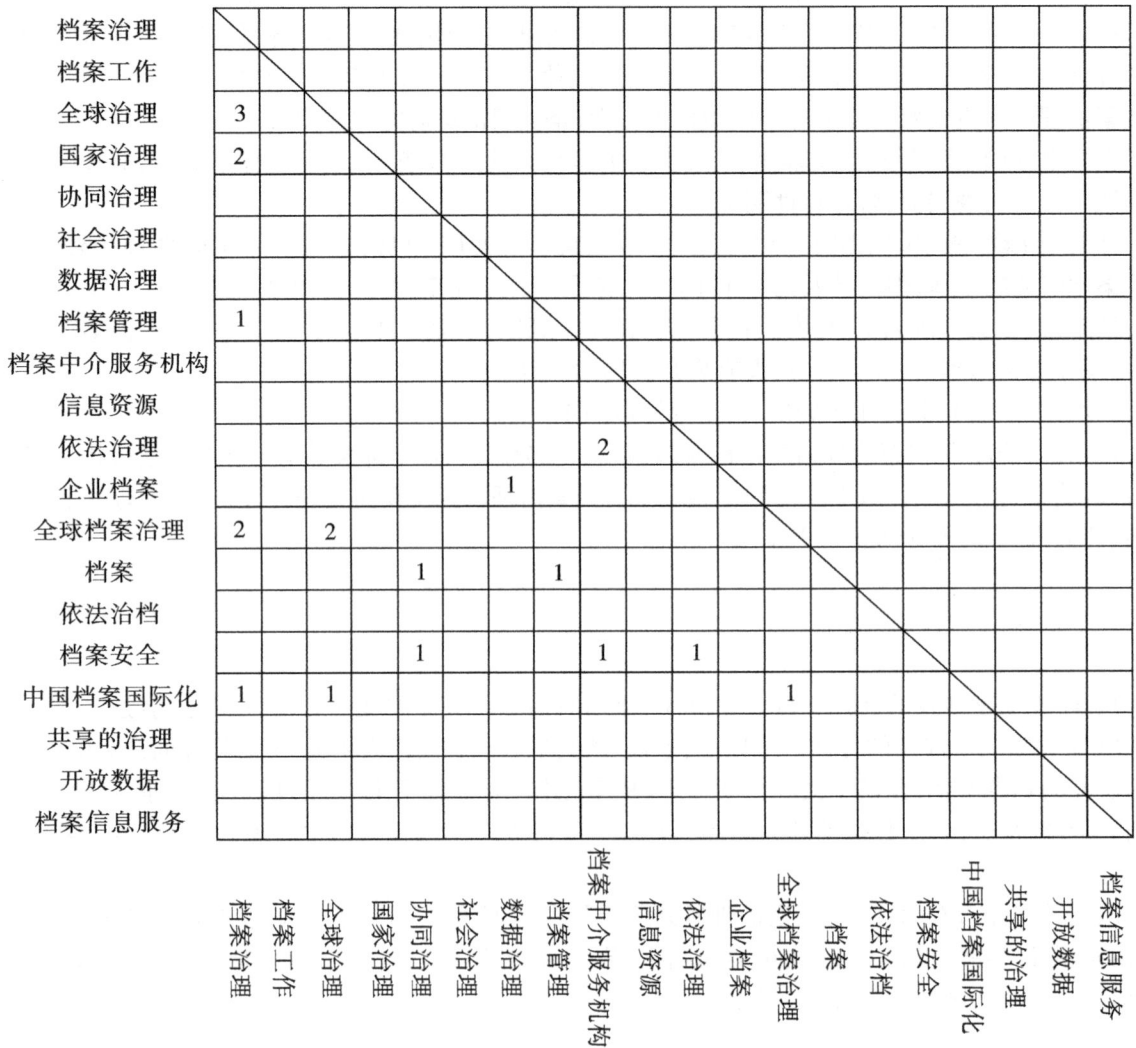

图 10-1　2018 年档案治理文献高频关键词共现矩阵

　　图 10-1 显示,档案治理研究文献关键词共现只有 15 组,共现率为 7.5%。共现次数 2 次以上的关键词组只有 5 组。

　　以横轴为准计:

　　20 组共现关键词中有 5 组与档案治理直接相关,占共现关键词的 2.5%。

　　20 组共现关键词中各有 2 组与全球治理、协同治理、档案中介服务机构直接相关,分别占共现关键词的 1%。

　　20 组共现关键词中各有 1 组与数据治理、档案管理、依法治理、全球档案治理直接相关,分别占共现关键词的 0.5%。

　　另外,还有档案工作、国家治理、社会治理、信息资源、企业档案、档案、依法治档、档案安全、中国档案国际化、共享的治理、开放数据、档案信息服务 12 个无共现高频关键词。

　　以共现频次为准计:

　　共现次数 2 次及以上的关键词有 5 组,分别是:

　　档案治理与全球治理:3 频次。

　　档案治理与国家治理:2 频次。

　　档案治理与全球档案治理:2 频次。

全球治理与全球档案治理:2 频次。

档案中介服务机构与依法治理:2 频次。

2018 年,档案治理研究的整体规模很小,研究内容相对集中在档案治理、全球治理、国家治理、依法治理 4 个方面。档案治理研究领域没有突出的高频(2 次以上)共现关键词,更没有形成比较明显的高相关共现关键词群,研究面狭窄。

二、共现网络

在关键词共现网络中,关键词之间的关系可以用连线来表示,连线多少和粗细代表关键词间的亲疏程度,连线越多,代表该关键词与其他关键词共现次数越多,越是研究领域的核心和热点内容。

使用工具获得档案治理研究高频词共词网络图谱(扫描右侧二维码)。

从共词网络图谱可以直观地看出:2018 年档案治理研究可分为"档案治理"、"依法治档"、"企业档案"与"数据治理"3 个聚类群组。

"档案治理"作为单核心多词群组,由 13 个关键词组成。与核心关键词"档案法理"共现高、距离近的有"国家治理""中国档案国际化""全球治理""全球档案治理""社会治理"等与治理相关的关键词。它们构成了档案法理研究的核心网络。但这个聚类群组内部比较松散,群组内有多个关键词与核心关键词及其他关键词没有或少有关联;外部与"依法治档""企业档案"与"数据治理"2 个聚类群组亦无关联。

"依法治档"是由 4 个无核心关键词组成的无关联群组,分布稀松分散,内部无关联,外部与"档案治理"、"企业档案"与"数据治理"2 个聚类群组不相往来。

"企业档案"与"数据治理"是由 2 个核心关键词与 1 个无关联关键词组成的多词聚类群组。内部仅维持 2 个核心关键词的近距离联系,外部同样与"档案治理""依法治档"无关联。

从总体上看,各关键词相互之间或者没有关联,或者关联较少,或者游离在整个网络的边缘,研究的相关性与关联性弱。这说明档案治理研究的主题分散,且与档案学、档案工作的融合度不高。

三、小结

从共现矩阵看,2018 年档案治理研究的整体规模很小,文献关键词共现只有 15 组,共现率为 7.5%。2 次及以上的关键词组只有 5 组。研究内容相对集中在档案治理、全球治理、国家治理、依法治理 4 个方向。档案治理研究领域没有突出的高频(2 次以上)共现关键词,更没有形成比较明显的高相关共现关键词群,研究面狭窄。

从共词网络图谱可以直观地看出:相关研究可分为"档案治理"、"依法治档"、"企业档案"与"数据治理"3 个聚类群组。从总体上看,各关键词相互之间或者没有关联,或者关联较少,或者游离在整个网络的边缘,研究的相关性与关联性弱。这说明档案治理研究的主题分散,且与档案学、档案工作的融合度不高。

第五节　文献综述

一、理论探讨

郑州大学信息管理学院陈忠海、宋晶晶探讨了档案治理研究的难点与对策。档案治理研究的难点表现为:第一,把档案治理作为一种思维方式或是价值观念,这在一定程度上转移了我们对档案治理过程的动态关注,从而忽视了对理论层面、制度建设层面和实践操作层面的关联性研究。第二,档案治理主体界定及权责不清晰,存在规范化和制度化建设研究不足的问题。第三,档案治理的制度建设落后。档案治理要求我们不能仅仅停留在方式方法层面的策略导向研究,更要求我们站在理论高度探讨制度建设方面的战略导向研究。第四,档案治理效果评估难以预测。目前,学者们发表的研究成果以定性研究为主,定量分析研究比较稀缺,建立科学的治理评估体系更显得遥不可及。档案治理研究的对策:第一,在理论研究层面,首先需要档案学者们注重档案治理基础理论的研究,从思维意识、价值观念层面上升到基础理论研究层面,构建起档案治理基础理论研究框架,进而系统化地推进相关理论研究;其次需要对档案治理的研究现状进行文献梳理,定性研究与定量分析相结合,填补研究的空白点;最后需要从治理理论与档案工作的适用性、理论依据、治理概念、治理主体等多个方面、多个角度进行跨学科研究,适当借鉴法学、政治学和公共行政学等有关治理方面的理论成果,深化档案治理基础理论研究,逐步形成与档案事业发展相适应的规范化、科学化理论体系。第二,在实践总结层面,需要档案部门的同志们对档案治理实际工作进行总结,将实践经验升华为理论成果。第三,在制度建设层面,由于档案治理是一个长期的动态化过程,建立和完善相关的制度成为重要的任务和基本的保证。档案治理不仅需要转变观念和理论建设,更需要建立制度、落实制度和不断地完善制度。第四,在综合研究层面,要注重理论层面、实践层面和制度层面的关联性研究,以理论研究为基础,以实践研究为辅助,以制度研究为保障,全面推动档案治理研究,最终构建起档案治理理论体系,进而为档案治理实践的开展提供一定的理论依据和政策支持。[①]

浙江大学祝哲淇探讨了基于善治的我国档案治理,认为:第一,档案管理走向档案治理是档案事业在新时期发展的必然趋势。"治理"概念广泛深入各行各业,国家治理体系建设和治理能力现代化进一步发展,传统的档案管理模式难以适应新时期档案事业发展的要求,使得档案管理必然向档案治理转变,而这一转变,理论先导功能至关重要。第二,档案治理的目标,应该与解决当前我国主要矛盾的环境结合,达成善治形态。从国家善治的基本维度到档案善治的基本维度,有高度相关性。因而,档案善治的八个基本特征维度应该是:法治性、透明性、有效性、责任性、回应性、参与性、公正性和可持续性。第三,档案治理体系建设和档案治理能力现代化建设应该基于自上而下和自下而上两种逻辑。"自上而下"是凭借国家行政力量推动,宏观上把握档案治理的基本走向;"自下而上"是社会第三方的"以评促建",通过构建指标体系进行测评,从微观上对档案治理进行调整。第四,档案治理评价是推进档案治理的有效手段,档案治理评价指标体系构建,要跟善治维度相一致。[②]

河南省图书馆陈红对国家治理与档案治理的含义进行了分析,认为档案治理的核心内容应当是依法行政,档案行政管理部门依法行政的过程就应当是档案治理法治化的过程。档案行政管理部门

①　陈忠海,宋晶晶.档案治理:理论根基、现实依据与研究难点[J].档案学研究,2018(2):28-32.
②　祝哲淇.基于善治的我国档案治理及分析框架研究[D].杭州:浙江大学,2018.

不作为应当是档案治理的主要内容。①

上海大学图书情报档案系寇京、陆阳认为："全球化、网络化以及多元文化主义的全面推进,迅速改变了国家的外部生态,并引发了国家认同的危机。"因此,"对档案与国家认同的关系进行了思考,认为档案具有独特的记忆属性、凭证属性、文化属性,能够在国家认同外部危机治理过程中发挥重要功能,这些功能包括档案的建构功能,即建构自我身份,厘清他者边界;档案的重构功能,即还原事实真相,重塑国家形象;档案的强化功能,即培育共同文化,凝练国家精神"。②

武汉大学信息管理学院常大伟认为："档案治理是在党政机构的领导支持下,由档案行政机关主导,各级各类档案机构、社会组织或个人参与,通过一定的制度安排进行合作互动,共同促进档案事业发展和提升档案工作服务社会发展大局能力的过程,对促进档案事业管理适应国家治理现代化的发展趋势有着积极意义。从档案治理的概念、特征和价值目标三个方面解析了档案治理的内涵,从档案治理的逻辑起点、主要面向、研究视角、体系支撑和能力建设五个方面构建了档案治理的理论框架,对《全国档案事业发展'十三五'规划纲要》提出的'加快完善档案治理体系、提升档案治理能力'作了理论阐释。"③

二、社会治理

南昌大学人文学院历史系龙家庆、辽宁大学历史学院刘俊恒认为："全球档案治理与构建人类命运共同体,呈现出相辅相成的关系:首先,全球档案治理属于构建人类命运共同体的重要内容。""档案作为文化信息治理的有机组成部分,能够以其独特的形态不断丰富文化的内涵与传承人类文明。其次,人类命运共同体建设推动全球档案治理的进程。'从国与国双边的命运共同体,到区域内的命运共同体,到人类命运共同体',不断提升全球档案治理的范围与广域,对档案治理的层次与能力要求越来越高。最后,中国参与全球档案治理为人类命运共同体建设提供智慧支撑。全球性问题的解决成为一个由政府、政府间组织、非政府组织、跨国公司等共同参与和互动的过程,中国在档案治理中涌现自身特色,如中国设立'世界记忆学术中心',召开'世界记忆工程项目与档案事业发展主题研讨会',均体现出构建人类命运共同体的理念和负责任的大国态度。"④

中国人民大学信息资源管理学院黄霄羽、杨青青、黄静、张云通过梳理2018年国内外档案年会的主题,分析各国年会主题的内容特点;并概括出当前国内外档案工作的最新特点和趋势——一是持辩证思维,理性思考技术对档案专业的影响;二是显精神慰藉,积极倡导档案的人文关怀价值;三是融社会治理,稳步推进社会民主和公平正义。⑤

上海大学图书情报档案系陆阳认为："社会治理理念蕴含着'共建共治共享'的新型国家与社会关系模式,这一模式下档案制度创新的愿景是以公共利益最大化为目标的档案权利公平配置。社会治理背景下档案制度面临的主要矛盾已经由传统的档案制度逻辑中首要关注权利分配的问题,转变为首要关注档案权利生产的问题,而档案权利的生产环节主要关涉档案鉴定规则与档案收集规则。社会治理视角下档案制度的变迁方向将走向关注国家与公民双向表达的鉴定规则与关注多元主体共同参与生产的社群档案、家庭档案与个人档案等多元档案类型。社会治理背景下档案制度创新逻辑变

① 陈红. 也论国家治理视域下的档案治理:与陈忠海、宋晶晶商榷[J]. 档案管理,2018(4):41-42.
② 寇京,陆阳. 国家认同外部危机治理中的档案功能研究[J]. 浙江档案,2018(10):25-27.
③ 常大伟. 档案治理的内涵解析与理论框架构建[J]. 档案学研究,2018(5):14-18.
④ 龙家庆,刘俊恒. 中国参与全球档案治理的探索与对策建议:基于国内外经验借鉴[J]. 兰台世界,2018(10):23-27.
⑤ 黄霄羽,杨青青,黄静,等. 持辩证思维 显精神慰藉 融社会治理:2018档案年会主题折射国内外档案工作的最新特点和趋势[J]. 档案学研究,2018(3):133-140.

迁的本质就是档案制度赋权范围和对象的扩张过程。"①

三、治理与法治

河南省濮阳市档案局刘东斌认为,完善档案治理体系,应从顶层设计、监管机制、队伍素质、理论研究四个方面着力:①加强顶层设计,实施科学治理。一要加强档案法规体系建设,科学规划和积极推进完善档案法规体系建设;二要完善档案行政执法机制,健全制度,明确权限,规范程序,推进档案行政执法规范化、制度化、常态化;三要拓宽档案普法宣传渠道。②完善监管机制,推进依法治档。一要健全分工合理、权责一致的档案行政监管体系;二要建立检查、督查、复查相结合的档案行政监管机制,加强监管、督办,解决基层单位一些老大难问题;三要建成以人大监督、纪检监督、行政监督、内部监督、司法监督、社会监督、舆论监督等紧密配合、严谨周密的监督机制。③提升队伍素质,服务档案治理。一是加强学习,提高档案行政管理者的法律素养;二是增强修养,提高档案行政管理者的素质,特别是提高责任意识、担当精神、敢为能力;三是强化培训,提高档案行政管理者的行政执法专业能力。④研究治理理论,制定创新战略。新形势下,如何创新和做好档案治理,是一个亟须深入研究的重大课题。应深入研究新形势下的档案治理理论问题,包括创新和加强档案治理的依据、内涵、原则和方法等。②

郑州大学信息管理学院陈忠海、宋晶晶认为:"档案行政执法体制改革不仅是依法治档的重要组成部分,也是推进国家治理体系和治理能力现代化的现实需要。当前,国家治理背景下的档案行政执法被赋予了新的内涵:执法主体多元化、执法方式多样化、执法理念开放性。在档案行政执法体制改革的过程中,应当把握的原则性和框架性的内容是:构建权责清晰、协调配合的档案行政执法体系;推进档案执法重心下移,实现档案行政执法的合法性;完善档案行政执法有效监管体系;建设高素质的档案行政执法队伍。"③

河南省濮阳市档案局刘东斌、河南省开封市档案局吴雁平提出了档案治理法治化下的档案行政监管对策:"档案行政管理依法行政、实施科学有效监管的方法与途径:分类监管——面对不同组织机构,分类选择不同的监管方法。协同监管——构建档案行政管理部门与各行各业行政管理部门依法分工协同监管的模式。创新监管——改变监管理念,实施阳光监管;改革监管方式,采用多样监管;改善'技管'条件,推行智能监管。"④

云南大学历史与档案学院华林、赵局建、成灵慧对档案安全视角下的依法治理进行思考:第一项内容是治理法规体系构建。档案中介服务机构安全治理的依据是其法规体系的构建,这一法规体系涉及国家立法、行业规章建设以及相关国家和地方档案管理规范与标准的配套使用,建议从以下三方面构建其安全治理法规体系。①监管性法规。其一,国家层面法规建设。其二,完善地方管理规章。建议在开展档案中介服务的省(区)市,从档案法规管理条款设立,以及专项管理办法制定方面,加快档案中介服务机构立法。②自律性法规。其一,行业协会自律规范。其二,档案中介服务机构自律规章。③规范性法规。第二项内容是依法开展治理工作。①强化依法监督。首先,加强专项检查。对档案中介服务机构是否按规定收费、是否超越范围经营、是否弄虚作假、是否泄漏客户商业秘密等进行检查,对其依法服务和档案安全进行监督。其次,建立举报制度。公开举报电话,指定专门的机构或者在相关机构中指定专门的人员负责受理社会各方面的举报案件。再次,加大违法处罚力度。最后,加强执法监督。②拓展依法指导。档案中介服务机构依法治理包括两个方面:一是依法对其监

---

① 陆阳. "权利分配"走向"权利生产":社会治理视角下档案制度的创新逻辑[J]. 档案学通讯,2018(3):33-38.

② 刘东斌. 完善治理体系 提高治理水平[J]. 档案管理,2018(2):1.

③ 陈忠海,宋晶晶. 论国家治理视域下的档案行政执法体制改革[J]. 档案管理,2018(2):4-6.

④ 刘东斌,吴雁平. 论档案治理法治化下的档案行政监管对策[J]. 档案管理,2018(3):37-39.

管;二是依法对其指导。③推进市场化治理。一是深化体制改革,推动档案中介服务机构的市场化运营。二是成立行业协会,促进自律工作的开展。①

郑州大学信息管理学院陈忠海、宋晶晶探讨了档案治理工作中保障公民利用档案权利的路径:①培育公共性价值理念,树立以人民为中心的原则。长期以来,档案馆多处于"深宅大院",给人以政府机关的印象,使公民产生一定的距离感,其社会公共性价值还未得到充分体现。而档案部门作为政府信息公开的重要平台,在政策法规不配套的情况下,政府信息公开和档案开放工作容易出现无所适从的情况,因此,培育公共性价值理念、树立以人民为中心的原则十分重要。②完善档案治理与其他相关工作的衔接机制,实现全流程闭环管理。要实现档案治理与其他工作的充分衔接,在实际工作中需要将档案开放和档案保密作为一个整体统筹安排,规范相关部门在档案治理中的法定职责,建立档案有序开放与保障档案保密性的内容对接和沟通协调机制,建立强有力的档案共享、开放与保密机制,实现涵盖档案利用、档案信息资源开发、档案保密、档案服务的全流程闭环管理。③加快《档案法》的修改,尽快制定相关法律法规和实施细则。在厘清档案法治价值理念的基础上,国家应尽快出台新的《档案法》,各级政府和国家档案行政管理部门应尽快出台相关法规规章和各类实施细则,重新界定档案开放的范围和界限,规定档案保密的内容和期限,促进档案在安全保密原则下尽可能地向公民开放,为公民身份认同、归属感等提供档案记忆,为保护公民利用档案权利提供法律法规和制度保障。同时,吸收借鉴一些地方档案行政管理部门在工作中探索的成功经验,从国家规范层面和法治层面制定新的《档案法实施办法》,落实档案治理责任,加强档案开放工作的标准化和规范化。④建立档案开放标准规范,完善安全保密机制。在档案行政管理部门、社会组织和公民个人三个层面统一规划,并通过制定档案治理的法律法规保障体系,让档案治理在法律框架内展开,确保公民利用档案的权利和档案的安全保密都受到法律保护,实现多项价值追求的契合与平衡。⑤加强档案工作的互动式管理,提供"一站式"档案服务。档案治理需要加强档案工作的互动式管理,提高社会组织和公民个人等多主体参与的积极性,从根本上保障公民的合法权益,提高档案治理的科学性和有效性。②

四、治理与服务

江西省赣州市不动产登记中心罗明、江西省赣州市国土资源局王爱莲认为:"将档案服务质量优化研究纳入信息治理的宏观体系之中,能够为档案信息服务提供新思路,为档案部门应对数字技术提升、用户需求变化和文化软实力要求等问题解决提供新方案。以档案服务质量为核心,对其优化机制分解为五个有机模块即优化目标、优化环境、优化服务内容、优化利用方式、优化反馈体系;并从用户体验、档案部门协调、国家治理等多方位考虑,提出信息治理环境下档案服务并不缺位。同时,需要理性对待档案信息治理过程中存在数字化转换率程度不高、信息交流鸿沟纵横、信息治理法律规范的不完善等问题。通过响应国家治理的政策,基于档案实践现状,不断调整档案服务质量的评价层次与指标,深化档案服务质量优化理论。"③

山东省青岛市中小学后勤管理服务中心林晓晖提出了当前基层档案治理的策略:①档案管理科学化建设。学习和引进先进的档案管理理论,包括图书馆学、情报学的相关理论,建设国际领先的档案学科教育体系,探索创新发展路径;适应市场经济的特点,增强开放的档案意识,建立起信息灵敏、反应快捷、优质高效的档案工作服务机制,增强工作的预见性、针对性和时效性。②档案管理现代化

①　华林,赵局建,成灵慧.基于档案安全体系构建的档案中介服务机构依法治理研究[J].档案学通讯,2018(2):100-105.

②　陈忠海,宋晶晶.论档案治理视域下的公民利用档案权利实现[J].北京档案,2018(5):12-15.

③　罗明,王爱莲.基于信息治理的档案服务质量优化机制研究[J].浙江档案,2018(7):10-12.

建设。利用新技术搭建档案管理信息平台,变传统的纸质档案为电子档案,形成细化数据库,将档案放进"云"库房,为迅捷调取、科学分析等打下基础。③档案管理安全化建设。积极主动地做好应对非传统档案安全各项工作,做好接收协调管理,实现电子档案的前端控制和全程管理,增强电子数据存储、信息系统运维安全,避免信息泄露、电脑病毒、软硬件干扰等造成的安全隐患。④档案资源开发建设。进一步提炼档案信息、解决矛盾、化解危机和协调关系等方面的重要功能,建立治理结构完整的基层单位管理制度。①

重庆大学李仪、重庆三峡学院张娟认为:"随着云技术的推广运用,个人档案信息共享的功能已跃升为知识服务,但信息安全频遭破坏,这又阻碍了共享的有序开展及其功能的实现。对此我国需要立足于云计算下档案行业实情,运用知识治理的原理并借鉴美欧经验进行机制设计,从而优化共享者内部的科层结构、促进其彼此间交互协作、改善外部的信息生态环境;进而依据机制灵活采取激励、引导与规制等治理手段,以此来促使共享者结成利益共同体来协同实现共享功能。评估治理绩效的核心标准是,信息主体与用户权益受保障的效果及用户对共享的满意度。为优化绩效,治理者应完善档案学会等行业组织对共享者的监督职能,同时通过深化信息素养教育来提升档案管理人员在应对信息安全风险中的决策能力。"②

云南大学杨娜认为:"在当今以及未来社会分工越来越细的背景下,我国档案中介服务机构的数量必然会不断增加,对这些档案中介服务机构进行依法治理是国家和社会的要求。一方面,对档案中介服务机构进行依法治理是贯彻落实我国依法治档的理念;另一方面,对档案中介服务机构进行依法治理顺应了我国建设法治社会的时代潮流,也能规范其科学发展,更好地参与市场竞争,提高综合竞争力。"③

五、协同治理

北京电子科技学院徐东华、李晓明认为:"档案协同治理具有战略协同、目标协同及主体协同 3 个运行机制。其中,战略协同机制是指档案与档案工作同党和国家关于档案重大战略部署以及各类组织关于档案工作具体战略保持协调一致;目标协同机制是指根据档案事业发展总体战略分解形成的各项档案工作核心目标或任务相互协同、形成合力,发挥整体效应,共同支撑总体战略落地;主体协同机制是指档案及档案工作的利益相关方各司其职、齐心协力、相向而为,一起推动档案事业发展总体战略及其各项具体目标落到实处。档案协同治理的 3 个运行机制缺一不可,相辅相成。唯有保障这 3 个运行机制完整无缺和有效运转,才能成功实现档案协同治理,并达到满意的治理效果。但实际上,由于缺乏科学适用的工具支撑,3 个运行机制难以全面发挥作用,导致档案协同治理效果不明显。因此,运用平衡计分卡,通过明晰档案治理的使命、核心价值观、愿景和战略,再依次确定利益相关者、实施路径和保障措施 3 个层面的具体目标,既'从上到下'进行战略目标分解,也'从下到上'实现战略目标支撑,从而构建完整的档案协同治理框架体系,保证档案协同治理运行机制作用有效发挥。"④

哈尔滨学院文法学院赵浩华、黑龙江大学信息管理学院倪丽娟提出了协同治理视角下完善我国档案公共管理的对策:①拓展多元主体,增强档案协同能力。在协同治理背景下,档案公共管理需要引入更多的治理主体,通过多元协作来推动档案管理系统趋于有序化,逐渐改变过去政府的单一治理

---

①　林晓晖. 新形势下基层档案治理的新作为[J]. 机电兵船档案,2018(3):41-42.

②　李仪,张娟. 云计算下个人档案信息共享的治理:以实现共享的知识服务功能为视角[J]. 档案管理,2018(4):26-30.

③　杨娜. 论我国档案中介服务机构依法治理问题[D]. 昆明:云南大学,2018.

④　徐东华,李晓明. 档案协同治理运行机制与实现路径[J]. 中国档案,2018(8):74-75.

模式,将社会民众、社会组织、企业等主体引进来,作为治理主体协同参与档案公共管理。②积极回应诉求,提升档案服务能力。③推进技术革新,加强档案共享能力。一是推动档案数字化,建设数字档案馆;二是加强档案工作网络化;三是提升档案政务协同化。①

南昌大学人文学院张东华、杨帆认为:"档案馆合作治理的合法有序运行需要各级制度体系的规范,主要包括国家层面的法律法规、行政层面的规章制度以及主体层面的合作细则。首先,国家层面的法律法规主要是指以《档案法》为中心,针对档案馆合作治理的法律法规制定与实施。这是对档案馆合作治理的宏观把控,作为档案馆合作治理的法律依据而存在,有效防止越权行为,保证档案馆合作治理运行畅通。其次,行政层面的规章制度主要是指档案行政部门在国家法律的基础上施行的关于档案馆合作治理的行业性规定与行政条例。其实质是针对合作治理实际情况做出的具体规定,包括各治理主体的合作治理章程、合作治理标准、合作治理流程等内容,在中观层面指导档案馆合作治理的发展。最后,治理主体内部的管理制度,主要是指档案馆合作治理过程中根据自身内部结构、治理能力、治理诉求等基于相关法律法规条例形成的档案馆合作治理微观层面合作细则,由各治理主体共同制定并遵照实行。通过建立从宏观到微观、国家到主体的多级档案馆合作治理制度体系,从多层面保障档案馆合作治理秩序。"②

武汉大学信息资源研究中心周耀林、武汉大学信息管理学院姬荣伟认为:"构建档案馆安全协同治理机制是总体国家安全观战略指引的必然选择,也是对档案馆安全工作政策要求的积极回应和档案馆安全责任的主动分担。""在探析档案馆安全协同治理机制的主体要素、客体要素、工具要素和制度要素的基础上,设计档案馆安全协同治理机制框架,并从完善基于主体协同的组织框架、强化基于客体认知的风险识别、探索基于工具优化的治理手段、构筑基于制度设计的保障体系四个方面,探讨了档案馆安全协同治理机制的实现策略。"③

郑州大学信息管理学院张瑞瑞认为:"档案管理多元主体的关系协同是前提性要件,各档案管理系统的非平衡态是动力来源,但这两者并不足以构成档案管理多元主体协同治理的充分条件。因为,虽然各档案管理系统处于非平衡态,但这种状态并不会在短期内影响系统的整体结构,也就是说在目前的管理状态下,各个系统还能通过'自组织'维持相对有序的状态,社会整体的档案管理秩序并没有混乱,档案管理需求和服务供给的矛盾也没有集中爆发。但是,从长远来看,各种导致不平衡态的因素在数量上的累积必然会导致系统的质变,因此,探索档案管理多元主体协同治理的实现路径就显得尤为重要。"④

六、其他

上海大学图书情报档案系何玉颜认为:"政府大数据治理是国家治理能力现代化的体现,档案部门应积极参与其中。档案部门为政府大数据治理提供数据资源和基础设施,同时政府大数据治理也为档案工作和档案学发展带来新的机遇和挑战。档案部门应加快档案数据资源收集和融合的工作步伐,主动融入政府数据资源的开放与共享,同时实现档案数据资源的细颗粒化开发,推进档案数据资源的智库化利用,深化与社会各方的合作。"⑤

广西科技师范学院周坤顺认为:"高校档案治理体系和治理能力现代化是高校治理水平的体现,

①　赵浩华,倪丽娟.协同治理视角下的档案公共管理探究[J].北京档案,2018(9):8-11.

②　张东华,杨帆.档案馆合作治理研究[J].档案学研究,2018(4):29-32.

③　周耀林,姬荣伟.我国档案馆安全协同治理机制研究:巴西国家博物馆火灾后的思考[J].档案学研究,2018(6):44-51.

④　张瑞瑞.档案管理多元主体的协同治理研究[D].郑州:郑州大学,2018.

⑤　何玉颜.档案部门参与政府大数据治理的路径研究[J].浙江档案,2018(8):23-25.

也是完善现代大学制度的需要,与现代大学制度的现代性有着内在的一致性。高校档案治理体系和治理能力现代化面临档案治理理念现代化、档案治理法制化、档案资源多样化、档案管理信息化、档案队伍专业化等治理要求。为有效促进高校档案治理现代化,提升高校档案治理水平和治理能力,高校应树立现代化治理理念,增强高校档案工作的使命感和责任感;完善规章制度体系,提升高校依法行政、依法治档能力;丰富高校档案资源,完善高校档案资源体系;融合现代信息技术,提高高校档案治理信息化水平;建设专业化档案人才队伍,提升高校档案服务水平和能力。"①

广西医科大学第二附属医院黄荷认为:"国家治理理念倡导推进体制制度改革,从制度层面保证国家的运行。档案工作作为公共事业不可或缺的组成部分,在国家治理理念的引导下,档案部门对制度规范进行了变革,并且一些档案部门也增加与外界的合作,强化了档案工作能力。但由于制度变革力度不够,档案工作治理主体相对单一,能力有待提高,档案工作存在诸多不足,仍需进一步深化改革。"②

中船重工集团公司第七六〇研究所李露探讨了档案实体安全风险的治理:①进一步健全档案实体安全管理制度。健全《档案库房管理制度》《档案馆安全岗位制度》等档案安全管理规章。②改善档案风险管理的环境。首先,进一步明确安全管理与风险控制的内在联系,提高档案风控意识和安全管理水平。其次,加大档案安全管理知识的宣传,定期组织消防演练,有效落实管理责任制,通过安全管理考核切实提高全员的档案安全及风险管理意识,敦促其以认真负责的态度对待本职工作,做到"知""言""行"的统一。③建立档案风险管理组织机构。构建由馆长领导,各级部门、各个小组逐级负责的档案安全管理及风控体系,各部分分工明确,围绕档案安全管理目标协调配合,相辅相成。针对特殊情况,结合当前的管理环境组建专题攻关小组进行重点研究,针对突发的安全风险,临时成立应急管理工作组对当前的问题集中解决,严防风险事故扩大化。④建立健全档案安全事故问责机制。建立档案安全事故问责制,重点针对事故隐患进行事前问责和事后责任追究。凡因责任人渎职、不作为或者违规操作破坏了档案安全管理秩序,档案遭到泄密,并且造成了不良后果的,依法追究责任人的相关责任,同时对其他负责人起到警示作用。③

江苏省张家港市档案局孙静、江苏省张家港市水利局王健提出了有效推进"大档案"治理体系建设:①紧扣法治,提升监管治理能力。将依法治档纳入法治政府建设,运用法治思维和法治方式谋划档案事业发展,推动档案行政管理从"指导型"向"治理型"转变。②齐抓共管,关注重点领域档案。一是规范民生领域档案,服务民生;二是规范依法行政档案,服务法治;三是加快推进新领域建档,服务发展。③全面推动,规范新农村档案建设。围绕新农村建设及城乡统筹发展,切实加强拆迁安置、镇村建设、美丽乡村建设等方面档案管理工作。④全面覆盖,引导民间档案建设。④

① 周坤顺.现代大学制度视域下的高校档案治理[J].山西档案,2018(4):55-57.
② 黄荷.国家治理理念下档案工作现状探究[J].企业科技与发展,2018(7):217-219,221.
③ 李露.档案实体安全风险防控与治理[J].机电兵船档案,2018(2):26-27.
④ 孙静,王健.构建"大档案"格局 提升档案工作现代治理水平[J].中国档案,2018(1):40-41.

第十一章　大数据

大数据是 2018 年档案界关注与研究的最大热门之一。我们以中国知网为样本来源,检索范围:中国学术期刊网络出版总库,中国博士学位论文全文数据库,中国优秀硕士学位论文全文数据库,中国重要会议论文全文数据库,国际会议论文全文数据库,中国重要报纸全文数据库,中国学术辑刊全文数据库。

检索年限:2018 年。

检索时间:2020 年 2 月 24 日。

检索式:发表时间=2018-01-01 至 2018-12-31,并且(主题=档案大数据 或者 题名=档案大数据)(模糊匹配)。

样本文献总数:500 篇。

第一节　文献统计分析

本节采用统计分析的方法,从资源类型分布、文献学科分布、文献研究层次分布、文献基金分布、文献类型分布 5 个方面对样本文献进行分析。

一、资源类型分布

从资源类型分布看,500 篇样本文献中有期刊、硕士、国内会议、学术辑刊、报纸、博士 6 种资源类型。各类资源发表文献数量及占比情况见表 11-1。

表 11-1　各类资源发表文献数量及占比情况

序号	资源类型	发表文献数量/篇	占全部样本/%
1	期刊	486	97.20
2	硕士	7	1.40
3	国内会议	3	0.60
4	学术辑刊	2	0.40
5	报纸	1	0.20
6	博士	1	0.20
合计		500	100.00

由表 11-1 可见,期刊占比接近 98%,是 2018 年大数据研究文献的主要来源,也是研究者进行交流与沟通的主要渠道和平台。相比之下,硕士学位论文、国内会议论文、学术辑刊论文、报纸文章、博士学位论文合计占比不到 3%,总量上与期刊至少差一个量级,合在一起勉强能起辅助作用,单独计算只能起点缀作用。

二、文献学科分布

从样本文献学科分布看,500 篇样本文献涉及图书情报档案、教育、公共卫生与预防医学、计算机、公共管理、工商管理、工业经济、城市经济、公安、社会、法学、新闻传播、政治、中医与中西医结合、国际贸易等学科。前 15 个学科发表文献数量及占比情况见表 11-2。

表 11-2 前 15 个学科发表文献数量及占比情况

序号	学科	发表文献数量/篇	占全部样本/%
1	图书情报档案	408	81.60
2	教育	97	19.40
3	公共卫生与预防医学	43	8.60
4	计算机	11	2.20
5	公共管理	7	1.40
6	工商管理	6	1.20
7	工业经济	5	1.00
8	城市经济	3	0.60
9	公安	3	0.60
10	社会	3	0.60
11	法学	2	0.40
12	新闻传播	2	0.40
13	政治	1	0.20
14	中医与中西医结合	1	0.20
15	国际贸易	1	0.20
	总计	593	118.60
	实际	500	100.00
	超出	93	18.60

需要说明的是,按学科统计数为 593 篇,占 118.60%;超出实际样本数 93 篇,占 18.60%。研究具有明显的学科交叉性。

除图书情报档案外,发表文献最多的 4 个学科是教育、公共卫生与预防医学、计算机、公共管理。

三、文献研究层次分布

从文献研究层次分布情况看,500 篇样本文献涉及基础研究(社科)、职业指导(社科)、行业指导(社科)、工程技术(自科)、基础与应用基础研究(自科)、行业技术指导(自科)、专业实用技术(自科)、大众文化、政策研究(社科)、高级科普(自科)、基础教育与中等职业教育、高等教育、经济信息、其他14个不同层次。各层次发表文献数量及占比情况见表11-3。

表11-3　各层次发表文献数量及占比情况

序号	层次	发表文献数量/篇	占全部样本/%
1	基础研究(社科)	215	43.00
2	职业指导(社科)	101	20.20
3	行业指导(社科)	95	19.00
4	工程技术(自科)	13	2.60
5	基础与应用基础研究(自科)	10	2.00
6	行业技术指导(自科)	7	1.40
7	专业实用技术(自科)	4	0.80
8	大众文化	4	0.80
9	政策研究(社科)	4	0.80
10	高级科普(自科)	2	0.40
11	基础教育与中等职业教育	1	0.20
12	高等教育	1	0.20
13	经济信息	1	0.20
14	其他	42	8.40
	合计	500	100.00

如果按社会科学、自然科学、经济文化教育和其他来分类,各类文献数量及占比分别是:社会科学415篇,占83.00%;自然科学36篇,占7.20%;经济文化教育7篇、占1.40%;其他42篇,占8.40%。研究明显属于社会科学的范畴。

如果按研究的基础性与应用性划分,基础性研究225篇,占45.00%;应用性研究275篇,占55.00%。研究略偏重应用性。

综上,从整体上看,2018年大数据研究是偏重应用性的社会科学研究。

四、文献基金分布

从样本文献的基金分布情况看,500篇样本文献中有13篇得到国家社会科学基金、黑龙江省哲学社会科学研究规划项目、山西省软科学研究计划、河南省软科学研究计划、湖南省教委科研基金、河南省科技攻关计划6种国家或省级地方基金的资助,占全部样本的2.60%。各类基金资助发表文献数量及占比情况见表11-4。

表 11-4　各类基金资助发表文献数量及占比情况

序号	基金	发表文献数量/篇	占全部样本/%	占基金资助文献/%
1	国家社会科学基金	8	1.60	61.54
2	黑龙江省哲学社会科学研究规划项目	1	0.20	7.69
3	山西省软科学研究计划	1	0.20	7.69
4	河南省软科学研究计划	1	0.20	7.69
5	湖南省教委科研基金	1	0.20	7.69
6	河南省科技攻关计划	1	0.20	7.69
	合计	13	2.60	100.00

从基金资助的层次上看,国家级基金 1 种 8 项,占基金资助文献的 61.54%;地方基金 5 种 5 项,占基金资助文献的 38.46%

从地方基金资助的区域分布看,涉及 4 个省份。

综上,从层级上看,国家的资助力度高于地方的资助力度;从区域分布看,全国有 4 个省份对此有所资助,但资助力度有限。

五、文献类型分布

从文献类型分布看,500 篇样本涉及政策研究类、综述类、一般性 3 类文献。各类型文献数量及占比情况见表 11-5。

表 11-5　各类型文献数量及占比情况

序号	文献类型	文献数量/篇	占全部样本/%
1	综述类	2	0.40
2	政策研究类	5	1.00
3	一般性	493	98.60
	合计	500	100.00

综上,从表 11-5 中可以明显地看到,一般性论证文献在研究成果中占据了绝对主体,占比超过 98%;而宏观性及政策性研究则十分薄弱,政策研究类、综述类文献数量占比不足 2%。

六、小结

从样本文献的统计情况看,2018 年大数据研究涉及资源类型多样,期刊占比接近 98%,是 2018 年大数据研究文献的主要来源,也是研究者进行交流与沟通的主要渠道和平台。相比之下,硕士学位论文、国内会议论文、学术辑刊论文、报纸文章、博士学位论文合计占比不到 3%,总量上与期刊至少差一个量级,合在一起勉强能起辅助作用,单独计算只能起点缀作用。

研究具有明显的学科交叉性。除图书情报档案外,发表文献最多的 4 个学科是教育、公共卫生与预防医学、计算机、公共管理。

从整体上看,2018 年大数据研究是偏重应用性的社会科学研究。

　　从层级上看,国家的资助力度高于地方的资助力度;从区域分布看,全国有 4 个省份对此有所资助,但资助力度有限。

　　一般性论证文献在研究成果中占据了绝对主体,占比超过 98% ;而宏观性及政策性研究则十分薄弱,政策研究类、综述类文献数量占比不足 2% 。

第二节　文献计量分析

　　本节采用计量分析的方法,从文献作者分布、文献机构分布和文献来源分布 3 个方面对样本文献进行分析。

一、文献作者分布

　　从作者的分布情况看,500 篇文献涉及于奎彬、于英香、赵子叶、姚珊、刘汉青、张倩、杨茜雅、李彦、张春艳、黄华、路宏伟、卢晓东、赵研、王毓灵、傅承安、李卓轩、仪雅洁、乔丽、李丹秋、迟晨阳、刘保瑞、石剑文、孙琳、王玉新、席畅、唐甜、苏颖超、尚子田、赵岩、王昆、孙红梅、史东林、雷镇远、殷承泰、万超丽、刘靖、韦翠清、王瑜、付鑫、李嫦青等 488 位作者。前 40 位作者共发表文献 53 篇,占全部样本的10.40% 。其中发表 2 篇以上(含 2 篇)文献的作者有 12 位,共发表文献 24 篇,只占全部的 4.80% 。

　　前 40 位作者发表文献数量及占比情况见表 11-6。

表 11-6　前 40 位作者发表文献数量及占比情况

序号	作者	发表文献数量/篇	占全部样本/%
1	于奎彬	2	0.40
2	于英香	2	0.40
3	赵子叶	2	0.40
4	姚珊	2	0.40
5	刘汉青	2	0.40
6	张倩	2	0.40
7	杨茜雅	2	0.40
8	李彦	2	0.40
9	张春艳	2	0.40
10	黄华	2	0.40
11	路宏伟	2	0.40
12	卢晓东	2	0.40
13	赵研	1	0.20
14	王毓灵	1	0.20
15	傅承安	1	0.20
16	李卓轩	1	0.20

续表 11-6

序号	作者	发表文献数量/篇	占全部样本/%
17	仪雅洁	1	0.20
18	乔丽	1	0.20
19	李丹秋	1	0.20
20	迟晨阳	1	0.20
21	刘保瑞	1	0.20
22	石剑文	1	0.20
23	孙琳	1	0.20
24	王玉新	1	0.20
25	席畅	1	0.20
26	唐甜	1	0.20
27	苏颖超	1	0.20
28	尚子田	1	0.20
29	赵岩	1	0.20
30	王昆	1	0.20
31	孙红梅	1	0.20
32	史东林	1	0.20
33	雷镇远	1	0.20
34	殷承泰	1	0.20
35	万超丽	1	0.20
36	刘靖	1	0.20
37	韦翠清	1	0.20
38	王瑜	1	0.20
39	付鑫	1	0.20
40	李嫦青	1	0.20
合计		52	10.40
总计		500	100.00

如果按照普赖斯提出的计算公式,核心作者候选人的最低发文数 $M = 0.749\sqrt{N_{max}}$,其中 N_{max} 为最高产作者发表文章数量。2018 年大数据研究作者中发表文献最多的为 2 篇,即 $N_{max} = 2$,所以 $M = 0.749\sqrt{2} \approx 1.059$。因此,发表 2 篇以上(含 2 篇)文献的于奎彬、于英香、赵子叶、姚珊、刘汉青、张倩、杨茜雅、李彦、张春艳、黄华、路宏伟、卢晓东,是 2018 年大数据研究的高产作者。12 位高产作者在全部 488 位作者中,只占 2.46%。97% 以上的作者只撰写了 1 篇相关文献,研究的深度很浅。因此可以说,2018 年大数据虽然有了一些高产作者,但远没有形成核心作者,更没有形成核心作者群。

从前 40 位作者的所属单位看,高校和事业单位作者显然是 2018 年大数据研究的主力。

二、文献机构分布

从机构分布情况看,500篇文献涉及上海大学、安徽大学、黑龙江大学、湘潭大学、宝鸡文理学院、福建农林大学、中国人民大学、淮安信息职业技术学院、青岛大学、国家海洋局、宁夏地质局、湖南师范大学、中共湖南省娄底市委党校、福建医科大学附属第一医院、北京市档案局、济宁市第一人民医院、山东行政学院、华侨大学、浙江省杭州市档案局、长庆油田公司、晋中师范高等专科学校、中国船舶重工集团中国舰船研究院、中国联合网络通信有限公司、长春职业技术学院、盐城师范学院、山东女子学院、四川大学、云南省昭通市档案局、西北民族大学、南京艺术学院、西安医学院、南京大学、西安市烟草专卖局(公司)、衡水学院、山西农业大学、河北大学、四川省泸州市建设工程质量监督站、武汉市城市建设档案馆、广东省湛江市城建档案馆、昆明市健康教育所等400余个机构。

前40个机构发表文献数量及占比情况见表11-7。

表11-7 前40个机构发表文献数量及占比情况

序号	机构	发表文献数量/篇	占全部样本/%
1	上海大学	6	1.20
2	安徽大学	5	1.00
3	黑龙江大学	5	1.00
4	湘潭大学	4	0.80
5	宝鸡文理学院	3	0.60
6	福建农林大学	3	0.60
7	中国人民大学	3	0.60
8	淮安信息职业技术学院	3	0.60
9	青岛大学	3	0.60
10	国家海洋局	2	0.40
11	宁夏地质局	2	0.40
12	湖南师范大学	2	0.40
13	中共湖南省娄底市委党校	2	0.40
14	福建医科大学附属第一医院	2	0.40
15	北京市档案局	2	0.40
16	济宁市第一人民医院	2	0.40
17	山东行政学院	2	0.40
18	华侨大学	2	0.40
19	浙江省杭州市档案局	2	0.40
20	长庆油田公司	2	0.40
21	晋中师范高等专科学校	2	0.40
22	中国船舶重工集团中国舰船研究院	2	0.40
23	中国联合网络通信有限公司	2	0.40

续表 11-7

序号	机构	发表文献数量/篇	占全部样本/%
24	长春职业技术学院	2	0.40
25	盐城师范学院	2	0.40
26	山东女子学院	2	0.40
27	四川大学	2	0.40
28	云南省昭通市档案局	2	0.40
29	西北民族大学	2	0.40
30	南京艺术学院	2	0.40
31	西安医学院	2	0.40
32	南京大学	2	0.40
33	西安市烟草专卖局(公司)	2	0.40
34	衡水学院	2	0.40
35	山西农业大学	2	0.40
36	河北大学	2	0.40
37	四川省泸州市建设工程质量监督站	1	0.20
38	武汉市城市建设档案馆	1	0.20
39	广东省湛江市城建档案馆	1	0.20
40	昆明市健康教育所	1	0.20
合计		93	18.60
总计		500	100.00

前 40 个机构发表文献 93 篇,占全部样本的 18.60%。其中发表文献 2 篇以上(含 2 篇)的 36 个机构发表文献 89 篇,占全部的 17.80%。

使用普赖斯公式计算,核心机构的最低发文数 $M = 0.749\sqrt{N_{max}}$,其中 N_{max} 为最高产机构发表文章数量。这里 $N_{max} = 6$,所以 $M = 0.749\sqrt{6} \approx 1.835$,即发表文献 2 篇及以上的为核心研究机构。据此,发表 2 篇以上(含 2 篇)文献的上海大学、安徽大学、黑龙江大学、湘潭大学、宝鸡文理学院、福建农林大学、中国人民大学、淮安信息职业技术学院、青岛大学、国家海洋局、宁夏地质局、湖南师范大学、中共湖南省娄底市委党校、福建医科大学附属第一医院、北京市档案局、济宁市第一人民医院、山东行政学院、华侨大学、浙江省杭州市档案局、长庆油田公司、晋中师范高等专科学校、中国船舶重工集团中国舰船研究院、中国联合网络通信有限公司、长春职业技术学院、盐城师范学院、山东女子学院、四川大学、云南省昭通市档案局、西北民族大学、南京艺术学院、西安医学院、南京大学、西安市烟草专卖局(公司)、衡水学院、山西农业大学、河北大学是研究的高产机构。

36 个高产机构中有 25 个是高校,说明数字档案核心研究机构群为高校。

从前 40 个机构发表文献的数量及占比情况看,高校 25 个,占前 40 个机构的 62.5%;发表文献 67 篇,占全部样本的 13.40%。发表文献的数量及占比均为最高。企业 4 个,占前 40 个机构的 10%;发表文献 8 篇,占全部样本的 1.60%。发表文献的数量及占比均次之。档案局馆 3 个,占前 40 个机构的 7.5%;发表文献 6 篇,占全部样本的 1.20%。发表文献的数量及占比均再次之。事业机构 4 个,占前 40 个机构的 10%;发表文献 6 篇,占全部样本的 1.20%。发表文献的数量及占比位列第四。其他行政管理机构2个,占前40个机构的5%;发表文献4篇,占全部样本的0.8%。发表文献的数量及占比均列第五。档案馆2个,占前40个机构的5%;发表文献2篇,占全部样本的0.2%。发表文献的数量及占比均列最后。

三、文献来源分布

从文献来源分布看,发表文献8篇及以上的文献来源共有13种,发表文献279篇,占全部样本的55.80%。

前13种文献来源发表文献数量及占比情况见表11-8。

表11-8　前13种文献来源发表文献数量及占比情况

序号	文献来源	发表文献数量/篇	占全部样本/%
1	《办公室业务》	94	18.80
2	《兰台内外》	39	7.80
3	《兰台世界》	27	5.40
4	《城建档案》	24	4.80
5	《山西档案》	16	3.20
6	《才智》	13	2.60
7	《中国管理信息化》	13	2.60
8	《黑龙江档案》	10	2.00
9	《山东档案》	9	1.80
10	《管理观察》	9	1.80
11	《机电兵船档案》	9	1.80
12	《档案天地》	8	1.60
13	《档案时空》	8	1.60
合计		279	55.80
总计		500	100.00

按照布拉德福定律,500篇文献可分为核心区、相关区和非相关区,各个区的论文数量相等(约167篇)。因此,发表文献居前3位的《办公室业务》《兰台内外》《兰台世界》(160篇)处于核心区之内;发表文献居第4~13位的《城建档案》《山西档案》《才智》《中国管理信息化》《黑龙江档案》《山东档案》《管理观察》《机电兵船档案》《档案天地》《档案时空》(119篇)和少数发表文献8篇以下的文献来源处于相关区;多数发表文献8篇以下的则处于非相关区。

从发表文献8篇及以上的前13种文献来源看,9种为档案学期刊,全部为普通期刊,发表文章150篇;没有核心期刊。可以说,普通档案学期刊对2018年大数据研究的关注度更高,是这一研究领域的主要阵地;其他非档案学期刊的关注度稍低,但也高于档案学核心期刊的关注度。

四、小结

从样本文献的计量分析情况看,2018年大数据研究者众多,核心研究者较少。大数据研究已有少量的高产作者,但还没有核心作者。高校作者是大数据研究核心作者的主体。

从前 40 个机构发表文献的数量及占比情况看,高校发表文献的数量及占比均为最高,企业次之,档案局馆再次之,事业机构列第四,其他行政管理机构列第五,档案馆列最后。

从发表文献 8 篇及以上的前 13 种文献来源看,9 种为档案学期刊,全部为普通期刊,发表文章 150 篇;没有核心期刊。可以说,普通档案学期刊对 2018 年大数据研究的关注度更高,是这一研究领域的主要阵地;其他非档案学期刊的关注度稍低,但也高于档案学核心期刊的关注度。

第三节　文献词频分析

本节采用关键词词频的方法,从关键词词频、主题词词频两个方面对样本文献进行分析。

一、关键词词频分析

表 11-9 是前 15 个高频关键词使用频率及占比情况。

表 11-9　前 15 个高频关键词使用频率及占比情况

序号	关键词	使用频率/次	占全部样本/%
1	大数据	245	49.00
2	档案管理	125	25.00
3	大数据时代	76	15.20
4	高校	24	4.80
5	信息化	23	4.60
6	信息化建设	20	4.00
7	管理	19	3.80
8	档案	17	3.40
9	大数据环境	15	3.00
10	人事档案	15	3.00
11	发展	13	2.60
12	医院	13	2.60
13	挑战	12	2.40
14	大数据背景	11	2.20
15	高校档案	11	2.20
合计		639	127.80
总计		500（篇）	100.00

前 15 个高频关键词中,使用频率最高的是大数据(245 频次),最低的是大数据背景、高校档案(各 11 频次)。前 15 个高频关键词合计使用 639 频次,占全部样本的 127.80%,即全部文献均使用这 15 个关键词。

居前 15 位的关键词分别是大数据、档案管理、大数据时代、高校、信息化、信息化建设、管理、档案、大数据环境、人事档案、发展、医院、挑战、大数据背景、高校档案,可以归纳为大数据、档案事务、机构、信息化、档案5类。

相对而言,2018年大数据研究主要集中在大数据、档案事务、机构、信息化、档案5类15个关键词所涉及的方面。可以说,大数据、档案事务、机构、信息化、档案5类15个关键词是2018年大数据研究的热点所在,而其中又以大数据、档案管理、大数据时代、高校、信息化、信息化建设、管理、大数据环境等方面为热点。与2017年大数据、档案、文化建设、高校、开发利用、传播、文化资源、大数据建设等热点相比,仅有大数据、高校两个相同内容。

可见,由于大数据研究内容所反映出的多样性,研究热点只是相对集中,每年会有新的热点与重点出现。

二、主题词词频分析

从主题词使用频率看,2018年大数据研究涉及内容广泛,集中在大数据、档案事务、档案、信息化、档案业务、机构、文件、档案人8个方面。

使用频率最高的40个主题词分布及占比情况见表11-10。

表11-10 使用频率最高的40个主题词分布及占比情况

序号	主题词	使用频率/次	占全部样本/%
1	大数据时代	251	50.20
2	大数据	234	46.80
3	档案管理	105	21.00
4	档案管理工作	91	18.20
5	大数据技术	62	12.40
6	档案数据	47	9.40
7	大数据环境	42	8.40
8	档案信息资源	30	6.00
9	医院档案管理	27	5.40
10	档案信息化建设	26	5.20
11	高校档案管理	23	4.60
12	高校档案	20	4.00
13	企业档案管理	19	3.80
14	信息化建设	18	3.60
15	人事档案管理	17	3.40
16	档案信息化管理	16	3.20
17	档案信息	15	3.00
18	电子档案	15	3.00
19	档案服务	14	2.80
20	人事档案	14	2.80

续表 11-10

序号	主题词	使用频率/次	占全部样本/%
21	档案信息化	12	2.40
22	人事档案管理工作	12	2.40
23	档案工作	12	2.40
24	大数据背景	12	2.40
25	事业单位	11	2.20
26	档案数据库	11	2.20
27	信息化	11	2.20
28	高校人事档案管理	11	2.20
29	城建档案	11	2.20
30	计算机	11	2.20
31	档案资源	10	2.00
32	电子文件	10	2.00
33	档案管理人员	9	1.80
34	档案管理系统	9	1.80
35	档案部门	9	1.80
36	高校档案信息	9	1.80
37	大数据档案	8	1.60
38	医院档案	8	1.60
39	档案职业	8	1.60
40	开发利用	7	1.40
合计		1287	257.40
总计		500（篇）	100.00

从涉及的主题词看,使用频率最高的 40 个主题词共使用 1287 频次,占全部样本的 257.40%,也就是说,上述 40 个主题词涵盖了全部样本 2 遍以上。其中使用频率最高的是大数据时代(251 频次),使用频率最低的是开发利用(7 频次),平均使用频率为 32 频次。

从主题词反映的研究内容看,档案学关注的 40 个主要问题又可归并为大数据、档案事务、档案、信息化、档案业务、机构、文件、档案人 8 个大类。

大数据(大数据时代、大数据、大数据技术、档案数据、大数据环境、大数据背景、档案数据库、大数据档案),共使用 667 频次,占全部样本的 133.40%。它涉及大数据相关的多个层面内容,是大数据研究关注度第一高的主题。

档案事务(档案管理、档案管理工作、医院档案管理、高校档案管理、企业档案管理、人事档案管理、档案信息化管理、人事档案管理工作、档案工作、高校人事档案管理、档案职业),共使用 341 频次,占全部样本的 68.20%。它涉及各类档案事务的宏观层面,管理性特征十分突出,是大数据研究关注度第二高的主题。

档案(档案信息资源、高校档案、档案信息、电子档案、人事档案、城建档案、档案资源、高校档案信息、医院档案),共使用 132 频次,占全部样本的 26.40%。档案是档案学研究的本体,但从涉及的 10

个主题看,涉及各类各种载体的专业专门档案及档案所承载的信息,是大数据研究关注度第三高的主题。

信息化(档案信息化建设、信息化建设、档案信息化、信息化、计算机、档案管理系统),共使用87频次,占全部样本文献的17.40%。集中在信息化建设方面,是2018年档案学界大数据研究关注度第四高的主题。

档案业务(档案服务、开发利用),共使用21频次,占全部样本的4.20%。这表明2018年大数据研究主要聚焦在档案业务工作中利用服务环节上。

机构(事业单位、档案部门),共使用20频次,占全部样本的4.00%。它是与档案事业、档案人关系最为密切的问题。2018年,正值新一轮机构改革之时,档案机构再次成为档案界关注之重点,在大数据这样的技术论题上也少不了对机构的关注。

文件(电子文件),共使用10频次,占全部样本的2.00%。与"档案"相差近13倍,显示出其虽然与档案相关,但不是大数据研究关注的重点。

档案人(档案管理人员),共使用9频次,占全部样本的1.80%。作为档案工作的主体,说明档案界在大数据研究中的关注点从来没有离开过档案人自身。

可以说,2018年大数据研究所涉及内容虽然十分广泛,但全部文献均包含在大数据、档案事务、档案、信息化、档案业务、机构、文件、档案人8类问题上,或者说,大数据研究主要是围绕大数据、档案事务、档案、信息化、档案业务、机构、文件、档案人8个方面展开的。

三、小结

从500篇文献涉及的关键词看,2018年大数据研究主要集中在大数据、档案事务、机构、信息化、档案5类15个关键词所涉的方面。可以说,大数据、档案事务、机构、信息化、档案5类15个关键词是2018年大数据研究的热点所在,而其中又以大数据、档案管理、大数据时代、高校、信息化、信息化建设、管理、大数据环境等方面为热点。与2017年大数据、档案、文化建设、高校、开发利用、传播、文化资源、大数据建设等热点相比,仅有大数据、高校两个相同内容。

从研究的主题词分析看,2018年大数据研究所涉及内容虽然十分广泛,但全部文献均包含在大数据、档案事务、档案、信息化、档案业务、机构、文件、档案人8类问题上,或者说,档案管理研究主要是围绕上述大数据、档案事务、档案、信息化、档案业务、机构、文件、档案人8个方面展开的。

第四节　文献关键词共词分析

本节采用关键词共现分析的方法,从共现矩阵和共现网络两个方面对样本文献进行分析。

一、共现矩阵

矩阵提取使用频率最高的20个关键词,将这20个关键词形成20×20的共词矩阵。如果某两个关键词同时出现在一篇文章中时,就表明这两者之间存在相关关系,关键词右侧或下方对应位置的数值表示篇数。

图11-1是2018年大数据研究文献高频关键词共现矩阵。

	大数据	档案管理	大数据时代	信息化	档案	信息化建设	管理	发展	大数据环境	医院	创新	策略	事业单位	智慧档案馆	城建档案	对策	数字化	档案信息资源	数字档案馆	电子档案
大数据																				
档案管理	79																			
大数据时代		21																		
信息化	17	15	3																	
档案	12		3	5																
信息化建设	10	5	6		2															
管理	9		2	1	4															
发展	11	2			1															
大数据环境	1																			
医院	9	5			1															
创新	7	6							1											
策略	5	3																		
事业单位	3	4	3	3																
智慧档案馆	5																			
城建档案	7				2															
对策	6	2		1			3													
数字化		2		3	2															
档案信息资源	8																			
数字档案馆	8	2																		
电子档案	4		1							2						2				

图 11-1　2018 年大数据文献高频关键词共现矩阵

　　图 11-1 显示,2018 年大数据研究文献关键词共现有 49 组,共现率为 24.5%。共现次数 10 次及以上的关键词组合有 7 组,共现率为 3.5%。共现次数 2~9 次的关键词组合有 42 组,共现率为 21%。
　　以横轴为准计:
　　20 组共现关键词中有 17 组与大数据直接相关,占共现关键词的 8.5%。
　　20 组共现关键词中有 11 组与档案管理直接相关,占共现关键词的 5.5%。
　　20 组共现关键词中有 6 组与大数据时代直接相关,占共现关键词的 3%。
　　20 组共现关键词中各有 5 组与信息化、档案直接相关,分别占共现关键词的 2.5%。
　　20 组共现关键词中各有 1 组与信息化建设、管理、发展、医院、对策直接相关,分别占共现关键词的 0.5%。
　　以共现频次计:
　　共现次数 10 次及以上的关键词组合有 7 组,分别是:
　　大数据与档案管理:79 频次。
　　大数据与信息化:17 频次。
　　大数据与档案:12 频次。
　　大数据与信息化建设:10 频次。
　　大数据与发展:11 频次。

档案管理与大数据时代:21 频次。

档案管理与信息化:15 频次。

如果从共现组数看,由于高共现频率的 7 组关键词的共现次数均在 10 次以上,2018 年大数据研究的主要方向集中在大数据、档案、档案管理和信息化 4 个方面。或者说,2018 年大数据研究是围绕大数据、档案、档案管理和信息化展开的。

2018 年大数据研究的整体规模有所扩大,研究内容相对集中。而且,2018 年大数据研究领域已经出现比较突出的高频(10 次以上)共现关键词,研究的集中趋势增强。

二、共现网络

在关键词共现网络中,关键词之间的关系可以用连线来表示,连线多少和粗细代表关键词间的亲疏程度,连线越多,代表该关键词与其他关键词共现次数越多,越是研究领域的核心和热点内容。

使用工具获得大数据研究高频词共词网络图谱(扫描右侧二维码)。

从共词网络图谱可以直观地看出:2018 年大数据研究可分为"档案管理""大数据环境""档案信息资源""智慧档案馆"4 个聚类群组。其中"档案管理"为单核心多词聚类群组,"大数据环境""档案信息资源""智慧档案馆"为单核心单词聚类群组。

在"档案管理"单核心多词聚类群组内部,涉及 16 个关键词。其中"大数据时代""信息化"与核心关键词"档案管理"共现率高,且距离近,是这个群组的次核心。整个群组整体聚类紧密,各个关键词围绕在核心关键词周围,大都与主核心关键词有关联,且有较高共现率。

在"档案管理"单核心多词聚类群组外部,与"大数据环境""档案信息资源""智慧档案馆"没有关联。

"大数据环境""档案信息资源""智慧档案馆"3 个聚类群组间没有联系,与"档案管理"单核心多词聚类群组也没有联系。空间上均分布在"档案管理"单核心多词聚类群组外围。显然这不是 2018年大数据研究的重心,但不排除日后成为研究重心或热点。

从总体上看,在大数据关键词网络图谱中,各关键词以核心关键词为中心相互之间关联交叉,少数游离在网络的边缘。研究的相关性与关联性以核心关键词为中心聚类。

三、小结

如果从共现组数看,由于高共现频率的 7 组关键词的共现次数均在 10 次以上,2018 年大数据研究的主要方向集中在以大数据、档案、档案管理和信息化 4 个方面。或者说,2018 年大数据研究是围绕大数据、档案、档案管理和信息化展开的。2018 年,大数据研究的整体规模有所扩大,研究内容相对集中。而且,2018 年大数据研究领域已经出现比较突出的高频(10 次以上)共现关键词,研究的集中趋势增强。

2018 年大数据高频关键词的网络图谱显示,相关研究分为 1 个单核心多词聚类群组和 3 个单核心单词聚类群组。"大数据环境""档案信息资源""智慧档案馆"3 个聚类群组间没有联系,与"档案管理"单核心多词聚类群组也没有联系。空间上均分布在"档案管理"单核心多词聚类群组外围。显然这不是 2018 年大数据研究的重心,但不排除日后成为研究重心或热点。从总体上看,各关键词以核心关键词为中心相互之间关联交叉,少数游离在网络的边缘。研究的相关性与关联性以核心关键词为中心聚类。

第五节　文献综述

一、大数据与档案学

1. 研究思路与方向

中国人民大学信息资源管理学院王宁、中国舰船研究院李晶伟探讨了大数据对档案工作实践、档案学理论创新、人才选用的影响,提出了大数据环境下我国档案学研究发展思路:催生档案数据学研究兴起,培育档案数据思维、数据素养,全面拓展档案数据管理能力。[①]

上海大学图书情报档案系于英香认为:"随着大数据技术发展与应用推进,档案数据管理成为新兴研究领域。"她"从档案数据管理概念分解的两种方式、概念界定的推演逻辑两个方面探讨档案数据管理概念研究的逻辑路径;从政策话语体系的转向、政府数据开放的推动、学术领域研究的趋同以及档案数据管理实践的倒逼 4 个维度探究档案数据管理作为前沿研究领域的合理性;从理论和技术两个层面探索档案数据管理未来可能的研究路向和发展趋势"。[②]

齐齐哈尔大学档案馆范桂红认为:对于大数据档案研究,"学者在关注大数据、云计算、数据挖掘、数据分析的同时,也应该从技术角度进行探讨。究其原因,一是数据挖掘、数据分析、云计算等新技术与传统档案信息采集与存储技术相融合;二是大数据理念逐渐渗透到档案信息资源开发与利用、档案信息资源共享建设、档案信息服务过程中,随着大数据技术的不断发展,大数据思维、大数据观、大服务观必将影响档案管理工作;三是大数据的数据价值拓展了档案文化价值、档案信息价值、档案数据价值,为档案利用工作提供了多元化发展方向"。[③]

2. 特征与特质

郑州航空工业管理学院王素立、张旭阳认为数字化档案的大数据特征包括:①量特征。档案产生需要一定的分类、著录、鉴选等过程,是在一定社会意识支配下的活动。因此,在数据量方面,档案数据量的扩张并非是绝对的扩张,而是相对量的扩张。②结构特征。在异构性方面,大数据具有的异构特征一般是指数据的类型、组织结构、格式、记录的内容与范围的多元化。③价值密度特征。在价值密度方面,从其社会属性上来看,档案大都是在原始记录的基础上,在一定社会规范要求下产生的,其所包含的信息、知识及情报是显性存在的,本身就是具有高密度价值的数据集合。④速度特征。在产生速度方面,一方面数字化档案的产生是有组织的社会活动,数据的产生具有秩序性、组织性及周期性,因此数据的产生速度虽然相对较快,但是在一定意识控制下可控的速度;另一方面档案数据的处理一般都是基于只读性的检索或统计,对处理速度相对要求不高。[④]

中共郑州市委党校公共管理教研部冉朝霞认为:"网络舆情大数据信息与纸质和实物档案一样具有档案特质,是社会生产生活中形成的能够反映社会原貌的文字、图片、视频、音频等多种表现形式的历史记录,具有长久保存和归档价值。采集、研判和归档有价值的网络舆情大数据信息是大数据时代

---

① 王宁,李晶伟.大数据影响下的我国档案学研究发展刍议:基于实践需求环境的分析[J].档案与建设,2018(10):15-18,14.

② 于英香.大数据视域下档案数据管理研究的兴起:概念、缘由与发展[J].档案学研究,2018(1):44-48.

③ 范桂红.基于 Cite Space Ⅲ 的大数据档案研究综述[J].山西档案,2018(3):25-27.

④ 王素立,张旭阳.数据资产化背景下数字档案的大数据特征研究[J].兰台世界,2018(9):48-51.

对档案工作提出的新要求。"①

3.归档

清华大学档案馆薛四新、国家档案局技术部黄丽华、青岛市档案局杨来青、浙江省档案局宋华提出了大数据环境下政务信息资源归档研究思路:①从宏观到微观,扎根实践,发现客观规律,力求原始创新。②从理论方法到政策工具的制定,力求研究成果能够引导实际工作的开展。③从归档工作要求、系统功能要求到归档系统建设指南,研究覆盖归档工作开展的质量要求以及保障质量的系统化实现方法。④采取技术、业务、管理相融合的技术路线,实现智能归档。②

中国人民大学信息资源管理学院刘越男认为文件归档和数据归档的操作性质是相似的,都是将管理对象保存下来。两者的区别主要包括四点:①归档对象的差异,即档案与数据的差异。②归档目的的差异。③归档时机的差异。④归档对象活跃程度的差异。③

河南省新乡公立医院王璐对大数据环境下文件归档问题研究进行综述,认为:"大数据环境下文件归档问题研究体量极小,尚没有引起必要的重视;研究开始晚,时间短,持续不断不热;学科交叉性很高;全属社科理论研究;没有核心研究者、研究机构;研究重点、热点集中在电子文件归档、电子邮件归档、专业数据归档3个方向。研究明显具有主体多来自实践一线,客体多样,内容与观点新颖,方法策略可操作性强的特征。与课题研究主题与方向契合度高,对研究的开展具有重要的参与借鉴价值。"④

4.档案信息安全

武汉大学信息管理学院肖秋会、武汉大学信息资源研究中心李珍提出大数据环境下档案信息安全保障体系构建原则:①法规标准导向原则。②数据驱动原则。③安全管理原则。④技术保障原则。⑤

中国科学院深圳先进技术研究院林明香、安一硕认为"大数据"时代档案信息安全包括:①档案数据采集安全。②档案数据整理安全。③档案数据保管安全。④档案数据利用安全。⑥

二、大数据与档案工作

1.变革与创新

山东省聊城市东昌府区档案局彭婷婷认为大数据技术时代档案信息管理方式的变革包括:①收集方式的变革。首先,管理人员应该对信息收集类别进行拓宽,增强对纸质档案收集的重视,加大对电子档案的收集力度。其次,现阶段的档案管理部门正朝着多元化的方向发展,其职责主要是对社会组织资源以及个人档案资源等进行整合,实现档案资源共享,提高档案资源的利用率。再次,管理人员应该对信息收集方式进行转变,对计算机技术、数据技术以及网络技术等进行充分利用,通过用户推送以及网络抓取等方式,将档案信息收集工作进行实时化与分类化,确保归档的质量与效率。②服务的开放化和智能化。③档案管理的安全性与可靠性。⑦

湖南师范大学档案馆李彦、湖南省长沙市天心区艺术体育中心王雪君认为:"实行'大档案'管理

①　冉朝霞.档案学视角下网络舆情大数据的采集、研判和归档研究[J].档案管理,2018(1):57-58.

②　薛四新,黄丽华,杨来青,等.大数据环境下政务信息资源归档研究的框架体系[J].档案学研究,2018(4):92-96.

③　刘越男.大数据政策背景下政务文件归档面临的挑战[J].档案学研究,2018(2):107-114.

④　王璐.大数据环境下文件归档问题研究综述[J].办公自动化,2018,23(02):32-33,36.

⑤　肖秋会,李珍.大数据环境下档案信息安全保障体系研究[J].中国档案,2018(4):76-79.

⑥　林明香,安一硕."大数据"时代档案信息安全管理浅析[J].兰台世界,2018(S2):167.

⑦　彭婷婷.浅谈大数据技术时代档案信息管理思维与方式的变革[J].山东档案,2018(3):46-47.

已成为大数据时代高校档案事业发展的必然要求。"他们"从培育'大档案'管理思维、优化'大档案'管理的路径依赖、构建'大档案'管理模式、建立'大档案'工作网络组织体系、创建适应'大数据'管理的档案服务模式与技术平台等方面,对构建高校'大档案'管理体制进行了探讨"。①

河南省机场集团有限公司秦利认为:"要用大数据思想理念认识企业档案工作,要有大数据的思维方式,要有大数据就是档案的理念,要认识到档案数字化不等于大数据。"他还提出"大数据时代企业档案工作的思路:一是创新企业档案工作体制,探索企业档案管理新模式;二是扩大档案管理对象,建设大数据综合数字档案室;三是拓宽档案编研和开发渠道,主动提供档案利用服务"。②

中国龙江森林工业(集团)总公司岳传鹏提出了大数据背景下档案工作创新发展策略:①坚守原则,把握根本。②结合时代,不断创新。③夯实基础,主动服务。③

黑龙江大学李宇提出了大数据时代档案工作的创新:①以宽容平和的心态迎接多元的档案信息资源。②以先进的技术深入挖掘档案信息。③以丰富的传播手段实现档案信息资源的利用。④

2.挑战与对策

黑龙江省牡丹江南山医院赵婷认为大数据时代档案工作面临的挑战包括:①信息收集挑战。②管理技术挑战。③信息服务挑战。④档案安全挑战。⑤

中国电子科技集团公司第十四研究所蔡颖俊提出了档案工作应对大数据时代的创新举措:①赋予档案新的内涵。②及时更新知识结构。③构建新的档案收集体系。④拓宽新的档案利用渠道。⑥

3.其他

中国人民大学信息资源管理学院徐拥军、王露露以浙江省为例,分析了档案部门参与大数据战略的必备条件和必须解决的关键问题。浙江省档案部门在参与大数据战略过程中,具备了意识转变、顶层设计、技术支持和协调机制等必要条件,同时也较为妥善地处理了政务信息资源的归档共享、大数据与档案工作的职责区分、纸质文件与电子文件的过渡协调和由被动需求引导到主动提出需求等关键问题。这对其他地方档案部门参与大数据战略具有一定的参考价值和借鉴意义。⑦

河南省新密市尖山风景区管理委员会周玉敏认为大数据促进了档案行业加快转型升级:①大数据促进档案工作模式改进。②大数据促进各类型档案管理标准规范。③大数据促进档案法规逐步健全。⑧

三、大数据与档案管理

1.思考与策略

云南省迪庆州维西县档案馆赵永青对大数据时代档案管理的发展进行思考:①强化大数据思维宣传教育。②建立大数据档案资源平台。③全面引入云存储与云服务。④打造特色智能化档案服务。⑨

① 李彦,王雪君.大数据背景下高校"大档案"管理体制构建研究[J].浙江档案,2018(7):17-19.
② 秦利.对大数据时代企业档案工作的思考[J].档案管理,2018(5):93-94.
③ 岳传鹏.大数据背景下档案工作创新发展策略[J].黑龙江档案,2018(3):58.
④ 李宇.机遇与挑战:大数据时代档案工作的坚守与创新[J].兰台世界,2018(4):25-28.
⑤ 赵婷.关于大数据时代背景下档案工作创新发展问题的探讨[J].黑龙江档案,2018(1):64.
⑥ 蔡颖俊.大数据时代的档案管理工作[J].机电兵船档案,2018(2):11-13.
⑦ 徐拥军,王露露.档案部门参与大数据战略的必备条件和关键问题:以浙江省为例[J].浙江档案,2018(11):11-14.
⑧ 周玉敏.大数据背景下档案工作的思考[J].档案管理,2018(3):47.
⑨ 赵永青.大数据时代对档案管理的发展思考[J].办公室业务,2018(14):99.

山东省青岛城阳区人力资源和社会保障局陆丽华提出了大数据视野下强化档案管理工作的策略：①制定数字化档案管理规章。②提升档案管理人员业务水平。③做好档案信息管理的安全保障工作。[①]

吉林省网络节目管理中心彭靖提出了大数据时代的档案管理路径：①改革档案数据收集方式。②实现档案服务智能化。③建立安全管理工作系统。[②]

黑龙江省大庆油田档案馆赵俊明提出了大数据时代企业档案管理的优化途径：①更新管理理念。②加强基础建设。③推动技术更新。④创新档案服务。[③]

2. 人事档案管理

甘肃省陇西县人力资源交流开发服务中心鱼志军认为大数据时代人事档案管理工作存在的问题包括：①人事档案的保密性与大数据存在一定的冲突。②档案归档不够精简。③档案人员管理体系不够完善。他还提出了大数据环境下人事档案管理工作的对策：①优化数据收集。②更新档案归档标准。③提升人事档案管理人员素质。[④]

内蒙古兴安盟科尔沁右翼中旗高力板镇政府社保所佟胜利提出了大数据背景下地方政府干部人事档案管理途径：①完善档案管理系统。②数字档案的应用。③提升信息的真实性。④档案数据的资源共享。[⑤]

河北省石家庄市桥西区就业局管建辉提出了在大数据时代下灵活就业人员档案管理工作对策：①档案业务。一是实施档案信息的数字化管理；二是实行档案信息系统内网络化。②管理创新。一是档案管理观念创新；二是档案管理制度创新；三是档案管理方法创新；四是档案管理服务创新。③与外领域链接。一是开放大数据档案；二是搭建"智慧档案"服务平台；三是拓展档案信息服务领域；四是制订数据管理系统。[⑥]

3. 专业档案管理

上海大学图书情报档案系万超丽认为："目前，由于我国居民健康档案信息量大、人口流动性强以及档案信息共享性差等原因，造成档案建档率低、利用率低等问题。在当今大数据时代，我们可以通过大数据技术建设区域人口健康信息平台、居民健康卡综合管理信息系统及实现智能采集来改善居民健康档案管理。"[⑦]

山西省孝义市扶贫开发管理中心王珺认为大数据平台的扶贫档案管理优势：①贫困户精准定位。②贫困户管理。可以方便各方的扶贫力量随时查看贫困化的详细信息，制定有针对性的扶贫措施。③扶贫办全局总控。④扶贫工作人员行动高效。[⑧]

4. 其他

中国舰船研究院陈水湖认为："档案'数据化'有两个内涵，一是指档案管理对象数据化，具体包括将纸质档案转化为数据或将电子档案作为数据进行管理；二是量化档案管理环节，将档案管理的过程用数据记录，进而实现'数据管档'。"[⑨]

辽宁特殊教育师范高等专科学校李理认为："智慧校园是高校档案建设的新平台，大数据技术则

① 陆丽华.大数据视野下档案管理思维方式的转变[J].山东档案,2018(4):41-42.
② 彭靖.大数据时代发展档案工作的途径[J].兰台内外,2018(4):30.
③ 赵俊明.浅谈大数据时代企业档案优化管理途径[J].黑龙江档案,2018(2):53.
④ 鱼志军.大数据环境下人事档案管理的问题与对策[J].档案时空,2018(6):32-33.
⑤ 佟胜利.大数据环境下地方政府干部人事档案管理研究[J].办公室业务,2018(6):171.
⑥ 管建辉.大数据时代下灵活就业人员档案管理探析[J].档案天地,2018(4):44-46.
⑦ 万超丽.利用大数据技术完善居民健康档案的研究[J].兰台世界,2018(2):51-53.
⑧ 王珺.基于大数据平台下的扶贫档案管理新模式探讨[J].办公室业务,2018(7):77.
⑨ 陈水湖.试论大数据环境下的档案"数据化"管理[J].机电兵船档案,2018(2):69-72.

更好地发挥了档案的利用价值。然而,当前智慧校园的档案资源建设和大数据技术支持之间还有许多矛盾和不足。转变思维观念、保障档案信息安全、推进数据汇集和发掘、注重创新性和服务意识将为构建大数据技术下的高校档案建设提供可行性。"①

吉林省长春市城建档案馆张中宇认为:"大数据具有鲜明的特点,建立数字城建档案云平台是对大数据的有效应用,云计算技术是大数据技术的延伸,通过云计算可以实现大数据的管理和使用。因此,要实现高效、低成本的城建档案云系统应用可以借助第三方云平台。"②

四、大数据与档案馆

广东省建筑工程集团有限公司程刚认为:"在企业智慧档案馆建设应用中,结合大数据所带来的便利,积极发挥大数据的优势,将大数据与企业智慧档案馆的建设有机统一起来,大力提升大数据在建设中的应用地位。普及大数据在企业智慧档案馆建设中的重要性,有效地提高大数据应用覆盖率是现阶段的当务之急。"③

山东能源淄矿集团方大公司张蕾提出了大数据环境下企业智慧档案馆建设的应对措施:①创新企业档案馆建设的体制模式,树立档案管理大数据意识。②革新档案管理技术。③提高档案管理工作人员素质。④积极与第三方大数据技术公司合作。④

广州美术学院、清华大学美术学院何夏昀对大数据技术能够加快智慧档案馆技术升级、带动管理与服务模式的创新等作用进行了解析,提出了促进智慧档案馆长效发展的措施,包括大数据技术的深度推广与普及,提高经营、管理水平,打造复合型的人才队伍,推广合作联盟运作机制等。⑤

山西省大同市城建档案馆赵新芳对档案馆数字化建设应从以下几个方面进行思考:①政策的利好性。②加大人才培养的力度。③走智能化道路。④制定统一的档案资源管理标准。⑥

五、大数据与档案信息资源建设

1.资源整合

安徽大学马仁杰、安徽大学管理学院沙洲提出大数据环境下档案信息资源共建机制的三重境界:第一重境界,合作。大数据环境下档案信息资源共建的合作机制是保证共建成效的基本机制。第二重境界,协同。大数据环境下档案信息资源共建的协同机制是合作机制的扩展。第三重境界,融合。大数据环境下档案信息资源共建的融合机制是协同机制的升华。⑦

东莞理工学院城市学院吴娜提出了大数据背景下档案信息资源整合优化策略:①创新理念,开放思维。②制定管理规范和技术标准。③加强信息系统保障。④借鉴国外先进经验。⑧

中船重工技术档案馆申梦超提出了大数据环境下档案信息资源的存储和整合策略:"对于档案大数据的存储,一是要考虑数据规模大幅增长,必须对现有的共享磁盘架构进行扩展,以存储更多的数

① 李理.基于大数据技术的智慧校园档案建设路径研究[J].办公自动化,2018,23(21):58-59,40.
② 张中宇.大数据时代的城建档案管理[J].城建档案,2018(10):49-50.
③ 程刚.大数据在企业智慧档案馆建设中的应用[J].城建档案,2018(12):17-18.
④ 张蕾.大数据在企业智慧档案馆建设中的应用[J].办公室业务,2018(5):103,110.
⑤ 何夏昀.大数据应用视域下的智慧档案馆建设[J].山西档案,2018(3):84-86.
⑥ 赵新芳.大数据时代下档案馆的数字化发展[J].城建档案,2018(8):16-17.
⑦ 马仁杰,沙洲.合作·协同·融合:大数据环境下档案信息资源共建机制的三重境界[J].山西档案,2018(2):9-13.
⑧ 吴娜.大数据背景下档案信息资源整合策略探析[J].开封教育学院学报,2018,38(12):233-234.

据；二是设计出解决方案，使现在基于结构化数据为主体的存储方案兼容无模式的非结构化数据，即对数据进行有效管理。"①

山东省临沂卫生学校姚瓒瓒提出了大数据背景下卫校档案信息资源整合的思路：①内容方面的整合。②技术方面的整合。③安全方面的整合。④服务方面的整合。②

浙江省常山县不动产登记中心胡梅娟提出大数据环境下的不动产登记档案信息资源整合策略：①以现代信息技术为支撑，搭建信息化管理平台。②以现代技术为依托，打造区域档案特色资源，增值档案服务。③大数据支持建立标准规范，优化档案管理流程。③

2. 资源共建

安徽大学管理学院罗吉鹏认为："在大数据环境下，多元化的主体在档案信息资源共建的过程中有着不同的功能定位。档案行政管理部门作为领导者，应当发挥总揽全局的作用，通过制定大数据环境下档案工作的规章、标准来规范档案信息资源的共建，并在资金、人才、技术等方面予以支持。档案保管部门作为执行者，应当在遵守档案法律法规的基础上，加速馆藏档案信息资源的数字化进程，建立满足档案用户的资源体系与利用机制。信息技术部门作为协助者，应当发挥自身在技术、资金、人才等方面的优势，在大数据时代协助档案保管部门共建档案信息资源，兼顾档案信息资源开发的成本与质量。公众是档案信息资源共建的参与者，大数据时代的到来使公众既成为档案信息资源建设的参与者，也成为档案信息资源建设效果的评判者之一。"④

安徽大学管理学院李曼寻提出了数据湖技术应用于档案信息资源共建的优化策略：与云计算技术结合优化档案信息存储、采取多种措施保障档案信息安全、完善与数据湖技术相关的法律法规与标准以及实施"先行先试"推进数据湖技术的广泛运用。⑤

安徽大学管理学院余清提出了大数据环境下我国档案信息资源"共建的具体策略：强化档案信息资源共建意识、整合档案信息资源、制定统一的档案信息资源共建标准、建立和维护档案信息资源共建服务平台以及建立专业型人才队伍"。⑥

安徽大学管理学院吴毓认为："大数据环境下档案信息资源共建模式的构建原则主要包括适用性原则、动态性原则、多样性原则和前瞻性原则，并提出档案联盟模式、公众参与模式、市场调节模式和多方联动模式等共建模式。"⑦

3. 平台建设

盐城师范学院卞咸杰提出了"档案信息资源共享平台的数据交互服务应选用 Web API 技术"，并认为："采用该技术进行数据交互服务，能够解决档案信息资源共享平台在不同设备之间的实时数据交互问题，为档案信息资源共享平台大数据战略的实施提供了基础架构保障。"⑧

盐城工学院学生处金秀凤比较目前常用的前后端解决档案信息资源共享平台数据处理性能优化的办法，提出采用 Redis 缓存技术解决档案信息资源共享平台数据处理，以实现档案信息资源共享平台数据处理的优化。⑨

① 申梦超.大数据环境下档案信息资源的整合与服务[J].机电兵船档案,2018(6):52-54.
② 姚瓒瓒.大数据背景下卫校档案信息资源整合刍议[J].档案时空,2018(10):32-33.
③ 胡梅娟.大数据环境下的不动产登记档案信息资源整合策略[J].办公室业务,2018(17):48.
④ 罗吉鹏.大数据环境下档案信息资源共建主体研究[J].山西档案,2018(2):26-30.
⑤ 李曼寻.数据湖技术在档案信息资源共建中的应用[J].山西档案,2018(2):18-21.
⑥ 余清.大数据环境下我国档案信息资源的共建[J].山西档案,2018(2):14-17.
⑦ 吴毓.大数据环境下档案信息资源共建模式研究[J].山西档案,2018(2):22-25.
⑧ 卞咸杰.大数据时代档案信息资源共享平台数据交互服务的研究[J].浙江档案,2018(11):15-17.
⑨ 金秀凤.大数据时代档案信息资源共享平台数据处理的优化[J].档案管理,2018(6):29-32.

4.其他

辽宁省宽甸满族自治县人才交流服务中心姜婷婷认为大数据时代档案信息资源的特征为：第一，大数据时代的档案信息资源大数据具有体量大和增长快的特点。第二，大数据时代的档案信息资源大数据具有种类多和结构复杂的特点。第三，大数据时代的档案信息资源大数据具有处理速度快的特征。第四，大数据时代的档案信息资源大数据具有资源价值高的特征。[1]

六、大数据与档案开发利用

1.创新发展

黑龙江大学王宇宁分析了大数据时代档案利用工作如何发展与创新：①加强档案信息化建设。②加强对档案资料显性知识的整合和隐性知识的深度挖掘。③健全档案工作各项标准。④加强档案信息的网络安全建设。⑤加强档案管理人员业务素质。[2]

广西民族大学吴晓威提出了大数据环境下档案用户研究的发展策略：①优势—机会（SO）策略。一是完善档案利用的反馈机制；二是发挥资源优势。②优势—威胁（ST）策略。一是提升公众的档案利用素质；二是搭建一个大数据档案资源共享平台。③劣势—机会（WO）策略。一是提高档案工作人员的专业素养和综合素质；二是加强各级档案机构的合作交流。④劣势—挑战（WT）策略。一是保障用户信息安全；二是搞好档案部门的公共关系。[3]

2.对策措施

陕西省西安应用光学研究所李玲、张昕媛、陈蓉提出了大数据环境下档案数据资源的服务利用策略：①转变观念，提升档案管理人员综合业务素质。②构建平台整合资源，增强服务效能。③拓宽服务手段，创新服务方式。④立足服务，搞好档案信息资源的开发利用。[4]

陕西省地质资料信息中心安楚提出了大数据环境下的档案信息资源开发利用策略：①转变观念，创新工作思维。②加强档案人才队伍建设。③加大资金投入。④加快档案数字化建设，达到资源共享。⑤丰富档案信息资源开发的内容。⑥明确用户需求，全面创新服务。[5]

辽宁省阜新市清河门区职业技能鉴定中心陈研提出了大数据时代下的档案数据价值开发和利用的策略：①创新档案数据价值开发和利用理念。②加强档案数据价值开发的团队建设。③优化档案馆馆藏结构。④全面提升档案数据价值开发和利用的方式方法。[6]

山东省德州市庆云县档案局李春燕提出了大数据时代背景下档案开发利用的主要措施：①档案管理团队建设，增强档案开发与利用意识。②完善档案管理制度，优化档案管理体系。③重视与其他产业的合作，以更好地开发与利用档案。[7]

黑龙江大学信息资源管理研究中心任越、倪丽娟指出国内综合档案馆在档案信息资源数据化转换、档案数字化标准建设、档案数据管理与后续开发利用等方面存在的共性问题，并针对大数据技术需求，在档案数字化规划、信息资源建设标准、档案信息关联与知识挖掘、档案信息后期利用等方面提

[1]　姜婷婷.大数据视野下的档案信息化建设[J].兰台世界,2018(9):111-113.
[2]　王宇宁.浅谈大数据环境下档案利用工作的发展与创新[J].办公室业务,2018(7):65,71.
[3]　吴晓威.基于 SWOT 分析的大数据环境下档案用户研究[J].兰台世界,2018(2):80-83.
[4]　李玲,张昕媛,陈蓉.大数据环境下档案信息资源的整合与服务[J].机电兵船档案,2018(3):89-90.
[5]　安楚.大数据环境下的档案信息资源开发利用[J].兰台内外,2018(6):27-28.
[6]　陈研.基于大数据时代的档案价值及其开发利用[J].兰台世界,2018(6):84-86.
[7]　李春燕.大数据时代背景下档案价值及开发利用研究[J].办公室业务,2018(7):62,64.

出了对策。①

3. 其他

中船重工集团公司七〇三研究所王玥认为大数据技术与科技档案管理有机融合,给科技档案管理带来了机遇和挑战,对科技档案信息资源开发、利用产生了深远影响:①有利于推进档案信息服务创新。②有利于完善档案信息服务体系。③有利于加快信息化建设步伐。④有利于科技档案干部素质提升。②

中国联通集团有限公司杨茜雅"探讨了现阶段企业档案数据服务里亟待解决的问题;提出了'两库两平台'的档案智能利用方法。在企业档案数据利用中引入语义本体概念实现档案数据语义分析的流程,在此基础上构建联通电子档案知识图谱系统,将档案数据之间的关联关系、分析结果直观展示,有效地展现企业电子档案价值,为电子档案的智能化管理以及辅助企业决策提供有力支撑"。③

山东艺术学院图书馆王黎认为:"从建设数字化档案文化资源、增设全新安全存储介质、开发信息化利用方式,以及创新档案文化资源开发等方面,提升大数据技术在档案文化资源开发与应用效果。"④

七、大数据与档案服务

深圳技师学院郑映妹提出了大数据环境下的智慧型综合档案馆信息服务模式:①"大数据+档案"的跨界高度融合。②"大数据+档案"大数据处理技术应用。③广泛的馆际资源的开放共享。④超群的知识发现能力。⑤

北京市档案局(馆)尹哲提出了大数据服务档案文化建设的对策:①丰富数字资源,开展资源共享。②构建档案专题数据库。③深入挖掘档案数字资源。⑥

北京联合大学应用文理学院王顺、徐华提出了大数据时代我国数字档案馆信息服务的建设对策:①树立知识服务的先进理念。②增强用户研究的细分度。③加大数字档案资源挖掘力度,提高服务质量。④创新信息服务方式。⑦

西安航空职业技术学院彭梅提出了大数据时代背景下档案服务机构的发展对策:①促进行业融合。②丰富服务方式。③提高人员素质。⑧

盐城师范学院档案馆王成琴、周莹莹认为:"基于大数据、云计算和网络技术,构建统一的档案信息搜索 App,将分布在各地的档案信息归类和聚集,通过移动终端提供统一入口和个性化服务,公众通过 App 随时随地能够查询利用到跨地域跨行业的所需档案信息,为档案利用者提供便捷的利用服务,促进档案信息资源的互联互通共享。"⑨

---

①　任越,倪丽娟.大数据背景下档案信息资源开发与利用面临困境与解决对策:以黑龙江省地市级综合档案馆调研为例[J].中国档案研究,2018(1):135-147.

②　王玥.大数据技术对科技档案信息资源开发的影响[J].黑龙江档案,2018(6):39.

③　杨茜雅.中国联通电子档案数据挖掘与智能利用的研究[J].档案学研究,2018(6):105-109.

④　王黎.大数据背景下档案文化资源的开发与应用[J].山西档案,2018(4):31-33.

⑤　郑映妹.大数据环境下档案馆信息服务模式研究[J].城建档案,2018(12):19-22.

⑥　尹哲.大数据服务档案文化建设的问题与对策[J].北京档案,2018(12):21-23.

⑦　王顺,徐华.大数据时代我国数字档案馆信息服务的问题与对策[J].北京档案,2018(10):17-20.

⑧　彭梅.大数据时代档案服务机构发展对策探究[J].办公室业务,2018(2):129.

⑨　王成琴,周莹莹.大数据时代背景下构建档案 APP 的探析[J].档案管理,2018(4):38-40.

八、大数据与档案职业

河南理工大学档案馆赵春庄提出了大数据环境下档案职业发展策略与趋势：①构建档案职业发展保障体系。②树立正确的档案职业价值观。③建构档案职业认同及其共同体。④推进和实现档案治理现代化。⑤推动档案职业的发展变革。⑥档案职业活动的智能化发展趋势。⑦档案职业活动的跨界与融合。①

湘南学院图书馆孙振领提出了大数据环境下的档案职业素养培育措施：①加强人才培养，优化人才结构。②强化继续教育，提升综合素质。③注重交流合作，提高职业素养。②

广西壮族自治区玉林师范学院蔡丽锦提出了大数据环境下档案职业发展的突围之道：①提高档案管理人员的素养。②建立健全档案职业资格认证制度。③开拓数字档案业务。④改革档案管理体制。⑤改变档案工作运行模式。⑥改变档案工作发展战略。③

甘肃省灵台县地方史志办公室曹建忠认为大数据背景下档案职业的时代特征包括：①与互联网联系紧密。②档案记忆的社会化。③档案职业的开放性。④档案职业技能需求的复合型。④

九、大数据与档案信息化

1. 理念方向

陕西省渭南市华县金钼集团罗琳娜提出了大数据发展中档案信息建设的新理念：①改变原有的储存方式，用新颖的视角打造更好的档案馆。②改变原有的管理档案信息的途径，积极与大数据联合。③改变以前档案信息管理的不透明性。⑤

广东省核工业地质局二九二大队王成铖探讨了基于大数据的地质档案信息化方向：①地质资料档案馆建设与创新服务。②地质档案馆知识服务体系及其架构。③基于大数据的地质资料与档案信息化流程。⑥

2. 对策

四川大学档案馆毛清玉提出了大数据背景下高校档案信息化建设对策：①运用大档案视角，充分发挥高校档案服务功能。②加大对档案工作的资金投入力度，合理分配资源，投资有重点。③立足社会需求，深挖信息资源，实现档案资源最大共享化。④加强档案信息化的法制管理，保障档案信息的安全。⑤大力培养高素质的档案信息化人才。⑦

中陕核工业集团 214 队尹怡晗提出了大数据背景下地质档案管理数字信息化服务体系完善对策：①革新数字资料馆与知识。②完善丰富知识服务的主体。③拓展创新知识服务体系。⑧

山东省威海市环翠区发展和改革局荆冰、刘秀提出了大数据时代企业档案信息系统建设对策：①加强大数据时代企业档案信息系统建设。②强化人才意识，大力全面培养，打造复合型人才。③强

① 赵春庄. 大数据环境下档案职业发展研究[J]. 档案学通讯,2018(6):94-97.
② 孙振领. 大数据环境下的档案从业者职业素养漫谈[J]. 陕西档案,2018(6):50-51.
③ 蔡丽锦. 大数据环境下档案职业发展的困境与突围之道[J]. 兰台内外,2018(11):59-60.
④ 曹建忠. 大数据背景下档案职业的突围与拓展[J]. 档案天地,2018(9):31-34.
⑤ 罗琳娜. 大数据背景下的档案信息化发展新路径[J]. 办公室业务,2018(8):73.
⑥ 王成铖. 关于大数据对促进地质档案信息化发展的研究[J]. 城建档案,2018(4):27-28.
⑦ 毛清玉. 大数据环境下高校档案信息化建设问题及对策[J]. 兰台世界,2018(11):50-53.
⑧ 尹怡晗. 基于大数据背景的地质档案数字信息化发展策略[J]. 陕西档案,2018(6):40-41.

化安全意识,加强数据收集与权限管理。①

陕西理工大学档案馆缪文桂提出了大数据时代地方高校档案信息化管理的推进策略:①转变观念,树立现代档案管理意识。②加强基础设施建设,夯实档案信息化管理基础。③加快整合档案信息资源,提高档案信息管理效率。④完善档案信息化管理制度,提高档案管理质量和效率。⑤加强信息化人才队伍建设,增强档案信息化管理人才支撑。②

3. 其他

湘潭大学公共管理学院向立文、李培杰认为:"大数据时代的到来、数字中国的建设、档案工作的战略转型升级和人民群众日益增长的信息需求,凸显出实施档案大数据战略的必要性。而大数据政策的颁布、档案信息化的深入推进以及档案大数据相关成果的涌现,为档案部门实施档案大数据战略提供了坚实基础。"③

广州市疾病预防控制中心王娟认为大数据背景下档案信息化建设中存在的安全风险类型:①缺乏完善的监管制度与体系,档案管理不规范。②信息技术的复杂性给档案存储的完整性与可靠性造成威胁。③人工随机检测模式无法实现对档案信息的全方位管控。④信息档案较高的篡改率直接削弱档案的权威性。④

---

① 荆冰,刘秀.浅谈大数据时代下的企业档案信息化工作[J].山东档案,2018(5):34-36.

② 缪文桂.大数据时代地方高校档案信息化管理的现实问题与推进策略[J].办公自动化,2018,23(17):53-55,61.

③ 向立文,李培杰.档案部门实施档案大数据战略的必要性与可行性研究[J].浙江档案,2018(10):10-12.

④ 王娟.大数据背景下档案信息安全平台的建设与研究[J].城建档案,2018(7):21-22.

第十二章 电子文件

电子文件是 2018 年档案界关注与研究的最大热门之一。我们以中国知网为样本来源,检索范围:中国学术期刊网络出版总库,中国博士学位论文全文数据库,中国优秀硕士学位论文全文数据库,中国重要会议论文全文数据库,国际会议论文全文数据库,中国重要报纸全文数据库,中国学术辑刊全文数据库。

检索年限:2018 年。

检索时间:2020 年 2 月 24 日。

检索式:发表时间=2018-01-01 至 2018-12-31,并且(主题=电子文件 或者 题名=电子文件)(模糊匹配)。

样本文献总数:798 篇。

第一节 文献统计分析

本节采用统计分析的方法,从资源类型分布、文献学科分布、文献研究层次分布、文献基金分布、文献类型分布 5 个方面对样本文献进行分析。

一、资源类型分布

从资源类型分布看,798 篇样本文献涉及期刊、硕士、国内会议、学术辑刊、报纸、博士、国际会议 7 类资源。各类资源发表文献数量及占比情况见表 12-1。

表 12-1 各类资源发表文献数量及占比情况

序号	资源类型	发表文献数量/篇	占全部样本/%
1	期刊	701	87.84
2	硕士	69	8.65
3	国内会议	15	1.88
4	学术辑刊	6	0.75
5	报纸	3	0.38

续表 12-1

序号	资源类型	发表文献数量/篇	占全部样本/%
6	博士	3	0.38
7	国际会议	1	0.13
	合计	798	100.00

由表 12-1 可见,期刊(包括学术辑刊)整体上占全部样本的 88% 以上,是 2018 年电子文件研究文献的主要来源,也是研究者进行交流与沟通的主要渠道和平台。硕士、博士学位论文合计约占全部样本的 9%,成为电子文件研究的辅助渠道和平台。会议论文与报纸文章占比不到 3%,在研究中只起点缀作用。

二、文献学科分布

从样本文献学科分布看,798 篇样本文献涉及图书情报档案、教育、计算机、法学、工业经济、国民经济、公共管理、公共卫生与预防医学、工商管理、地质、建筑科学、管理学、政治、交通运输、电气工程等 15 个学科。前 15 个学科发表文献数量及占比情况见表 12-2。

表 12-2　前 15 个学科发表文献数量及占比情况

序号	学科	发表文献数量/篇	占全部样本/%
1	图书情报档案	609	76.32
2	教育	54	6.77
3	计算机	43	5.39
4	法学	34	4.26
5	工业经济	30	3.76
6	国民经济	24	3.01
7	公共管理	20	2.51
8	公共卫生与预防医学	20	2.51
9	工商管理	17	2.13
10	地质	11	1.38
11	建筑科学	7	0.88
12	管理学	7	0.88
13	政治	6	0.75
14	交通运输	5	0.63
15	电气工程	5	0.63
	总计	892	111.78
	实际	798	100.00
	超出	94	11.78

需要说明的是,按前 15 个学科统计数为 892 篇,占 111.78%;超出实际样本数 94 篇,占 11.78%。研究具有明显的学科交叉性。

除了图书情报档案外,2018 年发表文献最多的 5 个学科分别是教育、计算机、法学、工业经济、国民经济。与 2017 年发表文献最多的 5 个学科计算机软件及计算机应用、高等教育、医药卫生方针政策与法律法规研究、职业教育、宏观经济管理与可持续发展有所不同。

三、文献研究层次分布

从文献研究层次分布情况看,798 篇样本文献涉及基础研究(社科)、行业指导(社科)、职业指导(社科)、工程技术(自科)、政策研究(社科)、专业实用技术(自科)、基础与应用基础研究(自科)、行业技术指导(自科)、高级科普(自科)、高级科普(社科)、基础教育与中等职业教育、高等教育、政策研究(自科)、经济信息、其他 15 个不同层次。各层次发表文献数量及占比情况见表 12-3。

表 12-3　各层次发表文献数量及占比情况

序号	层次	发表文献数量/篇	占全部样本/%
1	基础研究(社科)	357	44.74
2	行业指导(社科)	169	21.18
3	职业指导(社科)	74	9.27
4	工程技术(自科)	46	5.76
5	政策研究(社科)	26	3.26
6	专业实用技术(自科)	16	2.01
7	基础与应用基础研究(自科)	13	1.63
8	行业技术指导(自科)	9	1.13
9	高级科普(自科)	4	0.50
10	高级科普(社科)	2	0.25
11	基础教育与中等职业教育	2	0.25
12	高等教育	2	0.25
13	政策研究(自科)	1	0.13
14	经济信息	1	0.13
15	其他	76	9.52
合计		798	100.00

如果按社会科学、自然科学、经济文化教育和其他来分类,各类文献数量及占比分别是:社会科学 628 篇,占 78.70%;自然科学 89 篇,占 11.15%;经济文化教育 5 篇,占 0.63%;其他 76 篇,占 9.52%。研究明显偏重于社会科学的范畴。

如果按研究的基础性与应用性划分,基础性研究 370 篇,占 46.37%;应用性研究 428 篇,占 53.63%。研究偏重应用性。

综上,从整体上看,2018 年电子文件研究属于偏重应用性的社会科学的范畴。

四、文献基金分布

从样本文献的基金分布情况看,798篇样本文献中有36篇得到国家社会科学基金、国家自然科学基金、国土资源大调查项目、建设部科学技术计划项目、航空科学基金、河南省软科学研究计划、天津市高等学校科技发展基金、国家科技支撑计划8种国家或省部级基金的资助,占全部样本的4.51%。各类基金资助发表文献数量及占比情况见表12-4。

表12-4　各类基金资助发表文献数量及占比情况

序号	基金	发表文献数量/篇	占全部样本/%	占基金资助文献/%
1	国家社会科学基金	25	3.13	69.44
2	国家自然科学基金	4	0.50	11.11
3	国土资源大调查项目	2	0.25	5.56
4	建设部科学技术计划项目	1	0.13	2.78
5	航空科学基金	1	0.13	2.78
6	河南省软科学研究计划	1	0.13	2.78
7	天津市高等学校科技发展基金	1	0.13	2.78
8	国家科技支撑计划	1	0.13	2.78
	合计	36	4.51	100.00
	总计	798	100.00	

从基金资助的层次上看,国家的基金3种30篇,占基金资助文献的83.33%;部委基金3种4篇,占基金资助文献的11.11%;地方基金2种2篇,占基金资助文献的5.56%。

从地方基金资助的区域分布看,仅涉及2个省市。

综上,从层级上看,国家级资助力度高于部委与地方的资助力度4倍;从区域分布看,全国只有2个省市有资助,并且资助力度十分有限。

五、文献类型分布

从文献类型分布看,798篇样本涉及综述类、政策研究类、一般性3类文献类型。各类型文献数量及占比情况见表12-5。

表12-5　各类型文献数量及占比情况

序号	文献类型	发表文献数量/篇	占全部样本/%
1	综述类	11	1.38
2	政策研究类	28	3.51
3	一般性	759	95.11
	合计	798	100.00

综上,从表12-5中可以明显地看到,一般性论证文献在研究成果中占据了95%以上的份额,是研究的主要类型;而宏观性及政策性研究则相对薄弱,综述类、政策研究类文献合计占比不到5%。

六、小结

从样本文献的统计情况看,2018 年电子文件研究涉及资源类型较多。期刊(包括学术辑刊)整体上占全部样本的 88% 以上,是 2018 年电子文件研究文献的主要来源,也是研究者进行交流与沟通的主要渠道和平台。硕士、博士学位论文合计约占全部样本的 9% ,成为电子文件研究的辅助渠道和平台。会议论文与报纸文章占比不到 3% ,在研究中只起点缀作用。

学科分布上,研究具有明显的学科交叉性。除了图书情报档案外,2018 年发表文献最多的 5 个学科分别是教育、计算机、法学、工业经济、国民经济。与 2017 年发表文献最多的 5 个学科计算机软件及计算机应用、高等教育、医药卫生方针政策与法律法规研究、职业教育、宏观经济管理与可持续发展有所不同。

从整体上看,2018 年电子文件研究属于偏重应用性的社会科学的范畴。

从基金资助的层次上看,国家级基金 3 种 30 篇,部委基金 3 种 4 篇,地方基金 2 种 2 篇,国家的资助力度高于部委与地方的资助力度 4 倍;从区域分布看,全国只有 2 个省市有资助,并且资助力度十分有限。

一般性论证文献在研究成果中占据了 95% 以上的份额,是研究文献的主要类型;而宏观性及政策性研究则相对薄弱,综述类、政策研究类文献合计占比不到 5% 。

第二节　文献计量分析

本节采用计量分析的方法,从文献作者分布、文献机构分布和文献来源分布 3 个方面对样本文献进行分析。

一、文献作者分布

从作者的分布情况看,798 篇样本涉及周文泓、王英玮、刘越男、毕建新、肖秋会、钱毅、黄新荣、刘卫、李红、苏焕宁、刘淑妮、高爱民、李东、夏俊英、刘洪、王泳霁、裴煜、徐拥军、范冠艳、王肖波、唐长乐、霍飞、付文丽、骆建珍、祁天娇、刘春雪、农艳红、何晓东、吴建华、何艳平、张国民、王宁、陈永生、余然、詹欣然、丁文、万小燕、赖秀琴、苏循新、邹杰等作者。

前 40 位作者发表文献数量及占比情况见表 12-6。

表 12-6　前 40 位作者发表文献数量及占比情况

序号	作者	发表文献数量/篇	占全部样本/%
1	周文泓	8	1.00
2	王英玮	8	1.00
3	刘越男	5	0.63
4	毕建新	4	0.50
5	肖秋会	4	0.50
6	钱毅	4	0.50

续表 12-6

序号	作者	发表文献数量/篇	占全部样本/%
7	黄新荣	3	0.38
8	刘卫	3	0.38
9	李红	3	0.38
10	苏焕宁	3	0.38
11	刘淑妮	3	0.38
12	高爱民	3	0.38
13	李东	3	0.38
14	夏俊英	2	0.25
15	刘洪	2	0.25
16	王泳霁	2	0.25
17	裴煜	2	0.25
18	徐拥军	2	0.25
19	范冠艳	2	0.25
20	王肖波	2	0.25
21	唐长乐	2	0.25
22	霍飞	2	0.25
23	付文丽	2	0.25
24	骆建珍	2	0.25
25	祁天娇	2	0.25
26	刘春雪	2	0.25
27	农艳红	2	0.25
28	何晓东	2	0.25
29	吴建华	2	0.25
30	何艳平	2	0.25
31	张国民	2	0.25
32	王宁	2	0.25
33	陈永生	2	0.25
34	余然	2	0.25
35	詹欣然	2	0.25
36	丁文	2	0.25
37	万小燕	2	0.25
38	赖秀琴	2	0.25
39	苏循新	2	0.25
40	邹杰	2	0.25
合计		108	13.53
总计		798	100.00

如果按照普赖斯提出的计算公式,核心作者候选人的最低发文数 $M = 0.749\sqrt{N_{max}}$,其中 N_{max} 为最高产作者发表文章数量。2018 年电子文件研究作者中发表文献最多的为 8 篇,即 $N_{max} = 8$,所以 $M = 0.749\sqrt{8} \approx 2.118$。那么,发表 2 篇以上文献的作者为电子文件核心作者。因此,表 12-6 中发表文献 2 篇以上的前 13 位作者,是 2018 年电子文件研究的高产作者。2018 年电子文件研究已有少量的高产作者,但尚没有形成有分量的核心作者群。

从前 40 位作者的所属单位看,高校及事业机构作者是 2018 年电子文件研究的主力。

二、文献机构分布

从机构分布情况看,798 篇文献中涉及中国人民大学、武汉大学、中山大学、四川大学、浙江省档案局、上海大学、山东大学、南京大学、黑龙江大学、郑州航空工业管理学院、安徽大学、重庆邮电大学、解放军国防大学、郑州大学、国家档案局、河北大学、苏州大学、中信信息发展有限公司、三门核电有限公司、湘潭大学、国家自然科学基金委员会综合计划委、西北大学、郑州市公路管理局、河南省交通运输厅、西安电子科技大学、广西地质矿产测试研究中心、福建亿榕信息技术有限公司、沈阳飞机工业(集团)有限公司、国家自然科学基金委员会信息科学院、辽宁省档案局、西安交通大学、清华大学、中国船舶重工集团中国舰船研究院、宝鸡文理学院、江苏开放大学、青岛大学、中国石油寰球工程公司、浙江省衢州市档案局、中国航天科技集团第九研究院、南昌大学等机构。

前 40 个机构发表文献 212 篇,占全部样本的 26.57%。其中发表 4 篇以上(含 4 篇)文献的 20 个机构,发表样本 158 篇,占全部文献的 19.80%。

前 40 个机构发表文献数量及占比情况见表 12-7。

表 12-7 前 40 个机构发表文献数量及占比情况

序号	机构	发表文献数量/篇	占全部样本/%
1	中国人民大学	33	4.14
2	武汉大学	11	1.38
3	中山大学	10	1.25
4	四川大学	10	1.25
5	浙江省档案局	10	1.25
6	上海大学	8	1.00
7	山东大学	7	0.88
8	南京大学	7	0.88
9	黑龙江大学	7	0.88
10	郑州航空工业管理学院	7	0.88
11	安徽大学	6	0.75
12	重庆邮电大学	5	0.63
13	解放军国防大学	5	0.63
14	郑州大学	5	0.63
15	国家档案局	5	0.63
16	河北大学	5	0.63

续表 12-7

序号	机构	发表文献数量/篇	占全部样本/%
17	苏州大学	5	0.63
18	中信信息发展有限公司	4	0.50
19	三门核电有限公司	4	0.50
20	湘潭大学	4	0.50
21	国家自然科学基金委员会综合计划委	3	0.38
22	西北大学	3	0.38
23	郑州市公路管理局	3	0.38
24	河南省交通运输厅	3	0.38
25	西安电子科技大学	3	0.38
26	广西地质矿产测试研究中心	3	0.38
27	福建亿榕信息技术有限公司	3	0.38
28	沈阳飞机工业(集团)有限公司	3	0.38
29	国家自然科学基金委员会信息科学院	3	0.38
30	辽宁省档案局	3	0.38
31	西安交通大学	3	0.38
32	清华大学	3	0.38
33	中国船舶重工集团中国舰船研究院	3	0.38
34	宝鸡文理学院	3	0.38
35	江苏开放大学	2	0.25
36	青岛大学	2	0.25
37	中国石油寰球工程公司	2	0.25
38	浙江省衢州市档案局	2	0.25
39	中国航天科技集团第九研究院	2	0.25
40	南昌大学	2	0.25
合计		212	26.57
总计		798	100.00

如果使用普赖斯公式计算,核心机构的最低发文数 $M=0.749\sqrt{N_{max}}$,其中 N_{max} 为最高产机构发表文章数量。这里 $N_{max}=33$,所以 $M=0.749\sqrt{33}\approx4.303$,即发表文献 4 篇以上的为核心研究机构。据此,发表 4 篇以上文献的中国人民大学、武汉大学、中山大学、四川大学、浙江省档案局、上海大学、山东大学、南京大学、黑龙江大学、郑州航空工业管理学院、安徽大学、重庆邮电大学、解放军国防大学、郑州大学、国家档案局、河北大学、苏州大学是研究的高产机构。17 个高产机构中有 15 个是高校,说明电子文件研究的核心研究机构群为高校。

从前 40 个机构发表文献的数量及占比情况看,高校 24 个,占前 40 个机构的 60%;发表文献 156 篇,占全部样本的 19.55%。档案局 4 个,占前 40 个机构的 10%;发表文献 20 篇,占全部样本的 2.51%。企业 5 个,占前 40 个机构的 12.5%;发表文献 16 篇,占全部样本的 2.01%。事业机构 5 个,占前 40 个机构的 12.5%;发表文献 14 篇,占全部样本的 1.75%。其他行政管理机构 2 个,占前 40 个机构的 5%;发表文献 6 篇,占全部样本的 0.75%。

三、文献来源分布

从文献来源分布看,发表 12 篇以上(含 12 篇)文献的文献来源共有《办公室业务》《浙江档案》《兰台世界》《城建档案》《中国档案》《北京档案》《兰台内外》《档案与建设》《黑龙江档案》《档案学通讯》《档案管理》《机电兵船档案》《档案学研究》《档案天地》《山东档案》,发表文献 388 篇,占全部样本的 48.62%。

前 15 种文献来源发表文献数量及占比情况见表 12-8。

表 12-8　前 15 种文献来源发表文献数量及占比情况

序号	文献来源	发表文献数量/篇	占全部样本/%
1	《办公室业务》	67	8.40
2	《浙江档案》	36	4.51
3	《兰台世界》	35	4.39
4	《城建档案》	32	4.01
5	《中国档案》	27	3.38
6	《北京档案》	24	3.01
7	《兰台内外》	24	3.01
8	《档案与建设》	23	2.88
9	《黑龙江档案》	20	2.51
10	《档案学通讯》	19	2.38
11	《档案管理》	19	2.38
12	《机电兵船档案》	19	2.38
13	《档案学研究》	18	2.26
14	《档案天地》	13	1.63
15	《山东档案》	12	1.50
	合计	388	48.62
	总计	798	100.00

按照布拉德福定律,798 篇文献可分为核心区、相关区和非相关区,各个区的论文数量相等(266 篇)。因此,发表论文在 23 篇以上的《办公室业务》《浙江档案》《兰台世界》《城建档案》《中国档案》《北京档案》《兰台内外》《档案与建设》8 种文献来源(268 篇)处于核心区之内。发表论文 12 篇及以上的《黑龙江档案》《档案学通讯》《档案管理》《机电兵船档案》《档案学研究》《档案天地》《山东档案》7 种文献来源(148 篇)处于相关区;其他发表论文 12 篇及以下的文献少数处于相关区,多数处于非相关区。

从发表文献 12 篇及以上的前 15 种文献来源看,以档案学期刊为多(14 种)。档案类期刊(321 篇),特别是非核心期刊(7 种 166 篇)对电子文件研究的关注度更高,是这一研究领域的主要阵地;其他期刊的关注度则相对较低。

四、小结

从样本文献的计量分析情况看,2018 年电子文件研究已有少量高产作者,但尚没有形成有分量的核心作者群。高校及事业机构作者是 2018 年电子文件研究的主力。

从机构分布情况看,电子文件研究的核心研究机构群为高校。其中高校排名第一,档案局排名第二,企业排名第三,事业机构排名第四,其他行政管理机构排名第五。

从文献来源分布看,发表文章 12 篇以上(含 12 篇)的文献来源共有 15 种,发表文献 388 篇,占全部样本的 48.62%。其中,以档案学期刊为多(14 种)。档案类期刊(321 篇),特别是档案学非核心期刊(7 种 166篇)对电子文件研究的关注度更高,是这一研究领域的主要阵地,其他期刊的关注度则相对较低。

第三节　文献词频分析

本节采用关键词词频的方法,从关键词词频和主题词词频两个方面对样本文献样本进行分析。

一、关键词词频分析

表 12-9 是前 15 个高频关键词使用频率及占比情况。

表 12-9　前 15 个高频关键词使用频率及占比情况

序号	关键词	使用频率/次	占全部样本/%
1	电子文件	100	12.53
2	档案管理	71	8.90
3	电子档案	57	7.14
4	管理	37	4.64
5	信息化	28	3.51
6	档案	27	3.38
7	归档	23	2.88
8	大数据	16	2.01
9	电子文件管理	15	1.88
10	高校	11	1.38
11	信息安全	11	1.38
12	档案信息化	11	1.38
13	数字档案	11	1.38
14	电子政务	11	1.38
15	文书档案	10	1.25
合计		439	55.01
总计		798(篇)	100.00

前 15 个高频关键词中,使用频率最高的是电子文件(100 频次)。前 15 个高频关键词合计使用
439 频次,占全部样本的 55.01% ,即五成以上文献使用这 15 个关键词。

居前 15 位的关键词分别是电子文件、档案管理、电子档案、管理、信息化、档案、归档、大数据、电
子文件管理、高校、信息安全、档案信息化、数字档案、电子政务、文书档案,可以归纳为电子文件、档案
事务、档案、信息化、机构 5 个大类。

相对而言,2018 年电子文件研究主要集中在电子文件、档案事务、档案、信息化、机构 5 类 15 个关
键词所涉及的方面。可以说,电子文件、档案事务、档案、信息化、机构 5 类 15 个关键词是 2018 年电子
文件研究的热点所在,而其中又以电子文件、档案管理、电子档案、管理、信息化 5 个方面为重点。

需要指出的是,由于电子文件研究内容的广泛性和多样性,研究热点只是相对集中,每年都会有
新的热点与重点出现。

二、主题词词频分析

从主题词使用频率看,2018 年电子文件研究涉及内容广泛,集中在电子文件、档案、档案事务、档
案信息化、机构 5 个方面。

使用频率最高的 40 个主题词分布及占比情况见表 12-10。

表 12-10 使用频率最高的 40 个主题词分布及占比情况

序号	主题词	使用频率/次	占全部样本/%
1	电子文件	269	33.71
2	电子档案	145	18.17
3	文件归档	81	10.15
4	档案管理	71	8.90
5	档案管理工作	49	6.14
6	档案信息化建设	33	4.14
7	档案管理系统	31	3.88
8	数字档案馆	30	3.76
9	纸质档案	29	3.63
10	文件材料	29	3.63
11	档案局	22	2.76
12	计算机	22	2.76
13	档案信息化	22	2.76
14	归档范围	21	2.63
15	电子化	21	2.63
16	归档工作	20	2.51
17	元数据	20	2.51
18	长期保存	18	2.26
19	信息化	18	2.26
20	文书档案	17	2.13

续表 12-10

序号	主题词	使用频率/次	占全部样本/%
21	纸质文件	17	2.13
22	档案资源	17	2.13
23	保管期限	17	2.13
24	电子文件管理系统	17	2.13
25	档案工作	16	2.01
26	电子文件管理	15	1.88
27	档案数据	15	1.88
28	档案信息	15	1.88
29	档案部门	15	1.88
30	数字档案	15	1.88
31	大数据时代	15	1.88
32	大数据	15	1.88
33	国家档案局	14	1.75
34	档案信息资源	14	1.75
35	档案信息化管理	14	1.75
36	归档管理	14	1.75
37	信息安全	12	1.50
38	电子档案管理系统	12	1.50
39	法律效力	12	1.50
40	档案馆	12	1.50
合计		1261	158.02
总计		798(篇)	100.00

从涉及的主题词看,使用频率最高的 40 个主题词共使用 1261 频次,占全部样本的 158.02%,也就是说,上述 40 个主题词涵盖了全部样本文献 1.5 次。其中使用频率最高的是电子文件(269 频次),使用频率最低的是信息安全、电子档案管理系统、法律效力、档案馆(各 12 频次),平均使用频率为 40 频次。

从主题词反映出的研究内容看,电子文件研究关注的 40 个主要问题又可归并为电子文件、档案、档案事务、档案信息化、机构 5 个大类。

电子文件(电子文件、文件归档、文件材料、元数据、纸质文件、电子文件管理系统、电子文件管理),共使用 448 频次,占全部样本的 56.14%。2018 年电子文件研究主要聚焦在电子文件的各环节上,是电子文件研究关注度第一高的主题。

档案(电子档案、纸质档案、文书档案、档案资源、档案数据、档案信息、数字档案、大数据时代、大数据、档案信息资源、信息安全、电子档案管理系统),共使用 321 频次,占全部样本的 40.23%。档案是档案学研究的本体,但从涉及的 12 个主题看,涉及各类各种载体的专业专门档案及新载体档案,是电子文件研究关注度第二高的主题。

档案事务(档案管理、档案管理工作、归档范围、归档工作、长期保存、保管期限、档案工作、归档管理、法律效力),共使用 238 频次,占全部样本的 29.82%。它涉及档案事务的宏观层面和具体工作环节,管理性特征突出,是 2018 年电子文件研究关注度第三高的主题。

档案信息化(档案信息化建设、档案管理系统、计算机、档案信息化、电子化、信息化、档案信息化管理),共使用 161 频次,占全部样本的 20.18%。它主要集中在信息化与电子化两个方面,是 2018 年电子文件研究关注度第四高的主题。

机构(档案馆、数字档案馆、档案局、档案部门、国家档案局),共使用 93 频次,占全部样本的 11.65%。它是与档案事业、档案人关系最为密切的问题,包括档案局、档案馆、档案室三大研究主题中的两个。2018 年,正值新一轮机构改革之时,档案机构再次成为档案界关注之重点也是理所应当。

可以说,2018 年档案电子文件所涉及内容虽然十分广泛,但全部文献均包含在电子文件、档案、档案事务、档案信息化、机构 5 类问题上,或者说,电子文件研究主要是围绕电子文件、档案、档案事务、档案信息化、机构 5 个方面展开的。

三、小结

从 798 篇文献涉及的关键词看,2018 年电子文件研究主要集中在电子文件、档案事务、档案、信息化、机构 5 类 15 个关键词所涉及的方面。可以说,电子文件、档案事务、档案、信息化、机构 5 类 15 个关键词是 2018 年电子文件研究的热点所在,而其中又以电子文件、档案管理、电子档案、管理、信息化 5 个方面为重点。需要指出的是,由于电子文件研究内容的广泛性和多样性,每年的研究热点只是相对集中,年年都会有新的热点与重点出现。

2018 年电子文件研究所涉及内容虽然十分广泛,但全部文献均包含在电子文件、档案、档案事务、档案信息化、机构 5 类问题上,或者说,电子文件研究主要是围绕上述电子文件、档案、档案事务、档案信息化、机构 5 个方面展开的。

第四节　文献关键词共词分析

本节采用关键词共现分析的方法,从共现矩阵和共现网络两个方面对样本文献进行分析。

一、共现矩阵

矩阵提取使用频率最高的 20 个关键词,将这 20 个关键词形成 20×20 的共词矩阵。如果某两个关键词同时出现在一篇文章中时,就表明这两者之间存在相关关系,关键词右侧或下方对应位置的数值表示篇数。

图 12-1 是 2018 年电子文件研究文献高频关键词共现矩阵。

	电子文件	档案管理	电子档案	管理	信息化	档案	归档	大数据	电子文件管理	信息案全	数字档案	高校	档案信息化	电子政务	文书档案	文档一体化	问题	区块链技术	元数据	信息技术
电子文件																				
档案管理	14																			
电子档案	12	9																		
管理	7		10																	
信息化	2	3		8																
档案		1		3																
归档	12	2																		
大数据	4	4					3													
电子文件管理	3																			
信息案全	2		2																	
数字档案	4																			
高校						3														
档案信息化																				
电子政务	3						3													
文书档案			1	4	3															
文档一体化									1											
问题		2	1																	
区块链技术	7								3											
元数据	2																			
信息技术		2																		

图 12-1　2018 年电子文件研究文献高频关键词共现矩阵

图 12-1 显示,2018 年电子文件研究的关键词共现有 32 组,共现率为 16%。共现次数 10 次及以上的关键词组合有 4 组,共现率为 2%。共现次数 5~9 次的关键词组合有 4 组,共现率为 2%。共现次数 2~4 次的关键词组合有 28 组,共现率为 14%。

以横轴为准计:

20 组共现关键词中有 12 组与电子文件有关,共现率为 6%。

20 组共现关键词中有 7 组与档案管理有关,共现率为 3.5%。

20 组共现关键词中有 4 组与电子档案有关,共现率为 2%。

20 组共现关键词有 3 组与管理有关,共现率为 1.5%。

20 组共现关键词各有 2 组与归档、电子文件管理有关,共现率分别为 1%。

20 组共现关键词各有 1 组与信息化、档案有关,共现率分别为 0.5%。

另外,还有大数据、信息安全、数字档案、高校、档案信息化、电子政务、文书档案、文档一体化、问题、区块链技术、元数据、信息技术 12 个无共现关键词。

以共现频次为准计:

共现次数 10 次及以上的关键词组合有 4 组,分别是:

电子文件与档案管理:14 频次。

电子文件与电子档案:12 频次。

电子文件与归档:12 频次。

电子档案与管理:10 频次。

共现次数 5~9 次的关键词组合有 4 组,分别是:

电子文件与管理:7 频次。

电子文件与区块链技术:7 频次。

档案管理与电子档案:9 频次。

管理与信息化:8 频次。

综上,虽然电子文件研究的共现率不高,但集中在电子文件、档案管理、电子档案、管理 4 个关键词上,充分显示出电子文件研究的高度集中趋势。

这表明目前电子文件研究的主要方向集中在电子文件、档案管理、电子档案、管理 4 个方面。或者说,2018 年电子文件研究是以电子文件、档案管理、电子档案、管理为重心展开的。

电子文件研究整体上已经初步形成规模,研究内容相对集中;已经形成比较明显的高相关共现关键词群,研究集中趋势日趋明显。

二、共现网络

在关键词共现网络中,关键词之间的关系可以用连线来表示,连线多少和粗细代表关键词间的亲疏程度,连线越多,代表该关键词与其他关键词共现次数越多,越是研究领域的核心和热点内容。

使用工具获得电子文件研究高频词共词网络图谱(扫描右侧二维码)。

从共词网络图谱可以直观地看出:2018 年电子文件研究可分为"电子文件"、"信息技术"、"问题"、"文档一体化"、"档案信息化"、"档案"与"高校"6 个聚类群组。其中"电子文件"为单核心多词聚类群组,"信息技术""问题""文档一体化""档案信息化"为单核心单词聚类群组,"档案"与"高校"为双核心双词聚类群组。

"电子文件"作为单核心多词聚类群组,共涉及 14 个关键词。包括"档案管理""电子档案""管理""归档"4 个次核心高频词,并以这 4 个次核心高频词构成一个不规则矩形。电子文件研究的主要内容基本包括在这个矩形之内,或环绕周边。但聚类内部关系的紧密度不高,聚集度相对较低。聚类外部与"信息技术"、"问题"、"文档一体化"、"档案"与"高校"4 个聚类群组有有限的关联;与"档案信息化"聚类群组没有关联。

"信息技术"、"问题"、"文档一体化"、"档案信息化"、"档案"与"高校"5 个聚类,除了"信息技术"、"问题"、"文档一体化"、"档案"与"高校"4 个与"电子文件"核心聚类群组有关联外,相互之间均没有关联。而且这 5 个群组均在"电子文件"核心聚类群组的外围,显然不是 2018 年电子文件研究的热点,但有可能成为明年或后年的研究热点。

三、小结

从高频关键词上看,2018 年电子文件研究均是围绕电子文件、档案管理、电子档案、管理 4 个方面展开的。电子文件研究整体上已经初步形成规模,研究内容相对集中,已经形成比较明显的高相关共现关键词群,研究集中趋势日趋明显。

通过共词网络图谱解析可知,相关研究可分为"电子文件"、"信息技术"、"问题"、"文档一体化"、"档案信息化"、"档案"与"高校"6 个聚类群组。"电子文件"作为单核心多词聚类群组,共涉及 14 个关键词,包括"档案管理""电子档案""管理""归档"4 个次核心高频词,并以这 4 个次核心高频词构成一个不规则矩形。电子文件研究的主要内容基本包括在这个矩形之内,或环绕周边。"信息技术"、

"问题"、"文档一体化"、"档案信息化"、"档案"与"高校"5个聚类,除了"信息技术""问题""文档一体化""档案"与"高校"4个与"电子文件"核心聚类群组有关联外,相互之间均没有关联。而且这5个群组均在"电子文件"核心聚类群组的外围,显然不是2018年电子文件研究的热点,但有可能成为明年或后年的研究热点。

第五节　文献综述

一、理论研究

68024部队王大青认为:"可将电子案卷定义为在档案全宗类目之内,为便于文件保管和利用而设置的电子文件集合。""在电子文件管理中,从物理视角看,案卷存在形态发生了变化,不再是触手可及的卷、册、盒,而对应的是存储介质(当前主要是光学或磁性存储介质)中的某一区间,这一区间可以是物理上连续的,也可以是间断的、由计算机操作系统或应用系统整合起来的'连续'空间。当前,其表现形式主要为文件夹;从逻辑视角看,电子案卷表现为一组标识,即通过分类标引、用一组相同标识将具有共同来源、关联性较强的电子文件集中起来,组成逻辑案卷。电子案卷逻辑形态与物理形态可以是一致的,即同一案卷的电子文件存储于同一存储介质的同一文件夹之下;在某些情形下,电子案卷逻辑形态与物理形态是不一致的,电子文件组成'虚拟案卷',而这些文件实体可暂时分布于不同的存储介质乃至不同系统、不同地域,在云计算平台上的表现尤为突出。"[①]

北京大学陈香、西安交通大学档案馆刘淑妮认为:"电子文件全程管理是指在'大文件'概念的基础上,要求统筹兼顾文件从产生到长久保存或销毁整个生命过程中所有管理活动和管理要素,通过各项管理内容和要求的系统整合,建立一个涵盖全部文件管理活动的管理体制、目标体系、制度体系、程序体系和技术方法体系。其中,制度体系是基石,是其他各体系产生合力的黏合剂,也是电子文件管理走向科学合理、全程管理的基础。"[②]

武汉大学信息资源研究中心肖秋会、武汉大学信息管理学院詹欣然指出了《电子文件归档与电子档案管理规范》(以下简称《规范》)的不足及改进建议:第一,部分内容有待细化。如对于处在破产、合并等特殊时期的归档单位,2016年《规范》及参考标准《电子档案移交与接收办法》在移交时间、移交范围、移交流程与接收对象等方面的指导性和参考性不足。第二,迁移和转换这两个术语的界定有待商榷。他们建议将"迁移"定义为:在维护电子档案真实性、完整性和可用性的前提下,定期将电子档案从一个系统转移到另一个系统、从一种存储介质转移到另一种存储介质、或者从一种格式(结构)转换为另一种格式(结构)的处理过程。建议将《规范》中"转换"定义修改为:在维护电子档案真实性、完整性和可用性前提下,在数字迁移过程中改变档案信息包的内容信息或者保存描述信息的处理过程。[③]

中山大学资讯管理学院李海涛、朱婉云、王月琴、李苏娴、裴煜提出了完善我国电子文件管理标准建设的对策:①科学梳理规划我国电子文件管理标准体系。②加大采用借鉴国际标准力度。③制定

① 王大青.电子文件立卷问题思考[J].档案管理,2018(2):41-43,85.
② 陈香,刘淑妮.基于全程管理的电子文件制度分析[J].中国档案,2018(1):76-77.
③ 肖秋会,詹欣然.《电子文件归档与电子档案管理规范》(GB/T 188942016)解读[J].北京档案,2018(5):26-29.

符合我国电子文件管理实际的相关标准。④开设电子文件管理标准化课程,培养专业化的人才队伍。①

　　西北大学公共管理学院黄新荣、何晓东提出:"电子文件的运动以业务流程为基础,整个运动过程是单向线性的,无论是实践中,还是逻辑上都不存在'逆向运动';电子文件与纸质文件在本质上都是一样的,即代表业务活动的法定权威,针对个体文件,强调文件运动整体性与阶段性统一的文件生命周期理论在电子文件时代依旧适用;在具体的业务活动中,OA 系统与档案管理系统共同支撑着文件生命周期理论的实践与应用。"②

二、归档

　　国泰君安证券股份有限公司彭蒙蒙认为:"电子文件归档是指将具有凭证、查考和保存价值且办理完毕、经系统整理的电子文件及其元数据管理权限向档案部门提交的过程,可采用在线归档或离线归档方式。由于离线归档需要人工先把电子文件从业务系统中导出,之后再导入到电子档案管理系统,耗费较多的时间和精力,而且还存在重复性大、易出错等弊端,而在线归档是通过系统接口实现电子文件直接归档,人工干预较少,所以综合而言,在线归档整体上要比离线归档更合理、科学。"③

　　浙江省电子政务数据灾难备份中心林伟宏提出网上行政审批电子化归档解决方案,总体解决思路包括以下几个主要步骤:第一,制定完善行政审批档案管理的业务规范,夯实业务基础。档案行政管理部门研究制定行政审批文件材料归档要求,确定行政审批电子文件归档的工作流程、操作规程、进馆移交范围等业务规范。第二,明确电子化归档的技术标准,开发设计相应的功能模块。根据档案信息化总体规划,制定行政审批电子文件归档整理、保存、传输、"四性"检测等方面的技术标准和技术路线,向审批平台建设单位提出归档管理模块的功能需求,落实软件开发单位设计实现。第三,积极试点实践,逐步适应行政审批无纸化电子文件归档需求。选择一批具有代表性的审批部门,开展审批电子文件归档和移交试点,逐步调整完善实体归档管理及电子归档管理的业务流程。④

　　浙江省能源集团有限公司王华、王瑾,浙江浙能电力股份有限公司萧山发电厂冯萍萍对电子文件归档的提出四性保障,并制订了 OA 系统、合同系统、CAD 系统接口归档电子文件元数据标准,根据元数据项制订详细的四性检测项目。一是真实性保障。主要通过 IT 技术和管理相结合的方式,保证电子文件在收集、移交、检测、整理和电子档案保管、利用、迁移、移交进馆等过程中操作的不可抵赖性、数据存储的完整性、用户身份的真实性,保证电子文件和电子档案信息不被非法更改,并保证电子文件和电子档案的内容、结构和背景信息经过传输、迁移等处理后与形成时的原始状况相一致。二是完整性保障。主要是确保电子文件的内容信息、背景信息、结构信息等没有缺损。三是可用性保障。主要是保障电子文件和电子档案的长期保存。四是安全性保障。主要是对电子文件的安全性采取保障措施。⑤

　　中山大学资讯管理学院大数据研究院、档案科学技术研究院陈永生、杨茜茜、王沐晖、苏焕宁提出

---

　　①　李海涛,朱婉云,王月琴,等. 近三十年来国内外电子文件管理标准对比研究:以 ISO 与 SAC 电子文件管理标准为例[J]. 档案学研究,2018(1):89-94.

　　②　黄新荣,何晓东. 再议文件生命周期理论在电子文件时代的适用性:兼与屈洁莹同学探讨[J]. 档案与建设,2018(1):8-11,66.

　　③　彭蒙蒙. 数字时代下企业电子文件归档和电子档案管理模式研究:以国泰君安证券股份有限公司为例[J]. 档案与建设,2018(6):34-37,8.

　　④　林伟宏. 基于网上审批的行政审批电子文件整理归档和电子档案移交接收模式研究[J]. 中国档案,2018(3):68-69.

　　⑤　王华,王瑾,冯萍萍. 企业重要业务平台电子文件归档与电子档案集成利用研究[J]. 浙江档案,2018(2):62-63.

基于互联网政务服务平台的文件归档与管理的整体观,认为:实现"全面归档,保证档案来源完整性。全面归档,是指档案管理系统平台与政务服务网对接,在这一无缝对接的环境下对行政审批电子文件进行全面归档管理,实现对行政审批档案的整体把控。具体而言,这种全面性体现在以下两个方面:首先,通过统一部署虚拟档案室对接各行政机构系统,直接以在线归档的方式全面收集行政审批电子文件,通过机构档案资源整体的完整性来保证行政审批档案资源整体的完整性"。"其次,将行政审批档案资源的全面性架构于各职能机构全宗资源完整性的基础之上,通过全流程嵌入式归档保障行政审批档案的齐全完整。"①他们还提出基于互联网政务服务平台的文件归档与管理的全程观,认为:"互联网政务服务平台中的文件归档包含理论与实践的双向融合:全程观为嵌入式归档的实现提供了良好的理论基础;嵌入式归档与虚拟档案室的构建则是全程观指导下可行的实践方式。需要明确的是,嵌入式归档不是增加业务人员的工作负担,归档工作和业务流程的相互融合实质是促进业务运转的一种机制,不论对于档案工作还是业务工作都具有积极作用。但这不代表业务部门与档案部门责任有所交叉,相反,只有明确边界、各司其职,才能在业务工作和档案工作之间形成良好的互动。为了更好地促进互联网政务服务平台中的文件归档与管理,档案部门应当积极参与互联网政务服务平台的建设设计,在归档模块提出相关标准,包括归档范围、数据格式、数据结构等,为打破数据壁垒,实现真正的数据交换与资源共享奠定基础。"②

浙江省档案局梁绍红、高乐探讨了基于政务云平台的浙江省政务电子文件归档与交换平台的构架设计、功能实现。其政务电子文件归档与交换平台的整体构架和功能设计:一是采用全省统一的归档数据组织和交换接口规范。归档与交换平台的核心任务是将处于异构系统环境下的待归档政务数据转换为标准结构的预归档电子文件(简称存档信息包,下同),再将存档信息包交换到电子文件管理统一平台。二是支持数据交换和信息交换两种模式。归档与交换平台的接口分为数据交换和信息交换两种,其中数据交换方式参与内容数据的传输、解包获取元数据信息并由交换平台对内容数据进行技术验证;而信息交换方式不参与内容数据的传输,只接收元数据信息和记录交换过程,以对归档工作进行监管指导和统计分析。三是采用灵活的、可配置化的接口管理模式。四是采取基于交换池的数据交换缓冲方式。五是支持省或市垂建政务系统的跨层级归档与交换。六是实现全省政务电子文件元数据整合。③

杭州市公用人防工程管理维护中心(杭州市人民防空档案馆)朱玲探讨了改进行政审批电子文件归档的对策:一要实现归档工作重心前移。要将归档工作重心前移,改"末端"归档为"前端"归档,逐步形成审批与归档并行的工作流程。二要实行电子文件全过程管理。三要提供优质高效的利用服务。④

浙江省档案局王肖波认为:"'增量电子化'工作是今后档案工作发展的重点,其目的是使档案馆新接收进馆的档案全部为电子档案,以实现电子(数字)档案资源建设的总目标。因此,有必要对电子文件形成、收集、积累、鉴定、归档到电子档案移交、存储、利用、备份等实行全过程管理,确保归档的电子文件收集齐全、整理有序、命名科学、格式规范、元数据合理有效。"⑤

江苏激扬软件有限公司巫乃友认为:"国土资源业务档案在线归档,是在国土资源各类行政审批

———————————

①　陈永生,杨茜茜,王沐晖,等.基于互联网政务服务平台的文件归档与管理:整体观[J].档案学研究,2018(6):4-11.

②　陈永生,苏焕宁,杨茜茜,等.基于互联网政务服务平台的文件归档与管理:全程观[J].档案学研究,2018(4):4-12.

③　梁绍红,高乐.基于政务云的浙江省政务电子文件归档与交换平台构架设计和功能实现研究[J].浙江档案,2018(8):20-22.

④　朱玲.做好行政审批电子文件归档的若干建议[J].浙江档案,2018(1):60.

⑤　王肖波.对电子化归档全流程管理的若干认识[J].浙江档案,2018(4):26-29.

和综合事务办理全面在线运行的基础上,在确保审批或者办理各环节电子签名合法有效、电子数据不可能篡改的前提下,将在线审批或者办理过程中形成的各类有保存价值的电子材料,以一定的形式封装保存至档案信息系统的过程。"国土资源档案在线归档,总体建设思路如下:在线归档系统主要包括CA 认证系统建设、电子元数据归档和档案电子复制品归档三部分。"每个业务办理完成以后,系统自动生成一个待归档任务,操作人员按照固定的档案卷内目录将已上传到业务系统中的收件材料、过程材料、结果材料导入归档系统,系统自动对档案材料进行编页,按照档案管理的规则,自动生成案卷标题、目录号、分类号、案卷号等信息,并生成案卷封皮信息和卷内目录信息,一次性推送至档案管理系统,通过档案管理人员审查后正式进入档案数据库。"①

三、双套制与单套制

南开大学档案馆鲍志芳、南开大学商学院马嘉悦探讨界定单轨制、单套制、双轨制和双套制概念,认为:"单轨制是文件归档前,只有一种文件形式(纸质或电子)伴随业务进程流转;单套制是文件归档后,只有一种文件形式(纸质或电子)处于存储和利用状态。双轨制是同一份文件归档前,两种文件形式(纸质和电子)同时伴随业务进程流转;双套制是同一份文件归档后,两种文件形式(纸质和电子)同时处于存储和利用状态。双轨制和双套制都强调两种文件形式内容的一致性,此外两种模式的判定期是相互独立的时间段,不存在包含和被包含关系。""基于此概念,'轨'是文件归档前讨论的概念,'套'是文件归档后讨论的概念,'轨'和'套'组合在一起才能构成文件完整的运动过程。'轨'相对于'套'是文件需要经历的前期阶段,其文件形式对'套'具有一定决定作用,如文件前期是纸质单轨运行,后期可能是纸质单套归档,也可能是纸质和电子两种形式双套归档,但不可能是电子单套归档。因此四种概念和两种文件形式会组合成多种文件管理模式,共有"'纸质单轨制+纸质单套制''纸质单轨制+双套制''双轨制+双套制''电子单轨制+双套制'和'电子单轨制+电子单套制'五种文件管理模式。"②

苏州大学科学技术研究部刘开强、国家自然科学基金委员会计划局刘卫、国家自然科学基金委员会信息中心李东、苏州大学社会学院毕建新认为,国家自然科学基金项目无纸化申请试点工作作为文件管理的"双套制"过渡到"单套制"积累了大量有益经验,可以概括为制度层面、组织层面、实施层面和技术层面。①制度层面:完善组织外部和内部制度体系。②组织层面:加强组织内部部门间的业务协同。③实施层面:保证电子文件管理全程受控。④技术层面:确保电子文件的真实性、完整性和有效性。③

西安交通大学档案馆刘淑妮、宝鸡文理学院档案馆赵钊认为其初步实现双套制归档,"2017 年档案馆决定将竣工图的收集变为双套制(即纸质+电子)归档,并发函给学校相关基建部门,提出原生电子竣工图明确的归档要求。虽然,目前我校收集到的原生电子竣工图上没有电子竣工图章,还不是完全意义上的电子竣工图,但只要保证内容和纸质完全一样,能够完全真实反映建筑竣工结果,就可以满足后期查档中大部分的信息查考功能需求,这就是电子竣工图收集的一大飞跃和进步,一般用于凭证使用的查阅较少,除非建筑质量出现问题,不过即使需要作为凭证,还有纸质竣工图做后盾,且当电子竣工图章和电子签名规范而全面实现时,真正的原生电子竣工图便可实现,作者坚信这一天指日可

---

① 巫乃友.国土资源业务档案在线归档的途径与方法[J].档案与建设,2018(8):89-91,88.

② 鲍志芳,马嘉悦.基于单轨制、单套制、双轨制和双套制概念辨析之文件管理模式探讨[J].档案学通讯,2018(4):30-34.

③ 刘开强,刘卫,李东,等.核心业务流程无纸化运行实现路径研究:以国家自然科学基金为例[J].浙江档案,2018(12):8-11.

待,重要的是先打好基础"。①

四、安全保障

武汉大学信息管理学院刘盼盼、武汉大学信息资源研究中心容依媚、图书情报国家级实验教学示范中心(武汉大学)梁珂珂认为:"电子文件安全保障的最终目的是保障电子文件信息内容的安全,既要确保合法用户能够存取使用电子文件信息,也要保证非法用户无法接触到电子文件信息。电子文件数据安全所面临的威胁可以总结为:泄露、篡改和损毁。数据加密、可信认证和数据备份是影响电子文件数据安全的三个重要因素。采用密级标识技术和加密技术,对电子文件实行分级管理并采取不同强度的加密保护,可以防止电子文件信息的泄露;采用数字签名、数字水印等技术对电子文件的真实性和完整性进行验证可以防止信息被篡改;以异地备份、异质备份等为代表的数据备份方式能够确保数据损毁时电子文件信息得以恢复。此外,通信线路安全保护、数据存档格式、元数据模型、审计跟踪、电子文件长期保存也是维护电子文件数据安全的重要因素。"②

浙江省档案局宋华,上海中信信息发展股份有限公司骆建珍、姜悦霞探讨了政务云环境下电子文件归档安全保障策略,认为:"电子文件归档系统的建设应从物理层安全、网络层安全、系统层安全、应用层安全和管理层安全五个方面进行安全防护,其中物理层安全、网络层安全、系统层安全在政务云建设之时已经综合全面考虑,因此电子文件归档系统建设要重点考虑管理层安全,同时加强应用层安全建设。"③

武汉大学信息管理学院肖秋会、武汉大学信息资源研究中心许晓彤、图书情报国家级实验教学示范中心(武汉大学)石晓雨对武汉市34家综合档案馆、高校档案馆、大型企事业单位档案馆(室)的电子文件安全保障情况进行了实地调研与评估,从实体安全、信息安全和管理安全三个方面分析了武汉市电子文件安全保障的现状、成绩与问题。他们指出武汉市电子文件保障工作需要提升电子文件风险防御的意识与能力、提高电子文件备份的质量与等级、强化对电子文件安全保障工作重要性的认识。④

中国人民大学信息资源管理学院祁天娇立足电子文件管理视角,对互联网电子证据保全开展跨学科研究,辨析从电子文件到电子证据的概念变化,指出在互联网环境中应该借鉴电子文件管理的前端控制与全程管理理念,突破现有电子证据单一要素保全的局限,开展对互联网环境中电子证据的预先保全与实时保全。⑤

五、长期保存

上海大学图书情报档案系耿志杰、程明宵认为:"数字档案长期保存技术策略,需要从全局视角进行科学规划,以保证技术策略的可行性、有效性和可变性。档案部门在技术策略规划和实施过程中,应以保障数字档案真实性、完整性、可用性为出发点,根据长期保存中可能面临的各种风险,确定应对的技术方法,建立技术监控体系、风险评估制度和灾难应急预案,并确保技术策略的落实和更新。数字档案长期保存是一个庞大的系统工程,技术策略只是其中的一部分,技术策略的实施需要组织管

---

① 刘淑妮,赵钊.原生电子竣工图归档实践探析[J].档案管理,2018(6):43-46.

② 刘盼盼,容依媚,梁珂珂.基于层次分析法的电子文件安全保障评估指标体系构建[J].档案管理,2018(3):18-21.

③ 宋华,骆建珍,姜悦霞.政务云环境下电子文件归档安全保障策略研究[J].浙江档案,2018(4):23-25.

④ 肖秋会,许晓彤,石晓雨.电子文件安全保障现状调查与评估:以武汉市为例[J].档案管理,2018(3):65-68.

⑤ 祁天娇.基于电子文件管理视角的互联网电子证据保全研究[J].档案与建设,2018(3):8-11,35.

理、人员机构、财政保障等方面的支持,相关内容需要在后续研究中继续深入细化。"①

中国人民大学信息资源管理学院钱毅在梳理数字资源长期保存认证领域的相关文献、标准和项目的基础上,总结指出当前研究在认证技术、认证需求、认证时限和认证链条四个方面存在的研究缺失,提出应依托 OAIS 功能模型梳理认证锚点,采用标准模式、管理模式和技术模式实施数字档案资源长期保存认证工作。②

上海证券交易所、上海中信信息发展股份有限公司周枫、吕东伟、邓晶京、黄丽萍、骆建珍认为:"随着数字技术的快速发展,数字信息资源的可存取性却变得极为脆弱。由于文档格式不统一、不开放、不可控,造成文档交换有障碍、应用扩展有困难。更为重要的是,在长期、安全保存中存在着极大的风险。调查显示,1990 年北京亚运会的部分电子文件已经无法读取,22% 的中央机关存在读不出来的电子文件。针对该问题,一般采取三种方法:一是不断将文件转化为当前通用的新文件格式;二是采用独立于任何计算机系统的开放格式存储文件;三是将该文件与其软硬件系统一同保存。从现实情况来看,大多数单位选择了第二种办法。"③

中山大学资讯管理学院侯衡对 InterPARES 项目电子邮件长期保存研究成果进行分析,从概念内涵、整体设计、管理系统、管理流程、管理责任等多个方面进行梳理,认为其研究成果结合了理论与实践,具有较高的参考价值;对我国电子邮件长期保存的理论研究与实践工作均有所启示,理论研究中应该深化对电子邮件管理的研究,实践工作中则可参考其研究成果,建立机构电子邮件管理制度。④

六、管理系统

中国人民大学信息资源管理学院钱毅对实施《电子文件管理系统通用功能要求》(以下简称《要求》)提出建议,认为:"国际大量类似规范的应用经验表明,电子文件系统功能要求规范的建设绝非一日之功,需要大量的积累与持续维护,这方面欧盟的 MOREQ 标准就是很好的榜样。具体的措施和要求需要多部门通力合作。①标准主管部门需要建立相应的长效维护机制,以促使功能要求规范满足实际需要,表达更为清晰完整,内容逐步丰富完善。②业务指导部门基于《要求》逐步建设完善配套规范体系,以保障 ERMS 功能的完整实现与可持续管理。这是由于功能需求规范普遍体量较大,同时很多具体功能的实现涉及大量外部规范的支撑与配合。③实施机构应建立适于电子文件管理系统运行的业务规范和系统管理环境,保证功能要求的顺利实现,在具体管理活动中还需要灵活使用《要求》,如在设计权限矩阵时就可以依托标准,将分散在具体功能板块中的权限与角色进行匹配,从而有效支撑 ERMS 的设计与开发。"⑤

安徽大学管理学院刘洪认为:"电子文件管理系统的设计与开发遵循软件开发的一般理论和方法,软件复用是软件开发的常用技术之一。通过复用,可以减少重复开发,提高软件开发效率。软件复用经历了从代码级复用,到包括开发经验、体系结构等一切相关知识复用的过程。""面向服务架构(Service-Oriented Architecture,SOA)是一种建立、维护、管理应用系统和业务流程的方法。在 SOA 架构下,以服务组件形式出现的业务逻辑可以被共享、重用和配置,应用系统的不同功能单元(称为服务)通过服务之间定义良好的接口和契约联系起来,从而使得构建在系统中的服务能够以统一和通用的方式进行交互。软件系统的开发也不必像过去那样将其作为一个完整的应用系统来开发,而是分解为离散的、自治的服务组件,通过提升相互之间的互操作性,实现共享、重用和组装,快速构建复合

① 耿志杰,程明宵.数字档案长期保存技术策略规划研究[J].档案与建设,2018(5):24-26.
② 钱毅.基于 OAIS 的数字档案资源长期保存认证策略研究[J].档案学研究,2018(4):72-77.
③ 周枫,吕东伟,邓晶京,等.OFD 格式在档案领域的应用初探[J].档案管理,2018(4):35-37.
④ 侯衡.InterPARES 电子邮件长期保存策略研究及启示[J].档案学通讯,2018(4):20-26.
⑤ 钱毅.《电子文件管理系统通用功能要求》(GB/T 29194)解读[J].北京档案,2018(6):23-28.

的应用从而满足业务需求的变化和复杂的功能需求。"①

七、区块链

中国人民大学信息资源管理学院刘越男认为:"传统数字环境下,历史数据并不能也不适合长期保存在原系统中,否则将极大影响业务系统的运行效率,归档不仅是长远谋划,也是现实需要。区块链以一种不可篡改、可追溯、全历史的方式存储业务处理记录,从而实现了 ERMS 的固化入库、电子档案保存系统的长期存储及真实性保障功能。这意味着原来由专业文件档案管理应用系统承担的部分功能,在底层技术架构上实现了。基于区块链的业务系统,自然而然地具备了上述文件档案管理专业能力。这些系统的使用者,很可能不再另外使用 ERMS 和电子档案保存系统管理区块链文件。而专业功能纳入底层信息基础设施的结果是专业的泛化。随着区块链的发展,它很有可能成为一种泛在的信息基础设施,文件档案管理的专业性将面临更大范围的挑战。"②

上海大学图书情报档案系闫鹏"从介绍区块链技术的内涵和特点入手,重点分析电子文件管理与区块链技术的契合性,认为区块链技术在可信验证、可靠存储与数据管理等方面的应用能有效应对电子文件管理的效率与质量问题、可信任问题以及安全性问题,并推动电子文件的智能化管理、可信化服务并保障电子文件的安全"。③

西北大学公共管理学院何晓东、黄新荣认为:"区块链技术具有去中心化、不可篡改性、可追溯性等特性,可根据业务需要构建智能合约,在电子文件管理中应用可以有效保障电子文件的真实性,实现电子文件的安全存储,消除业务部门与档案部门的信息摩擦与互动摩擦,从而提升电子文件管理效率。"④

江苏开放大学王子鹏、李璐璐探讨了基于区块链技术的电子文件管理模式:①基于区块链技术的电子文件全生命周期管理模型构想。电子文件全生命周期的每一个环节,都被区块永久记录且不可篡改,档案部门可以通过区块链技术实时掌控电子文件的状态信息。②区块链技术提供高效可靠的元数据替代方案。基于区块链技术的电子文件管理系统,可以自动、高效地实现电子文件全生命周期监控管理,大大减轻归档单位和档案馆的工作负担。③区块链技术打造安全的电子文件在线利用服务。区块链系统采用非对称加密算法,确保分布式网络点对点信息安全传递。⑤

八、其他

天津市档案局方昀、仇伟海、李德昆、韩季红从增强电子文件法律效力的视角提出了建议:①妥善保管原始载体,或者符合特定要求的复制品。②采取确认电子文件真实性的验证手段,使电子文件经得起法庭质证和法官审查。⑥

中原工学院计算机学院李娟,电子档案研究所张慎武、夏敏捷提出基于"可信"的电子文件自动分类系统框架设计,认为:"框架最终将与 ERMS(电子文件管理系统)或者移交接收平台相结合,因此必须考虑所采用的数据库系统,且需要对电子文件的元数据元素进行采集。整个框架都基于'可信'理念设计,对各个步骤进行安全管控,如:为了保证电子文件的长期有效利用,根据相关行业标准,将原

---

①　刘洪. 文件管理服务:基于 RMSC 和 MoReq2010 的比较研究[J].档案学通讯,2018(3):100-104.
②　刘越男. 区块链技术在文件档案管理中的应用初探[J].浙江档案,2018(5):7-11.
③　闫鹏. 区块链技术在电子文件管理中的应用展望[J].北京档案,2018(10):10-13.
④　何晓东,黄新荣. 浅析区块链技术在电子文件管理中的应用[J].档案与建设,2018(2):4-8.
⑤　王子鹏,李璐璐. 基于区块链技术的电子文件管理模式研究[J].浙江档案,2018(2):18-20.
⑥　方昀,仇伟海,李德昆,等. 电子文件数据维保服务案例研究[J].档案学通讯,2018(4):55-59.

生文件进行统一的文件格式转换(PDF/A 格式);在进行元数据采集之前需要进行'四性'检测,有效地保证了数据的完整性、安全性、真实性及可用性;利用非结构化数据库设置'权限管理''分发管理''数字签名''数据备份'等安全控制技术。"①

苏州大学社会学院毕建新、苏州大学科学技术研究部刘开强、国家自然科学基金委员会计划局刘卫、国家自然科学基金委员会信息中心李东分析了制度建设对规范电子文件管理的作用机制:①制度与人的耦合。②制度与机构、职能的耦合。③制度与文件管理的耦合。④制度与制度的耦合。②

安徽大学管理学院沙洲分析了"互联网+"环境下我国电子文件服务方式变革的表现,认为变革原因主要包括服务理念的转变、信息技术的发展、关系结构的重组和信息资源的整合,并提出"互联网+"环境下我国电子文件服务方式的变革趋势主要有移动终端应用服务、人工智能产品服务、电子文件云服务和电子文件中心服务。③

郑州航空工业管理学院付永华、白占俊,航空经济发展河南省协同创新中心张旭阳针对工程电子文件多源异构的特点,"结合恶劣施工环境的实际情况,设计并实现一种新的工程电子文件获取模式和处理技术,获取模式包括批量导入按需读取、临时协作按需共享和实时更新按需收集 3 种模式,处理技术包括识别技术、兼容技术、转换技术,从而有效加强工程电子文件的实用性"。④

苏州大学文正学院余亚荣、江苏省苏州工业园区苏航档案服务有限公司陈燕认为:"流程化管理是现代组织高效运作的最佳实践,将电子文件管理环节内嵌至组织业务流程之中,既可满足组织业务流与信息流的良性互动,又可实现对电子文件全生命周期的有效管理。"并"从电子文件管理的关键环节入手,设计出电子文件全程管理的方案,即要依据流程建模结果预设电子文件管理要素;定义各环节的输入输出,明确交付物;将标准规范转化为模板嵌入管理系统;多业务系统间数据实现传递和共享,以期实现组织文件管理变革式的业务重组"。⑤

天津大学法学院王燃认为:"当前,我国成文法及司法实践中已形成以'真实性、关联性、合法性及证明力'为框架的电子文件证据规则。然而,当前证据学与电子文件领域存在着较大的专业隔阂。电子文件'真实性、可靠性、完整性、可用性'四性,并不能简单等同于电子证据的'真实性、关联性、合法性、证明力'四性,可信电子文件的四性整体接近于电子证据的'真实性'要求;对电子文件作为证据的合法性、关联性及证明力尚关注不多。对此,电子文件管理制度可在其本身理论及特征基础上,有针对性地吸收电子证据的真实性、合法性、关联性、证明力等理念和规则。"⑥

安徽大学管理学院刘洪认为:"电子文件管理功能若以能够复用的服务组件来实现,则这些服务组件必须依赖于一个服务可发现的、可靠的、可维护的,并且能够监控的环境,也就是说需要一个支持服务组件开发和实施的支撑环境,而且这一环境还要能够支持服务组件在不同等级的复用。因此必须在国家电子文件管理战略中实现电子文件管理服务组件的构建、管理和实施,构建面向服务架构的电子文件管理服务组件处理模型和目标模型。只有制定电子文件管理服务组件的统一模型,完善电子文件服务组件的登记注册机制,制定合理的电子文件管理服务组件供给与消费机制,才能真正发挥电子文件管理服务组件的优势,将我国 ERMS 的建设带入良性发展之路。"⑦

---

① 李娟,张慎武,夏敏捷.基于可信的电子文件自动分类关键技术研究[J].档案管理,2018(4):24-25.

② 毕建新,刘开强,刘卫,等.制度建设视角下的业务电子文件规范管理研究:以国家自然科学基金委员会为例[J].浙江档案,2018(5):24-27.

③ 沙洲."互联网+"环境下我国电子文件服务方式变革研究[J].北京档案,2018(5):15-18.

④ 付永华,白占俊,张旭阳.工程电子文件阅读设备中多源异构文件获取模式与处理技术研究[J].档案管理,2018(2):53-56.

⑤ 余亚荣,陈燕.基于流程管理思想的电子文件管理研究[J].档案与建设,2018(12):21-23.

⑥ 王燃.电子文件管理与证据法规则的契合研究[J].档案学通讯,2018(5):51-56.

⑦ 刘洪.基于服务组件的电子文件管理系统的对策研究[J].北京档案,2018(8):32-34.

参考文献

[1]刘东斌,吴雁平,王杰.2013年档案学学科发展报告[M].郑州:河南大学出版社,2015.

[2]吴雁平,刘东斌,杨瑾辉.2014年档案学学科发展报告[M].郑州:河南大学出版社,2016.

[3]吴雁平,刘东斌.2015年档案学学科发展报告[M].郑州:河南大学出版社,2017.

[4]张晓培,吴雁平,刘东斌.2016年档案学学科发展报告[M].郑州:郑州大学出版社,2018.

[5]张晓培,王进平,王燕.2017年档案学学科发展报告[M].郑州:郑州大学出版社,2018.

后 记

由"档案学学科发展研究报告"丛书编撰委员会组织撰写的《2018年档案学学科发展研究报告》已于日前完稿,交付郑州大学出版社出版。

《2018年档案学学科发展研究报告》继续得到了河南省档案学会高等学校档案分会、郑州大学档案教学实践与科研基地、郑州大学档案培训与实习基地的支持。与往年相同,报告就全国2018年度档案学学科在期刊学术论文、会议论文、硕士/博士学位论文发表及相关活动报道等方面的发展动态向学术界做详细分析介绍,归纳提出问题,展望发展前景。

《2018年档案学学科发展研究报告》由中国高等教育学会档案工作分会副秘书长、河南省档案学会副理事长、河南省档案学会高等学校档案分会会长、河南省档案专业"十百千"档案领军人才、研究馆员张予宏总策划,由张晓培、吴雁平、刘东斌具体组织实施。

本研究报告由郑州大学档案与校史馆副馆长、副研究馆员张晓培,新乡市机关后勤服务中心副研究馆员瞿静共同担任主编;商丘职业技术学院副研究馆员王敏,新乡市机关后勤服务中心馆员刘志岩,河南财经政法大学档案馆综合档案科科长、馆员赵林华,郑州大学档案与校史馆馆员王进担任副主编;郑州大学档案与校史馆馆员沈姣、郑州航空工业管理学院档案学专业硕士研究生庞宇飞,广西民族大学档案学专业硕士研究生张一凡,郑州航空工业管理学院本科生吴怡娇等参与编写。

具体分工是:第一章、第三章由瞿静撰写;第二章由张晓培撰写;第四章、第五章由王敏撰写;第六章、第七章第1~4节由刘志岩撰写;第七章第5节由吴怡娇撰写;第八章由沈姣撰写;第九章由赵林华撰写;第十章由王进撰写;第十一章由庞宇飞撰写;第十二章由张一凡撰写。

参与研究报告撰写的同志们在日常工作十分繁忙的情况下,放弃节假日休息时间,进行资料收集、阅读、甄别、统计、分析、写作,他们一丝不苟、任劳任怨,不计得失,撰写出了数据翔实、内容丰富、符合学术规范的书稿。他们对工作所投注的满怀激情与高度的责任心和强烈的事业心,让人钦佩,在此对他们的辛勤劳动表示诚挚的感谢。

张予宏研究馆员为研究报告的编写、出版做了大量的组织协调工作,张晓培副研究馆员、吴雁平副研究馆员、刘东斌副研究馆员为报告的后期统稿做了大量琐碎细致的工作,郑州大学出版社张霞为报告的编辑、校对、出版、印刷做了大量工作。在此,向他们表示深深的感谢,并致以崇高的敬意。

限于出版周期,研究报告一定有这样或那样的错误与不足,不当不妥之处,敬请各位同行批评指正!

档案学学科发展研究报告编写组

2020年12月5日